젠더와 사회

젠더와 사회

15개의 시선으로 읽는 여성과 남성

초판 1쇄 펴낸날 2014년 6월 30일
초판 19쇄 펴낸날 2023년 10월 10일

엮은이 (사) 한국여성연구소
글쓴이 이남희, 김현미, 김민정, 하정옥, 이나영, 황정미, 나임윤경, 김양선,
　　　　 허민숙, 신경아, 엄기호, 김예란, 송다영, 마경희, 정현백
펴낸이 이건복
펴낸곳 도서출판 동녘

편집 구형민 이지원 김혜윤 홍주은
디자인 김태호
마케팅 임세현
관리 서숙희 이주원

등록 제311-1980-01호 1980년 3월 25일
주소 (10881) 경기도 파주시 회동길 77-26
전화 영업 031-955-3000 편집 031-955-3005 **전송** 031-955-3009
홈페이지 www.dongnyok.com **전자우편** editor@dongnyok.com
페이스북·인스타그램 @dongnyokpub
인쇄·제본 영신사 **라미네이팅** 북웨어 **종이** 한서지업사

ⓒ (사) 한국여성연구소, 2014
ISBN 978-89-7297-716-2 (93300)

젠더와 사회

Feminist Perspectives on Gender and Society

15개의 시선으로 읽는
여성과 남성

(사)한국여성연구소 엮음

동녘

일러두기

1. 국내에서 출간된 단행본·신문·잡지에는 겹꺾쇠(《 》)를, 단편·논문에는 홑꺾쇠(〈 〉)를 사용했습니다. 국외에서 출간된 단행본·잡지에는 이탤릭체를, 단편·논문에는 따옴표(" ")를 사용했습니다. 단, 영화와 법률명은 모두 홑꺾쇠(〈 〉)를 사용했습니다.

2. 인명과 지명은 관행상 굳어진 경우를 제외하고는, 국립국어원 외래어 표기법을 따랐습니다.

들어가는 글

여성학(Feminisms)은 '관계'의 학문이다. 성별 불평등이란 여성과 남성을 가르고 나누는 이항대립의 질서에서 형성되며, 여성의 해방이나 자유도 결국 남성과의 종속적 관계를 해체하는 데서 얻어지는 것이기 때문이다. 따라서 여성학은 여성과 남성의 수직적인 관계에 대한 의문에서 시작하며 여성뿐만 아니라 남성의 사회적 존재조건에 대해서도 질문을 던진다.

그 때문일까? 여성학에 대한 남성들의 관심도 서서히 생겨나고 있는 듯하다. 대학의 여성학 강의실에 모인 남학생이 전체의 3분의 1을 넘고 페미니스트의 대중 강연을 경청하는 청중 속에서도 남성들을 찾아내기가 어렵지 않게 되었다. 여성학은 이제 여성들만의 전유물은 아닌 것처럼 보인다. 여성과 남성은 서로의 차이를 넘어 상호 이해의 폭을 넓혀가고 있는 것일까?

그러나 여전히 인터넷 포털의 한쪽 구석에는 '여성가족부 폐지 서명란'이 자리 잡고 있고, 군 가산점제 이야기만 나오면 복학생 남성들은 얼굴을 붉힌다. 여성의 지위가 너무 높아져 남성들이 되레 역차별을 당하고 있다는 불평도 만만치 않다. 텔레비전이나 영화, 인터넷 등 대중매체에 나타나는 성의 상품화와 여성혐오는 날이 갈수록 수위가 높아지고 있다. 여성과 남성의 소통은 언제까지나 불가능한 것일가? 이 책은 이러한 상황을 돌파하기 위한 하나의 수단으로 기획되었다.

이제 여성학은 여성만이 아니라 남성을 함께 생각해야 하며, 남성의 변화까지 이루어가야 한다는 문제의식이다. 여성학 강의실에 모여든 남학생들의 고민과 기대까지 고려한 여성학 강의가 시도될 때 불평등한 남/여 관계를 해체해 나갈 수 있는 실천이 한 걸음 더 진전될 수 있다. 여성학은 남/여 관계의 사회적 구성을 분석해 온 학문이므로 '남성 문제' 역시 여성학의 관점에서 볼 때 명확히 이해될 수 있다. 여성학은 여성과 남성의 불평등한 관계에 대한 성찰에서 출발하여 젠더 연구gender studies로 나아갈 수 있는 지적 토대를 제공한다.

여성과 남성의 의식의 변화보다 더 빠른 것이 사회 변화의 속도다. 신자유주의의 전 세계적 확장 속에서 대다수의 남성은 더 이상 생계부양자로 살기 어려운 조건에 놓이게 되었다. 따라서 그들은 가족부양의 부담과 개인적 자유 사이에서 갈등한다. 여성은 훨씬 더 오래 전부터 돌봄자의 책임과 삶의 자율성 사이에서 고민해 왔지만, 그들은 여전히 가족과 일 사이에서 쫓기며 살고 있다. 이 책은 이런 남성과 여성을 위해 쓰여졌다.

젠더gender란 잘 알려져 있듯이, 사회적·문화적으로 내면화된 성별 규범이다. 그것은 보통 여성성femininity과 남성성masculinity으로 구분되기도 하고 생물학적 성sex과는 다른 것으로 알려져 있다. 젠더는 인간을 여성과 남성이라는 두 범주로 구분하는 기준이지만, 그것을 넘어 사회를 조직하는 가장 기본적인 구성원리로도 작용한다. 따라서 우리가 살고 있는 사회는 '성별화된 사회the gendered society'라고 할 수 있으며, 이 성별화된 사회 속에서 우리는 매일 여성으로 또는 남성으로 호명되고 행동한다. 이 책은 젠더와 성별화된 사회에 관한 15개의 주제를 통해 여성과 남성이 구성되는 방식과 그 효과를 살펴보는 데 초점을 맞추고 있다.

이 책은 크게 세 부로 이루어져 있다. 1부 〈성별화된 사회와 젠더 체계〉에서는 젠더 개념에 대한 역사적 고찰과 이론적 논의를 살펴보며 우리의 잘못된 상식을 바로잡고 젠더 체계에 대한 명확한 이해를 얻는 데 목적을 두었다. 다소 복잡하고 논리적인 서술을 주로 한 부분으로 젠더 체계에 대한 이해를 토대로 우리가 직면한 성별 불평등의 현실을 제대로 분석할 수 있다는 생각에서 가장 앞부분에 두었다. 2부는 〈젠더와 일상〉이란 제목 아래 연애와 몸 가꾸기, 가족, 노동, 미디어, 남성문화 등 일상생활에서 경험하는 사건들을 중심으로 쉽고 흥미롭게 읽힐 수 있는 글들을 엮었다. 1부에서 복잡해진 머리를 식히면서 익힌 개념과 이론들을 2부의 일상 경험에 적용해 보면서 읽어가도 좋을 것이다. 3부 〈젠더를 넘어서 성평등으로〉는 성별 불평등을 해소하기 위한 실천으로서 정책과 운동을 다루고 있다. 여성 정책과 여성운동을 토대로 하면서도 성평등 수준을 높이기 위한 성평등 정책과 성평등운동은 어떻게 전개되어야 하는지 과거와 현재, 미래의 전망을 논의했다.

1부 〈성별화된 사회와 젠더 체계〉는 젠더 관계의 역사적·사회적·문화적 구성과 거시적 변화를 분석하고 젠더 관계에 대한 우리의 생각과 행동의 근거를 따져 보는 장이다. 여성주의 역사 속에서 어떻게 젠더 개념이 등장했는지(1장), 계급·계층·인종·지역 등 사회적 요인들과 젠더가 어떻게 교차되어 오늘의 사회구조를 형성해 왔는지(2장), 인간사회의 문화 속에서 젠더가 어떻게 위계적인 체계로 조직되어 왔고 그 결과 인간의 정체성을 어떻게 바꾸어 왔는지(3장)를 살펴본다. 이어 젠더와 관련된 우리의 상식과 믿음이 생물학 등 과학의 발전사에서 어떻게 형성되어 왔는지 알아보고(4장), 젠더 체계의 핵심적 구성 요소인 섹슈얼리티에 대한 오해와 편견을 여성주의 관점에서 다시 조명한다(5장). 그리고 이제 젠더 체계는 더 이상 한 국가나 한 민족, 한 지역사회의 울타리 속에서 이해되어서는 안 되며, 전 세계적으로 확장되고 중첩되고 복잡·다양해지고 있는 현실을 고찰한다(6장).

　　2부 〈젠더와 일상〉에서는 연애, 특히 이성애적 연애가 왜 자신의 기대와는 달라지는지를 여러 가지 에피소드와 함께 분석하고 있으며(7장), 성형과 몸 만들기 프로젝트의 현상과 원인을 밝히고 몸 중심 사회에서 탈주와 저항의 가능성을 탐색하고 있다(8장). 또한 가족과 일터는 여성을 여성으로 남성을 남성으로 만들어가는 핵심적인 조직으로서, 가족구조가 급격히 변동하는 상황에서 여성과 남성의 가족 경험은 어떻게 달라지고 있는지 살펴본다(9장). 일터 역시 신자유주의 시장 경제 속에서 더욱더 불안정해지고 있는데 개인들이 처한 노동시장 조건에 내재된 성별 격차를 다양한 각도에서 조명하였다(10장). 이 책은 또한 남성성에 관한 장을 별도로 포함하고 있다. 한국사회에서 남성으로 살아간다는 것의 존재론적 의미와 남성 문화의 위기적 양상을 살펴보고 이것이 젠더 질서에 가져올 수 있는 변화가 무엇인지 탐색하였다(11장). 이어 미디어 영역에서는 아이돌 공화국의 신화를 만들어 내고 있는 한국에서 신자유주의적 통치 권력으로서 '소녀 산업'의 부상과 이것이 전 세계적 차원에서 가져올 수 있는 효과를 비판적으로 고찰하고 있다(12장).

3부 〈젠더를 넘어서 성평등으로〉는 성평등을 향한 실천적 전략을 다루고 있다. 가족 내 여성의 책임으로 주어진 돌봄노동을 사회화해 가기 위한 복지정책이야말로 젠더 체계의 재구성과 동시에 한국사회의 위기를 극복하는 패러다임이 될 수 있다(13장). 또 성별 불평등을 해소하기 위한 국가의 정책은 어떤 것인지, 한국 여성 정책의 역사를 살펴보고 성평등 관점에서 미래의 전망을 제시하려는 노력도 포함되었다(14장). 마지막으로 1980년대 이후 전개되어 온 여성운동의 역사를 성평등 실천의 관점에서 다시 정리하며 시민사회의 과제와 역할을 제시하였다(15장).

이 책은 대학의 교양 강의는 물론, 각 학과에서 확대되고 있는 여성과 젠더 관련 강의의 교재로 사용될 수 있도록 꾸며졌다. 또 여성학과 여성운동에 대해 깊이 공부하고자 하는 시민들에게도 유용한 읽을거리가 될 수 있을 것이다. 이 책은 인문학과 사회과학의 각 학문 분야에서 다루어지고 있는 젠더 관련 쟁점을 두루 다루고 있으며, 각 학문의 이론적 성과를 반영하기 위해 필자들은 오랫동안 고심했다. 때문에 책의 부피도 커지고 기획에서 발간까지 시간도 적지 않게 소요되었지만, 지난 여정은 모두 우리사회의 젠더 감수성과 성평등 실천의 수준을 한 차원 더 높이기 위한 노력으로 생각해 주시길 부탁드린다.

마지막으로 이 책이 세상에 나오기까지 참으로 여러 사람들의 노고가 있었음을 밝혀야 할 것이다. 언제 끝날지 모르는 막막한 작업을 단 한번 불편한 내색 없이 도와주신 도서출판 동녘의 곽종구 주간님과 이정신 과장님께 깊이 감사드린다. 무엇보다도 이 책의 기획부터 인쇄까지 온갖 실무는 물론, 중요한 아이디어를 끝없이 제공해 주신 조유나 편집자와 안선영 간사에게 가장 큰 빚을 지고 있다는 말씀을 드려야겠다. 또 ㈜한국여성연구소의 회원이 아니지만 이 책의 필진으로 참여해 주신 김현미 교수, 이나영 교수, 나임윤경 교수, 엄기호 교수, 김예란 교수께도 그동안 고생해 주신 것에 대한 송구함과 감사의 마음을 전한다.

이 책은 1991년《여성학 강의》(1994년 개정판 발행)와 1999년《새 여성학 강의》에 이어 ㈜한국여성연구소가 펴낸 네 번째 여성학 도서이다. 비록 몇몇 필자의 이름으로만 표기되어 있지만, 이 네 권의 책은 모두 거친 토양 위에서 여성의 해방과 자유, 성평등을 위해 청춘과 열정, 기쁨과 슬픔, 희망과 좌절을 나누어 온 각 계의 여성운동가 언니들의 노고가 만들어 낸 결실이라고 생각한다. 이 책들이 우리의 연대가 더 깊고 풍부해지는 데 기여할 수 있기를 기원하며, 독자들의 '생산적 읽기'를 통해 이 책들을 넘어선 또 다른 텍스트들을 만들어 가시기를 희망한다.

2014년 6월
필자들을 대신하여
신경아

차례

1부   성별화된 사회와 젠더 체계

역사 ●●

여성주의 역사와
젠더 개념의 등장

이남희

—— 남녀가 평등해야 한다는 생각은 언제, 어떻게 생긴 것일까? 본 장에서는 서구 근대 사회에서 시작된 주요 페미니즘 사상과 인물의 역사를 살펴본다. 계몽주의의 인권 사상은 인간은 누구나 평등하다는 기준을 제시함으로써 신분제 사회를 무너뜨리는 동력이 되었으나, 성별에 따른 배제와 역할 구분을 오히려 강화했다. 서구의 여성운동은 세 단계를 거치며 성숙했다. 남성과 동등한 권리 확보에 집중한 19세기 여권운동, 68혁명과 나란히 등장해 제도는 물론 일상의 변화도 추구한 여성해방운동, 그리고 1990년대 이후 여성들 사이의 차이에 집중한 제3물결 페미니즘의 등장이 그것이다. 그 과정에서 서구뿐 아니라 식민지와 저개발을 경험한 국가와 이슬람 지역도 성차별 이슈에서 자유로울 수 없었다. 페미니즘은 우리말로 '여성주의'라고 번역하지만, '여성 문제'에서 출발해 이제는 점차 남성을 포함한 성 구별 자체가 초래하는 효과를 다루는 젠더 인식 문제로 진화하고 있다.

근대 사상과 페미니즘의 탄생

페미니즘feminism이란 여성도 인간으로서 정치·경제·사회적으로 동등한 권리를 가져야 한다는 신념이나 주장을 뜻한다. '남녀평등 사상', '여성해방론', '여성주의' 등 우리말로 조금씩 다르게 해석된다. 페미니즘의 어원은 '여성'이라는 뜻을 가진 라틴어 'femina'에서 유래했다. 이 단어는 1830년대 프랑스의 공상적 사회주의 사상가 샤를 푸리에Charles Fourier가 처음 사용한 것으로 알려졌다.(offen, 1988) 푸리에는 무릇 진보라면 여성의 권리 확대를 반드시 포함해야 한다고 강조했다. 프랑스에서 페미니즘féminisme이란 단어는 19세기 중반 이후 '여성의 권리를 주창'한다는 뜻으로 언론에서 사용했으며 1890년대 참정권 요구 등 여권운동이 한창이던 영·미로 전해졌다. 페미니스트는 페미니즘 사상을 따르고 실천하려는 사람을 칭한다.

페미니즘은 근대 민주주의의 출발점인 시민혁명의 근간이 된 천부인권론에서 미처 담지 못한 공백을 채우는 사상이다. 인류의 절반인 여성의 해방 없이는 민주주의의 완성이나 인간 해방이 이루어질 수 없다는 깨달음으로, 보편적 인권개념에는 은폐된 성차별 영역을 발견하는 계기가 됐다. 현대로 올수록 페미니즘은 '여성'에 대한 차별뿐 아니라 엄격한 성 역할 구별로 억압을 느끼는 '남성'이나 스스로 느끼는 성 정체성이 사회가 허용하는 범주와 맞지 않아 갈등을 겪는 이들까지 포함하는 쪽으로 확장되고 있다.

페미니즘은 서구에서 유래했지만, 현재 세계 곳곳에 여성의 권리 또는 성평등을 위해 활동하는 개인과 조직이 있다. 또한 계몽주의에서 포스트모더니즘에 이르는 근대 사상사의 흐름 속에서 분화와 발전을 거듭해 왔다. 그래서 페미니즘은 단수 feminism보다는 복수 feminisms로 써야 한다는 주장도 있다. 성차별의 원인이 무엇이라고 보는지, 성평등 사회를 실현하는 해법을 어떻게 보는지에 따라 자유주의, 사회주의, 급진주의, 실존주의, 생태주의 등의 수식어를 페미니즘 앞에 붙이기도 한다.

계몽주의에서 자유주의 여권론으로

계몽주의와 여성의 인권

근대 사상으로서 페미니즘은 계몽주의의 천부인권 사상과 깊은 연관 속에서 출발했다. 뛰어난 지적 능력을 발휘하거나 예술적 재능을 보인 여성은 역사적으로 많지만, 여성운동이라고 부를 만한 의식적이고 집단적인 움직임은 계몽주의 시대를 거쳐 시민혁명을 치르고서야 비로소 생겨났다. 18세기 말 미국독립혁명이나 프랑스혁명에서 싹튼 만민 평등사상은 신분 차별은 물론 계급, 인종, 성별에 의한 차별에 대해서도 저항할 근거를 제공했다. "인간은 누구나 평등하게 태어났다"는 문장은 오늘날 '지당한 말씀'이지만 프랑스

혁명의 〈프랑스 인권선언〉(1789) 첫 줄에 등장했을 때는 '혁명적'이었다. 그러나 계몽사상에서 주류의 인간과 시민이란 개념은 현실에서는 중간층 백인 남성에게 한정되었다. 프랑스의 올랭프 드 구즈Olympe de Gouges는 시민에는 여성도 포함된다는 것을 상기시키기 위해 〈프랑스 인권선언〉에서 '인간'과 동등한 의미로 취급되는 남성형 명사를 일일이 여성형으로 바꾼 〈여성과 여성시민의 권리 선언〉(1791)을 만들었다. 드 구즈는 '여성이 단두대에 올라야 한다면 연단에 오를 권리도 있어야 한다'는 말을 남겼는데, 마치 스스로의 운명을 예언이라도 한 것처럼 1793년 반혁명 혐의로 단두대에서 생애를 마감했다.

근대 페미니즘 사상을 체계화한 계몽사상가로 영국의 메리 울스턴크래프트Mary Wollstonecraft를 꼽을 수 있다. 집안 형편이 어려워 일찍부터 가정교사를 하며 자립해야 했던 울스턴크래프트는 1792년에 출간한 《여권의 옹호》에서 딸도 아들과 동등하게 교육받아야 한다는 주장을 펼쳤다. 이 책은 당시 프랑스의 정치인 탈레랑이 프랑스 국민의회에 제출한 보고서에서 여성은 오직 가사 교육만을 받아야 한다는 내용을 담은 것에 반박하기 위해 구상되었다. 울스턴크래프트는 이성을 가진 존재로서 인간이란 점에서 남녀가 차이가 없지만, 그동안 여성 교육은 남성의 욕망을 자극하는 용모와 행실을 갖추게 하려는 노예 훈련이었던 것이 문제라고 보았다. 여기서 강조하는 여성의 미덕이란 여성을 남성에 기생하는 존재로 만드는 성차별 윤리라고 신랄하게 비판했다. 그녀는 만일 여자아이들이 남자아이들과 동등한 수준의 교육을 받는다면 전문 직업인으로 자립해서 살 수 있을 것이고, 그 덕분에 더 살기 좋은 사회가 될 것이라고 전망했다. 계몽사상가 장 자크 루소Jean-Jacques Rousseau 역시 인간의 평등은 지지했으나 여성의 동등한 자질이나 권리를 인정하는 데는 한계를 보였다. 루소는 여성에게 독립보다는 복종이 중요한 덕목이고, 남자가 쉬고 싶을 때 언제든 매력적인 동반자가 되어야 한다고 주장했다. 울스턴크래프트는 1762년에 발간된 루소의 교육철학서 《에밀》에서 에밀의 배필로 키우는 소피의 교육론을 조목조목 반박했다. 여성의 사회경제적 독립이 평등의 핵심이라고 본 울스턴크래프트의 혜안은 당대에는 널리 이해받지 못했지만, 20세기 초 버지니아 울프Virginia Woolf 나 엠마 골드먼Emma Goldman에 의해 높은 평가를 받았으며, 1970년대 이후 페미니스트에 의해 재발견되어 근대 페미니즘의 선구자로 알려졌다.(울스턴크래프트, 2008)

페미니즘 사상은 어떻게 여성운동이 되었는가?

드 구즈나 울스턴크래프트는 시대를 앞서가는 의식과 대단한 실천을 보였으나 함께 문제를 풀어갈 동료를 만나 운동으로 확산할 기회는 갖지 못했다. 반면 19세기 중반에 이르면 교육받은 중산층의 딸들이 늘어나고 산업화가 진전되면서 임금을 받고 일하는 여성이 생겨났고, 이들은 고립된 개인이 아니라 목소리를 낼 수 있는 집단을 형성하기에 이른다. 여권운동Women's Rights' Movement으로서 제1차 여성운동이 시작된 것이다. 여성운동이란 여성이 중심이 되어 조직적으로 성차별을 유발한 조건을 시정하도록 요구하는 것을 의미한다. 그렇다면 프랑스혁명이 한창 진행 중인 1789년 10월, 베르사유 궁전으로 가는 행렬에 앞장서서 빵을 요구했던 여성들은 페미니스트라고 부를 수 있을까? 프랑스혁명 당시 여성들은 시위 현장에서 활발하게 참여했다. 각 정파를 지지하는 여성 모임도 있었고, 의회 방청석에서 뜨개질을 하면서 의정 활동을 감독하기도 했다. 그렇지만 여성은 선거권이 없었고, 국민의회 의원이나 공화정부의 각료 등 공식 지위에 진출할 기회도 갖지 못했다. 이 시기에 여성들은 여성이기에 받는 차별을 자각하고 독자적인 조직을 통해 여권과 직접적으로 관련된 요구를 한 것은 아니므로 이 시기의 활동을 여성운동이라 부르기에는 미흡하다.

　　서구의 여성운동은 19세기 중반에야 시작됐다. 1848년 7월 19일 미국 뉴욕 주의 세네카 폴스에서 '여성의 사회·종교적 지위 및 시민으로서의 조건'을 토론하기 위한 모임이 열렸다. 300명 남짓한 남녀가 참여한 이 모임은 노예제 폐지운동에 참여했던 여성들이 주축이 되었다. 여성 신도에게 비교적 개방적인 분위기였던 퀘이커교의 전도사 루크레티아 모트Lucretia Mott와 일곱 아이의 엄마 엘리자베스 케디 스탠튼Elizabeth Cady Stanton이 그 중심에 있었다. 두 사람은 8년 전 런던에서 열린 노예제 반대 회의에 갔다가 여자라는 이유로 회의장에 앉아 보지도 못하고 나와야 했던 일을 겪었다. 그 후 노예제 폐지운동뿐만 아니라 여성의 권리를 위한 운동이 필요하다는 것을 절감하고 모임을 주선했다. 〈세네카 폴스 선언〉(1848)은 〈미국 독립 선언문〉(1776)을 모델로 했으며 천부인권론을 근거로 남녀가 동등하다고 천명했다. 〈세네카 폴스 선언〉은 재산권은 물론 법적 행위에 책임을 질 수 있는 인격으로 인정받지 못하는 당시 미국 여성의 처지를 조목조목 비판한 후 "이 나라 국민의 절반인 여성은 선거권을 갖지 못하고 사회적·종교적으로 낮은 지위에 처해 있다. 법은 정당하지 못하다. 여성들은 억눌리고 자신의 가장 신성한 권리도 빼앗겼다. 따라서 우리는 국민의 절반인 여성에게 미국의 시민으로서 가져야 할 권리와 특권을 즉각 부여할 것을 주장"했다. 선언 발표 후 깊은 감명과 자극을 받은 수전 앤서니Susan B. Anthony는 스탠튼을 직접 찾아갔고 그 후 두 사람은 미국 전역을 순회하며 여성참정권운동을 이끌었다.

자유주의 여권론과 차이의 정치학

드 구즈나 울스턴크래프트, 스탠튼처럼 계몽주의의 영향을 받은 사상가를 자유주의 페미니스트라고 부른다. 이들의 공통점은 첫째 인간의 이성과 합리성에 대한 신뢰가 있다, 둘째 남성과 여성의 영혼과 이성은 같다는 신념이 있다는 점, 셋째 사회 변화를 일으키는 수단으로서 교육을 중요하게 꼽고, 넷째 독립된 존재로서 개인을 중심에 두고 생각한다는 점, 다섯째 선거권을 중요한 이슈로 채택했다는 점 등을 꼽을 수 있다.(도노번, 1999) 자유주의 페미니즘은 여성도 인간이라는 매우 평범하나 중요한 진리를 구현하는 데 크게 기여했다. 하지만 여성이라는 이유로 차별받는다는 점을 강조하다보니, 여성들 각자가 처한 상황이 다르고 여성 사이의 차이도 남녀차이 못지않게 크다는 사실을 간과했다는 한계가 지적된다. 현실에서는 같은 여성이라도 계층이나 인종에 따라 전혀 다른 대우를 받기 때문에 삶을 개선하기 위해 우선 해결할 과제가 무엇인가는 여성들 사이에서도 입장이 다를 수 있다. 흑인노예 출신으로 노예제 폐지운동에 앞장섰던 소저너 트루스Sojourner Truth는 어느 날 연설에서 여성이라고 다 같겠냐고 질문을 던졌다.

트루스는 당시 미국 사회에서 흑인 여성과 백인 여성이 전혀 다른 여성성을 요구받는다는 현실을 날카롭게 지적했다. 13명의 자식을 낳아서 노예로 보내야 했던 트루스는 노예로서 해방이 된 후에도 여전히 노예의 삶을 사는 자식들을 구하기 위해 백방으로 노력했다. 백인 남성, 백인 여성, 흑인 남성, 흑인 여성 사이에 가로놓인 위계와 차이는 노예제 폐지운동가와 여성참정권운동가 간에 우선 해결해야 할 과제의 순위를 두고 논란을 촉발하기도 했다. 현대 페미니스트 가운데에서 벨 훅스Bell Hooks는 백인 여성 중심의 여성운동을 비판하면서 흑인 여성의 목소리를 담아내고 민중적 기반을 살려야 한다는 주장을 활발히 펼치고 있다.(훅스, 2010)

TIP | **저는 여자가 아닙니까?**(소저너 트루스, 1851)

"저기 앉으신 신사 분은 여자들이 마차를 탈 때 도와주어야 하고 도랑을 건널 때 번쩍 앉아주어야 하고, 어디서든 가장 좋은 자리를 여자에게 주어야 한다고 합니다. 그러나 아무도 제가 마차를 탈 때 도와주거나, 진흙 웅덩이를 건널 때 도와준 적이 없습니다. 제게 좋은 자리를 내주지 않은 것은 말할 것도 없습니다! 그러면 저는 여자가 아닙니까? 절 보십시오! 제 팔을 보십시오! 저는 쟁기질을 하고 씨를 뿌리고 추수해 창고에 나릅니다. 어떤 남자도 절 능가하지 못합니다! 저는 남자만큼 일하고, 남자만큼 먹습니다. 먹을 게 있을 때만 해당되는 말이지만… 그리고 채찍도 남자만큼 잘 참습니다! 그러면 저는 여자가 아닙니까?"(콘보이, 2001)

'집안의 천사'와 '잉여 여성'의 시민권

계몽주의 이외에 19세기 페미니즘과 여성운동 출현에 큰 영향을 미친 것은 산업화다. 산업혁명이 가장 먼저 진행된 영국에서 빅토리아시대(빅토리아여왕의 통치기간, 1837~1901)에 이르면 여성들이 공장노동자, 하녀, 재봉사, 가게 점원, 가정교사, 작가 등 다양한 직종에 진출한다. 그러나 여성의 노동은 남성에 비해 낮게 평가돼 임금이 낮았고 사회적 인정도 제대로 받지 못했다. 빅토리아시대의 가장 이상적인 가정 모델은 남편이 거친 세상에 나가 돈을 벌고 아내는 집안에 있으면서 사랑과 헌신으로 아이를 키우고 가족의 행복을 책임지는 것이었다. 가정은 경쟁적인 노동과 정치 세계로부터 분리된 아늑한 피난처였고, 아내는 그 안에서 '집안의 천사angel in the house' 같은 역할을 기대 받았다. '집안의 천사'란 당시 대중의 인기를 얻은 시의 한 구절인데, 이 시에서 아내는 "남편에게는 헌신적이고 용기를 북돋는 버팀목이고, 자식들에게는 높은 도덕심의 모범이며 하인들에게는 친절하지만 엄격한 주인"으로 묘사됐다.[1] 그런 기대를 이루려면 일단 경제적 조건부터 충족되어야 했다. 그러나 불황과 실업이 주기적으로 닥치는 자본주의 경제에서 실제로 대부분의 가정은 남편의 수입만으로 평생을 살아가기가 힘들었다. 때로는 중간계급의 아내도 바느질, 세탁, 하숙 등 이런저런 일감을 찾아야 했으나 제대로 된 노동으로 인정받지 못했다. 또한 19세기 영국에서는 신대륙으로의 이주와 나폴레옹전쟁 등의 여파로 여초현상이 두드러져 독신 여성이 많았는데, '잉여 여성'으로 불리던 이들이 설 자리는 사회에도 가정에도 없었다.

이런 상황을 답답하게 여기고 변화를 도모하는 여성이 늘어나면서 모임도 생겼다. 1850년대 런던의 랭엄 플레이스langham place에서 자주 모인 여성들이 있었는데, 이들은 여성의 권리에 대해 토론하고 잡지도 발간했으며 필요하면 의회에서 법을 통과시키기 위한 서명운동도 주도했다. 정치경제학자 존 스튜어트 밀John Stuart Mill은 이 모임의 후원을 받아 런던의 정치 일 번지 웨스트민스터구의 국회의원으로 출마했다. 당시 투표권도 없던 여성들은 자원봉사자로 참여해서 선거운동을 도왔다. 밀은 당선 후 1500명이 서명한 청원을 바탕으로, 현행 남성에게 적용되는 참정권과 동등한 조건으로 여성에게 참정권을 부여할 것을 요구하는 법안을 1866년 의회에 제출했으나 부결됐다. 밀은 부인 헬렌 테일러Helen Taylor의 영향으로 페미니즘 사상을 가지고 있었고, 1869년에는《여성의 종속》을 썼다. 밀은 여성과 남성은 근본적으로 동등하지만 교육의 차이로 인해 격차가 생겼다고 보았다.

이 여성 모임은 선거권 이외에도 여자대학 설립, 여성의 의료계 진출 등을 주도했다. 이런 활동은 19세기 말에 기혼 여성의 재산권과 이혼 시 자녀 접견을 보장하는 법안 통과, 여성참정권운동의 확산으로 이어졌다. 이 시기의 여성운동을 제1차 여성운동, 또는 여권운동이라 부른다. 이런 변화의 결과 20세기가 시작될 무렵에는 서구뿐만 아니라 아시아에서도 '신여성new woman'이 등장했다.

여권운동 시기에는 가난한 여성의 생존권과 섹슈얼리티가 결합된 캠페인으로, 영국의 조세핀 버틀러Josephine Butler가 앞장선 〈성병관리법Contagious Acts〉 철폐투쟁(1869~1886)을 들 수 있다. 성병관리법은 군부대 주둔 지역에서 성병이 퍼지는 것을 막는다는 명목으로 제정되었다. 일정 시간 이후 특정 지역을 지나는 모든 여성은 검사관의 불시 검진 요구에 의무적으로 응해야 하고, 일단 병이 발견되면 등록을 한 후 계속 검진을 받아야 한다는 내용이었다. 군부대 주둔 지역은 대개 집세가 싸서 가난한 사람이 사는 동네였고 늦게까지 일을 하다 귀가하는 젊은 여성들이 많았다. 더구나 성병 예방이 목적이라면 여성만을 검진 대상으로 지정하는 것은 실효도 없을 뿐더러 검진 자체가 당사자에게는 수치스런 낙인이 되었다. 가족의 안전 및 존엄이 위협받는다고 느낀 지역 주민, 노동운동가와 여성운동가를 중심으로 철폐운동이 일어났고 시간이 걸렸지만 마침내 악법을 폐지하는 데 성공했다. 가난한 여성의 몸을 폭력적으로 관리하려는 국가권력의 의도는 일단 좌절됐다.

여권운동의 이슈 가운데 연대의 폭이 가장 넓고 주목을 끈 것은 참정권 요구였다. 영국과 미국에서 시작돼 유럽과 중국, 인도까지 확산되었으며 수십 년에 걸친 의회 청원운동과 거리 시위, 납세 거부 등 시민불복종운동 방식으로 투쟁이 이어졌다. 참정권운동의 지도자는 주로 중·상류층 여성이었지만, 기물 파괴와 단식투쟁도 불사하는 전투적 투쟁으로 당시 보수적인 사회에 충격을 주었다.

TIP | 신여성

신여성은 19세기 말 영어권에서 소설이나 희곡의 주인공을 통해 대중화된 용어로 당시 신세대 여성을 가리킨다. 여성 고등교육의 혜택을 받은 첫 세대로, 경제적 독립을 추구하고, 남성과 동등한 권리를 요구하며 연애와 결혼에 있어 자기감정에 충실하다. 신여성은 빅토리아시대 중산층 가정의 딸이나 아내의 전형적인 이미지를 벗어났다. 1920년대 조선에도 여학교나 일본 유학을 통해 신여성이 등장하는데, 식민지 상황이었으므로 서구와 달리 조직화된 여성운동이나 여권 의식으로 연결되지는 못했다.(김수진, 2009; 김경일, 2004)

1 1914년 국회의사당 앞에서 연행되는 여성
  단체 지도자 에멀라인 팽커스트
2 여성참정권 운동의 아이콘 잔다르크를 그
  린 단체기관지
3 전단을 인쇄하는 여성단체 활동가들

TIP | 여성참정권은 언제 실현되었을까?

두 차례의 세계대전을 거친 후에야 여성은 남성과 동등한 투표권을 갖고 온전한 시민권
을 행사하게 되었다. 뉴질랜드는 1893년에 최초로 여성참정권을 부여했고, 영국에서는
1918년, 21세 이상 남성과 30세 이상 여성으로 차등을 두었다가 1928년, 비로소 21세 이
상 남녀 보통선거권이 실시됐다. 미국에서 선거권 도입 시기는 주마다 차이가 있지만 연
방 차원에서는 1920년 남녀보통선거권이 통과됐다. 프랑스에서 여성이 공식적으로 투표
권을 부여 받은 것은 프랑스혁명으로부터 한 세기 반이 지난 1946년 제4공화국 헌법에
의해서였다. 우리나라는 해방 후 1948년 제헌헌법에서 남녀 구별 없이 보통선거권이 인
정되었다.

사회주의 페미니즘의 등장에서 세계대전까지

사회주의 페미니즘의 이론적 기초

19세기에 산업화가 진전되면서 여성해방을 노동 및 빈곤 문제와 결합해서 풀고자 하는 사회주의 페미니즘이 등장했다. '공상적 사회주의자'로 불렸던 플로라 트리스탕Flora Tristan은 여성 문제와 노동 문제를 결합한 선구자였다. 트리스탕은 스페인 귀족의 사생아이자 혼혈인으로 태어나 인쇄 공장 노동자, 싱글맘으로 살아가며 주변인으로서의 삶을 체험했으며, 페루와 영국을 방문하고 아일랜드와 폴란드의 민족주의를 지원하며 시야를 넓혔다. 하지만 남성노동운동가로부터는 여성해방을 주장한다는 이유로 분리주의자로 배척받았고 기업주에게는 노동해방을 주장한다고 경계 대상이 됐다. 트리스탕은 1843년에 출간된《노동조합The Workers' Union》에서 노동자가 직접 출연한 기금으로 만든 병원, 노인요양원, 학교 건립을 제안했는데, 지역마다 그런 공간이 있다면 여성이 해방될 수 있다고 보았다. 파리에서 1848년 혁명 때는 트리스탕을 추모하며 노동자 공동체를 계획한 사회주의 페미니스트 그룹이 등장하기도 했다.

독일의 남성 사회주의자인 프리드리히 엥겔스Friedrich Engels와 어거스트 베벨August Bebel 또한 페미니즘에 많은 영향을 주었다. 엥겔스는 1884년에 출간한《가족, 사유재산, 국가의 기원》에서 결혼 및 가족제도에 역사적 유물론을 적용했다. 엥겔스는 사적 소유와 계급이 가족과 국가를 통해 재생산되는 구조를 분석했으며 여성 억

플로라 트리스탕 탄생 100주년 기념우표(프랑스)

압의 해법은 바로 사적 소유관계를 폐지하는 데 있다고 보았다. 엥겔스의 사상적 토대는 일찍이 영국 맨체스터 직물공장에서 경영수업을 하던 20대에 형성됐다. 1845년에 쓴 르포《영국 노동자계급의 상태》에서 엥겔스는 실업 상태의 남편이 아내가 일하러 간 후 양말을 꿰매며 자기비하에 빠지는 예를 들면서 "만약 공장 체제에 의해 불가피하게 야기된 남편에 대한 아내의 군림이 비인간적이라면 역으로 그동안 아내에 대한 남편의 지배 역시 비인간적인 것이다"라고 날카롭게 지적했다. 한편 당시 독일 노동자들 사이에서 베스트셀러였던 베벨의 1897년 작《여성론》에서는 원시시대부터 자본주의 시대까지 여성의 지위를 분석하고, 사회주의를 대안으로 제시했다. 베벨은 유사 이래 남녀가 평등했던 적은 없었으며 여성은 항상 남성에게 종속 상태였다고 보았다. 엥겔스는 베벨의 이런 시각이 몰역사적이라고 비판하면서 사적 소유가 발생하기 이전에는 남녀가 평등했던 시기가 있었다고 강조했다.

사회주의 페미니즘의 실천가들

사회주의 페미니즘을 실천한 여성 활동가들은 당과 여성운동 사이에 우선순위를 두고 갈등을 겪었다. 클라라 체트킨Clara Zetkin은 당시 최고 여성교육기관인 사범학교를 나온 후 독일의 사회민주당에서 활동가로 일했다. 체트킨은 당내에서 여성해방 없이 사회주의의 실현은 없다고 강조하고 여성 문제를 중요한 의제로 제기하는 동시에 독자적인 여성 조직을 유지하고자 노력했다. 반면 여성운동을 향해서는 여성의 생산노동 참여와 여성 노동자의 권리 보장이 중요하고, 자본주의의 경제적 모순을 해결하는 것이 법 개정보다 여성해방의 핵심 요소라고 강조했다. 체트킨은 제1차 세계대전 때는 평화를 위한 국제 연대 활동을 했고, 말년에는 나치의 등장에 위험을 경고하며 맞서 싸웠다.

러시아의 혁명가이자 최초의 여성외교관인 알렉산드라 콜론타이Alexandra Kollontai는 1917년 10월 혁명 직후 새로운 사회 건설을 위한 내각에 참여했다. '여자 레닌'이라는 별명을 얻을 정도로 추진력 있던 콜론타이는 여성 정책 전담기구인 제노텔Zhenotdel을 설립했으며 참정권과 법적 평등은 물론 자유로운 이혼, 낙태 권리의 보장, 2개월 유급 출산휴가, 탁아소와 공동 부엌 및 공동 주거 설치, 아내 구타 처벌, 이슬람교도 지역의 여성 교육 실시도 추진하고자 했다. 여성의 경제적 자유는 물론 성적 자유와 정서적 독립도 중요한 의제라고 보았던 콜론타이는 여성 문제에 대한 공감과 이해가 부족한 남성 볼셰비키 동료들로부터 분열주의라는 비판을 받았다. 결국 당의 결속을 해친다는 이유로 제노텔은 해체되고, 콜론타이는 외교관으로 임명되어 노르웨이 등 국외로 떠돌게 됐다. 스탈린 등장 이후 소련에서 여성해방 정책은 중단되고, '자유로운 사랑'은 부르주아적 낭만으로 비판받았으며, 동성애는 처벌받고, '가정의 강화'와 어머니의 역할을 강조하는 보수적인 분위기가 강화되었다. 일과 가사 및 육아는 사회주의 국가 건설을 위해 여성이 떠안아야 할 이중의 부담으로 남게 되었다.

전쟁과 젠더의 재구성

20세기 들어와 두 차례의 세계대전과 대공황, 파시즘의 소용돌이 속에서 여성운동은 잠시 소강상태에 들어갔다. 제1차 세계대전이 터지자 서구의 여성참정권운동 진영은 애국주의 열풍에 휩쓸리거나 소수의 반전운동가로 나뉘었다. 당장 전쟁에서 승리나 생존이 중요한 분위기에서 여권에 대한 논의는 관심 저편으로 사라졌다. 그런데 한편으로는 전쟁이 여성에게 새로운 기회를 제공했다. 여성 대중은 전쟁을 치르는 과정에서 성별 구분이 잠시 흐려지거나 무너지는 경험을 겪었다. 군인으로 출정한 남자들을 대신해서 여성들은 군수공장의 노동자로 진출했다. 여성이 할 일과 남성의 할일을 나누는 구분은 무의미해졌고, 미혼 여성뿐만 아니라 기혼 여성도 교사나 사무원으로 계속 일했으며, 남성 직종에 진출하고 애국 시민이란 호칭을 받을 기회도 생겼다. 전쟁이 끝나면서 다시 어머니와 주부의 역할을 강조하며 여성들을 집에 돌려보내기 위한 여론이 조성되곤 했다. 그러나 두 차례의 세계대전을 치른 후 영국과 미국, 독일, 프랑스와 해방을 맞이한 식민지에서 전반적으로 남녀 보통선거권이 실현될 수 있었다. 1920년대 미국에서는 젊은 여성이 대거 사무직에 진출하면서 여가와 일상의 풍속도가 달라졌다. 일과를 마치면 종아리가 드러나는 짧은 치마에 보브 스타일 단발을 하고 술, 담배를 거침없이 하면서 재즈 바를 드나들고 자동차 운전을 즐기는 신세대 말괄량이flapper가 등장한 것이다. 1925년에 출간된 소설《위대한 개츠비》에서 단면을 엿볼 수 있듯이 '재즈의 시대'라고 불렸던 이 시기에, 전승국의 도시화된 삶 속에서 젊은 여성이 풍기는 자유의 분위기는 낯선 것이었다. 때론 과도한 소비주의에 대한 비판으로 이어지기도 했다. 1930년대에는 대공황의 여파로 남성 가장을 유일한 생계부양자로 삼은 가족 모델이 무너졌다. 루스벨트 대통령이 실시한 뉴딜 정책도 기혼 여성을 포함한 여성 노동력의 참여를 확대시키고자 했다. 최초의 여성 각료로 입각해서 12년간 노동부 장관을 지낸 프랜시스 퍼킨스Francis Perkins는 이 과정에서 중요한 역할을 했다.

한편 제1차 세계대전의 패전국 독일은 전승국의 분위기와는 달랐다. 패전 후 수립된 바이마르공화국은 민주적이었으나 대중의 지지를 얻지 못했고, 선거에서 극우 세력 나치에게 지고 말았다. 나치 치하에서 여성은 대학교수 자격시험에 응시할 수 없었고, 판사나 변호사도 될 수 없었다. 여자 대학생 비율도 정원의 10퍼센트로 제한됐다. 한편 생물학적인 역할을 강조하면서 다산을 한 어머니에게는 훈장을 주고 미혼인 여성에게는 세금을 물렸다. 나치 홍보 담당이었던 요제프 괴벨스가 1933년 여성이 국회의원에 출마하는 것을 금지하고 민족의 정치와 무장은 남성에게 속하는 일이라고 강조하는 등 나치는 여성을 배제한 전투적인 '남성동맹'으로서 정체성을 가졌다. 물론 열렬한 나치 지지자들 가운데 여성도 있었지만, 여성의 단체 활동은 '여성의 영역'에서 이루어질 때만 허용됐다.(김학이, 2013; 권형진, 2006; 유정희, 2003)

새로운 페미니즘, 새로운 여성운동

계몽주의의 영향으로 여권 의식이 등장한 이래 현재까지 여성운동은 크게 3단계로 구분할 수 있다. 제1단계는 앞에서 살펴본 19세기 후반에서 제1차 세계대전 직전인 1914년까지 진행된 제1차 여성운동으로 제1의 물결the first wave 즉, 여권운동women' rights' movement을 말한다. 제2단계는 68혁명으로 불리는 시대를 기점으로 새로이 진행된 제2의 물결the second wave, 즉 여성해방운동women's liberation movement을 말하며 제3단계는 1990년대 이후의 운동을 가리킨다.

'개인적인 것이 정치적인 것이다'

여성운동의 제2의 물결은 새로운 여성운동, 우먼리브, '여성해방운동'이라고 불리며 미국에서 처음 출발, 유럽을 거쳐 비서구 지역으로 확산됐다. 1980년대 신자유주의가 휩쓸기 전까지 서구에서 활력을 유지했다. 제1차 여성운동과 비교하면 제2의 물결은 제도 개선과 더불어 개인의 삶과 일상의 변화에 방점을 찍었다. 운동의 지향은 '개인적인 것이 정치적인 것이다The personal is political'[2]라는 슬로건에 응축되어 있는데, 이 문장은 그때그때 조금씩 다른 의미로 쓰였다. 우선 첫째, 지극히 개인적인 선택의 문제로 간주되는 연애, 임신, 육아 등도 사실은 사회구조의 영향을 받는다는 뜻이다. 개인의 빈곤이 사회구조적 문제인 것과 마찬가지다. 두 번째로 일상의 영역에 속한다고 소소하게 취급되는 문제도 사실은 노동운동이나 시민권만큼 중요한 정치적 의제로 다루어야 한다는 뜻이다. 예를 들어 가사 분담을 의논하는 것은 학생 조직의 민주성을 논하는 것만큼이나 중요하다. 혹은 가정폭력 문제를 이슈로 부각하는 것도 공권력의 탄압을 규탄하는 일만큼 중요하다. 세 번째, 실천의 측면에서 본다면 개인의 라이프 스타일은 단지 취향의 문제가 아니며 '정치적으로 올바른politically correct' 선택이 무엇인지를 매 순간 고민할 필요가 있다는 의미기도 하다. 여성해방운동 시기에 등장했던 수많은 의식 고양 모임은 남성은 공적 영역the public, 여성은 사적 영역the private으로 나누는 이분법이 가부장제가 주입한 허위의식이라고 비판하고, 일상의 정치성을 드러내고 개인과 사회를 함께 변화시키는 방안을 탐색했다.

68시기 페미니즘과 여성운동의 지형

왜 그 시점에 미국에서 여성운동이 부활하게 되었는가? 1967년 시카고에서 처음으로 여성해방 조직을 만들었던 변호사이자 정치학자 조 프리먼Jo Freeman은 그 배경을 다음과 같이 설명했다. 1920년 미국에서 페미니즘은 죽어 버렸다. 너무 이른 죽음이었다. 참정권이란 여성의 사회 활동을 위한 조건 중 하나에 불과한 것인데 마치 그것이 최종 목표인 양 여겨졌고, 참정권 통과 후 '페미니스트'라는 호칭은 낡은 묘비명처럼 취급되었다. 그러나 여성이 겪는 현실은 여전히 억압적이었다. 제2차 세계대전이 끝난 후 냉전 시대에 여성 취업은 늘었지만 노동시장에서 지위는 오히려 낮아졌다. 차를 두 대씩 굴리고 텔레비전을 사는 것이 신분의 상징처럼 되자 늘어난 살림비용을 감당하기 위해 25세 이하 독신 여성뿐 아니라 기혼 여성도 노동시장으로 나왔다. 한편 고학력이면서 일자리가 없는 여성은 늘어갔다. 그 와중에 페미니즘이 살아날 조짐을 보였다. 1961년 케네디 대통령은 엘리너 루스벨트 여사를 위원장으로 하는 대통령 직속 여성특별위원회를 설치했다. 위원회는 자유국가 미국에서 이등 시민으로 사는 여성의 지위에 대한 보고서를 1963년에 제출하면서 시정을 권고한 후 해산했다. 하지만 새로운 여성운동의 동력은 1968년을 전후해 다양한 의식 고양 집단을 통해 고사리 순처럼 올라왔다. 이들 '조직이 없는 조직'의 구성원은 대부분 30대 이하 여성으로, 지난 10년간 각종 사회운동에 참여해 정치교육을 받거나 학생이 직접 원하는 강좌를 개설·운영할 수 있는 자유 대학을 이수한 경험이 있었다. 프리먼이 보기에 이 모든 변화가 여성해방운동이 도래할 수 있는 조건이었다.(Freeman, 1998)

TIP | 자유의 여름

1964년과 65년, 미국의 인종차별의 상징인 미시시피로 1000여 명의 민권운동가들이 모였다. 이들은 스스로 비용을 들여서 흑인들에게 투표권 행사를 위한 유권자 등록을 독려하는 활동을 했다. 원래는 '미시시피 여름 프로젝트'라고 불렸는데, 나중에 '자유의 여름 freedom summer'으로 알려졌다. 첫 해 650명의 대학생 참여자 중 300명이 여성이었다. 부모에게 알리지 않거나 반대를 무릅쓰고 참여한 여학생들은 집에서 어머니가 아프다는 전보를 받거나 직접 와서 데려가려는 상황을 겪어야 했다. 또한 젊은 흑백남녀가 함께 참여한 숙박 활동은 처음이었으므로 그 내부의 긴장감도 만만치 않았다. 백인 남성과 백인 여성뿐만 아니라 흑인 여성과 백인 여성 사이에도 성차별을 느끼는 감수성이 매우 달랐다.(김인선, 2013)

새로운 여성운동의 등장에는 인종차별 철폐를 위한 활동이나 대학 민주화, 베트남전 참전 반대운동에 참여한 경험도 한 몫을 했다. 영화 〈미시시피 버닝〉의 소재가 되기도 한 미국 인종차별의 상징 미시시피에서 진행된 '자유의 여름' 활동이나, 1967년 슐라미스 파이어스톤Schulamith Firestone이 학생운동 집회에서 여성의 권리에 대해 발언하려다가 "비켜요, 아가씨. 우리는 여성해방보다 더 중요한 논의사항이 있어요"라고 면박을 당한 경험 등은 성평등이 여타 사회문제 해결 이후가 아니라 나란히 해결해 가야 할 과제라는 깨달음을 주었다. 소설가이자 민주사회를 위한 학생연맹SDS의 초기 멤버였던 마지 피어시Marge Piercy는 1968년 '남성우월주의자들에게 여성은 잠자리와 식사를 준비하고 어린이를 부양하는 일, 또는 타이핑 작업이나 사무기기 조작, 지루한 조사 작업을 보조하는 사람에 불과했다'고 선언한 후 조직을 떠났다.(알리 외, 2001: 141~142) 1967년 이후 반전운동이 중심이 되고 징집 거부가 중요한 전술로 채택되면서 여성이 학생운동 조직에서 할 수 있는 역할은 점점 줄어들었다. 물질적이고 인종차별적인 미국 사회를 개혁한다는 기치를 내건 운동권 남성들은 성차별에는 무신경했고, 이에 지친 젊은 여성들은 자매애에 기반을 둔 대안적 공동체를 만들고자 따로 모였다.

"자매애는 강하다"

1968년은 그동안 축적된 학생운동과 민권운동의 에너지가 베트남전 반대라는 뇌관을 만나 발화된 시기였다. 미국은 물론 유럽

1968년 워싱턴 D.C.에서 일어난 반전 시위. 시위 중 '자매애는 강하다'라는 구호가 처음 등장했다.

과 남미, 일본까지 대학생과 노동자 연대가 생겨났고 전쟁, 관료주의, 군산복합체, 독재, 권위주의, 교육 격차에 저항하는 구호가 캠퍼스와 거리를 뒤덮었다. 같은 해 4월에 마틴 루터 킹 목사가 암살되었고, 6월에는 케네디 대통령의 동생 로버트가 저격 당했다. 8월에는 시카고 민주당 전당대회에서 반전시위를 하던 대학생들이 경찰에게 맞는 사태가 벌어졌다. 같은 달, 소련의 탱크가 프라하에 진입했고 프라하의 봄은 민주주의를 채 싹틔우기도 전에 끝나버렸다. 1968년 1월, 워싱턴 D.C.에서 반전시위 중 '자매애는 강하다sisterhood is powerful'라는 구호가 등장했다. 9월에는 애틀랜틱시티의 미스아메리카 선발대회 행사장 앞에서 여성의 상품화에 반대하는 시위가 있었다. 이 시위를 주도했던 로빈 모건Robin Morgan은 미스아메리카란 '인종차별주의와 군국주의, 자본주의와 같은 미국적 가치가 완벽하게 결합해서 하나의 이상적인 상징'으로 나타난 예이기 때문에 대회를 중단시키려 했다고 설명했다. 이날의 시위는 대중매체에 의해 '브래지어를 태운 여자들bra-burners'로 소개되면서 희화되는 수모를 겪었다. 같은 해 6월, 영국의 런던 동쪽에 위치한 다겐함의 포드자동차 공장에서 여성 재봉공이 파업을 했다. 포드자동차 공장은 성별에 따라 직무가 분리되어 있어서 여성은 매점이나 시트 만드는 재봉 공정에서만 일했다. 여성 재봉공은 아무리 오래 일을 했어도 초보인 남성보다 적은 임금을 받았다. 여성들은 남성노동자의 적대감을 무릅쓰고 공장 가동을 정지시켰고, 마침내 동일가치 노동에 대한 동일임금을 얻어 냈다. 또한 영국에서 반전평화운동과 관련된 여성그룹은 "핵무장해제운동the Campaign for Nuclear Disarmament, VCND"과 결합하기도 했다. 이렇듯 68혁명을 기점으로 여성의 독자적인 요구가 각 분야에서 쏟아졌다.

여성해방운동의 이론가들

자유주의 페미니즘과 '여성의 신비'

여성해방운동 시기에 널리 읽힌 책으로 베티 프리단Betty Friedan 의 《여성의 신비》가 있다. 20세기에 가장 영향력 있는 책 중 하나로 꼽히는 이 책에서, 프리단은 당시 세계 최대의 호황을 누리는 미국, 그중에서도 가장 풍요로운 교외 주택단지에 사는 중산층 아내의 허한 내면을 드러내 충격을 던졌다. 명문인 스미스여자대학에서 심리학을 전공하고, 언론인으로 일했던 프리단은 1957년 졸업 15주년을 맞이해 동창생 200명에게 설문을 돌렸는데, 대다수가 '여성으로서 삶의 현실과 추구하는 이미지 사이에는 묘한 불일치가 있다'고 답했다. 프리단은 이들이 풍요로운 환경에도 불구하고 공허함을 느끼는 '이름 붙일 수 없는 병the problem that has no name'을 앓고 있다고 분석했다.

제2차 세계대전 이후 미국 사회는 언론, 교육, 광고 등을 통해 여성은 '성적으로 수동적이고 남편의 지배를 원하고 모성애를 발휘'하는 데 만족하는 존재라는 이미지를 퍼뜨렸다. 소위 '여성의 신비'라는 개념인데, 프로이트의 심리학이나 기능주의 사회학의 영향도 있었다. 커리어를 추구하는 여성은 자연을 거스르는 존재로 취급되고, 아이를 키우고 살림을 하는 데 진정한 여성의 행복이 있다고 강조했다. 이런 가르침은 개인적 성취를 강조하는 고등교육과 상충하는 것으로 고학력 여성일수록 갈등과 분열을 겪었다. 프리단은 갈등을 벗어나는 해법으로 바람직한 여성 이미지에 자

TIP | 이름 붙일 수 없는 병

"교외에 사는 부유한 가정주부들은 제각기 이 문제를 가지고 홀로 싸웠다. 침대를 정리하면서, 식품점에서 물건을 사면서, 의자커버를 씌우면서, 아이들과 땅콩버터 샌드위치를 먹으면서, 아이들을 소년단과 소녀단으로 태우고 다니면서, 그리고 밤에 남편 곁에 누워 있으면서 이 조용한 질문 — 이것이 과연 전부일까? — 을 자신에게조차 던지기 두려워 했다."(프리단, 2005: 54)

1971년 미국의회 앞에서 평등권수정조항 시위에 참여한 베티 프리단(맨 앞)

신을 맞추려 하지 말라고 권했다. 예를 들어 집안일을 완벽하게 하기보다는 효율적으로 처리하고 남편과도 분담하라고 했다. 아내가 집에서 불만에 차서 지내기보다 사회적인 활동을 하면 남편과 아이들과의 관계도 오히려 좋아진다고 안심을 시켰다. 결혼과 어머니의 역할이 삶의 중요한 부분이기는 하지만 삶의 전부는 아니라는 프리단의 주장은 경력단절 여성들의 뜨거운 호응을 받았다. 프리단 세대가 원하던 여성의 사회진출과 가정생활 양립은 딸 세대에 이르러 당연한 것으로 바뀌게 된다.

프리단의 활동은 중산층 현모양처의 자아 찾기에 머물지 않고 조직으로 확대됐다. 1966년 프리단은 27명의 동료들과 5달러씩 기부금을 모아 여성단체 NOWNational Organization of Women를 결성했다. NOW는 여성의 사회진출을 가로막는 장애를 제거하는 데 주력했다. 성차별적 구인광고 금지, 항공사의 기혼 여성 해고 철폐, 해묵은 이슈인 헌법 조문에 성차별 금지를 명시하는 평등권수정조항Equal Rights Amendment, ERA 통과 등 수많은 소송을 진행했다.

급진주의 여성해방 이론

자유주의 페미니즘 계보에 속하는 프리단이나 NOW만 본다면 여성운동의 제2의 물결에 새로움이 별로 드러나지 않는다. 오히려 공화국 시민으로서 개인의 권리를 강조했던 참정권운동 세대와 연속성을 보이기도 한다. 그에 비해 작은 모임을 기반으로 활동하던 급진파radicals는 운동 방식이나 이슈에서 확연히 구분된다. NOW의 경우 전국 조직을 지향하고 남성 회원도 받아들인 반면 급진파는 68혁명 당시 저항운동 조직의 남성중심성을 통렬히 비판하고 자매애로 이루어진 여성만의 자율적 공동체를 지향했다. 사상적으로는 마르크스주의를 비롯한 계급론적 사회 분석의 틀에 영향을 받았으나 '자본주의'가 아니라 '성'이 가장 기본적인 억압의 토대라고 보았다. 급진적 페미니즘의 이론적 틀을 제공한 파이어스톤은 1970년에 출간한 그의 저서《성의 변증법》을 통해 '사회주의 혁명은 여성을 위해 충분히 혁명적이지 않다'고 선언했다. 그는 여성 억압의 기원은 경제적 기원뿐만 아니라 생물학적인 기반을 가진 것이므로 계급 분석만으로는 부족하며, 남성과 여성의 불평등을 초래하는 요인으로 생식기능의 차이가 크다고 보았다. 파이어스톤이 제시하는 여성해방의 해법은 여성 자신이 재생산을 통제할 수 있는 권리와 기술을 가짐으로써 생물학적인 숙명에서 벗어나는 것이었다. 여성이 성계급이라는 하위 카스트에서 벗어나려면 복제나 인공수정으로 출산을 대체해야 한다는 것이다. 파이어스톤의 주장이 당시에는 황당하게 들렸겠지만 오늘날 의학의 발전으로 얼마든지 실현 가능한 얘기가 됐다. 하지만 오늘날 발달된 생식기술은 여성을 재생산으로부터 해방 시키기보다 태아 감별이나 무리한 인공배란, 대리모 등으로 오히려 여성의 생명을 위협하는 경우가 종종 있다. 문제는 여전히 과학기술이 아닌 권력관계임을 알 수 있다.

여성억압의 기원이 자본주의인가 생물학적인 성차인가, 당면한 적이 체제인가 남성인가, 여성은 남성 지배적인 좌파와 계속 협력해서 일해야 하는가 아니면 남성과 관계를 끊고 여성들과 연대를 구축해야 하는가를 둘러싼 논쟁은 미국 여성해방운동 진영을 정치파politicos와 급진파로 분열시켰다. 여성운동의 독자성을 강조하는 급진파와 달리, 정치파는 여성 문제를 사회변혁을 지향하는 더 큰 투쟁에 포함되는 부문운동으로 생각하고 스스로 페미니스트 정체성을 가진 마르크스주의자 혹은 사회주의자라고 생각하는 입장이었다. 독일의 여성들도 비슷한 분열을 경험했다. "경제부국을 자랑하는 서독 사회에서 여성들이 감수해야 했던 모순은 진보성을 천명한 학생 청년운동 내부에서도 일어났다…밤을 지새우며 서독 사회의 모순과 그 척결 방안을 토론하는 남성 동지들을 위해 그들은 커피를 끓이고 내일 뿌릴 전단을 타자로 쳤다…진보적인 남성들에게 성관계, 임신 그리고 육아는 서로 상관없는 각각의 문제였으며 해방된 여성이라면 혼자 알아서 처리해야 하는 문제"였기 때문이다.(이금윤, 1990: 359)

성해방과 여성해방

성해방의 조건

여성해방운동이 여권운동에 비해 새로운 이유는 선택된 이슈가 그동안 지극히 사적인 문제로 취급된, 하지만 여성의 삶을 제약하는 것이었기 때문이다. 특히 섹슈얼리티sexuality 관련 문제가 공공연하게 거론된 것은 큰 변화였다. 당시 신좌파운동에서도 성해방 담론이 전개됐는데, 여성해방운동의 접근과는 거리가 있었다. 당시 반反문화운동이 성적 억압을 근대 권위주의와 개인의 소외 문제에 연결해 설명한 빌헬름 라이히Wilhelm Reich의 이론에 심취하고, 관습적인 금기를 벗어나 성적 표현의 자유를 회복하는 것에 관심을 가졌지만, 여성해방운동에서는 그간 개인적으로 당해 온 억압의 경험을 벗어나 공동체의 대안을 마련하기를 원했다. 여성들은 성해방을 논하기에 앞서 낙태의 권리, 보육시설, 성희롱·성폭력으로부터 안전할 권리가 선결되어야 한다는 것을 잘 알고 있었다. 흔히 피임약 시판은 성혁명의 전제 조건이라고 한다. 임신을 방지할 수 있는 피임약은 미국에서는 1960년 승인이 났고 1961년부터 시판에 들어갔다. 피임약의 사용은 생식과 쾌락을 분리한 성행위를 가능하게 했고 자기 몸에 대한 여성의 통제권을 확장하는 효과를 가져왔다. 그러나 남녀 관계가 전반적으로 바뀌지 않는 한 피임약이 여성에게 곧바로 성해방을 안겨주지는 않을 거라는 사실을 그 시절 여성들도 알고 있었다.

자기 몸에 대한 결정권

여성 자신이 자기 몸에서 일어나는 재생산에 대해 결정권을 가져야 한다는 의식이 여성해방운동을 통해 확산되자, 낙태 문제는 윤리와 충돌하는 소란스런 쟁점이 되었다. 1971년 프랑스 좌파 주간지《르 누벨 옵세르바퇴르le Nouvel Observateur》에는 〈343명의 나쁜 여자들의 성명서〉라는 제목의 글이 실렸다. 시몬 드 보부아르, 마르그리트 뒤라스, 프랑수아즈 사강, 잔 모로, 카트린 드뇌브 등 유명인사들까지 참여해 본인의 낙태 경험을 고백하고, 처벌을 달게 받겠노라는 내용이었다. 당시 프랑스에서 매년 수백만 명이 낙태 수술을 받았지만 낙태는 중대한 처벌 대상이었고 불법 시술 과정은 위험했다. 낙태의 자유를 호소한 성명서는 당시 충격으로 받아들여졌지만 1974년 보건부 장관 시몬 베이유Simone Veil는 낙태 전면 금지를 푸는 개혁에 성공했다. 1971년 독일에서도 프랑스의 전례를 따라서 낙태 경험을 고백하는 서명운동이 일어났다. 잡지《슈테른Stern》을 통해 374명이 처음 공개를 한 데 이어 몇 주 만에 서명 인원이 수천 명을 훌쩍 넘었다. 미국에서는 연방대법원이 1973년의 로 대 웨이드Roe vs Wade 판결을 통해 여성 자신이 낙태 여부를 정할 권리를 인정했다. 미국 사회에서 낙태 찬반 여부는 대통령 후보의 사상 검증 기준이 될 정도로 지금도 논란거리다. 1996년에 나온 영화 〈더 월If these walls could talk〉을 보면 병원에서 보다 인간적인 대우를 받으며 안전한 낙태 시술을 받을 권리를 바라는 여성들의 소망은 시대가 바뀌어도 여전히 실현되지 못했음을 느낄 수 있다.

자기 몸에 대해 좀 더 많은 지식을 갖기 위해 여성들은 스스로 모임을 만들기도 했다. 1969년 미국 보스턴에서 '여성과 몸' 회의에 참가한 12명의 여성은 병원에서 분노와 짜증을 느낀 적이 있다고 털어놓았다. 이들은 1972년 '보스턴여성건강모임'을 만들었고 꾸준히 발행한 소책자를 모아《우리 몸 우리 자신》을 출간했다.

폭력에 반대한다. 포르노는?

여성에게 가해지는 각종 폭력을 예방하고 피해자를 지원하는 활동도 새로운 여성해방운동의 성과다. 영국의 여성운동가들은 1976년 '강간 종식 여성모임Women Against Rape, WAR'을 만들었다. 이들은 입법부, 사법부, 행정부를 상대로 피해자보호법 시행을 요구했고, 강

낙태권을 지지하는 여성들의 시위

간은 중대한 범죄라는 인식을 대중매체에 확산하는 데 주력했다. 1978년부터는 부부 사이에도 강간이 성립할 수 있음을 알리고 피해자에 대한 재정 지원을 위한 캠페인도 벌였다. 한편 포르노 검열에 관해서는 페미니스트 사이에서도 의견이 나뉘었다. 사상과 언론 자유를 중시하는 경우 포르노 반대도 일종의 표현의 자유에 대한 탄압이자 검열이란 점에서 유보적인 입장을 취했다. 반면 포르노가 여성에 대한 남성의 폭력을 조장하므로 일정한 규제와 검열이 반드시 필요하다는 입장도 존재했다. 미국의 안드레아 드워킨Andrea Dworkin과 캐서린 맥키넌Catharine Mackinnon은 대표적으로 포르노 반대 활동을 펼쳤다.(드워킨, 1996; 맥키넌, 1997; 조국, 2003) 이들은 〈목구멍 깊숙이〉(1972)라는 유명한 포르노에 출연한 여배우가 촬영 과정에서 학대와 강요를 당했음을 밝히자 그 제작자와 감독에 대한 소송을 진행하기도 했다. 포르노에 대해 도덕 차원에서 접근했던 보수주의의 논의를 벗어나 이들은 포르노가 여성의 시민권을 침해한다는 것에 주목했다. 포르노는 오락 명목으로 여성에 대

TIP | 로 대 웨이드 판결

제인 로Jane Roe라는 가명을 사용한 텍사스 거주 독신 여성은 낙태를 금지한 텍사스 주의 형사법이 개인의 자기결정권을 박탈하므로 위헌이라는 취지의 소송을 여성운동가들의 도움으로 제기했다. 소송 제기 당시 로우는 강간에 의한 임신 상태였고, 텍사스 주법은 산모의 목숨이 위험한 상태를 제외하고는 낙태를 금하고 있었다. 1973년 연방대법원은 7대 2로 로우의 손을 들어주었다. 개인의 사생활권을 보장하는 헌법에 의거해 임신 초기의 낙태는 여성의 결정 권한에 속한다는 취지의 판결은 낙태를 금한 주법을 무효화 시켰고, 이후 50개 주가 이 판결을 따랐다. 한편 이 판결을 계기로 낙태 반대론자들의 결집도 강화됐다. 그 여파로 1977년에는 가난한 여성이 낙태할 때 주정부가 주는 보조금을 철회한다는 내용의 판결이 대법원에서 통과됐다.

한 폭력과 착취를 정당화함으로써 여성에게 해를 끼치는 성차별적인 도구이기 때문에 헌법의 평등 원칙에 위배되고 법으로 금지해야 한다는 주장이다. 변호사인 맥키넌은 1992년 보스니아 내전 이후에 당시 세르비아계에 의해 성폭행을 당한 이슬람 여성들과 크로아티아계 여성들을 지원하며 전범을 기소하기도 했다.

다양한 주체, 새로운 쟁점

19세기의 여권운동을 통해 시민으로서 남성과 동등한 각종 권리를 얻었다면 20세기 후반의 여성해방운동은 일상의 성차별과 가부장제 타파에 주목했다. 이 시기 급진적 페미니스트는 남성이 지배하는 기존 조직을 벗어나 대안적인 여성 공간, 여성 문화를 만들려고 노력했고, 사회주의 페미니스트는 반제국주의, 노동운동, 신좌파와의 연대를 여전히 지속하면서도 개인과 가족 관계에서 가부장제를 개혁하고자 했다. 자유주의 페미니스트는 남성과 동등한 권리를 보장받기 위해 동일임금 획득, 여성의 관리직·전문직·고위직 진출 등을 위한 제도 개선에 집중했다. 실제로는 더 다양했는데, 1973년 미국의 여성단체 명부에는 의식 고양 소모임, 여성 무술 교습, 여성 건강 관리, 낙태와 피임, 여성사 연구, 의회 로비 및 법률 자문, 거리 연극, 레즈비언 권익, 여신 숭배, 여성 예술인, 여성 노조, 흑인 여성, 멕시코계와 아메리칸 인디언 여성 모임 등 2000여 개 단체가 이름을 올렸다.

제2의 물결, 여성해방운동은 여성들 사이의 연대, 자매애를 강조하면서 출발했지만 시간이 지날수록 여성들 사이의 차이가 도드라졌다. 유색인 여성은 백인 중심이나 서구 중심주의에서 벗어나 자신의 경험을 반영하는 목소리를 내고자 했다. 때론 보편적 기준 자체에 문제를 제기했다. 이성애 핵가족 모델을 기준으로 정상과 비정상을 나눈다든지 단선적 근대 발전론에 따라 성장과 개발주의를 추구하는 것도 비판 대상이 됐다. 독일의 에코페미니스트 마리아 미즈Maria Mies는 '따라잡기 발전의 신화', 즉 미국, 유럽, 일본 등 풍요로운 사회가 '좋은' 삶의 모델이며 '저개발' 국가는 '선진' 국가가 제시한 길을 따라가면 된다는 가정에 의문을 표했다. 또한 동일한 발전 모델도 젠더에 따라 다른 결과를 가져오기 때문에 남성중심 모델을 기준으로 삼는 것도 반대했다.(미즈, 2014)

신자유주의, 보수화의 시대라고 불린 1980년대에 이르면 서구 사회에서는 페미니즘이 더 이상 성장하지 못하고 운동으로서 종언을 고했다는 진술이 종종 나타난다. 대처 수상과 레이건 대통령의 집권과 더불어 페미니스트가 가족을 해체하고 사람들을 불행하게 한다는 고루한 반격도 재등장했다. 하지만 1990년대에 접어들면서 젊은 여성들 사이에서 페미니즘의 제3의 물결the third wave feminism이 다시 거론되기 시작했다. 이 단어는 흑인 여성 작가 레베카 워커Rebecca Walker가 1991년에 페미니스트 잡지 《미즈Ms.》에 〈제3물결 되기〉라는 글을 기고하면서 알려졌다. 클래런스 대법관 후보 청문회[3]에 자극 받은 워커는 "나는 포스트페미니스트가 아니다. 제3의 물결이다"라고 선언했다. 그렇다고 어머니 세대로부터 물려받은 페미니즘을 그대로 받아들이는 것이 아니라 서로 다른 정체성과 여성의 일상 경험을 통합해 역량을 강화하고 새로운 방식의 연대를 찾아갈 것을 제안했다.(통, 2010) 다양성과 차이는 21세기의 페미니즘을 말해 주는 가장 적절한 단어다. 하나의 이념이나 조직으로 설명할 수 없는 여러 빛깔의 목소리가 터져 나오고 각자 추구하는 구체적인 목표도 다르지만 권위나 폭력, 차별에 반대하는 페미니즘이라면 지구적 차원의 연대가 가능하다. 18세기 말 시민혁명에서 비롯된 계몽사상과 근대 민주주의는 모든 인간이 평등하다는 원칙을 세움으로써 페미니즘이 시작될 수 있는 토대를 제공했다. 이제는 모든 인간이 서로 다르지만 그래도 평등하다는 원칙에 공감하고 성별을 비롯한 다양한 차이가 차별로 이어지지 않을 때, 인간 해방을 완성하는 사상으로서 페미니즘의 의미가 계승될 것이다.

● 한눈에 보는 여성주의 운동사

1869
영국 조세핀
버틀러,
〈성병관리법〉
반대 운동 시작

1905
베르타 폰
주트너, 최초의
여성 노벨상
수상자

1848
세네카 폴스
여권 대회

1886
〈성병관리법〉 폐지

제1물결 여성운동

1791
《여성시민의
선언》 발표

1866
영국, 여성 참정권
법안 제출 (부결)

1893
뉴질랜드,
세계 최초로
여성 참정권
도입

1906
핀란드,
유럽국가
최초로 여성
참정권 도입

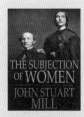

《여성의 종속》(1869)

《가족, 사유재산,
국가의 기원》(1884)

《여권의 옹호》(1792)

제1차 세계대전(1914)

'3·8 여성의 날'
국제기념일
지정 결의

1910

덴마크,
제2인터내셔널
국제사회주의
여성회의

1916

미국, 산아제한
클리닉 개소

1944

프랑스,
여성 참정권
부여

1953

〈여성의 성적
행동〉 킨제이
보고서 발간

1907

국제여성
사회주의노동자연맹
창설

1924

덴마크,
최초의
여성장관 임명

1947

이탈리아 헌법,
성차별 없는
동등한
남녀 권리 명시

1960

미국 식약청,
경구 피임약
사용 승인

1961

미국,
대통령직속
여성특별위원회
설치

제2차 세계대전(1939)
파시즘의 등장

《미국의 성차별
실태보고서》
제출 후 해산

《제2의 성》(1949)

1968

애틀랜틱시티
미스아메리카 선발대회에서
성상품화 반대 시위

영국 다겐함 포드 자동차
여성 노동자 동일노동 동일임금
요구 파업

낙태 결정에서
여성 권리 인정

1973

미국,
로 대 웨이드
판결

1979

디너 파티,
배제된 여성의
역사에 관한 설치
미술 전시

1967

유엔총회
〈여성차별
철폐선언〉
채택

제2물결 여성운동

1964

미국 민권법,
인종차별과
성차별을
불법으로 규정

1969

미국 급진파
페미니스트 그룹
레드스타킹즈
선언

1971

프랑스,
낙태고백
서명운동

1975

유엔 세계
여성 대회
최초로 개최

《여성의 신비》(1963)

《성의 변증법》(1970)

《미즈》(1972)

《하나이지 않은 성》
(1977)

신자유주의 세계화

성평등의 보편성
논쟁 심화

1989

프랑스,
차도르 착용
여학생
퇴교 조치

1993

노르웨이,
세계 최초
아버지 출산휴가
의무사용할당제
실시

1995

중국 베이징
제4차 유엔
세계여성대회
개최

제3물결 여성운동

1985

페미니스트
예술가들
게릴라 걸스
결성

1991

미국 대법관 후보
성희롱 문제 청문회

직장 내 성희롱
문제 공론화

2000

프랑스,
〈남녀동수법〉
시행

여성의
정치 진출 확대

《페미니즘》(1985)

《젠더트러블》(1990)

《에코페미니즘》(1993)

더 읽어보면 좋은 책

1. 페미니즘 사상

◗ 한정숙 엮음, 《여성주의 고전을 읽는다》, 한길사, 2012.

메리 울스턴크래프트에서 주디스 버틀러까지, 서구 계몽주의에서 포스트모더니즘에 이르는 두 세기 동안 여성주의 대표 사상가 10인을 선정해 국내 대표적인 여성주의 연구자들이 소개했다. 생애 소개와 사상의 해설을 잘 엮어 이해하기 쉬우면서도 깊이 있게 서술했다.

◗ 메리 울스턴크래프트, 손영미 옮김, 《여권의 옹호》, 한길사, 2008.

근대 계몽주의 페미니즘의 선구자로 꼽히는 울스턴크래프트의 저작을 직접 읽는 재미를 맛볼 수 있다. 루소의 교육론《에밀》을 조목조목 반박한 제5장 등을 읽다 보면 정식 교육을 받지 못하고 스스로 길을 열어 온 젊고 재능 있는 여성의 울분이 간절히 전해진다. 울스턴크래프트가 살았던 시대적 배경, 학자들의 평가와 비평도 함께 수록되어 공부에 도움이 된다.

2. 통사로서의 여성사

◗ 정현백·김정안, 《처음 읽는 여성의 역사》, 동녘, 2011.

오랫동안 대학과 고등학교에서 학생들에게 여성사를 강의해 온 두 저자가 펴낸 입문서로 고대 사회에 모권제 사회가 실제로 있었는지에 대해 논의한다. 마녀사냥, 여성운동의 등장, 세계대전과 혁명, 자본주의 경제, 지구화 시대의 노동과 성차별까지 여성사의 주요 흐름을 한 눈에 볼 수 있다.

◗ 실라 로보섬, 최재인 옮김, 《아름다운 외출》, 삼천리, 2012.

로보섬은 20세기 영미권의 여성운동 역사를 공부할 때 꼭 만나게 되는 학자다. 아래로부터의 역사 쓰기를 시도해 온 영국 마르크스주의 역사가의 전통에 페미니스트로서 시각을 결합했다. 지난 100년간 영국과 미국 여성의 일상에서 민주주의에 걸쳐 진행된 급진적 변화를 소개한다.

■ 사빈 보지오-발리시·미쉘 장카리니-푸르넬, 유재명 옮김, 《저속과 과속의 부조화, 페미니즘》, 부키, 2007.

프랑스에서 나온 20세기 여성과 페미니즘의 역사. 영미 편향을 넘어서 유럽의 시각과 상황에 대한 선별된 정보를 얻을 수 있다. 책 구성은 사건들, 인물과 신화, 종합 평가와 논쟁 등 3부로 나뉘어 있으므로 어디서 시작해서 읽어도 좋다. 판형이 크고 사진과 연표 등 시각 자료가 다양하게 제공된 것도 장점이다.

3. 쟁점별 연구

■ 노서경 외, 《서양 여성들, 근대를 달리다》, 푸른역사, 2011.

서양사를 전공하는 9인의 국내 학자(최재인, 양희영, 이시연, 문수현, 김윤경, 이은정, 윤은주, 김현숙 등)가 프랑스 혁명의 테루아뉴 드 메리쿠르, 러시아 여성 기병장교 두로바, 독일 사민당의 릴리 브라운, 알제리의 자밀라 부파차 등 각자 분야에서 근대의 역설을 증언하는 여성을 선정해 소개했다. 이들은 근대사를 서구 남성과는 다른 방식으로 경험했다.

■ 마리아 미즈, 최재인 옮김, 《가부장제와 자본주의》, 갈무리, 2014.

근대 페미니즘의 역사는 서구를 중심으로 시작됐지만, 21세기에 비서구의 관점을 배제한다면 반쪽의 담론에 불과하다. 개발 위주 발전 논리가 여성과 저개발 사회, 세계 환경에 어떤 영향을 미쳤는지를 연구해 온 미즈는 이 책에서 가부장제의 성별 노동 분업이 어떻게 국제 노동 분업으로 연결되는지 분석했다.

■ 엘리자베트 벡 게른스하임, 이재원 옮김, 《모성애의 발명》, 알마, 2014.

사회변동, 가족제도, 사랑의 방식 사이의 연관을 꾸준히 연구해 온 저자가 현대 독일의 저출산과 고령화 현상은 왜 생겼는가라는 질문에서 출발해 근대 이후 모성애가 '발명'되고 변질된 역사와 이에 대한 여성들의 현실적 대응을 살펴보았다. 3장에서 사회학자가 시도한 '모성애의 역사' 서술은 지나친 단순화의 혐의도 있지만, 동향을 이해하는 데 유용하다.

젠더와 사회구조

김현미

—— 본 장은 젠더라는 개념이 등장한 이후 어떻게 젠더 관점이 다양한 사회적 불평등의 문제들을 분석하는 데 기여해 왔는가를 이해하는 데 목표를 둔다. 젠더는 사회적으로 구성된 성차를 의미하는 말로 계급이나 인종 개념처럼 구조적 차별과 배제의 메커니즘을 분석하고 사회 변화를 이끌어 내기 위해 사용된다. 특히 페미니즘의 출현 이후 여성성이나 남성성은 고정된 관념이나 역할이 아니라 특정 맥락에서 행위자들에 의해 타협, 중재, 갈등을 하는 각축의 장이고, 이 때문에 변화가 가능하고, 변화를 만들어 내기 위한 실천이 강조되기 시작했다. 본 장에서는 현실 사회를 분석하는 데 필요한 젠더 개념, 젠더 관점, 젠더 분석법이 어떻게 발전되어 왔는지를 소개한다.

젠더의 의미

"여성과 남성은 다르다"라는 말은 무슨 의미일까? 이 둘은 어떤 점에서 다르고 같을까? 이 둘의 차이는 본질적이고 고정된 차이인가? 놀랍게도 이런 의문이 학문적으로 탐구되기 시작한 것은 아주 최근의 일이다. 오랫동안 여성과 남성의 기질, 역할, 인성의 차이는 신체적 차이, 즉 섹스sex의 결과로 이해되었다. 여자가 '여성적'이 되고 남자가 '남성적'이 되는 것은 생물학적 차이의 결과이고, 이러한 생물학적 결정론은 오랫동안 자연스런 진리로 받아들여졌다. 프로이트의 유명한 명제인 "해부학은 숙명"이라는 주장 또한 신체적 차이를 강조한다. 프로이트는 여성과 남성의 보편적인 심리적 차이는 직접적이든 간접적이든 인간의 신체 구조에 의해 초래된 것이며 이러한 차이는 자연적인 것이므로 바뀔 수 없다고 했다. 남녀 간의 신체적 차이가 여성성과 남성성의 이분화를 낳는다는 통념을 거부하며 등장한 것이 젠더gender 개념이다. 젠더는 원래 언어분류 체계의 여성형과 남성형을 지칭하는 문법적 용어였다. 그러나 1960년대부터는 생물학적 차이를 나타내는 섹스와는 구별되는 의미로, 사회문화적·역사적으로 만들어진 '성적 차이'라는 의미로 사용되었다. 섹스(여자/남자)가 생물학의 문제라면, 젠더(여성성/남성성)는 문화의 문제이다.

신체적 차이인 섹스는 인간이 태어나자마자 부여받는 가장 기초적인 몸의 분류 체제다. 인간은 남자, 여자, 그리고 간성인 intersex●으로 분류될 수 있다. 그러나 모든 인간은 여자 또는 남자로 이분화된 신체를 가진다는 강한 믿음 때문에 다양한 신체들의 존재는 억압되어 왔고, 남녀 간 신체 차이만을 극대화하고 그것으로 인성, 기질, 역할을 범주화하고 구분해 왔다. '남자로 태어나', '여자가~'라는 주어로 시작하는 말은 남자나 여자의 신체를 갖고 태어난 이상, 사회적으로 기대되는 어떤 역할이나 행동을 해야 한다는 강한 믿음을 반영한다. 그러나 사람들이 젠더, 즉 남성다움과 여성다움에 대해 갖는 느낌이나 관념은 반드시 신체적 차이로 인해 자동적으로 획득되는 것은 아니다. 젠더가 사회문화적 구성물이란 말은 여성성/남성성은 그 사람이 속한 사회나 집단에 의해 문화적으로 구성된다는 것을 의미한다. 젠더는 인지적·심리적·상징적인 구성물로서 인간이 특정 환경 속에서 다른 사람들과 교류하면서 습득하는 일종의 정체성과 자아에 대한 관념을 의미한다. 따라서 각 집단의 사회문화적 환경에 따라 젠더에 대한 정의가 매우 다양할 수 있다.

젠더는 특정 사회에서 남성과 여성에게 기대하고 적합하다고 믿는 남성적·여성적 태도와 가치, 행동 양식을 습득시킨 결과로 개인이 갖게 되는 성적 태도나 정체성을 의미한다. 젠더는 여자와 남자가 '사회화'되면서 학습해 가는 일종의 역할이다. 우리는 왜 남자와 여자의 이름이 구별되어야 하는지, 왜 남자가 치마를 입

• 간성인

'간성인' 또는 양성구유자로 불리는 사람들은 태어날 때 남녀 성기 모두를 갖고 태어난다. 문화권마다 차이가 있긴 하지만 간성인은 종종 비정상적이고 병리적인 것으로 취급되어 배척을 받거나 외과적 수술을 통해 한 성으로 귀결시키는 경향이 강했다. 그러나 '간성인'을 비정상적으로 여기지 않고, 신비스러운 것으로 여겨 종교적 의례자가 될 수 있는 역할을 부여한 문화들도 존재한다. 인도의 '히즈라'가 그 대표적 사례다.(난다, 1999)

보부아르의 《제2의 성》(1948) 표지

으면 우스꽝스러운지, 왜 여자가 말이 많으면 예의가 없다고 하는지 그 이유를 알 수 없지만 알게 모르게 이런 규칙들을 습득해 간다. 이 규칙을 내면화하면 '여자답다' 또는 '남자답다'는 말로 사회적 인정을 받게 된다. 결국 젠더화된다는 의미는 특정 사회가 여자와 남자에 대해 다르게 기대하는 역할을 습득하고, 그런 역할을 다른 사람과의 관계 속에서 '수행'한다는 의미다.

중요한 것은 젠더가 단순히 여성성과 남성성의 동등한 '차이'를 구조화하는 것이 아니라는 점이다. 분명 남자와 여자의 차이는 존재한다. 그러나 그 차이를 서로 반대되거나 결합할 수 없는 이질적인 요소 등으로 구분하고, 가치 판단이 개입되면서 그 과정에서 둘 간의 '위계'가 만들어진다. 즉, '차이'가 차별이 된다. 1948년 시몬 드 보부아르Simone de Beauvoir는 그의 저서 《제2의 성》에서 "여성(남성)은 태어나는 것이 아니라 만들어진다"는 말로, 젠더 개념을 제시한 바 있다.(보부아르, 2009) 보부아르는 여성성과 남성성이 단순한 성적 차이가 아니라 남성중심적 가치와 규범을 반영하면서 성립된 남성성과 여성성이라는 점을 강조했다. 즉, 강한 성strong sex 또는 제1의 성the first sex으로 스스로를 정의해 온 남성에게 여성은 남성의 '타자', 즉 제2의 성the second sex으로 간주되면서 남성에 의해 정의되고, 정체성과 역할이 규정되는 대상이 된다. 예를 들어, 이성애 남성이 남성 정체성을 획득하는 과정은 자동적이거나 자연스러운 과정이 아니다. 그는 성장하면서 그의 '타자', 즉 여성이나 기타 성소수자와의 '차이'에 과도한 의미를 부여하면서 남성성의 의미를 획득해 간다. 즉, 타자에 대한 우월성을 내재화하면서 정체성을 획득한다.

보부아르에게 '만들어진다'는 의미의 젠더는 남녀 간 구조적 불평등을 '자연스러운 것'으로 받아들이게 만드는 과정이다. 이 과정은 차등, 불평등, 위계화를 내포하고 있지만 사람들은 이것을 자연의 질서, 신의 창조물, 전통이나 관습, 오랜 문화라고 생각하기 때문에 젠더를 권력의 문제로 연결하지 못하는 경향이 있다. 일반적으로 성차에 의한 불평등의 문제를 제기하면 남성들은 자신의 자아가 도전받고 위협당한다고 느끼거나 여성들의 경우에는 무슨 문제라도 일어날까봐 전전긍긍하거나 불편해 한다. 젠더 정체성은 가족, 학교, 미디어, 정치 등 다양한 영역에서 다른 사람들과 관계를 맺고 성장하면서 구성된 정체성이기 때문에 남녀 모두 이 과정이 내면화된 억압의 결과라는 점을 보지 못한다.

남성의 관심을 끌고, 사랑받는 존재가 되는 것이 곧 여성의 존재 이유라는 것을 어릴 때부터 듣거나 미디어를 통해 학습해 온 여성들은 대상화된 객체로 사는 것에 익숙해진다. 심지어 다른 여성이나 소수자가 당하는 피해나 억압에 대해 공감하지 못하는 경우도 많다. 오히려 문제를 제기한 성차별 피해자를 비난하기도 한다. 왜냐하면 자신은 이런 일에 연루되지 않고 잘 지내는 방법을 알고 있고, 괜히 문제를 제기하면 자신이 획득한 지위마저 잃을까

봐 걱정하기 때문이다. 다수가 원하는 대로 자신의 말이나 역할을 맞춰 가면 인정받고 이익을 얻을 것이라 생각한다. 다른 사람은 차별을 받아도 내게는 그런 차별이 일어나지 않을 것이라 생각하기 때문에 사람들은 행동하기를 원치 않는다. 그러나 어떤 여성들은 여성이 남성 욕구의 '객체화된 대상'으로 존재하는 것이 얼마나 인간의 자율성을 침해하는 것인가를 깨닫고, 자유의지를 획득하기 위한 인식의 투쟁을 벌여 나간다. 이런 경우 자신을 '페미니스트'라고 명명하기도 한다. 남성들의 경우에도 아들, 남편, 아버지 역할에 대한 고정된 기대와 남자다움에 대한 과도한 규범과 이상이 보편적 인간이 누려야 할 자기 선택이나 자기 존중의 권리를 침해한다고 느껴 남성 페미니스트가 된다. 그러나 이런 사람들은 종종 주변 사람들로부터 '문제를 일으키는' 사람 또는 '남자를 미워하는 사람'으로 오해를 사거나 미움을 받기도 한다.

젠더는 여자와 남자는 누구인가의 문제가 아니라 소위 여성성과 남성성, 이성애와 동성애 등의 이분법이 만들어지는 과정에 관한 문제이며 그 관계는 결코 중립적이거나 조화로운 과정을 통해 만들어지지 않는다. 신체적 차이에 기반을 둔 본질론적 사고와 일상에 깊이 스며들어 있는 성 역할 규범들 때문에 젠더 문제를 권력의 문제로 이해하는 것은 쉽지 않다. 이 때문에 젠더가 구성되는 방식에 따라 한 성이 사회 내에서 불이익을 받고, 억압을 받을 수 있다는 점은 오랫동안 간과되어 왔다.

젠더 불평등

젠더라는 개념으로 세상을 바라본다는 것은 무슨 의미일까? 기존에 당연하다고 여겨 왔던 것들이 뭔가 이상하게 느껴지는 이유는 무엇일까? 젠더라는 개념의 등장으로 오랫동안 '정치적 무의식'의 상태에 있었던 성차의 문제는 다양한 방식으로 도전을 받는다. 젠더는 사랑, 결혼, 가족 구성, 출산, 양육, 노령화를 포함한 사적인 영역부터 경제, 종교, 정치, 미디어, 학교 등의 모든 공적 영역에 작동하는 강력한 '체제'이다. 남성성과 여성성의 차이가 생물학적 차이에 따른 자연스런 결과가 아니라는 자각이 일어나면서 '성차' 즉, 젠더는 '분석적인 대상'이며 실천에 따라 변화될 수 있는 삶의 일부라는 인식이 확산되었다. 젠더 개념이 태동한 이후 이제까지 당연하게 여겨졌던 여성과 남성의 차이나 공사 영역의 성 역할 구분 등을 비판적으로 분석하고 변화를 위한 대안을 만들기 위해 체계적인 조사와 연구, 즉, 젠더 연구가 활발하게 진행되었다. 학계에서는 섹스가 어떻게 젠더라는 사회적 권력관계로 만들어지는지에 대해 둘 간의 연관성을 분석했다.

젠더는 남녀 간 위계를 만드는 사회적 맥락을 분석하고 해결책을 모색하는 페미니즘 이론과 운동의 가장 중심적인 아이디어로 등장한다. 1970년대부터 1980년대까지 남녀평등을 주장하는 다양한 여성주의 운동과 개혁들이 일어났다. 1970년대에는 거대한 물결이라 불리는 제2차 페미니즘 운동이 크게 유행했고, 이후 페미니즘을 체계적으로 교육하는 여성학 수업이 대학에서 개설되기 시작했다. 서구와 거의 동시대적으로 1977년, 한국에서도 이화여대를 시작으로 대학에 여성학 수업이 개설되었다. 여성학은 지식 생산 및 교육체계 내부에 깊숙이 자리 잡은 젠더 무감성gender blindness에 대한 인식을 확산시켰다.

이전까지는 무시되었던 '여성의 역할'과 '경험'에 대한 관심이 고조되었고, 보편적으로 드러나는 여성 종속의 기원과 기제를 연구하기 시작했다. 연구뿐만 아니라 남녀 불평등의 상황을 개선하려는 여성운동도 조직화되면서 사회적 반향을 일으켰다. 왜 정치적 영역에 여성은 진출하지 못할까? 임금이나 지위가 높은 직종일수록 왜 남성이 다수일까? 왜 여학생과 남학생이 택하는 과목이나 전공은 차이가 날까? 등 이제까지 본질적인 여성성이나 여성의 역할, 여성의 무능으로 이해되어 온 많은 것들에 의문이 생기면서 불평등을

TIP | 젠더 무감성

젠더 무감성이란 결정적이거나 중요한 의미가 있는 젠더에 근거한 차이가 무엇인지 알지 못하거나 그 차이의 존재를 인정하지 못하는 것을 의미한다. 젠더 무감성은 사람, 지식, 학문의 경향, 제도적 상황 등에 두루 쓰인다. 젠더가 어떤 것을 해석하거나 인지할 때 중요한 변수나 고려 요인이 되어야 함에도 불구하고 이를 눈감아 버리거나 젠더가 중요한 지조차 알지 못할 때 젠더 무감성이란 표현을 쓴다. 똑같은 상황이나 현상도 성별에 의해 다르게 받아들여지고 해석될 수 있다는 점을 이해하지 못하는 것은 젠더에 무감각한 것이다. 젠더에 대해 무감각한 사람은 여성을 비하하는 성적 농담을 하면서도 모두가 즐거워 할 것이라 생각한다. 반대로 젠더 감수성을 가진 사람은 젠더가 현상을 이해하는 데 중요한 관건이라고 본다. 최근까지 의학 교육에서 남성의 몸을 '표준'으로 간주하며 교육과 실험이 이루어지면서 여성이나 간성인들의 신체적 상황과 질병에 대한 연구나 관심이 부족했던 것은 젠더 무감성의 대표적 예다. 학교에서 배우는 지식이나 교과서의 많은 부분은 인간과 남성을 동일시함으로써, 여성이나 소수자의 관점을 반영하지 않거나 이들에 대한 편견을 지속시키기도 한다.

만드는 사회적 기제들에 대한 연구가 활발하게 진행되었다.

그렇다면 '불평등'의 의미는 무엇일까? 여성학자 주디스 로버 Judith Lorber는 젠더 불평등의 양상이 사회마다 다르다고 말한다.(로버, 2005) 젠더 불평등은 한 성이 다른 성으로 인해 특정 영역에의 참여가 배제되거나 하는 일의 가치가 평가절하되고 사회적 기여도를 인정받지 못하는 상태가 지속되면서 구조화된다. 불평등이란 말의 의미를 이해하기 위해서는 '준거'나 '판단'의 기준을 가져야 한다. 남성과의 관계에서 여성이 불평등한 지위에 있다는 것은 다음과 같은 상황에서 일어난다.

첫째, 동일한 조건의 경우, 혜택이나 보상에 있어 차별을 받는 것이다. 비슷한 상황에 처한 남성에 비해 여성들이 혜택을 받지 못하는 것을 의미한다. 교육 수준, 계급 배경, 종교, 민족 범주가 비슷한 경우 여성이 남성에 비해 사회적 지위가 낮고 혜택을 적게 받는다면 젠더 불평등한 경우이다. 동일한 상황이라도 판단의 기준이 다른 경우도 많다. 여성은 남성과 같은 일이나 유사한 일을 하더라도 남성보다 적은 임금을 받고 승진 기회에 제약을 받는다. 흔히 성공한 남성은 그의 '능력'으로 평가받지만 성공한 여성은 그녀의 성공을 '외모'나 집안 배경과 연관해 제대로 평가하지 않는 것 또한 젠더 불평등에 속한다. 똑같은 학력과 조건을 갖추었지만 남성은 정규직에, 여성은 계약직을 포함한 비정규직이나 임시직에 배정하는 경우도 마찬가지다. 아내와 남편이 가정 밖에서 하는 임금노동의 시간이 같아도, 남편에 비해 아내의 가사노동과 육아의 양이 훨씬 많은 경우도 젠더 불평등이 일어난 경우다. 같은 사회적 계급에 속한 딸이 아들보다 교육을 적게 받고 그것을 당연하게 생각하는 경우도 마찬가지다. 국가가 세금을 통해 확보된 재원을 어떻게 사용하느냐의 문제 또한 젠더 불평등을 지속시킨다. 미국의 경우, 생명에는 별 지장이 없는 남성 탈모와 대머리에 대한 연구가 유방암이나 자궁암처럼 생명과 직결된 '병'에 대한 연구보다 훨씬 많은 국가 연구비를 받고 관심을 받는다. 이것 또한 젠더 불평등의 예라 할 수 있다.

둘째, 특정한 성에 속한다는 이유로 강요되는 억압과 착취다. 젠더 불평등은 혜택이나 보상에서의 차별만을 의미하는 것이 아니라 젠더 특정적인 억압과 착취의 형태로 나타난다. 예를 들어, 과거에는 남아 선호 사상 때문에 임신 중 여아로 밝혀지면 낙태를 하거나, 태어나도 여아 살해를 하는 경우가 많았다. '한 자녀 운동'을 벌인 중국의 경우 사회주의 양성평등 의식 덕분에 많은 변화가 있었지만, 한 자녀만 낳아야 한다면 남아를 낳아야 한다는 사상이 지배적인 지역에서는 여아 낙태의 비율이 매우 높은 것으로 나타났다. 남편이나 남자 친구가 구타나 강간 등 폭력으로 여성을 지배하는 경우, 남성 중심의 지배적 쾌락을 위해 어린 소녀와 여성의 몸이 포르노와 성매매 같은 성 산업에 대규모로 이용되는 경우, 여성에게 치명적인 피해를 줄 수 있는 '할례' 의식 등이 전통이나 종교라는 이름으로 지속되는 경우, 그 사회는 젠더 특정적인 차별을 지속시키는 사회라 할 수 있다.(로버, 2005: 30~32)

남성의 경우, 흔히 남자들보다 여자들, 엄마나 여자 형제 또는 여자 친구들과 잘 어울리면, 종종 '마마보이'라고 불리며 놀림과 의심의 대상이 된다. 이러한 여성 친화적인 관계는 비정상적인 것으로 여겨지고 빨리 남성의 세계로 진입해 남성들과 어울리라는 압력을 받는다. 남성이 자신의 어머니나 다른 연장자 여성으로부터 심리적으로 독립해야 한다는 것은 사회적 동의가 이루어진 반면, 과도하게 남성들끼리만 교류해서 생겨나는 초남성성의 획득은 오히려 자연스럽고 당연한 것으로 간주된다.

셋째, 성에 따라 가치와 의미를 부여하는 방식이 차별적이면 젠더 불평등이 지속된다. 똑같은 일이라도 누가 행하느냐에 따라 다른 가치가 부여되기도 한다. 많은 사람들이 식당에서 남성이 주문을 받거나 서빙을 하면, 그 식당을 '고급 식당'으로 평가하고, 남성 요리사는 여성 요리사와는 달리 전문 직종 종사자로 평가한다. 여성이 출산을 할 수 있다는 이유로 여성에게 육아와 양육의 고된 노동을 기대하지만, 사회적으로 가장 제대로 된 평가를 받지 못하는 일 또한 가사나 돌봄노동이다. 가족 내에서 '무임'으로 행해지는 돌봄노동은 사회로 나와 '시장화'되더라도, 노동의 값어치가 낮게 책정된다. 여성이 무임금 혹은 저임금을 받고 가사, 육아, 각종 서비스 노동을 제공하거나, 감정적인 배려와 돌봄을 수행하는 일을 더 많이 하면 남성은 상대적으로 '가부장적 배당'이라는 이익을 본다.[1]

현대인들은 전 세계가 이미 성평등을 이룩했거나 성차별이 존재하지 않는다고 믿지만, 사실 전 지구적 차원에서 축적된 젠더 불평등의 상황은 크게 달라지지 않았다. 1980년 〈유엔 보고서〉는 "여성들이 전 세계 일의 3분의 2를 하면서도 전체 수입의 10퍼센트밖에 받지 못하고 세계 자산의 1퍼센트만을 소유하고 있다"(로버, 2005: 32)고 발표했다. 2012년 〈글로벌 젠더 격차 보고서〉에 따르면 건강과 교육 부문에서 젠더 격차는 많이 줄어들었지만 여전히 여성은 남성에 비해 임금 노동의 경제 활동 참여율은 60퍼센트, 정치적 참여율은 20퍼센트에 머물러, 돈과 권력이 집중된 영역에서의 '격차'는 여전히 존재한다.

젠더 분석법

젠더 불평등의 상황은 왜 개선되어야 하고, 어떻게 개선될 수 있을까? 어떤 사회이든 한 성의 경험과 관점이 '주류'적 견해나 대중적 정서로 받아들여지면, 다른 한 성이나 성소수자의 의견은 무시되고 이들은 사회적 공론장에서 쉽게 배제된다. 이런 상황이 오래 지속되면 사회적 갈등이 심화될 뿐 아니라, 사회적 소속감을 갖지 못하는 구성원을 양산한다. 무엇보다 한 성이 전 영역을 주도하는 사회는 공정함과 배려에 입각해 인간관계를 만드는 학습 기회를 놓치게 함으로써 긍정적인 변화를 이끌어 낼 기회를 상실한다. 민주적인 사회는 구성원 간의 적대와 경쟁이 심화되지 않도록 사회적 약자나 소수자의 경험을 드러냄으로써 권력이 한 성이나 한 계급에 집중되는 것을 막는다. 즉, 민주주의 발전은 모든 사회 구성원의 동등한 참여를 통해 달성할 수 있다. 그러나 젠더 무감성이 지배적인 분야일수록 그만큼 동질적인 것을 반복함으로써 도전이나 변화 없이 도태되고 만다. 예를 들어, 남성들은 지연, 학연 등에 기반을 둔 결사체를 통해 남성만의 연대old boy's network를 구축하고, 이런 배타적인 연결망을 통해 권력을 독점하고, 여성들을 조직적으로 배제해 왔다. 대학에서 신학기가 시작되면 여기저기 특정 지역이나 고등학교 동문 모임을 알리는 현수막이 걸리는데, 이런 모임을 적극적으로 주도하고 네트워크를 만드는 노력은 주로 남성들이 많이 한다. 군대를 포함한 전통적인 남성들의 결사체는 상명하달식의 복종에 익숙한 구성원을 만들어 내지만 창조성이나 활력, 구성원 간 상호작용에 의한 시너지 효과 등을 기대하기는 어렵다. 이 때문에 최근 부상하는 고부가가치를 지향하는 기업들은 구성원의 문화 다양성이나 젠더 감수성의 증진을 통해 생산성을 높이고자 노력한다.

젠더 불평등의 상황을 개선하기 위해서는 무엇보다 현실 사회를 정확히 분석해야 하며 무엇보다 여성과 소수자의 경험과 관점을 지식이나 의사결정에 반영하는 노력을 기울여야 한다. 이를 위해 개발한 분석법이 젠더 분석법gender analysis이다.

젠더 분석법은 젠더를 중심적인 분석틀로 사용해 사회적 현상을 분석하고 가족, 양육, 학교, 종교, 미디어, 국가 및 정책 등의 공사 영역에 깊숙이 자리 잡은 불평등의 젠더적 요인을 규명한다. 젠더 분석법은 젠더가 정치적 권력의 배분 및 사회구조를 형성하는 데 어떻게 작동하는지를 이해하기 위해 사용된다. 즉, 젠더를 통한 차별적 기제가 사회의 각 영역에서 어떻게 작동하는지를 분석하는 것이 젠더 분석법이다.(브라운, 2002; 김귀옥 외, 2006) 젠더 관점으로 제도, 현상, 심리, 문화 재현을 분석하는 젠더 분석법이 등장한 후, 성별 분리 통계가 사용된다든가 어떤 정책이나 제도가 성별에 따라 다른 영향력을 행사할 수 있다는 자각도 일어났다.

전 세계적인 재앙이나 환경 문제 또한 젠더 분석법을 사용해 이해하면 이 상황을 변화하기 위한 대안들이 더욱 구체화된다. 전 지구적 차원에서 일어나는 경제개발, 환경 파괴, 토착 문화의 파괴는 인류가 당면한 문제지만 특히 여성에게는 그 피해가 더 크게 나타난다. 젠더 관점과 젠더 분석법으로 환경이나 재앙과 맺는 여성의 경험을 분석해 보면 다음과 같은 사실을 확인할 수 있다. 첫째는 여성이 담당하는 생계 및 식량 공급자로서 사회적 역할과 환경 피해와의 관련성이다. 개발도상국의 농촌에서 물을 긷고, 땔감을 마련하며 가족의 먹거리를 책임지는 여성의 입장에서 과도한 화학 비료의 사용이나 벌목 등을 통한 '재앙적' 조건은 치명적인 삶의 위협으로 다가온다. 인도의 경우 여성과 어린이들이 물을 길어오는 일을 주로 담당한다. 이 때문에 물이 오염되면 비위생적인 물을 통해 일차적으로 병을 얻게 되는 사람 또한 여성과 어린이들이다. 생태여성학자 캐런 워런Karen Warren의 연구에 의하면 매년 감염된 물 때문에 3억의 인구가 말라리아에 감염되며, 2000만에서 3000만 인구가 회선사상충증에 걸리고, 2억 7000만 인구가 코끼리피부병에 걸린다.(Mesina, 2009: 1127) 환경 파괴의 부담은 주로 여성과 소수자들에게 과도하게 부과되어 여성들은 더 많은 시간을 물과 땔감을 구하는 데 사용하며 더 많이 고된 노동에 시달린다. 경제중심주의 원칙에 의해 진행되는 대규모 공사나 대규모 작물 재배 때문에 땅과 물은 화학물질에 의해 오염되고 파괴되며, 그 지역을 벗어날 수 없는 농촌의 가난한 여성과 어린이, 노인, 소수 민족은 화학성 맹독 물질의 위험에 고스란히 노출되어 쉽게 병에 걸린다. 또한 병 걸린 사람을 돌보는 데 많은 여성들의 노동이 요구된다. 여성들은 자연 파괴의 치명적 결과에 의한 희생자면서, 동시에 국가와 자본의 무차별한 개발 논리에 맞서 생태계의 지속가능한 발전을 주장할 수 있는 '경험자적' 입장에 있다.

두 번째는 여성들이 만성적이거나 예측이 어려운 자연 재앙의 피해자가 될 가능성이 높다는 점이다. 가뭄이나 인재로 인한 '재앙적' 상황이 발생하면 소년들은 우선적으로 치료를 받거나 영양 공급을 받지만 여성과 소녀들은 음식 부족과 돌봄 부족으로 더 큰 피해를 당한다. 여성이 환경 재앙에 더 치명적으로 노출되고 있다는 사실은 1991년 방글라데시에 불어온 사이클론의 사망자 14만 명의 90퍼센트가 여성이란 점(Fordham, 2003), 2003년 유럽에 불어온 열파heat wave로 사망한 여성의 비율이 남성보다 훨씬 높다는 점, 2005년 미국에서 허리케인 카트리나가 왔을 때 가장 가난한 지역에 밀집되어 있던 아프리카계 미국인Afro-American 여성들의 피해가 가장 심했다는 점, 2006년 쓰나미 때 인도네시아와 스리랑카에서 사망한 여성의 비율이 남성보다 서너배 많았다는 점 등에서 잘 나타난다.(Mesina, 2009: 1128~1129) 이 때문에 국가나 기업의 개발 계획에서 환경 파괴를 줄이는 대안을 모색하는 데 여성들의 참여와 목소리는 필수적이다. 이 때문에 남성중심적인 재앙 관리 체제에서 여성의 경험이 무시되고 있다는 점이 비판을 받는다.

세 번째는 여성의 몸이 환경오염에 더욱 치명적인 영향을 받는 점이다. 예를 들어 '(인체에 노출되었을 때 수용이 가능한) 안전한 화학적 분량'은 현재 남성의 몸을 기준으로 한 것이다. 남성의 8시간 근로시간을 기준으로 노출 시에 수용할 수 있는 양을 측정해 계산된 것이다. 같은 일을 하는 임신한 여성이나 월경, 완경 등 다양한 생애 주기하에 놓인 여성들에 대한 영향은 무시한 채로 만들어진 기준이다. '안전한 양'이란 기준은 여성의 몸에 대한 치명적인 결과를 무시하고 만들어졌기 때문에 환경적 정의를 위해서는 장애 여부, 수입, 직장, 종족 등의 차이를 가진 다양한 여성들의 몸에 대한 영향력을 분석해 안전기준에 대한 새로운 논의를 만들어 나가야 한다.(Buckingham, 2004: 152)

젠더 관점으로 사회적 이슈들을 분석하는 젠더 분석법은 만성적 환경 위험 상황이나 환경 재앙에 여성이 더 많은 피해를 입는 것을 증명함으로써, 여성의 빈곤 문제를 해결하는 것이 우선순위라는 사실을 이야기한다. 또한 가족들을 위한 식량 확보를 위한 노동에 여성들이 더 많이 참여하기 때문에 전 지구적인 차원에서 반자본주의적 환경운동에 여성의 목소리가 반영되어야 하고, 여성 또한 적극적으로 환경운동에 참여해야 한다는 점을 보여 준다.

그녀의 역사/주변적 남성의 목소리 듣기

젠더 분석법에서 중요하게 다뤄지는 것이 방법론이다. 분석이 제대로 이루어지기 위해서는 약자와 소수자의 경험과 관점을 이해하는 것이 중요하다. 이는 누구의 경험을 토대로 지식이 구성되어야 하는가를 질문하는 것이기 때문이다. 세상을 이해하는 도구로서 지식은 '복잡한 현상에 대한 제한적 해석'이기 때문에 이러한 관점을 이해함으로써 같은 현상도 지배 담론과는 다른 방식으로 해석되거나 이미지화될 수 있다. 예를 들어, 자본주의 사회에서 노동수단과 노동력의 매매로 구성되는 자본가와 노동자의 대립 구도를 이해하기 위해서는 권력이 있는 자본가의 목소리나 주장뿐만 아니라 평범한 노동자의 경험과 관점을 분석해야 한다.

　　문제는 주류 사회가 이들의 경험을 잘 들으려 하지 않는다는 점이다. 이런 상황이 지속되면 약자나 소수자는 자신의 경험이나 관점이 별로 중요하지 않고, 사회도 변화하지 않을 것이라 생각하게 된다. 또한 이들은 글이나 공식채널을 통해 자신을 표현하고 인정받은 경우가 많지 않기 때문에 연구자들이 여성이나 소수자의 경험을 복원하거나 이들의 관점으로 사회를 분석하는 일은 쉽지 않다. 그래서 소외된 여성의 경험을 복원하는 지식 생산을 하기 위한 방법론적 기술이 필요했다. 1970년대 이후 남성의 역사history에 대한 대안 또는 대항적인 여성의 역사herstory를 만들기 위해 구술사 방법론이나 심층 면접이 활발하게 진행됐다. 주로 남성 엘리트의 관점에서 서술된 역사에서 여성의 경험이나 공헌은 배제되었고, 이 때문에 진리나 사실이라 여겨지는 수많은 공적 기록들이 남성의 역사라는 인식이 생겨났다. 이 때문에 역사 속에서 소외된 여성의 경험과 공헌을 '기록'하는 일은 매우 중요했다. 그러나 교육이나 정치적 영역에서 구조적으로 배제된 여성들은 말은 하더라도 글은 쓰지 못하는 경우도 있다. 글로 쓴 기록만큼 의미 있는 것이 구술이다. 구술은 문자화된 기록 중심의 역사에서 벗어나 소외된

비엘리트들의 역사적 경험과 정체성을 이해하는 주요한 방법론이다. 특히 여성주의 인류학이나 사회학, 역사학은 이제까지 지식체계 내에서 비가시화되거나 왜곡되었던 주변부 여성들의 경험을 복원하고 지식화하기 위해 구술사 방법론을 적극 활용해 왔다.

구술사 방법론은 역사 속에서 여성의 경험을 이해하고, 선택하고 행동하는 실천가로서 여성의 모습을 분석하는 중요한 방법론으로 자리 잡았다. 한국 페미니즘은 구술사 방법론을 통해 제주 4·3 사건을 남성과는 다르게 경험한 여성, 군 위안부 할머니의 증언, 성매매 여성들의 경험을 기록하고 여성주의적으로 해석해 왔다. 이를 통해 한국인의 국민 정체성을 구성해 왔던 군사주의, 민족주의, 이성애중심주의, 순혈주의가 어떻게 젠더 억압을 통해 현실화되었는지를 분석했다. 구술사 방법론은 억압받는 여성들의 경험을 복원해 '지식'체계 안으로 편입함으로써 사회변혁을 위한 실천운동을 촉진했다.

젠더 분석법과 구술사 방법론은 남성중심적 지식체계와 사회 내에서 타자화된 여성들의 경험을 분석하고, 이들에 의해 생산된 대안적 언어와 이미지를 창출하는 것을 목표로 해 왔다. 그러나 남성 또한 단일한 구성체가 아니라는 인식이 확산되면서, 최근에는 다양한 남성성에 대한 연구 또한 활발하다. 사회학자 래윈 코넬Raewyn Connell의 《남성성/들》은 초기 남성성 연구의 흥미로운 저작이다.[2] 코넬이 사용하는 헤게모니적 남성성이란 개념은 기존 젠더 관계 패턴에서 헤게모니적 위치를 차지하는 남성성을 의미한다. 이것은 제도적 권력을 갖고 영향력을 발휘하는 '이상적인' 형태의 남성의 상을 말한다. 그러나 남성성은 하나의 고정된 것이 아니고 다양한 남성성들이 존재한다. 헤게모니를 갖는 남성성은 가부장제를 수호하는 조건들이 바뀌면서 변화를 겪는다. 기존의 헤게모니적 남성성에 의해 '주변화'되었던 다양한 남성성들은 낡은 형태의 남성성에 도전하면서 새로운 헤게모니를 획득할 수 있다. 남성들 또한 젠더 관계의 변화에 따라 이상화된 남성성의 이미지를 변화시키고, 현실에 맞게 행동한다는 의미다. 전에는 생계부양자 역할을 강조하고 집안의 대표자로 권위를 발휘하던 남성성이 헤게모니적 남성이었지만, 최근에는 평등과 배려, 이성과 감성을 조화롭게 표현할 줄 아는 남성성이 헤게모니를 획득하고 있다. 남성들 또한 젠더 관계의 변화에 따라 이상화된 남성성의 이미지와 현실을 실천한다는 의미이다. 단일한 실체로 간주되던 남성들은 다양한 남성성들과 경합하면서 사회적 동의를 얻어 나가는 과정에서 자신의 젠더 정체성을 구성한다. 남성성 연구는 일반적으로 남성들이 가부장제의 지속으로 수혜를 받지만, 모든 남성들이 그 체제를 무조건 지지하는 것은 아니라는 점을 강조한다.

젠더 개념의 확장

1960년대 젠더라는 개념이 등장하면서 여자와 남자의 본질론적 차이에 기반을 둔 생물학적 결정론은 후퇴했다. 무엇보다 여성성이나 남성성은 고정된 관념이나 역할이 아니라 특정 맥락에서 행위자들에 의해 타협, 중재, 갈등을 하는 각축의 장이라는 것이 강조되었다. 이후 평등과 차이를 중심으로 활발하게 진행된 페미니즘운동은 주로 가부장제나 자본주의 같은 총체적 구조에 대한 분석을 통해 여성 억압의 기원과 해결책을 모색해 왔다. 그러나 1980년대 이후에는 여성과 남성의 '차이'를 기반으로 한 억압뿐만 아니라 여성들 간 차이에 관심을 갖게 되면서 계급, 인종, 섹슈얼리티, 국적, 세대 등 다른 사회적 차별화 기제와의 관련성을 통해 여성들의 다양한 억압 경험을 연구한다. 또한 앞에서 언급한 것처럼 가부장제가 여성과 남성의 위계를 강화하는 제도일 뿐만 아니라 남성들 간 위계와 '정상'/'비정상'의 구분을 강화하는 제도임을 강조하면서 남성성에 대한 연구도 등장한다.

이후 여성/남성 범주의 동일성과 경험의 공통성에 의문을 제기하는 이론들이 등장하게 된다. 또한 젠더에 대한 실증적이고 경험적인 연구로부터 '젠더'라는 성차를 구성하는 의미 체제를 분석하는 문화 비평과 해석적 연구도 등장한다. 이러한 변화들은 젠더를 통한 사회적 억압 체제를 분석할 뿐만 아니라, 젠더와 다른 사회적 관계들이 만드는 정체성에 대한 문제나 젠더 차이가 구성되는 의식적·무의식적 기제들에 대한 관심을 반영한 것이다.

후기구조주의는 "자아를 이성에 의해 통합된 단일한 중심이 있는 주체로 보는 것에 반대하면서 개인의 정체성을 어떤 고정된 신체적·심리적 속성에 고착시키는 담론"을 비판한다. 이후 젠더 연구는 후기구조주의의 이론적 경향들과 접맥하면서 개인의 정체성이 어떤 고정적 범주인 젠더, 인종, 종족, 성적지향성에 의해 동질적 정체성의 범주로 귀결되는 것에 회의를 갖게 된다.(김수정 2006: 36) 이런 흐름들 속에서 젠더 연구는 여성과 남성의 정체성을 구성하는 일종의 사회적 현실뿐 아니라 이 둘 간의 관계나 '차이'가 왜, 어떻게 구성되는지를 밝히는 것에 주목한다.

1990년대 이후 젠더와 다른 사회적 기제들을 연결해 사유하는 문화주의, 교차 이론intersection, 퀴어 이론 등은 젠더 분석의 주류가 되고 있다. 이런 젠더 분석의 경향을 간단히 소개한다.

문화적 전환

1980년대 이후 젠더 연구의 큰 변화 중 하나는 문화적 구성주의 이론이라 불리는 경향이다. '문화적 구성주의'란 기존의 페미니즘이 학교, 정치, 경제 영역 등에서 불평등을 만드는 구조적 요인에 초점을 맞춘 것에 비해, '성적 차이'가 표상되는 방식, 즉 재현되고 소비되고 재생산되는 방식에 관심을 기울인다. 이 때문에 영화, 드라마 등의 대중문화나 문학 텍스트, 인터넷 등이 주요한 분석의 범주로 등장한다. 의미가 만들어지는 방식에 개입함으로써 의미 투쟁을 통해 권력관계를 해체하려는 의도이다.

예를 들어, 1970년대 여성의 미디어 이미지에 대한 비판은, 이미지가 사회에 실재하는 여성들을 왜곡해 그림으로써 여성에 대한 차별과 편견을 지속시킨다는 것이었다. 그러므로 여성을 더 긍정적이고 사실대로 그려 내야 한다는 운동이 활발하게 전개된다. 그러나 1980년 이후 문화 연구의 경향은 성적 차이가 생산되면서 어떻게 그것이 사람들에게 의미를 갖는가 하는 '의미화' 이론으로 특징지을 수 있다. 즉, 재현의 영역인 영화나 미디어는 이미지를 통해 '여성성'과 '남성성'의 차이를 왜곡되게 보여주는 것뿐만 아니라 지속적으로 그 차이를 생산하고 의미를 만들어 낸다는 것이다.(월터스, 1999)

문화적 구성주의는 젠더가 남녀 간의 사회적 관계기도 하지만 역사적으로 변화하는 담론적 구성물이며 효과라는 관점을 취한다. 테레사 드 로레티스Teresa de Lauretis는 〈젠더의 기술〉이란 논문에서 젠더는 재현이라는 점을 강조하면서 여성성과 남성성이 전통 예술, 문학작품, 미디어나 대중매체에서 어떻게 '재현'되는가에 주목해야 한다고 주장한다. 젠더의 재현이 기존의 젠더 관계를 '반영'하는 것이 아니라 젠더를 끊임없이 구성해 간다는 점을 강조한

TIP | 미디어의 젠더 재현 효과

드라마 〈별에서 온 그대〉의 소개 화면

드라마 〈별에서 온 그대〉(2014)의 천송이는 새로운 여성성을 연출한다. 한국 드라마에는 부자 남성과 진실한(착한) 남성의 사랑을 동시에 받는 착하고 가난한 여성이 자주 등장한다. 그러나 〈별에서 온 그대〉의 천송이는 스스로가 부와 외모를 갖춘 권력 있는 여성으로서, 관계 주도적이다. 이는 한국의 여성성이 변화했다는 현실을 '반영'한다. 하지만 남자 주인공인 '도민준'이 외계인이기 때문에 가진 특별한 시력, 청력, 이동 속도와 미래를 볼 수 있는 능력, 거기에다가 지구에 온 지 400년이나 되었지만 여전히 젊음을 유지하고 있다는 설정은 여성과 남성의 '차이', 즉 여성의 외모는 일시적인 것에 비해 남성의 정체성과 능력은 장기적이며 신비한 것임을 상징하기도 한다. 여성에 대한 재현 방식이 변화되더라도, 젠더라는 둘 간의 '위계적 차이'는 새롭게 재생산되고 있음을 보여준다.

다. 보통 재현 체제 내에서 남성과 여성은 상호 보완적이지만 배제적인 별개의 범주로 간주된다. 재현을 통해 이러한 '차이'를 만들고 공고화함으로써 모든 개인은 '남성'이거나 '여성'이라는 범주로 자신을 귀속시킨다. 예술, 미디어, 학교, 법정, 가족 담론뿐만 아니라 페미니즘에서 재현되는 '여성성'이나 '남성성'은 철학자 루이 알튀세르Louis Pierre Althusser가 말한 "이데올로기적 장치들"로 기능한다. 젠더는 남녀 간의 관계를 구성하고 관계를 만드는 재현의 효과라는 의미다. 여성이나 남성이라는 범주가 담론의 효과로 인해 구성된다는 것이다. 여성과 남성, 여성성과 남성성이 선험적으로 존재한 것이 아니라 역사를 통해 여성성과 남성성의 차이와 의미가 끊임없이 구축된다는 것을 의미한다.

페미니즘에서 매체나 텍스트에 개입하는 방식은 주로 두 가지다. 첫째는 여성이 어떻게 남성문화의 구성물이 되어가는지를 분석하는 것이다. 여성이 부정적으로 그려졌다거나 고정된 성 역할을 강조하는 방식으로 그려졌다는 식의 단순한 비판에서 벗어나 여성이 어떠한 방식으로 남성적 욕망에 의해 끊임없이 '차이'의 기호로 등장하는가를 분석한다.(월터스, 1999) '여성이 되는 것은 남성이 아닌 것, 즉, 남성과 남성문화에 준거해서 규정된 타자가 되는 것'이다.(애거, 1996: 228) 예를 들어, 여성은 남성적 욕망이 구성되는 사회적 맥락에 따라 때로는 매우 수동적이고 피해자적인 방식으로 그려지기도 하고, 때로는 자신의 성적 욕망을 과시하거나 적극적인 성적 행위자로 그려진다. 이는 여성들의 현실이 변했다기보다는 남성과의 관계에서 여성을 규정하는 방식과 (남성들의) 욕망에 따라 여성의 이미지가 구성된 것이다. 여성과 아동에 대한 성적

학대를 담은 포르노에 대해서도 논쟁이 일어날 수 있다. 한국사회에도 일부 '진보'를 자처한 남성들은 포르노가 한국사회의 도덕적 엄숙주의를 조롱하고 성의 해방을 가져오는 표현의 자유의 산물이 될 수 있다고 주장한다. 즉, 포르노를 자유롭게 생산하고 유통하고 소비하는 것이 표현의 자유의 확장이며, 여성 또한 성적 주체로서 자신을 자유롭게 드러내는 행위라고 말한다. 이들은 여성과 아동에 대한 학대와 폭력을 조장한다는 이유로 포르노의 규제를 주장하는 페미니즘운동 진영에 대해, 여성 또한 포르노의 적극적인 소비자이기 때문에 이것이 남성만의 전유물이 아니라는 점을 강조한다. 혹은 포르노 여배우들의 노동권을 옹호하면서 진보적 입장을 '선점'해 버린다. 여전히 남성중심적인 문화 산업에서 '포르노적 시선'을 유도하는 이른바 '걸 그룹'의 폭발적인 증가는 남성 욕망이 공공연하게 대중매체를 장악하고, 소녀들 또한 스스로 성애화된 주체가 되는 것을 갈망하는 상황을 낳는다. 여성들이 교육, 법이나 제도 등 공적 영역에서 전보다 높은 수준의 평등을 이뤄 냈다고 해서 남녀 간 상호 존중이나 배려의 수준이 높아지는 것은 아니다. 즉, 문화적 구성주의는 다양한 문화적 텍스트가 여성이나 사회적 약자를 끊임없이 남성의 소비물로 생산하고 소비하게 함으로써 성차에 의한 권력관계를 지속적으로 재생산한다고 보고 이를 비판한다.

페미니즘 또한 확장하는 문화 산업에서 소비자로서 여성의 힘을 재해석하는 일에 관심을 기울인다. 문화주의 페미니즘의 관심사는 대중문화를 지배 이데올로기가 관철되는 장으로 규정하기보다는 왜, 어떤 맥락에서 사람들이 그것을 소비하거나 수용하는

지를 구체적으로 해석하는 것이다. 관객이나 이미지 소비자의 해석이 주요한 분석의 대상이 되고 이미지가 재현되고 해석되는 '맥락'이 중요시된다. 왜 여성들이 여성을 겨냥한 텔레비전 드라마나 낭만적 소설을 소비하는지와 이러한 문화적 텍스트를 소비하는 여성들의 현실 인식과 저항의 가능성을 탐색한다. 즉, 여성들이 소비하면서 만들어 내는 해석이나 담론에 정치적 의미를 부여하고, 분석한다. 문화적 텍스트는 단순히 언어, 상징, 기호로 구성된 담론의 총체가 아니라 자본주의 확장의 주요한 도구라는 점을 이해하는 것이 무엇보다 중요하다. 주로 남성 기득권층에 의해 독점되었던 미디어나 대중매체는 소비자본주의를 확산시키기 위해 여성이나 소수자를 성적 소비물로만 재현해 왔다. 그러나 최근 여성이나 소수자들이 영화나 드라마 등 대중 문화의 생산, 유통, 해석 과정에 활발하게 진출함으로써, 기존의 젠더와 섹슈얼리티에 관한 관념을 해체시키고, 보다 다양하고 중층적인 의미를 만들어내고 있다.

교차 개념과 다중적 정체성

교차성intersectionality이란 개념이 페미니즘 이론에 등장한 것은 여성과 남성의 차이만을 강조하는 젠더 이론의 한계를 지적하기 위해서였다.(Crenshaw, 1991) 1980년대 후반까지 페미니즘은 서구 백인 여성이 주도했으며 서구 중산층 여성의 경험을 중심으로 여성학적 지식과 여성운동의 방향이 결정되었다. 백인 중산층 여성의 경험을 '대표적' 여성 경험으로 이해하고 이러한 경험적 맥락에서 구성된 페미니즘 이론이나 여성운동은 본의 아니게 많은 여성들을 소외하는 결과를 낳았다. 인종 차이에 따른 계급 경험을 주장한 흑인 여성운동가들로부터 이러한 페미니즘 이론이나 여성운동은 가장 큰 도전을 받았다.(콜린스, 2009) 흑인 여성주의 운동가들은 블랙 페미니즘이란 이름으로 인종과 연루된 계급적 차별 경험을 배제한 백인 중산층 중심의 자유주의 페미니즘을 강하게 비판했다. 교차 이론은 남성과 여성의 젠더 불평등뿐만 아니라 여성 간 차이를 구성하는 나이, 인종, 종족, 국가, 계급, 성적 지향성, 장애 여부 등의 사회적 범주들이 어떻게 여성들의 현실을 다르게 만드는지에 관심을 갖는다. '한 개인이 어떻게 사회적으로 승인된 젠더 정체성을 습득해 가는가'라는 단일한 관점에서 벗어나 젠더가 인종, 섹슈얼리티, 계급, 국적과 같은 다른 사회적 범주들과 교차하면서 만들어지는 복잡한 정체성을 분석하는 것이 교차 이론의 핵심이다.

교차성의 관점에서는 특히 '다양하고 주변적인 입장들과 위치들'을 주목한다.(Knudsen, 2007) 개인은 젠더 정체성뿐만 아니라 지속적으로 다른 사회적 정체성들을 획득하고 변화하면서 매우 복잡하고 유동적인 정체성이나 입장을 갖게 된다. 교차 이론은 여성성이라는 젠더 경험과 다른 사회적·문화적 범주들이 어떻게 교차하면서 복잡한 정체성과 입장을 구성해 가는지 고민한다. 이런 다중적 정체성에 기반을 둔 페미니즘을 위해 어떻게 지식을 만들고 실천적인 운동을 구성할지를 고민한다. 교차 이론이 등장하면서 기존 페미니즘의 젠더 단일주의는 많은 도전을 받았다. 인종, 계급 차이에 대한 몰이해와 이성애중심주의가 만드는 여성들 간 권력 또한 간과할 수 없는 문제가 된 것이다. 즉, 여성이란 단일한 정체성으로는 포섭하기 어려운, 인간 경험의 복잡한 권력관계에 기반을 둔 실천 운동을 주장한 것이 교차 이론이다. 이 때문에 1990년대 교차 이론이 등장한 배경에는 블랙 페미니즘과 탈식민주의Post-Colonialism를 지향하는 제3세계 페미니즘의 공헌이 있었다.

교차 이론은 현재 젠더 분석법의 주류가 되었지만 여전히 문제가 없지는 않다. 단순히 모든 사회문화적 범주와 정체성을 덧붙이면서 정체성의 복잡함과 정치적 입장의 다중성을 주장하는 것이, 구체적 연구나 실천운동에서 어떻게 현실화될 수 있는지가 문제로 지적된다. 이론의 복잡성에 비해 성평등을 만드는 정치적 운동에는 큰 힘을 발휘하지 못한다는 지적도 있다. 다른 한편에서는 여성들 간 차이나 여성 경험의 복잡성을 이해하고 정치화함으로써 단일한 여성 경험보다는 유동하는 입장에 따른 연대 운동의 가능성을 인정하고 만들어 나간다는 점에서 의의가 있다.

이성애중심주의에 대한 도전

교차 이론의 등장에 기여한 또 하나의 흐름은 이성애중심주의heterosexism에 대한 비판이다. 기존의 젠더 개념은 남성성과 여성성이라는 이분법적 틀 안에서 사유함으로써 이성애중심주의를 전제했다. 신체적 특징으로서 여자/남자(sex)와 자신을 여성/남성으로 인지하는 성 정체성gender identity과 성적 욕망과 실천을 의미하는 성적 지향성sexual orientation은 일치하지 않는 경우가 많다. 그러나 여전히 남성/여성으로 구분하는 젠더 이분법으로 인해, 신체적 결정

주디스 버틀러의 책, 《젠더트러블》(1990) 영문판 표지

론을 부정하는 페미니즘에서조차 여성성/남성성이란 성적 정체성을 본질적인 정체성으로 이해한다. 그럼으로써 이 둘 간의 이성애도 자연스런 결과로 보는 경향이 강했다. 애드리언 리치Adrienne Rich는 〈서구 사회의 강제적 이성애〉란 글에서 남성과 여성의 위계적 이분법이 여성, 레즈비언, 게이 남성들에게 불이익을 주는 가부장제와 이성애 남성의 성적 특권을 강화한다고 비판한다.(Rich, 1986)

　　무엇보다도 젠더 단일주의 이론은 퀴어 이론queer theory의 도전을 받는다. 대표적인 이론가는 주디스 버틀러Judith Butler다. 버틀러는 1990년 미국에서 출간된《젠더 트러블》이란 저서에서 생물학적 차이로서 섹스, 문화적이고 사회적인 동일시 양식으로서의 젠더, 근원적 욕망으로서의 섹슈얼리티라는 전통적인 구분에 반대한다. 젠더는 '수행성performity'이라는 그의 선언에서 알 수 있듯이, 젠더는 "문화적으로 인정받은 젠더 행위"를 반복하는 수행의 표현일 뿐이다. 버틀러는 젠더 '차이'가 왜 만들어지는가라는 질문 또한 여전히 젠더 이분법의 틀 안에서 구성되는 질문이기 때문에 젠더를 생물학적 이분법처럼 본질화시킨다고 비판한다.(버틀러, 2008) 버틀러는 젠더에 대한 우리의 문화적 상상력을 해체하고자 젠더에

대한 의문을 제기한다. 몸에 대한 인식(sex)과 욕망(sexuality)을 만들어내는 것도 문화적이고 사회적인 양식이기 때문에 결국 섹스, 젠더, 섹슈얼리티가 모두 사회적으로 구성된 '젠더'라고 주장한다. 이 셋 모두 사회적 구성물이고 담론의 결과라는 의미에서다.(임옥희, 2006) 신체적 차이가 '본질적'이라는 생각도 사실은 문화적으로 구성된 관념이다. 왜냐하면 몸에 대한 인식이나 인식 가능성 자체가 필연적인 것은 아니기 때문이다. 남자라는 신체를 가졌기 때문에 남자는 여자를, 여자는 남자를 필요로 하고 둘이 사랑한다는 이성애적 모태 또한 구성된 것이다. 이러한 이성애는 본질적인 관념으로서의 젠더에 기반을 두고 생겨난 것이고, 이것이 반복되면서

TIP | 이성애중심주의

이성애중심주의heterosexism는 인종차별주의, 성차별주의 등과 비슷한 개념으로 오로지 이성애만이 옳다고 여기는 태도를 말한다. 따라서 이성애적이지 않은 행동이나 정체성, 교제, 커뮤니티 등을 부정하며 모욕하고 낙인찍는 이데올로기적 구조를 가진다.

이성애중심주의는, 성차별주의, 인종차별주의 등에서 보이는 편견의 기제에 이성애가 우월적이라는 감정이 더해진다. 이성애중심주의는 사회의 전반적인 관습과 제도 내에 뿌리 깊게 자리잡고 있어, 이는 비가시성과 폭력, 즉 "드러내지 말아야 하거나, 드러내면 폭력을 당하는" 이중 작용으로 나타난다. 특히, 이성애중심주의는 단순히 이성 간의 교제만이 유일하다는 주장만이 아니라 이성 (혹은 동성) 간의 관계에서 일어나는 남성우월적인 태도 및 전통적인 성 역할의 강화도 포함한다. 다른 차이를 부정하는 차별적인 기제와 같이, 우리는 사회-문화와의 상호작용 내에서 이성애중심주의를 의식 혹은 무의식적으로 배우게 되고, 이성애중심주의는 성 정체성을 구분하지 않는다. 그러므로 이성애자뿐만 아니라 동성애자, 양성애자, 트랜스젠더들도 그 이데올로기에 묶일 수 있다. 유사개념인 호모포비아와 이성애중심주의를 비교하자면, 호모포비아가 개인 차원의 반동성애적인 태도 혹은 행위와 관련해 주로 사용되는 반면 이성애중심주의는 사회적 차원의 이데올로기나 비이성애자를 억압하는 기제를 논하는 데 주로 쓰인다.

출처: 한국성적소수자문화인권센터의 성적소수자 사전

젠더를 더욱 고정적인 상태로 강화한다고 본다. 버틀러는 젠더 개념 자체도 기존의 이성애중심주의를 강화하는 데 사용되어 왔다고 비판한다. 즉, 섹스와 젠더의 이분법에 의거한 섹슈얼리티는 당연히 이성애 중심성만을 강화한다는 것이다. 버틀러는 이 책을 통해 안정된 젠더 정체성이 존재하지 않는다고 주장함으로써 '불가능하다고' 여겼던 성적 실천들의 가능성을 열어 놓고 사유를 확장하고자 했다. 안정된 젠더 정체성이 존재하지 않기 때문에 섹슈얼리티 또한 '수행적'이 될 수 있다. 그는 기존의 젠더를 모방하거나 패러디함으로써 우연성을 노출시키는 전략으로 단일한 젠더 정체성과 이에 따른 이성애중심주의를 낯설게 보는 관점을 제시했다. 버틀러에 의하면 이성애는 자연스런 욕망이라기보다는 젠더 강압성에 기반을 둔 '수행'이기 때문에 내부적으로 늘 불안정하고 일관적이지 못하다. 때문에 그것의 '타자'인 동성애에 의해 언제나 그늘이 드리워진 수행일 뿐이다. 예를 들어, 여성이 어린 시절 어머니 또는 어머니 같은 존재에 의해 에로틱한 욕망을 처음으로 획득하고 경험한 기억과 만족감은 여성들의 성적 욕망 속에 잠재된 강력한 욕망일 수 있다. 즉, 젠더 역할을 수행하고 강압적 이성애를 흉내내며 수행하는 여성들에게 또 하나의 잠재된 욕망일 수 있다. 버틀러의 이러한 논의는 젠더가 사회문화적으로 '구성'된 것임을 주장했지만, 여전히 본질적인 남녀구도에 의거하며 이성애중심주의를 당연한 것으로 받아들여 왔던 페미니즘을 비판한다. 버틀러의 난해한 논의는 섹스, 젠더, 섹슈얼리티의 삼중 체제의 연결고리를 끊어 내며 큰 반향을 얻게 된다.

젠더와 실천 운동

후기구조주의에 기반을 둔 최근의 젠더 이론들은 '학계에서만 유통되는 추상적인 이론'들이라는 비판을 받고 있다. 그러나 젠더는 변화를 만들어 내기 위한 분석 개념으로 등장했기 때문에 여전히 실천 운동에 목표를 둘 수밖에 없다. 흔히 여성주의운동은 삼중의 실천 행위triple practices라 불린다. 즉, 남성 우월주의에 기반을 둔 가부장제를 비판하고 해석하는 이론적·학문적인 텍스트로서 페미니즘 인식론epistemology, 이러한 지식을 교육하는 제도적 장치로서 여성학, 그리고 실질적인 사회 변화를 위해 조직적으로 실행되는 행위로서의 여성운동이 결합된다. 페미니즘운동에서는 이론과 현장이 분리되지 않으며 지식은 인간의 삶을 변화시키는 데 직접적인 개입을 한다. 페미니즘의 가장 중요한 논점은 여성이 자신의 삶의 주체가 되지 못하고 항상 '타자'로 취급된 것에 대한 인식에서 출발한다. 여성이 자아에 대한 긍정성을 회복하고 독립적인 인격을 획득하기 위해서는 여성 개개인의 성찰적인 노력과 아울러 여성들의 공동체적 실천이 요구된다. 이러한 실천이 가능하기 위해서는 공감 능력을 갖고, 체계적인 지식을 통해 정의로운 관점으로 상황을 해석하는 지혜가 필요하다. 즉, 페미니즘은 '동일한 범주'로서 여성을 전제하지 않으면서도, 동시에 정치적 주체로서 여성이나 성적 소수자에 의한 변혁 운동이 가능한가 하는 질문에 응답해야 한다.(버틀러, 2008:18)

그러나 최근 여성운동은 새로운 도전들에 직면해 있고 그 변혁적 힘을 회복하지 못하고 있다. 최근 신자유주의 개혁은 '능력주의' 이데올로기를 강조함으로써 전통적이고 집단화된 구속이나 범주에서 벗어나고자 하는 다양한 개인과 집단에게 새로운 기회를 열어 준다. 이 때문에 신자유주의는 여성운동이나 여성 권리 향상과 관련해 '부정적인 영향'만을 끼치는 것은 아니다. 실제로 신자유주의의 자기 계발에서 강조된 '인적자원개발론'은 국가의 경쟁력을 강화할 '인적담론'에 부합한다면 '젠더'를 초월하기도 한다. 이 때문에 경제중심주의, 경쟁중심주의가 문화적 관습과 전통의 규제를 무너뜨리기도 한다. 여성이나 성소수자 또한 '능력주의'가 강조한 개별성과 변별적 역량을 통해 '성공'할 수 있다. 능력을 통한 주류 사회의 진출이 용이해진 상황에서 여성들의 경쟁력과 경쟁심 또한 강화되고 있다. 때문에 집단적으로 여성들이 경험하는 구조적 차별들에 대해 운동에 대한 반감이 증대된다. 여성도 남성과 똑같이 능력이 있고, 자원을 가지고 있기 때문에 여성 차별은 이제 종식되었다고 선언되기도 한다. 자신들이 '해방'되었고, 남성과 똑같은 능력이 있다고 믿기 때문에 여성운동이나 페미니즘이 여성을 집단적으로 '피해자'화 한다는 이유로 운동에 참여하지 않는 경향도 강해진다. 그러나 '젠더'에 기반을 둔 위계화는 심화되고 있다. 여성들은 저임금 일자리로 몰리며, 심화된 빈곤을 경험한다. 국가의 방기로 여성과 어린이는 성적 폭력의 '쉬운 희생자'가 된다. 소위 성공한 여성 또한 이러한 체제를 지속하거나 강화하는데 공모하고 있지는 않은지 성찰이 필요하다.

　국가의 경계를 넘는 자본과 노동의 흐름이 확산되는 현재의 상황에서 국가의 경계를 넘는 페미니즘운동의 연대 또한 절실히 요청된다. 1980년대 말 동구권 사회주의의 후퇴로 전 세계는 신자유주의적 경제개혁이라는 하나의 글로벌 자본주의 시장으로 통합되고 있다. 이러한 전면적 구조 조정에 제대로 적응하지 못하거나 강제적으로 배제된 사람들의 수가 급증하면서 전 세계는 유례없는 빈부격차와 실업률을 보이고 있다. 또한 글로벌 경쟁을 위한 자원 약탈과 환경 파괴가 가속되고 있다. 우리 모두의 삶은 연결되었다는 생각으로 글로벌 가부장제에 대항하는 초국적 페미니즘이 등장하고 있다. 즉, 신자유주의 경제화 이후 피폐해진 사람들의 삶의 조건을 개선하고자 하는 목표로 국가의 경계를 넘는 여성주의 연대의 필요성이 강해졌다. 전 지구적 차원의 지속가능한 삶을 만드는 데 있어 '여성'의 관점과 여성의 경험은 여전히 매우 중요하고, 이는 글로벌 페미니즘운동의 근간이 된다. 신자유주의적인 구조개혁이 초래하는 빈곤과 실업, 안전에 대한 위협, 가족의 위기, 생명과 건강의 침해가 인간의 재생산에 대한 전면적 위기를 만들어내고 있는 현재, 젠더 분석을 통해 사회적 대안들을 만드는 일 또한 중요한 과제로 등장한다.

더 읽어보면 좋은 책

■ 나임윤경, 《여자의 탄생》, 웅진지식하우스, 2005.

여자가 어떻게 여자가 되는지 '젠더' 과정을 꼼꼼하게 분석한 책이다. 이를 통해 우리는 젠더화 과정에 관여하는 다양한 사회체제를 이해하고 여성들의 심리적 성장 과정을 생애사적 관점에서 분석할 수 있다. 여성들의 자율성과 리더십을 촉구하는 책이다.

■ 제인 프리드먼, 이박혜경 옮김, 《페미니즘》, 이후, 2002.

페미니즘의 주요 논쟁과 이론적 변화를 소개한 책이다. 평등과 차이를 어떻게 이해할 것인가에 대한 논쟁부터 정치, 고용 및 노동, 섹슈얼리티 영역에서의 쟁점들을 간결하게 소개한다. 또한 후기구조주의 이후 페미니즘 이론과 운동에 어떤 변화가 있는지를 분석한다.

■ 캐롤 타브리스, 히스테리아 옮김, 《여성과 남성이 다르지도 똑같지도 않은 이유》, 또하나의 문화, 1999.

보편적 인간으로 남성을 전제하고 설정된 지식, 제도, 몸, 사랑 등이 어떻게 여성에 대한 잘못된 기준과 판단을 만드는지를 분석한 흥미로운 책이다. 이 책을 통해 우리는 '평등'과 '차이'에 대한 심층적 이해에 도달할 수 있다.

■ 패트리샤 힐 콜린스, 박미선 · 주해연 옮김, 《흑인 페미니즘 사상》, 여이연, 2009.

백인 중산층 중심의 페미니즘의 한계를 비판하는 데 크게 기여했던 흑인 페미니즘 사상을 소개한다. 이 책을 통해 우리는 젠더와 섹슈얼리티와 인종과 계급 문제가 어떻게 결합되면서 지배 체제를 구성하는지 이해할 수 있다. 또한 주변성이 가진 힘과 대안적 관점에 대해서도 배울 수 있다.

■ 프리가 하우그 외, 박영옥 옮김, 《마돈나의 이중적 의미》, 인간사랑, 1997.

국내에 번역 소개된 지 꽤 오래된 독일 페미니스트들의 책이다. 어떻게 소녀가 '성애화'되면서 성인여성이 되는지를 꼼꼼하게 밝혀낸 연구서다. 헤어, 육체, 슬레이브걸, 다리, 체조 등 여성의 육체가 성적 의미를 갖고 사회화되고 훈육되는 과정을 잘 보여준다. 또한 이런 성애화가 사회 지배 메커니즘과 어떤 관련을 갖는지를 비판적으로 분석한다.

문화 ●●

인류학으로 젠더 읽기

김민정

── 우리가 태어나 정해진 남녀의 성으로 평생을 산다는 것은 무슨 의미일까? 섹스와 젠더가 남녀 이분법으로 나뉘지 않는 사회도 있을까? 인간이 생겨나는 생식 과정은 전적으로 생물학적인 사실이라고 할 수 있을까? '사회적 동물'이라는 인류의 진화 과정에서 '최초의 성별 분업'은 자연과 문화의 영역 중 어디에 속하는 것일까? 모계 친족, 모권 사회, 모신 숭배는 어떤 사회문화적 상황을 말하며 서로 어떻게 구분되는가? 인류의 역사 속에서 성차별을 만드는 젠더 위계는 다른 사회적 위계와 어떻게 관련되는가? 근대 사회에서 몸과 마음이 인식되는 방식은 어떻게 변화해 왔으며 성 정체성에는 어떤 영향을 미쳤는가? 소위 초국적의 시대, 차이의 정치 시대인 오늘날, 젠더 연구의 위상과 의의는 어떠한가? 이 장에서는 성에 대한 인류학적 연구를 중심으로 이러한 질문의 배경을 살펴보고 대답을 찾아본다.

문화와 섹스, 젠더

성을 구분하기

성을 구분하지 않는 문화는 없다. 아무리 인류 사회의 문화가 다양
하다 해도 여자와 남자라는 성으로 사람을 구분하는 인식은 공통
된다. 문제는 오늘날 섹스 또는 젠더로 나누어 인식되는 '성'이 과
연 무엇인지, 문화마다 어떻게 다른 맥락과 의미를 가지는지 질문
하는 것이다.

　문화는 인류 사회에 나타나는 집단적 생활양식을 말한다. 인
간은 개개인이 속한 사회의 의식주 방식과 가치, 관습 등을 깊이
내면화하고 의식하면서 살아간다. 자신이 속한 문화를 그대로 받
아들이며 따를 수도 있고 비판하면서 비켜 가려 할 수도 있지만,
무엇이 주류인지에 대해서는 잘 알고 있으며 신경을 안 쓸 수는
없다. 우리 모두는 특정한 문화 속에서 태어나고 자라면서 그 속
에서 사는 법을 배웠기 때문이다. 매운 맛에 대한 친숙함이나 나
이를 의식하는 것, 월력에 따른 설날과 추석에 조상을 기리는 것
등은 우리가 한국의 문화 속에서 성장했기 때문이다. 반면, 옥수수
나 바닷가재에 버터를 발라 먹고, 잘 모르는 사람에게 나이와 결
혼 상태를 묻는 것은 결례라 생각하고, 11월 마지막 주 목요일인
추수감사절 만찬 때 하나님께 기도를 드리는 것은 미국의 문화라
할 수 있다.

　문화는 일단 태어난 후에 배워 익힌 것이라 집단마다 다르며,

인류라는 생물학적 종으로서 타고난 신체 특징과도 대비되는 개념이다. 언어가 단적인 예다. 모든 인간은 어떤 언어라도 모국어로 습득할 수 있는 뇌와 성대구조 등을 가지고 태어나지만 소속집단에 따라 각기 다른 언어를 모국어로 배운다. 언어는 해당 집단의 생활환경과 사고방식, 도덕과 가치를 반영하기 때문에 번역 과정을 거치더라도 언어가 서로 다른 집단 간 의사소통은 언제나 힘들고 오해의 소지가 있다. 성경의 창세기 11장 바벨탑 부분을 보면, 인류에게 언어의 통일이란 인간이 신이 되는 상태라고 일컬어질 정도다. 문화의 차이 역시 일부러 노력하고 배우지 않는다면 그 간극을 넘어 상대를 이해하기란 불가능하다.

대조적으로 성은 문화의 학습성과 다양성이라는 특징이 적용되기 힘든 영역처럼 보인다. 현대의 해부학이나 유전학 지식을 동원하지 않더라도 눈으로 판별 가능한 생식기관이나 이차 성징의 차이는 명백하게 중요해 보이기 때문이다. 그래서 현대사회과학에서는 섹스와 젠더라는 개념을 구분해, 생물학적으로 타고난 성과 사회문화적으로 학습한 성의 차이를 나누어 보는 방식으로 성이 문화적으로 구축된 측면을 설명한다. 그렇지만 섹스와 젠더를 이분법으로 보는 이상, 섹스를 벗어나서 젠더를 설명하기란 쉽지 않고 젠더 이분법은 곧 섹스 이분법으로 환원된다. 이 지점에서 섹스와 젠더의 이분법이 엄격히 적용되지 않는 사회를 소개하는 문화인류학의 연구 사례들이 주목된다.

파푸아뉴기니의 후아Hua 사회에서 성 정체성은 일생을 보내면서 서너 번 바뀐다고 한다.(Weiner, 1986) 후아 사람들은 '누nu'라고 부르는 생명력이 많을수록 여성적이 되고, 이것이 결핍될수록 남성적이 된다고 믿는다. 후아는 젠더 위계가 고도로 발달한 사회이며 '누'는 그 상징이다. 남자가 여자와 성행위를 많이 하면 '누'가 많이 생겨서 남성의 힘과 생기를 잃어 위험에 처하게 된다고 믿으며, 남성은 여성의 성기나 월경을 상징하는 음식을 먹는 것도 피한다. 하지만 남성(생식기를 가진 사람)은 나이가 들수록 여성과의 성관계 횟수도 늘고 금기 음식을 어기는 횟수도 늘어나기 때문에 점차 여성처럼 되어 간다고 생각한다. 여성 역시 나이가 들면서 생리를 하고 아이를 가질 때마다 '누'가 고갈되면서 남성 집단에 받아들여지기도 한다.

인도네시아 술라웨시 섬의 부기스Bugis 사회에서는 남녀 이분법이 다섯 가지 조합의 성 범주로 나타난다.(Davies, 2006) 남성적인 남자makkunrai, 여성적인 여자oroane, 여성적인 남자calabai, 남성적인 여자calalai, 양성적인 사제bissu로 나뉜다. 그 분류 기준은 문화 내부자가 아니면 알아내기 힘든 복잡한 것인데, 이들은 생식기가 출생 당시의 생물학적 성과 생식에서의 역할을 결정하지만, 개인의 성 정체성은 시간에 따라 발전한다고 생각한다. 신이 특정 생식기를 부여해 여성과 남성을 정해 주었지만, 그런 생식기의 형태를 가지고도 다른 성적 지향을 발전할 가능성이 있다고 생각하는 것이다. 이러한 비교 고찰은 서구 중심의 세계관이 반영된 근대 사회의 이분법적 성 정체성이 이성애를 전제로 한 성기 중심의 구분법이라는 점을 깨닫게 해 준다.

인간 만들기에 대한 다양한 상상

생식, 즉 '인간을 만드는' 문제는 생물학적 성을 정의하는 데 있어 핵심적이며, 특정 사회에서 성과 관련된 사고방식과 행동양식은 '인간을 어떻게 정의'하는지와 밀접히 관련된다. "아이를 만드는 데 한 남자와 한 여자로는 충분하지 않다." 모리스 고들리에Maurice Godelier라는 저명한 프랑스 인류학자가 2002년 한국을 방문했을 때 했던 강연의 제목이다.(고들리에, 2003) 그러니까 정확하게 남자의 '무엇'과 여자의 '무엇'이 아이를 만드는지, 그리고 수태와 태아의 성장, 임신, 출생 이후의 전체 과정을 어떻게 인식하는지에 대해 질문해야 한다는 것이다. 고들리에는 그 답을 얻기 위해 비서구 부족사회의 사례를 제시한다. 여기에는 뉴기니의 섬들(바루야Baruya, 트로브리안드Trobriand, 마엔지Maenge, 텔레폴민Telefolmin)과 통가Tonga 등 태평양 지역의 사례가 많지만, 캐나다 극지방의 이누이트Inuit 사회와 중국 윈난 지방의 나Na 사회도 포함된다.

모계 사회인 트로브리안드와 나 사회에서는 아버지의 정액이 태아의 수태에서 역할을 하지 않고 임신 후 성교를 통해 자궁 내 태아의 성장을 돕는 영양물질로 작용한다고 생각한다. 각 사회는 아버지의 정액과 어머니의 질액 또는 생리혈(피)이 아이의 뼈나 살, 피를 만드는 데 어떤 역할을 하는지에 대해 각기 다르게 인식한다. 또한 부모가 아이의 몸을 만드는 것과는 별개로 아이의 영혼이나 숨은, 조상이나 신이 그것을 불어넣어 주어야 갖추어지는 것이라고 생각하며, 출산 이후에도 아이에게 이름이 붙여지기 전까지는 아직 완전히 태어난 것이라고 여기지 않는다. 아이의 이름은 부모와 가까운 사람의 이름을 골라 받는 경우에서부터 아버지 쪽 친족의 이름을 받는 경우까지 다양하다.

어떤 사회는 몇 개의 설명 방식을 가지는데, 이러한 다양성은 사회 내 권력관계와 관련된다. 텔레폴민 사회에서 남녀 모두가 받아들이는 공식적인 설명은 정액과 질액이 섞여 아이의 몸이 만들어지므로 임신 중에도 지속적으로 성교를 해야 하고 아이의 영혼은 나중에 우주의 힘을 통해 부여받는다는 것이다. 그러나 남자들이 알면서도 모르는 척 하는, 여자들 사이에서만 공유되는, 비밀스러운 설명이 있다. 이는 아이의 살과 피는 정액과 질액으로 만들어지지만 뼈는 어머니의 생리혈로만 만들어진다는 믿음이다. 텔레폴민 사회는 부계 혈통 집단을 구성하지 않지만 남성 조상의 유골을 신성하게 보관하는 '남성의 집'을 중심으로 마을이 구성되며, 남성들은 여성의 생리혈을 위험하다고 인식한다. 즉 남자들은 정치와 종교 영역을 장악해 전체 사회에서 주도적인 역할을 하며, 여자들은 자신들만의 설명 방식을 통해 친족과 집의 영역을 넘고자 한다.

한편 기독교가 들어오기 이전 평민과 귀족이 고도로 분리되어 있던 통가 사회에도 하나의 오래된 설명 방식이 있다. 아버지의 정액이 아이의 뼈와 골격을, 어머니의 피가 아이의 살과 피를 만들고 신들이 보내준 선물인 영혼에 사로잡혀 아이가 인간이 된다는 설명이다. 그러나 이와는 달리, 아이를 만드는 모든 것은 어머니로부터 오고, 정액은 단지 자궁 안에서 생리혈이 덩어리지고 자라나게 하는 씨로서만 작용한다는 설명도 있다. 여기서 남성은 단지 여성의 성적 파트너로서, 인간신인 투이 통가가 여성을 잉태시키도록 돕는 역할에 그친다. 이 두 번째 설명에서 투이 통가는 실제적 행동 없이도 모든 여성을 임신시키는 인물로 등장하는데, 이는 몇 세기 전부터 귀족 신분이 강화되고 장자가 직분과 서열을 계승하는 정치적·이데올로기적 변화와 관련된다.

여기서 서구 기독교의 아이 만들기에 대해서도 비슷한 방식으로 생각해 볼 수 있다. 서구 기독교 사회에서 태아는, 하나님에 의해 결혼으로 맺어진 육신의 신성한 결합의 결과이며 남녀 유전물질의 혼합이다. 아이의 영혼은 신에 의해 주입되는데, 수태 시 부모를 통해 인간의 원죄가 전수되기 때문에 출생 이후 세례를 통해 정화되어야만 진정한 인간이 된다. 그래서 기독교가 지배하던 중세 서양에서 이교도 인간pagan은 크리스천 인간보다는 동물에 더 가까운 존재로 인식되었다.

즉 한 쌍의 남녀 인간이 아이의 몸을 만드는 데 기여하는 바는 사회마다 다르게 '상상'된다. 또한 한 쌍의 남녀 인간은 아이에게 영혼이나 숨을 줄 수 없다거나, 때로는 코나 손가락, 발가락 같은 미세한 신체 부위는 만들 수 없기 때문에 조상이나 신의 도움이 필요하다고 생각하기도 했다. 이렇게 되면 인간은 태어나기 전이나 죽은 후에도 초자연적 세계와 연결되는 것이다. 출생이 한 인간의 절대적인 시작이 아니며 죽음 역시 한 인간의 절대적인 끝이 될 수 없는 것이다. 출생에 대한 이러한 문화적 인식의 차이는 친족 제도나 사회 체계를 조직하는 방식과도 밀접하게 관련된다. 수태와 출산, 그 이후의 의례를 통해 인간을 만드는 과정은 각 사회의 젠더 관계를 아이의 몸에 이식한다. 즉 이러한 문화적 '상상'은 실제적 결과를 가져오는 사회적 사실이다.

오늘날 과학의 시대에 출생은 어떠한가? 남녀 한 쌍의 유전

정보, 정자와 난자의 결합 과정, 배아 세포의 분열 과정, 임신 중 성 호르몬의 분비와 출산 시 상황 등이 새로 태어나는 아이의 몸을 결정한다. 영혼에 대한 설명이 사라지고 조상과 신이 빠져나간 자리에는 심리학과 의학이 대신 자리하고 있다. 근대 사회에서 새로 태어난 아이는 독립된 개인 인격체로, 수정란 시기에 결정된 성이 자신의 기질과 능력도 좌우한다는 점을 받아들이고 이를 개발해 자기 능력으로 만들면서, 국민국가 테두리의 영향력 아래서 살아간다. 정체성을 대변하는 이름도 개인 선택의 문제가 된다. 성장한 후에 자기 이름을 스스로 바꿀 수도 있고 사이버 공간에서 복수의 이름으로 각기 다른 이미지를 연출할 수도 있다. 즉 오늘날의 생식과 인간 만들기에는 섹슈얼리티로서 성 이미지와 개인주의, 경쟁 원리 등 근대 사회의 특징들이 반영된다. 성을 구분하는 것은 이처럼 인간의 본질과 실체를 상상하고 설명하는 방식, 바로 그것인 것이다.

진화, 인류를 정의하기

그렇다면 자연의 영역인 생식에서의 역할 구분이 어떻게 사회문화적 성인 젠더의 영역을 만드는지, 추적해 볼 수는 없을까? 이는 곧 유인원에서 호미니드가 진화해 온 시대로 돌아가, 인류의 문화가 어떻게 시작되었는지 질문하는 것이다. 진화생물학자들의 설명에 의하면, 생물학적 진화를 이끄는 것은 종의 번식 전략이다. 이때, 암수의 전략은 각기 다르게 발전하며, 특정 개체군에서의 성별 노동 분화와 가족 형성의 패턴, 부모의 양육 투자 등은 서로 밀접하게 연결되어 변화한다. 인류의 진화 과정은 양육 투자가 증가하면서 수컷인 남자의 교배 투자가 상대적으로 줄어드는 적응과정을 보여준다. 즉, 인류는 자신의 유전자를 물려줄 자식의 수를 줄이되 생존 가능성이 더 높도록 만들어 출산하고 초기 양육에 보다 많은 투자를 하는 방식으로 진화했다. 결과적으로 타인과 협동하고 가족 구성을 비롯한 집단생활을 하는 방식으로 진화했다.(요한슨, 1996; 쿠퍼, 2000)

논의를 더 진행하기 전에, 오늘날 과학에서 진화는 19세기 방식의 진보 개념이 아니라는 점을 강조하고자 한다. 인류가 두발 보행을 하는 호미니드로 진화한 상황을 유인원보다 우월한 인류의 '이성'이 발현한 결과라고 본 것은 19세기 학자들의 희망 사항이었다. 진화는 주어진 환경에 적응하는 생물학적 능력의 변화이며, 이러한 적응의 필요와 노력은 말 그대로 생존을 위한 것이다. 인류는 기원전 800만 년에서 900만 년 사이 아프리카에서 출현한 것으로 보인다. 두발 보행은 지질 시대의 신생대 네오기에 있었던 환경 변화로, 나무 위에서 살던 유인원 집단이 초원 지대를 가로질러 이동해야만 하는 상황에 맞추어 진화한 결과였다. 두발로 걸으면 이동 속도는 느려지지만 더 오래 더 멀리 갈 수 있다. 두발 보행으로 두 손이 자유로워지면서 인류는 도구를 제작하고 발명했고 뇌용량도 커졌다. 또한 곧게 선 자세를 취하면서 성대 구조도 변화해 정교한 언어 발화가 가능해졌다.

그런데 두뇌 용량의 증가는 그 만큼 정교한 두뇌를 가진 태아를 출생하고 교육시켜야 하는 부담을 가져온다. 이는 인류의 진화 과정에서 양육 투자의 증가와 밀접히 관련된다. 두발 보행으로 자유로워진 두 손은, 혼자 다닐 수 없는 아이를 어머니나 다른 어른이 안거나 업어서 데리고 다니는 것을 가능하게 했다. 아이 양육을 위해 남녀 간 결속과 남성의 양육 분담이 필요했고 이는 발정기의 약화와 가족의 형성, 초기의 성별 역할분담 등의 요인들과 상호작용하면서 서로를 강화하는 피드백 방식으로 진화 과정이 진행되었다. 이렇게 인류의 신체 진화 과정은 문화 영역의 탄생을 가져왔다.

초기 인류 사회에서 남성들이 주로 담당했던 사냥에는 인류의 집단생활을 설명하는 주요 논리와 가치가 내포된 것으로 보인다. 특히나 큰 동물 사냥은 여러 명이 역할을 정해 함께 했기 때문에 인류 문화에서 협동과 집단 조직의 논리를 설명해 주는 최초

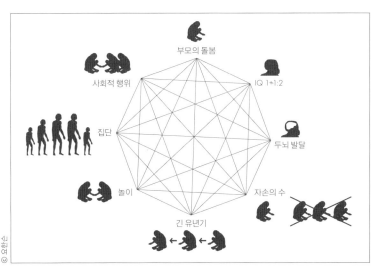

인류 진화의 피드백 과정

의 활동이다. 또한 사냥에서의 획득물은 사냥에 참가하지 않은 여자와 아이를 포함해 집단구성원 모두가 나누어 먹었기 때문에, 사냥은 인류 사회에서 집단의 유대 관계를 설명하는 활동이기도 하다. 하지만 큰 동물 사냥에서의 협동이 남성들의 상대적 우월성을 보여주고 획득물을 나누는 것이 남성들의 관대함을 보여주는 것은 아니다. 사냥은 운과 사고가 따르는 실패 확률이 높은 활동이기 때문에 안정된 식량 공급 활동이 아니었다. 사냥은 먹고 살기 위한 활동이 아니라 음식을 나누어 타인과의 유대를 유지하기 위한 활동이었다고 할 수 있다. 남성들의 사냥은 일차적으로는 아내인 여성과 그 사이에서 낳은 자식과의 유대를 위한 것이었다. 나아가 계속해서 사냥을 같이 할 수 있는 집단 관계를 유지해 획득물을 얻기 위한 것이기도 했다.

인류의 진화가 양육 투자를 늘리는 방식으로 진행되었다면 여자들의 출산과 양육 역할이야말로 집단 관계 구성에서 중심이 되었으리라는 점도 충분히 짐작할 수 있다. 1970년대, 초기 인류 사회의 진화 과정을 "사냥꾼 남성"이 아니라 여성이 주도했다고 설명하는 "채집자 여성" 가설이 제기된 바 있다. 대표적으로 샐리 슬로컴Sally Slocum은 수렵채집 사회에서 주요 식량 공급자는 채집자 여성이었고, 인류의 초기 도구들도 여성의 채집연장이었다면서 진화의 주역은 여성이라고 주장한다. 채집은 단순한 일이 아니라 식물의 위치와 종류에 대한 정보와 지식이 필요한 전문 작업이고, 여성이 채집을 하며 동물이 지나간 루트 등을 알려주는 방식으로 남성들의 사냥을 도왔다는 것이다. 이렇게 초기 인류 사회에서 여성은 계절의 변화에 대한 지식, 지리에 대한 감각, 식량과 아기를 효율적으로 운반할 수 있는 도구의 발명과 저장 용기의 개발로 인간의 대뇌 용량을 키우는 데 공헌했고, 이렇게 여성들이 안정적 삶의 토대를 마련한 후에야, 남성은 장거리로 큰 동물 사냥을 나갈 수 있었다고 한다.(류웰린, 1995)

　진화를 이끈 주역이 남성이냐 여성이냐 하는 식의 질문은 오늘날 더 이상 제기되지 않는다. 단 초기 인류 사회의 여성들이 거주지 근처에서 채집 활동을 하면서 보다 안정적인 식량 제공자로 활동했고, 최초의 타인과의 유대라 할 수 있는 모자녀 관계를 형성했으며 이는 진화 과정에서 중요한 역할을 했을 것이다. 즉 초기 인류 사회에서 남녀가 담당한 수렵과 채집 활동은 모두 생존에 필요한 일이었다. 인류의 생식 전략은 1대 1의 남녀 유대뿐 아니라 집단을 구성해 생존하는 방식의 기초가 되었다. 하지만 집단을 구성하고 유대를 맺는 방식은 환경에 따라 다양하게 발전한다. 인류학자들이 초기 인류 사회의 특징을 유추하기 위해 연구한 서남아프리카의 쿵 사회나 북극에 가까운 이누이트(에스키모) 사회는 둘 다 수렵채집 사회이지만 상당히 다른 특징을 보인다. 쿵 사회에서 생계유지에 기본이 되는 활동은 수렵보다 채집이지만 이누이트 사회에서는 수렵에 대한 의존도가 높다. 쿵 사회에서 젠더 위계는 상대적으로 평등해 보이지만 이누이트 사회에서는 '아내 빌려주기' 관습이 나타나는 것처럼 남성이 여성의 성에 대한 통제력을 가졌던 것으로 보인다.[1]

젠더 위계와 사회 위계

모권 사회와 모신 숭배

인류 사회의 초기 모습에 대한 '추론' 중 가장 널리 유포된 이미지
는 아마도 '원시 모권제'일 것이다. 19세기 말 요한 바흐오펜Johann
Bachofen이나 루이스 모건Lewis Morgan의 사회진화론 저작에서 등장한
이 논의는 모자녀 관계가 출산을 통해 쉽게 확인된다는 점에서 나
온 추론일 뿐, 여성의 권위를 인정하는 것은 아니었다. 오히려 여
기서 모권은 부자녀 관계를 확실히 알 수 없기 때문에 가부장적
가족의 등장을 통해 문명 단계로 진행해 나가야 하는 인류 초기의
야만 상태로 설정되었다. 프리드리히 엥겔스Friedrich Engels는 1884
년에 출간된《가족, 사유재산, 국가의 기원》에서 이들의 논의를 이
어받지만 가부장제의 철폐를 향해 인류 사회가 나아가야 한다는
사회체제 이행론을 제시한다. 과거 사회진화론의 연역적이고 도식
적인 역사발전론은 오늘날 더 이상 받아들여지지 않지만, 엥겔스
가 잉여의 축적과 중앙집권화된 정치조직의 출현이 가족제도의 변
화와 관련된다고 지적했던 점은 탁월한 설명이었다. 이는 1970년
대 마르크스주의 페미니스트들에 의해 다시 채택되면서 젠더 위계
가 사회구조의 문제임을 논증하는 데 사용되었다.

　　역사학이나 인류학 연구에서 가부장제의 반대 이미지로서 모
권제 사회가 존재했었다는 증거는 아직 나오지 않았다. 아마도 모
권 사회와 가장 가까워 보이는 고고학의 증거는 터키 남부 아나톨

리아 지방에서 발견된 기원전 6000여 년 전의 차탈회육Çatal Höyük 유적일 것이다.(러너, 2004) 차탈회육은 곡식 재배와 동물 사육의 흔적을 가진 초기 신석기 시대의 도시 주거지인데, 가슴과 엉덩이가 강조된 여신상이 출토되어 유명해진 곳이다. 동일한 구조와 크기의 주택들이 벌집처럼 모여 있고 왕궁이나 거대 신전이 없으며 전쟁의 흔적도 없다는 점에서 남성 중심의 중앙집권적 권력이 제도화되지 않았던 것으로 보인다. 한편 직조의 흔적과 함께 사냥을 묘사한 벽화에서 여성이 등장하는 것 등으로 미루어 다양한 생산 활동에 여성이 기여한 것으로 보인다. 여러 개의 작은 신전에 풍요를 상징하는 여신상이 모셔져 있었고, 거주지 중앙 바닥에 매립된 시신 중에 붉은 황토칠을 한 여성이 많은 것으로 보아, 여성 조상을 중요하게 여기고 숭배한 것으로 추정된다. 차탈회육이 모권제였다고 주장할 근거는 없지만, 조직 위계가 발달하지 않고 전쟁이

TIP | **모계**(친족), **모권**(사회), **모신**(숭배)

모계母係, matrilineal descent는 출생과 결혼을 통해 구성되는 친족 집단의 성원권을 인식하는 방식 중 하나로, 자식들이 어머니 쪽의 성원권을 이어받는 집단 조직 원리다. 친족원리는 신화나 성도덕 등을 통해 이데올로기적으로 지지되며, 토지사용권이나 조상 제사 의무 등 구체적인 권리와 의무를 통해 집단의 성원권을 규정한다.

모권母權, matriarchy은 모계 사회에서 나타날 수 있는 권위의 한 유형으로 친족 집단에서 연장자인 여성이 가장 큰 사회적 권한을 가진다. 모권은 모계 친족 원리가 뒷받침되어야 하지만, 모계 사회가 곧 모권 사회는 아니며 가부장제의 반대 유형으로서의 가모장제가 인류 역사에 존재했었다는 증거는 없다.

모신母神, mother goddess은 여성의 출산력과 양육 능력이 신격화된 숭배 대상으로, 시대와 지역을 막론하고 많은 인류 사회에서 나타난다. 그러나 모신 숭배가 나타난다고 해서 모계친족 사회이거나 모권 사회인 것은 아니다. 종교적 상징과 이미지로서 모신은 현실 세계의 투사로 다양한 방식의 젠더 위계를 반영한다.

없는 상황에서 여성이 다양한 생산 활동에 참여하고 종교 숭배의 대상이었던 사회라고는 할 수 있다.

차탈회육은 여성의 출산력과 양육 활동이라는 여성성을 숭배한 초기 인류 사회 중 하나였다. 사실 여성신의 이미지는 농경이 시작되는 신석기 초기부터 청동기까지의 기간 동안, 인더스 강부터 동유럽과 남동유

두 마리 사자의 호위를 받아 앉아 있는 차탈회육의 어머니 여신상

럽에 이르는 지역에 걸쳐 어머니의 모습으로 나타난다. 당시 여신의 모습은 동식물 전체를 지배하는 대지의 신처럼 등장하며 당당한 풍모를 특징으로 한다. 여신의 존재와 존속 여부는 농경의 등장 및 발전 과정과 밀접하게 관련된다. 초기 농경시대는 여신들과 함께 시작되지만, 점차 농사에 쟁기를 사용하면서 남성의 힘이 중요해지고 농경지를 확보하기 위한 집단성이 강화됐다. 전쟁이 증가하면서 전사로서 남성의 역할이 강조됐고 어머니 대지신의 위치는 위협받았다. 고대 그리스 신이나 기독교의 역사에서 볼 수 있듯이 가부장 이미지의 남성신이 등장하면서, 여성신은 이름을 잃고 소멸하거나 부수적 존재가 되거나 모호한 성격으로 변화했고 심지어는 사악한 신으로 전락했다. 여성신이 등장했던 많은 지역에서 이제 역사는 남성신이 출산과 번식을 주관하고 사회질서를 대변하는 시대로 넘어가게 된다.

그간의 역사 연구나 인류학 연구 결과를 종합해 보면, 인류 역사의 초기 모습은 자연 상태의 모권제가 아니라 인류의 문화가 구축되는 가운데 양성이 각기 다른 역할을 대등하게 수행하면서도 여성의 출산력과 양육을 숭배하는 모습이었을 것으로 추정된다.

모계 친족의 원리와 실제

인류의 역사에서 모권제 사회에 대한 증거는 희박하지만 모계 사회의 존재는 쉽게 확인된다. 모자녀 관계가 생물학적 연결성이 분명하게 확인되는 최초의 사회관계라고 할 때 모계는 이에 기반을 두고 사회를 조직하는 원리라고 할 수 있다. 인류학자 조지 머독George Peter Murdock은 1954년에 출간된 그의 저서 《사회구조》에서 전체 인류 사회에서 모계가 차지하는 비율을 30퍼센트 정도로 추정했다.

문화인류학에서는 특정 사회에서 새로 태어난 자녀를 어머니와 아버지 중 어느 혈통 집단에 소속시키는지에 따라 모계 사회와 부계patrilineal 사회로 구분한다. 물론 동남아시아나 현대사회의 경우처럼 어느 쪽으로도 배타적 소속감을 갖지 않고 혈통 집단을 구성하지 않는 양변bilateral 사회도 있다. 모계나 부계의 원리는 이름을 붙이는 방식이나 조상숭배 의례에 대한 의무, 결혼 후 거주지 규정, 토지와 재산 상속권 등 관습과 제도를 통해 특정한 윤리와 가치를 갖추고 실제적인 구속력을 행사한다. 대부분 모계 사회에서는 딸이 결혼 후에도 어머니 곁을 떠나지 않고 아들 대신 토지를 상속 받으며, 조상 의례를 주관하면서 어머니 혈통 집단의 영속성을 이어 나간다. 부계 사회에서는 다른 혈통 여성이 결혼과 출산을 통해 남편의 혈통 집단에 결속될 수 있지만, 모계 사회에서는 전쟁과 외교를 담당하는 남성이 소속감을 바꾸어 결혼 후 아내의 혈통 집단에 충성심을 보이기는 힘들다. 그래서 모계 사회에서는 이혼이 쉽고 빈번한 편이며, 결혼을 통해 생기는 부부 간 유대보다 결혼 이전의 오누이 유대가 더 강한 특징을 보인다. 결혼을 통해 다른 집단의 남성을 편입시킬 수 없는 모계 사회는 국가와 같은 중앙 집권화된 정치조직으로 발전하기 힘들며, 이런 의미에서 모계 사회는 모권 사회를 의미하지 않는다.

물론 현실에서 모계 사회의 생활 방식은 무척 다양하게 나타난다.(키징, 1990) 브로니슬라프 말리노프스키Bronisław Malinowski가 조사한 트로브리안드는 모계 사회이지만 결혼 후 아내가 남편의 거주지로 이동해 살았다. 대신 아들이 태어나면 외삼촌의 거주지로 보내 모계 혈통 집단에서 남성이 담당하는 정치적 지위를 잇도록 했다. 그래서 트로브리안드에서는 모계 사회임에도 불구하고 추장

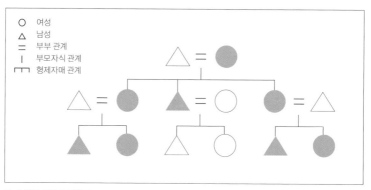

모계 혈통 집단의 성원권

의 경우에는 아내를 여럿 두는 일부다처제가 나타날 수 있었다. 아내가 많으면 자신에게 참마yam(마 종류의 구근식물)를 증여하는 처남이 많아지며, 일반인과 달리 추장으로서 동원할 수 있는 인력과 자원이 많아져 위신을 높일 수 있었다.

한편 19세기 말 북미 대륙 동북부의 이로쿼이 인디언Iroquois은 모계 사회로는 보기 드물게, 강력한 부족 연맹 정치체제를 오랫동안 유지하면서도 여성의 실제적 권한이 강력했다. 이로쿼이 사회는 모계 혈통 집단별로 커다란 장옥long house에서 거주했다. 여성은 부족의 혈통을 이으면서 옥수수 농사를 전담했고, 수확물에 대한 배분 권한도 가지고 있었다. 부족을 대변해 연맹체 회의에 참석하는 정치 지도자는 남성이었지만 그 지위는 모계 혈통을 따라 이어졌고, 혈통 집단에서 연장자 여성인 모가장으로부터 지위를 상징하는 벨트를 하사 받아 직무를 수행했다. 때로는 나이 든 여성 친족원이 실제적 권력을 행사했다. 남성은 외교와 전쟁을 담당했지만, 생계를 담당하는 여성은 식량이나 모카신 등 긴요한 물품을 배급하지 않는 방식으로 원하지 않는 전쟁을 반대할 수 있었다. 이로쿼이는 남성 대표자들로 구성된 부족 연맹 회의 체제를 갖추고 있었기 때문에 모권 사회라고 할 수는 없다. 그러나 모계 사회로서 이로쿼이는 모가장의 권위와 여성들의 영향력이 제도화되었고 비공식적인 정치력도 충분히 가지고 있었다. 이로쿼이의 부족 연맹체는 나중에 미국의 연방 국가 모델로 채택될 정도로 강력했다. 학자에 따라서는 이로쿼이에서 모가장에게 허용된 강력한 영향력을 오랫동안 백인들의 침입과 공격에 맞서 싸우느라 남성들이 부재한 사회에서 나타난 예외적 현상으로 보기도 한다. 하지만 사실 모든 역사적 순간은 항상 변화의 국면이기도 하다. 어찌되었건 19세기 말의 이로쿼이는 모가장의 권한을 유지하면서 강력한 부족 연맹 정치조직으로 발전한 모계 사회의 보기 드문 사례다.

단순 사회에서 복잡 사회로

흔히 사람들은 현재보다 과거가, 복잡한 현대사회보다 단순한 부족사회나 수렵채집 사회가, 더 가부장적이고 여성 차별적이었을 것이라고 생각한다. 그러나 여성이 우위를 점했던 시기가 없었다고 해서 인류의 역사를 가부장제의 역사로 전제하면, 각기 다른 역사적 맥락에서 젠더 위계가 다양하고 복잡하게 발전해 왔다는 점을 분석하기 힘들어진다. 인류학자 게일 루빈Gayle Rubin은 가부장제라는 용어를 대신해 성차별적 상황을 분석하기 위해 섹스/젠더 체계Sex/Gender System라는 중립적 어감의 개념을 제안했다.(Rubin, 1975) 섹스/젠더 체계는 특정한 억압 방식이 특정한 사회관계의 산물이며, 가부장제는 이 중 하나로 볼 수 있다고 말한다.

가부장제의 보편성에 대해서는 학자들마다 입장이 다소 다른데, 문화인류학자들의 폭넓은 관심 분야를 다 포괄하면서도 확신을 가지고 가부장제의 전면적 보편성을 설파하기는 힘들어 보인다. 인류의 역사상 산업사회 이전 시기에 등장했던 사회조직 유형을 문화인류학에서는 크게 군단사회band, 부족사회tribe, 추방사회chiefdom, 국가state로 구분한다.(류웰린, 1995) 19세기 말 사회진화론이 채택했던 문명화의 정도라는 기준을 비판하면서, 사회조직의 단순화 또는 복잡화의 정도를 분류 기준으로 삼은 것이다.

　군단사회는 거의 전적으로 자연에 의존해 생존하는 환경에서 나타나며 수렵채집이라는 가장 단순한 경제활동에 의존한다. 자연 생태계에 전적으로 의존해 사냥감이나 채집물의 분포를 따라 이동하면서 생활했기 때문에 조직의 경계와 규모를 쉽게 조절할 수 있어야 했다. 그래서 군단은 위계가 발달하지 않은 가장 단순하고 유연한 사회조직 형태다. 수렵과 채집은 보통 남녀 간 분업으로 수행되고, 가족 단위가 모여 군단을 형성하지만 세습되는 지도자의 지위나 가부장권은 나타나지 않았다. 집단적으로 대규모 사냥을 할 때에도 그때마다 사냥을 주도하는 사람이 일시적인 지도자가 되었고, 치유의 힘을 가진 주술사가 있어도 전문직이 아니라서 그 지위가 크게 강조되지 않았다. 군단사회는 사회적 위계 자체가 뚜렷하게 제도화되지 않은 상황에서는 성별 분업만으로 남녀의 위계 관계가 발달하지 않는다는 점을 보여준다.

　인류가 사냥감을 쫓는 대신 동물을 길들여 사육하고 채집 대신 씨를 뿌려 식량을 재배하면 집단적으로 영토를 확보해야 할 필요성이 생긴다. 이때 인류 사회에서 가장 기초적인 조직 원리로서 친족 관계가 사용된다. 부족사회는 원시 농경이나 목축을 경제양식으로 하면서 친족 관계를 기반으로 영토 사용권을 행사하는 사회 조직으로서, 신분이나 계급이 발달하지 않은 상태를 말한다. 부계 또는 모계의 혈통에 따라 조직되는 부족사회는 노동의 사회 분업보다는 세대와 성에 의한 분업에 더 기반한 사회였다. 친족집단의 연장자가 권력을 가지며, 연장자와 연소자 간 위계가 강조되고, 여성의 출산력은 친족 집단의 문제로 간주되었다. 개인의 결혼에 대해서도 친족 성원의 연장자들이 영향력을 행사했다. 대신 모든 친족 성원들은 친족 집단이 장악한 영토와 자원에 대한 권리를 가졌다. 이동 생활을 하는 목축 사회에서 이들의 영토에 대한 권리에는 계절에 따라 목축지로 이동하는 경로 보장도 포함되었다.

이렇게 계급이나 신분에 따른 차별이 나타나지 않는 상황에서도 연령과 성에 대한 차별은 상황에 따라서 극단적으로 강조될 수 있다. 농경보다 목축에 기반을 둔 부족사회에서는 남성의 우월성이 상대적으로 더 강조되었다. 농경은 여성도 참여할 수 있는 생계 활동이지만 가축 떼를 이끌고 이동해야 하는 목축은 주로 남성이 담당하고 경제권도 독점했기 때문이다. 하지만 농경에서 쟁기가 도입되면서, 남성의 힘이 중요해졌고 영토를 확보해야 하는 상황에서 외교의 중요성과 전쟁의 가능성이 커졌다. 이 때문에 집약 농경으로 갈수록 남성의 정치적 영향력은 보다 중요해진다. 떠도는 생활을 하던 군단사회에서 소유는 개인 도구 정도에 국한되었지만 부족사회에서는 친족 집단이 토지를 소유하고 사용권을 자기 집단의 성원에게만 허용한다. 이러한 집단적 영토 소유와 친족 집단 관계에서의 불평등 문제는 1970~80년대 마르크스주의 인류학자들의 관심사였다. 특히 인류학자들의 부족사회 연구 사례는 사유재산과 계급분화 사이의 인과관계에 대해 여러 논쟁 거리를 제공했다. 정통 마르크스주의의 역사적 설명과 달리 인류학자들 대부분은, 사유재산의 출현과는 무관하게 연령 위계나 젠더 위계에 기반을 둔 불평등한 사회구조가 나타날 수 있다는 점을 받아들이고 있다.

추방사회에서도 친족 관계는 여전히 중요한 사회조직의 원리이지만 혈통 집단별로 신분제 관계가 형성되거나 전사나 사제, 행정관, 평민 식으로 신분화가 발생하면서 사회조직은 더욱 복잡해진다. 정치 지도자는 종교적 신성성을 갖추어 자신의 권위를 정당화하고 사회 구성원들의 경제활동에서 잉여를 취해 통치 기반을 구축한다. 생산계급에게 의존하는 비생산계급의 분리가 생기면서 사회재생산은 이러한 구분을 유지해야 가능해지고, 젠더 위계는 신분제를 유지하기 위한 방식으로 작동한다. 부족사회들 간의 관계가 기본적으로 분절적이라면, 추방사회는 내부적으로 중앙집권적 체계를 구축하면서 다른 조직을 끊임없이 통합해 체계를 확대하고자 한다.

한편 국가는 오늘날의 사회조직 유형이므로 우리에게 가장 친숙하다. 전 산업사회의 국가는 현대 국가와 지도자 지위의 승계 방식에 있어서 차이가 나지만, 중앙집권적 통치가 지위의 체계로 안정화되어 있다는 점에서는 공통된다. 국가에서는 친족 관계의 중요성이 상대적으로 약해지며 젠더 위계는 이제 복잡한 종교 상징과 정치 영역의 영향을 더 많이 받게 된다.

정치조직의 형성과 발전 과정에서 결혼 체계는 핵심적인 역할을 한다. 부계 혈통의 부족사회에서 결혼은 두 혈통 집단이 여성과 신부대bride price를 교환하면서 유대를 구축하는 체계였다. 신분화된 사회에서 나타나는 지참금dowry 제도는 유력가 집안에서 여성의 결혼을 통해 가문의 위세와 부의 축적을 강화하는 기제였다. 인류 사회에서 결혼 체계는 여타 사회 관계의 측면들, 즉 유대의 구축이나 동맹의 형성, 부의 축적, 특정한 정치적·경제적 자원에 대한 차별적 접근성, 집단 내혼을 통한 지배층의 합병 등과 관련된

하와이 왕국 최초의 여왕이자 마지막 왕인 릴리우오컬라니Lili'uokalani의 초상. 남편은 백인인 존 오웬 도니미스였고 그의 아버지는 미국 본토에서 이주해 온 선장이었다. 도미니스는 결혼을 통해 하와이 왕실과 연결되면서 하와이를 구성하는 오하우 섬과 마우이 섬의 총독이 되었다.

다. 예를 들어 18~19세기의 하와이 왕국은 추방사회에서 국가로 발전한 정치 유형으로 분류되는데, 하와이 왕실에서 결혼은 지배 혈통의 위치를 확인하는 주요 방법이었다.(Linnekin, 1990) 하와이의 지배층은 자기 혈통 집단의 여자를 더 낮은 혈통 집단과 결혼시켰는데, 아이는 어머니의 혈통 지위를 계승했기 때문에 이는 아이의 지위가 하락하는 것을 막는 방책이 되었다. 더 높은 혈통 집단이 없는 최고권자 남성은 여자 형제와 결혼하거나 이웃 나라 통가에서 아내를 얻었다. 이런 맥락에서 19세기 미국의 선교사와 사업가 남성들은 왕실 여성과의 결혼을 통해 정치·경제적 이권을 장악할 수 있었고, 백인과의 혼혈 자녀들은 여전히 하와이 토착 지배층의 후손으로 남을 수 있었다. 거대한 시대의 변화를 거스를 수도 주도할 수도 없었던 하와이 왕국은 결국 1893년에 미국의 통치령이 된다.

다시 강조하지만, 아득히 먼 초기 인류 사회도 모권제는 아니었을 것이다. 설사 모권제가 있었다 하더라도 그것의 추락이 곧 가부장제의 성립을 의미하지는 않는다. 또한 우리에게 친숙한 가부장제의 몰락이 곧 모권제의 등장을 의미하는 것도 아니다.

어느 한 쪽 성이 독점적 권한을 갖지 않는 사회 상황은 언제나 가능하다. 중국 인류학자 샨샨두Shanshan Du가 그려 내는 중국 서남부 지역 라후Lahu 사회는 혈통 집단을 구성하지 않는 양변 사회이고 농경 사회인데, 남녀가 다르다는 점이 거듭 강조되고 확실한 성별 분업을 통해 사회가 조직된다. 하지만 거의 모든 영역에서 남녀는 각기 다른 역할로 함께 참여하고 그 가치는 차별적으로 평가되지 않는다. "젓가락은 언제나 쌍으로 움직인다"는 라후 사회의 속담은 젠더 관계를 단적으로 보여주는데 샨샨두는 이를 상대적으로 평등하고relatively equal 보완적complementary이라고 설명한다.(Shanshan Du, 2003) 한편, 스칸디나비아 반도의 북유럽 국가들은 고도로 산업화된 사회에서도 성차별적이지 않은 사회관계가 가능하다는 점을 보여준다. 즉, 우리가 경험하지 못한 방식으로 남녀가 권력을 공유하거나 혹은 나누어 가졌거나 가질 가능성은 언제나 존재한다.

정리하면, 사회 위계의 복잡성 정도와 함께 나타나는 사회조직 유형의 특징은 젠더 위계와도 밀접히 관련된다. 젠더 위계는 흔히 출산력의 통제, 생산력의 전유, 친족 집단이나 신분제 유지의 근간이 되는 혈통의 유지, 여성성의 종교적·정치적 상징 등의 문제로 제기되지만 그 구체적 내용은 사례나 상황마다 다르다. 확실한 것은 젠더 위계는 사회 위계의 한 유형으로 다른 불평등 기제

와 결합해 나타나기 때문에, 사회가 위계화될수록 젠더의 위계성
도 강화된다.

근대 사회의 변화와 성 정체성

근대적 몸과 마음

전 산업사회나 비서구 사회의 문화를 그 맥락에서 이해할 수 있다
면, 우리가 따라야 하는 근대 산업사회의 규범과 윤리를 상대적으
로 볼 수 있다. 근대의 성은 기본적으로 생물학의 영역으로 간주
되며, 생식 기능에 초점이 맞추어져 확고한 이분법의 틀로 인식되
었다. 근대의 이분화된 성 규범에는 개인적 기질의 차이나 종교적
힘, 상상력이 개입될 여지는 거의 없어 보인다. 사랑과 성교와 출
산은 제각기 별개의 것으로 분리되어 사랑은 심리학에, 성교는 생
물학에, 생식과 출산은 의학에 접수된 형국이다. 자기 문화를 성찰
하는 관점에서 이 주제를 다시 돌아볼 때 우리 시대 젠더 체계의
윤곽도 드러나게 될 것이다.
    오늘날 생식 기술과 유전자공학의 발전, 인공지능과 로봇 기
술의 발전 등으로 '인간 만들기'에 대한 상상의 영역은 전례 없이
변화하고 있다. 정자와 난자를 추출해 체외에서 수정시키고 태아

를 여자의 몸이 아닌 인공 자궁에서 자라게 할 수도 있다. 체세포의 핵을 난자에 이식하는 인간 복제 방식이나 화학적으로 처리한 난자로 배아 세포를 만들어 단성생식으로 인간 복제를 하는 것도 가능하다고 한다. 즉 이제는 생식과 출산이 여성과 남성의 몸을 떠나서 논의되기 시작한 것이다. 심지어 다른 동물의 생식세포나 유전자가 섞인 이종 배아를 만드는 것도 기술적으로는 가능해졌다. 또한 인간의 몸에 기계의 부품이 뒤섞인 사이보그에 대한 상상도 점차 현실성을 가진다. 생물학으로 인간을 정의하면서 해부학적 생식기로 성을 구분하던 근대의 시대는 이제 위기를 맞은 것 같다.

생식의 가능성과 한계는 과학기술의 발달로 인해 새로운 국면에 접어들었지만, 태어난 인간을 기르는 양육은 여전히 온전하게 사회문화의 영역에 속한다. 오늘날 생식 기술과 생명과학에 대한 논의가 사회윤리의 영역 바깥에서 가치중립적인 과학의 문제로 다뤄질 수 없는 이유도 여기에 있다. 두발 보행을 하는 유인원인 인간은 수백만 년 전과 같이 오늘날에도, 막대한 양육 투자를 하고 집단생활을 통해서만 생존할 수 있다. 산업사회에서 양육과 집단생활은 추상적 개인의 합리적 선택이라는 이상과 가치를 지향하지만, 실제로는 특정한 성 역할 이데올로기와 분업 체계의 재생산에 의존한다.

근대 사회는 공사 영역 구분을 통해 구성되었고 여성은 국가나 시장과 대비되는 가정의 영역으로 들어가게 되었다. 여성이 출산과 양육을 담당하므로 가정의 영역에 속하는 것이 시대와 무관한 것처럼 보일지도 모른다. 그러나 근대의 가정은 전근대의 가정과 달리 생산이나 교육, 사회적 네크워크의 기능 등이 사라지고,

애정에 기초한 지극히 사적인 공간이 되었다. 또한 개인의 권리와 이익을 내세우며 경쟁하고 평가 받는 공적 영역과는 달리, 공유와 이타적 관계의 논리가 적용되는 공간이기도 하다. 이러한 가정의 이데올로기는 공적 영역에서 배제된 여성의 성 역할을 규정하고 이를 위한 여성의 섹슈얼리티도 규정한다. 대신 가정 내 여성은 어머니로서의 모성과 도덕성을 추앙받았다. 결과적으로 근대 사회에서 여성은 사회적으로는 약자이지만 도덕적으로는 우월할 수 있는, 또한 취약한 성이지만 강한 모성이라는, 애매한 존재가 되었다. 낙태에 대한 논의는 근대적 인간 범주에 여성을 포함시키는 것이 딜레마로 여겨짐을 보여 준다. 임산부는 하나의 몸에 두 인간이 공존하는 상황이며, 문제가 되는 상황에서 여성과 태아 중 누구의 인권을 우선시할 것인가는 낙태 논쟁의 쟁점이다. 즉 개별 몸으로 개인의 경계가 인식되고 자신의 이성을 동원해 합리적으로 이기적 판단을 하는 근대적 개인이라는 이상이 임산과 출산을 하는 (또는 했거나 하게 될) 여성에게는 '당연하게' 적용되지 않는 것이다.

여러 가지 측면에서 볼 때 모성은 근대적 섹슈얼리티와 성 역할을 구성하는 핵심 이데올로기다.(이연정, 1995) 여성의 생식기능은 언제나 여성을 규정하는 중요한 특징이었다. 그러나 여성의 몸에 부여되는 사회적 의미는, 특히 모성의 의미는, 시대마다 사회마다 차이를 보인다. 한국사회의 이상적 여성상도 조선의 유교사회에서는 열녀효부였으나 근대로 넘어오면서 현모양처로 바뀌고 모성이 강조되었다. 역사 속에서 모성은 남녀의 젠더 관계에 가족 관계가 더해지고 종족이나 국가와 같은 사회집단의 관계까지 더해진 구도 속에서 복잡하게 작동해 왔다. 근대의 모성은 산업사회의 노동력이자 국민국가의 일원이기도 한 사회 성원을 임신해 출산하고 돌보아 기르고 교육하는 것과 밀접히 관련된다. 의무일 수도 권리일 수도 있는, 모성과 관련된 이러한 여성의 역할은 이데올로기적 성격을 가진다. 자궁을 가진 인간으로서 여성이라면 누구나 출산과 양육을 해야 하는 이타성과 헌신성을 갖고 있다고 전제하고 어머니로서의 역할을 선택의 문제가 아니라 운명으로 제시하기 때문이다. 모성적 존재로서 여성은 생산적 존재인 남성과 대비되며, 남녀의 일차적 책임은 공사 영역으로 나누어 부과되고, 남녀의 사회 활동이나 지위에도 영향을 미친다.

그런데 모성은 문화적 상황에 따라 다르게 정의되는 관계적 용어다. 필리핀 사회에서는 이주노동자 어머니가 가족과 떨어져 싱가포르나 중동에서 가정부일을 하면서 정기적으로 생활비와 학비를 송금하는 것이 어머니의 역할을 하는 것이라고 여겨진다.(김민정, 2012) 하지만 한국사회에서는 어머니가 아이와 물리적으로 떨어져서는 안 된다는 인식이 강해서, 중상층 집안의 아이가 해외유학을 갈 때 어머니가 동반하고 아버지는 집안 생계를 책임지면서 혼자 남겨져 생활하는 것이 새로운 규범처럼 받아들여지고 있다. 즉 남녀 몸의 기능을 통해 사회적 성 역할을 규정하는 방식은 다양한데, 이 다양성은 자의적이거나 우연적인 것이 아니라 여타 사회제도 및 가치 규범과의 연관 속에서 형성된다.

한편, 오늘날 의학 기술의 발달로 개인이 인식하는 섹슈얼리티에 맞추어 신체의 성을 바꾸고 사회적 성 역할을 선택하는 것도 가능해졌다. 몸과 마음을 나누는 근대 계몽주의의 이분법은 첨단 의학의 시대를 만나 성 이분법은 유지하더라도 성 정체성의 변경

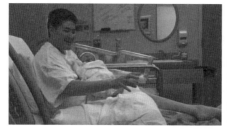

자궁을 남기고 성전환 수술을 해 남자가 된 토마스 비티(당시 37세)는, 미국 애리조나에서 아내 낸시와 함께 살면서 2008년부터 연달아 세 명의 아이를 출산했다.[2]

은 허용해야 하는 상황에 직면한 것이다. 일례로 여성에서 남성으로 성전환 수술을 하고 동성 결혼을 한 트랜스섹스 남성이 아이를 출산한 해외 뉴스가 거듭 보도되는 실정이다. 이로서 법적으로 성을 등록하고 변경을 허락하는 문제, 이성애를 넘어서 결혼과 가족 관계를 새롭게 정의하는 문제, 성 결정에 관여하는 요인과 분류의 의미 등에 대한 논의가 필요해졌다.

문화 개념의 위기와 젠더 연구

문화 개념으로 돌아가 논의를 마무리해 보자. 배고픔은 배고픔이지만 무엇이 음식으로 간주되는지는 문화적으로 결정되는 것처럼, 성은 성이지만 섹스와 젠더가 어떻게 정의되고 인식되는지는 문화적으로 결정된다. 문화인류학의 연구들이 소개해 온 섹스와 젠더 체계의 다양성은 특정 부족이나 종족, 국가, 계급 문화의 사례였고, 여기서 문화 개념은 지역에 기반을 둔 사회집단을 단위로 한다. 그렇다면 지역 경계를 넘나드는 삶이 늘어나는 세계화의 시대에 기존의 문화 개념은 여전히 유용할까? 평생을 걸쳐 이동하며 사는 삶이 점차 일반화되고 온라인을 통한 정보교환과 상호작용이 증가하면서, 문화는 지역적 기반을 벗어나 사람을 따라 또한 사이버 공간을 통해 항상 이동 중인 개념으로 다시 설정되기도 한다.(Clifford, 1997)

역사적으로 보면 문화 개념은 유럽 시민국가 성립 과정의 산물이다.(니시카와, 2006) 구시대의 종교적 왕정 질서를 벗어나 새로운 사회관계와 질서를 모색하고 수립하기 위한 개념이었다. 또는 식민지 개척 과정에서 대면한 '이교도'나 '야만인'을 '인류 보편'이라는 범주로 포괄하는 과정의 산물이었다. 또한 국가의 정통성을 수호하고 국민의 결속력을 촉구하는 근대 국민국가 형성 과정의 산물이었다. 그러나 초국가적transnational 관계가 증대하는 오늘날의 사회변화 속에서 개인의 정체성은 단일 문화권의 영향 아래에만 놓일 수 없다. 사실 근대의 개인에게는 이미 자신이 속한 지역과 친족 집단을 벗어나고, 계급이나 세대의 경계를 넘어, 자신만의 가치관과 생활 방식을 선택해 사는 것이 이상적인 것으로 제시되었다. 엄밀히 말하면 복수의 사회 범주나 사회집단에 속하는 근대의 개인은 누구나 문화적으로도 복수의 정체성을 가지고 살 수 밖에 없다. 사회문화적 경계 넘기가 더욱 빈번해지는 후기근대 사회에서는 각 개인의 생활스타일이 곧 각기 다른 문화를 구성한다고 해도 과언이 아니다.

젠더는 아마도 경계 넘기가 허용되지 않는 근대 사회문화적 경계선 중 거의 마지막까지 남은 구분법일 것이다. 오늘날의 젠더 체계는 양성의 평등한 관계를 추구하고 심지어 성 정체성에 대한 선택도 허용하는 추세이지만 남녀의 구분은 여전히 중요하다. 하지만 사실 섹스나 젠더가 그 자체만으로는 의미 없는 범주라는 것을, 즉 국가와 계급, 인종, 종교, 연령, 직위 등 사회적 관계가 없는 진공 상태에서 성을 구분하는 것은 무의미하다는 것을 생각할 필요가 있다. 마찬가지로 근대 사회과학의 여러 설명들, 특히 정치경제적 설명들이, 성과 결혼, 섹슈얼리티를 고려하지 않는다면 여러 가지로 미진하고 불완전할 것이다. 근대 국가의 성립, 계급의 재생산, 개인의 사

1980년대를 풍미했던 영국의 록밴드 컬처 클럽의 리드 싱어 보이 조지Boy George는 무대 위에서 일관되게 여장을 한 최초의 남성 가수transvestite가 아닌가 싶다. 대표적인 여성잡지, 《코스모폴리탄》의 표지모델로도 나선 바 있다.

회적 지위 상승 전략, 복지국가로의 전환 문제, 세계화 시대의 탈국가적 생존 전략 등의 주제는 모두 특정한 성 역할 규범이나 가족 구성, 가족관계의 운용 전략 등과 밀접하게 관련된다. 그동안 인류 사회는 가족과 친족관계의 구성 원리나 남녀의 기질과 규범에 대한 규정 방식, 인간의 교육과 경제활동 조직 원리 등의 다양한 기능적 내용을 섹스와 젠더에 담아 왔다.

그러나 전반적으로 근대적 성 규범의 규정력이 약화되고 여러 영역에서 성 경계를 넘나드는 현상이 빈번해지면서, 섹슈얼리티나 성 정체성의 본질에 대한 회의와 의구심도 제기된다. 결국 탈근대적 윤리와 가치에 대한 모색 과정은 근대적 젠더 체계에 대한 비판에서 출발하며 기존 사회제도에 대한 변화를 요청한다. 오늘

날의 사회과학 역시 개인의 행동과 사회의 조직적 측면을 함께 이해하기 위해 정체성의 다중성과 복수성에 주목한다. 문화들 사이의 경쟁과 번역, 문화의 경계 넘기가 진행되는 사회변화 속에서, 젠더는 여타의 문화 정체성 중 하나로 개인의 복수적 정체성의 일부를 구성한다는 점이 면밀히 분석되어야 할 것이다. 젠더는 더욱 전략적이고 수행적인 방식으로, 규범과 제도의 지속 또는 변화를 요구하면서, 문화 정체성을 둘러싼 사회관계의 각축장에서 여전히 핵심 영역을 유지할 것이다.

　　인류 사회에서 여성과 남성 개인은 거의 모두 그리고 언제나, 자연스러운 성으로 존재한 것이 아니라 여성이거나 남성이어야만 한다는 사회적 압력 속에서 삶을 꾸려 왔다. 젠더에 대한 문화 연구는 보편적 여성 억압의 현실을 설파하고 철폐하는 것을 넘어, 인류 사회의 섹스/젠더 체계를 이해하기 위한 분석을 지향해 왔다. 인류 역사 속에서는 수많은 여성 억압의 증거가 발견되며, 젠더 불평등한 현실을 제대로 이해해야 변화를 위한 노력도 할 수 있다. 하지만 섹스와 젠더를 사회조직 원리로서 역사적으로나 문화적으로 이해하는 것은 성차별이 없는 대안적 사회 체계를 모색하는 데 있어 더 많은 힘과 영감을 준다. 결국 섹스와 젠더의 구분법이 여전히 사용되더라도 그것이 우리가 누구인지를 설명하는 여러 요인 중 단지 하나에 불과하게 될 때, 본질적인 것으로서 힘을 발휘하던 근대적 구속력은 그 힘을 잃게 될 것이다.

더 읽어보면 좋은 책

◗ 미셸 짐발리스트 로잘도 · 루이스 램피어, 권숙인 · 김현미 옮김, 《여성 · 문화 · 사
  회》, 한길사, 2008.

  젠더 인류학이 태동되던 1970년대 초에 나온 고전이자 이론서다. 근대 사회의
  남녀 이분법적 세계가 구성되는 세 가지 방식, 즉 공과 사의 영역 구분, 관계지
  향과 성취 지향적 인성 구분, 자연과 문화 상징의 대비에 대한 이론적 논의와
  함께, 다양한 현지 연구 사례 및 리뷰 논문이 실려 있다.

◗ 마가렛 미드, 조혜정 옮김, 《세 부족사회에서의 성과 기질》, 이화여자대학교출판부,
  1998.

  미국에서 인류학의 대중화에 크게 기여한 마가렛 미드가 1935년에 출판한 책
  으로, 이로부터 30여 년 이후에나 등장한 페미니즘의 초석이 된 연구다. 파푸
  아 뉴기니 세픽 강 주변의 세 부족사회에 대한 비교연구를 통해, 여성과 남성의
  사회적 역할과 기질은 다양하며 자연적 성으로 결정되는 것이 아니라는 점을
  분명하게 보여준다.

◗ 애덤 쿠퍼, 유명기 옮김, 《네안데르탈인 지하철 타다》, 한길사, 2000.

  인류의 진화 과정에서부터 최초의 성별 분업과 가족 구성, 친족이 사회조직의
  원리로 등장하는 상황에 대해 개괄적이면서도 깊이 있는 설명을 하고 있다.

◗ 세레나 난다, 김경학 옮김, 《남자도 여자도 아닌 히즈라》, 한겨레신문사, 1998.

  인도에서 제3의 성으로 간주되는 히즈라 집단을 소개하면서 서구의 근대 젠
  더 체계가 성을 인식하는 인류 보편의 방식이 아니라는 점을 보여준다. 히즈
  라 4명의 생애사 소개를 통해 인도의 신화와 문학에 대한 이해도 돕는다.

◗ 양 얼쳐 나무 · 크리스챤 매튜, 강수정 옮김, 《아버지가 없는 나라》, 김영사, 2004.

  음악인으로 성공한 중국 원난 성 모쒀족 여성의 회고록이다. 어린 시절의 삶과
  가족사, 여성의 성장기 등에 대한 설명과 함께 더 넓은 세상으로 나와 고향 땅
  을 오가며 사는 삶을 이야기하고 있다. 모계 사회가 조직되는 하나의 방식에 대
  한 실제적 설명을 들을 수 있다.

'두 개의 성'과 성차에 대한 과학적 신념

하정옥

—— 남녀의 차이에 대해 우리가 알고 있는 지식은 어디에 근거를 두고 있는가? 그리고 우리는 일상의 어떤 장면에서 남녀의 차이에 대한 신념을 설파하는가? 이 장에서는 남녀의 차이에 대한 지식, 특히 생물학적 지식의 역사를 구체적 사례를 통해서 살펴본다. 오늘날 너무나 당연하게 생각되는 두 개의 성과 성차에 대한 지식이 과학적으로 발견되고 정당하게 인정된 것은 사실 그리 오래된 일이 아니다. 이 장에서는 두 개의 성과 성차에 대한 지식이 어떤 인식론적·사회적 배경에서 만들어졌는지 소개한다. 또한 그 지식이 확산되어 사람들에게 일종의 신념으로 자리 잡기까지 어떤 성별 정치의 맥락이 있는지도 이해할 수 있다.

생물학적 성차와 사회적 성차,
그리고 과학의 물신화에 대한 페미니즘의 비판

생물학적 성차와 사회적 성차

성차에 관한 과학적 신념을 본격적으로 논의하기에 앞서 소위 '생물학적 성차sex'와 '사회적 성차gender'라는 개념을 살펴보고 몸에 관한 지식을 비판적으로 검토해 보고자 한다.

남녀 사이의 차이에 대해 페미니스트들은 젠더gender, 즉 '사회문화적 성'이라는 개념을 새롭게 제기했다. 젠더 개념을 제기하면서 페미니스트들은 성차에 관한 기존의 지식과 편견을 비판하고 성차에 대해 새로운 문제제기를 하고자 했다. 시몬 드 보부아르Simone de Beauvoir의 "여성은 태어나는 것이 아니라 만들어진다"라는 구절은 이러한 문제의식을 압축적으로 보여주는 문구로 자주 인용된다.

주로 자연과학(특히 생물학)과 실험심리학이 생산한 성차에 관한 지식과 신념 대부분은 남녀의 차이를 생물학적이고 본질적인 것으로 상정했다. 그리고 그러한 차이 '때문에' 사회적으로 불평등한 처우가 이루어지는 것이 당연하다는 논리가 받아들여졌다. 종종 이러한 '열등한' 차이론은 발화자의 인식론적 권위, 즉 무언가를 주창하기에 충분한 능력을 갖추지 못했다는 비난의 근거가 되면서 비판적 문제제기 자체를 평가절하하는 구실이 되기도 했다.

이러한 상황에 대해 페미니스트들은 남녀의 차이 중에서 일부분은 타고나고 생물학적인 것이지만 대부분의 차이는 사회문화적으로 형성된다는 주장을 새롭게 제기하면서, '생물학적 성차'인 섹스와 '사회문화적 성차'인 젠더를 구분했다. 페미니스트들은 이러한 주장에서 성차에 관한 기존 지식과 부당한 제도적 관행을 비판했고 동시에 그것이 충분히 개선될 수 있다고 주장했다.

이러한 문제제기는 대중적으로 상당한 반향을 일으켰다. 학문적으로도 사회적·문화적 변인 설명을 자신의 분과 학문의 소임이라고 생각한 사회학이나 인류학 같은 사회과학의 영역에서 널리 수용되기에 이른다. '젠더'는 사회화 혹은 문화화의 핵심적인 논의 주제가 되어 오늘날 이러한 주제를 다루는 대부분의 교과서에 중요한 장으로 자리 잡았다.

과학의 물신화에 대한 페미니즘의 비판

| 생물학 지식을 분석의 대상으로 바라보다

'사회문화적 성'이라는 새로운 개념 제시에는 암묵적인 학문 간 연구 영역의 경계를 전제하기도 한다. 대부분의 남녀 차이를 이루는 '사회문화적 성'은 여성주의나 사회과학이 그 연구나 지식 생산을 담당하고, 그래도 일부 남는 '생물학적 성'은 자연과학의 영역에 둔다는 것이다. 전자가 후자의 영역을 인정하겠으니 후자는 전자의 영역을 침범하지 않았으면 하는 기대를 담고 있기도 했다.

그러나 '생물학적 성'에 관한 연구는 페미니스트들이나 사회과학자들의 기대와는 달리 '사회문화적 성'으로 간주된 영역으로까지 확장했다. 예를 들어, 1960년을 전후로 등장한 태아기 호르몬과 성별화된 뇌 형성에 관한 연구는, 흔히 전형적인 '사회문화적 성'의 보기로 제시되는 아이들의 놀이까지도 이미 태아 시기에 '생물학적으로 결정'되었다고 주장하기에 이른다. 사회문화적 영향력인 양육의 손길이 닿기 훨씬 전인 태아 시기에 남녀의 차이가 뇌에서부터 자리를 잡기 시작한다는 것이다. 이러한 주장 외에도 소위 '생물학적 성'에 관한 무수한 연구는 '사회문화적 성'의 사안에 대해 그것 역시 '생물학적' 기초를 갖는다는 지식을 끊임없이 생산했다.

이에 페미니스트들은 1980년을 전후로 생물학적 지식 그 자체에 대한 비판으로 눈을 돌리기 시작했다.[1] 도나 해러웨이Donna J. Haraway는 그동안 페미니즘이 '생물학적 성'을 다루지 않고 '사회문화적 성'에만 집중했던 것을 "페미니즘이 과학을 물신화 한 두 가지 상보적 방식"이라고 비판한 바 있다.(Haraway, 1991) 하나는 과학과 기술을 완전히 거부하고 전적으로 자연과학적이지 않은 페미니스트 사회과학을 개발하고자 한 것이며, 또 다른 방식은 '자연'을 적으로 삼고 우리의 '자연적' 신체를 기술로 통제할 것을 주장한 것이다. 이 두 가지 방식은 자연과학과 기술을 적대시하느냐 아니면 완전히 전유하느냐 하는 정반대의 방식처럼 보이지만 둘 모두는 자연과학 지식과 기술을 주어진 것으로 전제했을 뿐 분석 대상으로는 삼지 않았다는 공통점이 있다. 1980년을 전후로 페미니스트 연구에서 일어난 새로운 흐름은 바로 자연과학 지식과 기술을 주어진 '진실'로 전제하는 것이 아니라 그것을 분석해야 할 대상으로 삼았다는 점이다.[2]

과학에 대한 페미니즘의 비판이 일면서 몸에 관한 생물학적 지식에 대한 비판적 검토도 이루어지게 된다. 그 결과 과학 지식이 사회적 영향력과는 차단된 진공의 실험실에서 생산되는 것이 아니라 그 지식의 생산이 사회문화적 영향력의 공간 안에 있으며, 그렇게 생산된 지식은 사회문화적 맥락을 반영하고 있음이 드러났다. 에밀리 마틴Emily Martin은 신체를 표현하는 데 사용되는 은유가 당대의 사회경제적 상황을 반영한 것임을 보여 주었다.(Martin, 1992/1987) 18세기 이전에는 몸을 표현하는 대표적인 수사가 섭취와 배출이었고 이러한 표현은 남녀 모두의 몸에 대해 공통적으로 적용되었다. 상업자본주의 시대가 도래하자 소비와 축적이라는 경제적 메타포가 처음으로 등장하기 시작했다. 세포생리학자 패트릭 게디스Patrick Geddes는 남성의 세포가 에너지를 소비하는 이화작용을 주로 하고 여성의 세포는 에너지를 축적하는 동화작용을 주로 한다고 설명했다. 20세기 초에는 도시화와 함께 몸에도 도시의 메타포가 적용되었다. 혈관은 도로에 비유되고 백혈구는 백의 천사에, 신경은 전화선에 비유되었다. 산업자본주의 시대에는 몸에 공장의 메타포가 적용되기도 했다. 소화작용을 설명하면서 음식물이 마치 공장의 컨베이어벨트를 따라 작업 공정이 이루어지는 것 같은 그림이 흔하게 제시되었다. 20세기 후반에는 정보화 시대와 함께 분자생물학의 발달에 힘입어 몸에도 관리나 통제 등의 단어가 적용되었다. 몸의 각 기관과 뇌 그리고 그 사이 생화학 물질의 반응은 "위계적 정보 전달 체계"로 묘사되기도 했다.

생물학 지식을 주어진 '진실'이 아닌 비판적 분석 대상으로 삼는 일련의 연구에 힘입어 페미니스트들은 '섹스'와 '젠더'를 다시 보게 되었다. 이 둘을 개념적으로 엄격히 분리된 것으로 보기보다는 둘 사이의 연관성과 더 나아가 그 관계의 변증법적 특성에 주목하기 시작했다.

섹스는 생물학적 내용만 갖고 젠더는 생물학을 제외한 사회문화적 내용만을 갖는다는 식이 아니라, 사회문화적 실천이 생리적 차이에 영향을 미치고 이러한 차이가 다시 사회적 관계를 구조화하는 상호 역동적인 과정을 본 것이다. 예를 들어 특정 시기 중국 여성의 발 크기는 전족이라는 사회적 관습을 언급하지 않고는 설명할 수 없다. 또한 육상 경기의 남녀 기록 차이는 여성의 경기 참여가 허용된 시기가 언제였는지 제도의 역사를 무시한 채 평균적인 완력 차만으로는 설명할 수 없다. 올림픽의 꽃이라 불리는 마라톤 경기에 여성의 참여가 허용된 것은 불과 1984년의 일이다. 마라톤뿐 아니라 육상 경기 전반에서 남성의 기록은 완만하게 상승한 데 비해 여성의 기록은 가파르게 상승하면서 남녀 기록 차이는 빠르게 줄어들고 있다.(Fausto-Stering, 1985)

성차에 관한 사회문화적 신념과 자연과학 지식은 서로 순환하고 있으며 우리의 현재 모습 또한 사회적 요인과 생물학적 요인이 상호작용한 결과이기 때문에, 성차에 대한 사회적 요인과 생물학적 요인을 별개로 구분하거나 혹은 온전히 생물학적 요인이나 사회적 요인만을 가려내는 일은 불가능하다. 대부분의 경우 두 요인의 구분은 인과관계를 설정하려는 시도와 함께 이루어지는데 이

인과관계의 설정은 '기원'을 해명하려는 바람을 담고 있다. 그렇지만 무수한 시간과 다양한 환경 속에서 변화되어 온 우리의 현재를 놓고 그 '기원'을 밝히려는 시도는 항상 과도한 일반화의 위험을 수반하기 마련이다.

세계관의 변화와 두 가지 성의 등장

오늘날 인간을 대상으로 하는 과학 지식과 기술은 우리의 몸이 일종의 기계처럼 남녀의 신체가 근본적으로 다른 종류인 것으로 전제한다. 그런데 이러한 인식은 그리 오래되지 않은 18세기 중반을 기점으로 변화가 일어났다. 바로 몸을 유기체에서 기계로, 하나의 성one-sex model에서 두 개의 성two-sex model으로 인식하게 된 것이다.

예를 들어 인류 역사의 상당 기간 동안 의료의 중심 논리는 체액flux설이었다. 몸속의 체액이 두통과 귀 울림 또는 관절염이나 시력 상실 등 온갖 병의 원인으로 여겨졌기 때문에 체액의 흐름을 막아서는 안 된다고 생각했다. 체액의 흐름이 막히면 그것이 굳어져 끈끈한 점성을 띠면서 정체되어 내부유액이 된다. 이때 치료란 바로 이 유액을 천문泉門을 통해 몸 밖으로 나오게 하는 것이었다.(푸코, 1993)

또한 남녀의 몸에 대해서도 오랫동안 서구 의료를 지배했던

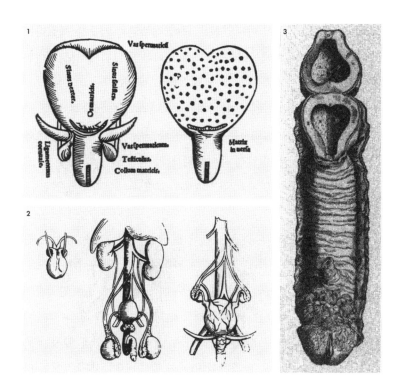

1 남녀 생식기 해부도와 명칭(베렌가리오, 1522)
2 하나의 모형인 남녀 생식기 해부도(베살리우스, 1538)
3 여성의 질 내부 해부도(베살리우스, 1543)

출처: (Laqueur, 1990.)

모형은 하나의 성 모형이었다. 이러한 생각은 18세기 중반까지 계속되었는데, 성이 한 가지라는 전제는 해부도에서도 남녀의 생식기를 한 종류로 그리고 남녀의 각 기관들이 서로 대응하는 식으로 표현한 그림에서 확인할 수 있다. 〈그림1〉을 보면 여성과 남성의 생식기가 동일한 모양으로 서로 대구를 이루고 있다. 난소는 고환에 난관은 정관에 대구를 이루면서 동일한 명칭이 부여돼 있다. 이 그림이 예외적인 것이 아니었음은 근대 해부학의 기초를 세웠다고 알려진 안드레아스 베살리우스Andreas Vesalius의 그림에서도 당대의 공통적인 인식틀을 확인할 수 있다.(그림2) 베살리우스의《여섯 (해부) 도판*Tabulae Sex*》에 실린 남녀의 내부 생식기는 정확히 서로 조응하고 있다. 특히 〈그림3〉은 여성의 질과 남성의 페니스에 대한 유사성을 강조한다. 마치 남성 페니스의 안과 밖을 바꾼 것 같은 이 그림은 베살리우스의《인체의 구조*De Humani Corporis Fabrica*》에 실린 그림이다.

그렇다면 18세기에 무슨 일이 일어났던 것일까? 이 시기 일어난 커다란 지성사적 변동으로는 과학혁명을, 정치적 변동으로는 시민혁명을 들 수 있다. 사실 이 두 가지 변화는 서로 밀접하게 연관되어 있다. 페미니스트 과학철학자 샌드라 하딩Sandra Harding에 따르면 중세유럽을 근대화한 정치적 투쟁이 근대과학을 형성한 큰 동력이 되었다. 새로운 물리학이 발전할 수 있었던 것은 그것이 당시 부상하고 있던 특정 계급의 에토스인 유물론, 반反엘리트주의, 진보주의의 발현인 동시에 실제로 기술을 통해 그 에토스가 표현될 수 있는 수단을 제공했기 때문이다. 또한 근대과학의 실험적 관찰이라는 새로운 방법은 직접 머리와 손을 움직여야 했고 그리하여 봉건귀족 사회에는 존재하지 않았던 새로운 종류의 사람을 필요로 했다. 말하자면 근대과학 그 자체는 근대를 창출한 커다란 사회운동에 의해 형성되었던 것이다.(Harding, 1989)

물리학에서 발흥한 과학혁명은 자연 세계를 한층 더 근원적이고 원자적인 요인으로 조직화하고 해석하는 데 기여했다. 이는 갈릴레오부터 뉴턴에 이르기까지 단지 물리역학의 승리만을 의미한 것이 아니다. 물질의 운동 즉, 자연을 설명할 수 있다는 가능성과 확신은 인간 이성 일반에 대한 낙관론으로 이어져 지성사적으로 계몽주의를 추동했다.

또한 프랑스혁명으로 대표되는 부르주아 시민혁명과 그것의 기반이 된 자유주의 사상은 사회의 권위나 제도 같은 기존 질서에 대한 반기를 추동했다. 이러한 움직임은 집단보다는 개체를 우선하는 변화를 가져왔다.

이로써 전체론적이고 조화론적인 세계관은 종말을 고하고 원자론적이고 기계론적 세계관이 도래했다. 새로운 세계관은 차이의 근거를 사회적 요인보다는 개인적 자질에서 찾았고, 개인의 성공이나 실패의 결정 요인으로 사회적 요인보다는 개인적 자질을 강조하게 된다. 자본주의의 경제적 성공과 함께 도래한 산업주의와 부르주아의 정치적 자유주의 이데올로기, 또 다른 한편으로 식민지 착취라는 현실의 공존은 인간 집단 사이의 불평등한 지배를 정당화할 수 있는 집단 간 차이의 근거를 찾아야 하는 필요를 낳았다.

생물학적 성차 연구의 역사적 사례

시대에 따라 남녀의 차이보다는 동일성이 훨씬 더 강조된 때도 있었다. 언제나 차이가 부각됐던 것은 아니라는 것이다. 어떤 시대적 배경에서 성차가 강조되고 그리고 그 효과는 무엇이었는가를 먼저 이해한 후 그것에 기초해 역사적 사례를 살펴보도록 하자.

언제 성차가 강조되는가

자연과학적으로나 사회적으로 두 가지 성이 확고히 자리를 잡은 후일지라도 언제나 성차가 강조되는 것은 아니다. 예를 들어 전쟁 등으로 사회적으로 노동력이 부족한 시기에는 여성의 모성적 운명론은 어디론가 사라지고 커리어우먼의 자질이 강조되면서 여성의 능력이 남성에 못지않다는 것이 부각된다.

성차에 대한 관심의 역사적 추이를 살펴보면, 차이에 대한 관심이 증폭되는 시기는 바로 여성의 사회적·경제적·정치적 역할이 급속한 전환을 겪는 때라는 것을 알 수 있다. 그 대표적인 시기가 바로 19세기 전환기와 1970년대다.

19세기 전환기는 자본주의의 발흥과 함께 오늘날과 같은 현대적인 성별 분업 체계가 자리를 잡기 시작한 때며, 19세기 초부터는 유럽과 북미에서 여성참정권 운동이 일어났다. 또한 1970년대는 여성운동의 '제2의 물결'을 비롯해 인권운동 등 전반적인 사회운동이 활발히 일어난 때다. 특히 이 시기는 '성차 연구의 르네상스'로까지 불리는데, 이때 쏟아져 나온 사회생물학 지식은 '과학적' 신념을 배경으로 여성들뿐만 아니라 유색인이나 경제적 하층민 등 기존 지배질서에 저항하는 집단 모두에게, 생물학적 자질을 이유로 왜 그들이 다르게 대접받는지를 '설명'해 주었다. 생물학적 차이가 생물학

제2차 세계대전 중 미국에서 여성의 전
쟁 후방 노동 참여를 독려하는 선전물.
(J. Howard Miller, 1943)

에만 머물지 않고 사회적 차별을 정당화하는 데 사용된 것이다. 생
물학적 차이는 언제나—그저 단순한 다름이 아닌—사회정치적 소
수집단의 열등함을 강조했다.

19세기부터 오늘날까지 이루어진 생물학적 성차에 관한 지식
생산은 그 세부적 내용을 크게 세 부분으로 묶을 수 있다.[3] 첫째,
뇌의 형태적 특징으로부터 생리화학적 반응까지 차이의 근거를 뇌
에서 찾는 뇌신경생리학이다. 둘째는 차이의 근거를 진화에서 찾
는 진화론으로 사회생물학이 대표적이다. 마지막으로 성 호르몬에
서 차이의 근거를 찾는 성 내분비학이다. 이 세 가지 기준은 때로
는 역사적으로 각각 독립해서 등장하지만 때로는 서로 조합을 이
루어 나타난다. 예를 들어 성 내분비학과 뇌세포생리학의 결합과
같이 등장하기도 한다.[4]

두개골학부터 뇌-영상 연구까지

| 두개골학

두개골학Craniology은 차이의 '과학적' 근거의 가장 오래된 판본이라 할 수 있다.[5] 두개골학에 기반을 둔 성차 논의의 핵심 전제는 "여성의 지적 열등성은 열등한 두뇌 때문"이라는 것이다. 당시 인류학자였던 맥그리거 앨런McGrigor Allan은 1869년의 논문 〈남녀 정신의 진정한 차이에 대하여〉에서 "여성 골격의 유형은 많은 부분 아동이나 열등한 인종의 골격과 유사하다"고 발표했다.(Fee, 1979) 두개골학은 18세기에 있었던 골격의 차이에 관한 논의를 시작으로 19세기에 이르면 성차 논의의 전성기를 맞이한다.

두개골학이 처음에 제시한 기준은 두개골의 크기나 뇌의 질량이었다. 평균적으로 여성의 뇌는 남성의 뇌보다 크기도 작고 질량도 덜 나갔기 때문에 두개골에 근거해 여성의 열등함을 보여주고자 했던 것이다. 지적 능력이 두개골의 크기나 뇌의 질량에 따른 것이라면 여성의 능력이 남성보다 못함은 틀림없었다. 그러나 이러한 논리는 치명적인 반격에 맞닥뜨린다. 이른바 '코끼리의 문제'다. 만일 절대적인 크기나 질량이 우월함과 열등함의 절대적인 기준이라면 사람보다 훨씬 머리가 큰 코끼리나 고래가 만물의 영장이어야 했기 때문이다.

그러자 상대 수치, 즉 몸집에 대한 두개골의 크기 혹은 체중에 비례한 뇌의 질량이 새로운 기준으로 등장했다. 그런데 여성이 남성보다 이러한 상대 수치가 더 높은 것으로 나타나자 그 증거는 '틀린 증거'로 간주되었고 올바른 증거를 찾아야 한다는 이유로 상대 수치 기준은 즉시 기각되었다.

그 후 여러 새로운 기준들이 등장했다. 19세기 초 프랑스의 유명한 자연사가naturalist인 조르주 퀴비에Georges Cuvier는 안면뼈에 대한 두개골의 상대 각도 비율이라는 새로운 대안을 제시했다. 그러나 이 역시 만족스럽지 못했는데, 이 수치를 택하게 되면 새나 개미핥기 등이 인간보다 우월한 것이 되었기 때문이다. 19세기 내내 두개골과 관련된 지표는 턱의 모양, 안면 각도, 골격과 척추 사이의 각도, 골격의 모양 등 엄청나게 증가했다. 두개골학 연구자들은 각자 자기가 선호하는 지표를 사용했고 여기에 많은 사람들이 새로운 지표를 첨가했다. 기준으로 제시되는 수치는 점점 더 복잡해졌고 학자들은 종종 정반대의 결론에 도달하곤 했다. 이는 연구자들이 서로 다른 용어를 사용하고 각기 다른 준거틀을 가지고 있었기 때문이었다.

당대의 인류학자들은 두개골과 뇌 측정 수치에서 사회적·정치적으로 유용한 증거를 얻을 수 있으리라 희망했다. 이들은 여성운동이 노예제 폐지운동과 마찬가지로 불합리하다고 생각했다. 예를 들어 런던 인류학회 회장이었던 제임스 헌트James Hunt는 여성이나 흑인은 어린아이처럼 스스로를 돌볼 수 없기 때문에 독립하게 되면 불행해질 것이고 그렇기에 독립을 자꾸 부추기는 것은 무자비하며 현명하지 못한 일이라고 주장했다.

그러나 이들은 20세기 초에 새롭고 세련된 통계 기술을 갖춘 칼 피어슨Karl Pearson과 그 학파로부터 결정적인 타격을 입게 된다. 피어슨과 그의 제자 앨리스 리Alice Lee, 마리 르윈츠Marie Lewenz는 생물학 연구를 위한 수학의 중요성을 인식하고 통계적 모델을 창안

한다. 그런데 이러한 새로운 전환은 단지 통계학의 발전에만 힘입은 것은 아니었다. 예전의 인류학자들이 여성의 권리에 대해 감정적으로나 정치적으로 두려움을 품었던 것과는 달리 피어슨과 그의 제자들은 전혀 다른 정치적 경향을 보여주었다. 피어슨은 급진적인 자유사상가였고 사회주의와 여성해방을 지지해 젊은 시절에는 실제로 이를 위한 소그룹에 참여하기도 했다. 또한 리와 르윈츠는 이 분야에 진출한 최초의 여성 과학자였다.

　1901년, 앨리스 리는 〈인간의 진화 문제에 대한 자료—인간 두개골의 상관성에 대한 첫 번째 연구〉라는 논문에서 두개골의 크기와 지적인 능력 사이에는 통계적으로 아무런 상관성이 없다고 주장했다. 리가 자신의 주장을 입증하는 데 사용한 방법은 간단했다. 남성 해부학자 35명, 여대생 30명, 남자 강사 25명의 두개골을 측정해 여대생들이 남성 해부학자들보다 더 큰 두개골을 가지고 있음을 밝혔다. 그리고는 두개골의 크기와 지적인 능력 간의 상관성이 개체 수준에서 유의하지 않다면 인종이나 성으로 구분된 집단 사이의 비교 역시 유의미할 수 없다고 결론지었다. 처음에 리의 글이 발표되었을 때 많은 비판을 받았지만, 피어슨은 확고히 리를 지지했고 1902년 자신의 논문에서 "머리의 크기로 능력을 판단하거나 혹은 능력으로 머리의 크기를 추론하는 것 모두가 불가능하다"고 결론 내렸다. 1904년 리와 르윈츠는 이전 세대 두개골학자들의 작업을 "어설픈" 지식이라고 비판했고, 1906년에 발표된 피어슨의 논문을 기점으로 지적인 능력이 골격의 크기나 모양과 연관된다는 생각은 시대착오적이고 우둔한 생각으로 배척받게 되었다.

두개골학은 사라졌지만 그 기본 전제, 즉 개체나 집단의 우열을 뇌에서 찾고자 하는 전제는 여전히 남아 있다. 이러한 경향을 차별의 심리학Differential Psychology이라 부른다. 그 예로 일명 'IQ 테스트'나 뇌 자기공명상functional Magnetic Resonance-Imaging, fMRI 연구를 들수 있다. 최근 뇌 연구가 활발해지면서 뇌 자기공명상에 대한 많은 연구가 쏟아지고 있다. 인지적 능력이나 감정적 성향에 대해 여성과 남성의 차이를 뇌의 좌우 반쪽이 각각 활동 양상이 다르다는 식으로 설명한다. 남성은 우뇌 지배, 여성은 좌뇌 지배라는 것인데 성별에 따라 언어나 수학 등의 인지 능력이 다르고 특정한 종류의 감정 처리가 다르다고 설명하기도 한다.

사실 이러한 우뇌-좌뇌 가설은 20세기 전환기에도 꽤나 유행했던 것으로, 당시에는 우뇌 활동이 감정적·창의적 사고와 연관되었고 좌뇌는 논리적 사고와 연관되었다. 이것을 오늘날의 뇌 기능 좌우분화Lateralization 설명에 적용하게 되면 엉뚱하게도 "좌뇌-논리적 여성/우뇌-감정적 남성"이라는 조합에 이르게 된다.(Wassmann, 2011)

오늘날의 뇌-영상 연구의 결과는 남녀 차이에 대해 일관되지 않고 중첩되어 있거나 애매하다. 또한 성별 차이보다는 성별 유사성이 훨씬 더 많이 발견된다. 예를 들어 2008년에《사이언스》에 실린 한 논문에서는 심리학자와 교육학자들이 미국 전역의 학생들의 성적 자료를 분석한 내용이 실렸는데, 수학적 수행 능력에서 남녀 학생 간에 차이보다는 유사성이 많다는 내용이었다.

그럼에도 뇌 자기공명상 연구 분야 연구에서 "성별 차이를 발견하고자 하는 욕망은 엄청나다".(Wassmann, 2011: 80) 이러한 경향은 이들 연구가 사회적인 성별 고정관념gender stereotypes을 이미 전제하고 그에 따라 연구 결과를 해석함으로써 기존의 사회적 성별 규범을 재강화하는 방식으로 나타난다.(Wassmann, 2011)

분명 성별 차이보다는 유사성을 보여주는 증거가 더 많음에도 차이에 대한 연구는 유사성에 대한 연구보다 더 많이 연구비 지원 대상으로 채택되고 더 많이 연구되고 대중매체에서도 더 많이 소개된다. 이것은 성차에 대한 과학적 지식이 생산되는 사회적 맥락을 고려했을 때 그 설명이 가능해진다.(Fisher, 2011)

사회생물학

| 사회생물학의 등장과 정의

사회생물학Sociobiology은 성차의 생물학적 기초를 찾으려는 시도 중에서 가장 활발한 연구가 이뤄지고, 대중적으로도 많이 알려진 작업이다. 사회생물학이라는 용어가 널리 알려지게 된 계기는 미국 하버드 대학교 생물학과 교수인 에드워드 윌슨Edward O. Wilson이 1975년에 발간한 《사회생물학》이라는 책을 통해서다.[6] 책 제목의 부제인 '새로운 종합'에서 볼 수 있듯이 사회과학 전반을 생물학을 중심으로 통합하려는 시도다. 즉 사회학을 비롯한 사회과학은 무수한 생물 종種 중에서 인간이라는 특수 종을 연구하는 학문이며 그렇기에 "진화론을 통해 새롭게 통합됨으로써 생물학에서 파생되는 분과들 중 마지막 분과의 하나가 된다"는 것이다.(윌슨, 1992: 22)

사실 윌슨은 사회과학뿐만 아니라 윤리학까지도 생물학을 중심으로 통합하고자 하는 윤리생물학의 전망까지 제시하고 있다.

사회생물학의 정의는, 윌슨이 정의내린 것에 의하면 "모든 사회행동의 생물학적 기초에 관해서 체계적으로 연구하는 학문"으로, 이때 생물학적 기초란 진화론적 기원을 의미하며 모든 사회행동이란 동물뿐 아니라 인간의 행동까지도 아우르는 것을 말한다.

성 선택과 성차의 진화론

사회생물학에서 말하는 성차는 인간의 여성과 남성을 포함해 모든 동물의 암컷과 수컷이 보여주는 행동의 생물학적 기초, 그러니까 진화론적 기원을 보여주는 것이다. 이에 대한 사회생물학의 설명에서 가장 중요한 개념은 성 선택sexual selection이다.[7]

성 선택은 한마디로 동물들의 짝짓기 장면에서 수컷들 간의 경쟁 시에 가장 우월한 개체가 암컷과의 짝짓기에 성공하고 이것이 "연속적인 세대를 거치며 크기, 강함, 수컷의 용기, 무기의 개량이 일어날 것"이라고 말한다.(다윈, 2006: 24) 이것이 자연 선택natural selection 기제와 함께 동물 및 인간의 진화를 이끌어낸다는 것이다. 《종의 기원》(1859)의 핵심 개념인 '자연 선택'이 여러 종 사이의 문제라면, '성 선택'은 한 종 내에서의 변이를 만들어내고 지속시키는 문제로 이때 종 내의 대표적 변이가 바로 성별과 인종이다.(Milam, 2010)

사실, 찰스 다윈Charles Darwin의 《종의 기원》에서 제시된 '자연 선택' 개념이 사람들에게 회자될 때에는 다윈이 의도했던 "무작위적이고 비非결정론적인 변이"로서의 특징보다는 훨씬 더 어떤 목

적과 방향을 가진 것으로, 그리하여 허버트 스펜서Herbert Spencer에
이르면 '적자생존'이라는 어떤 합목적적 메커니즘처럼 이해되었
다.[8] 마찬가지로 '성 선택' 개념 또한 이후의 사람들에게 이해될 때
에는 훨씬 더 어떤 목적 지향적이고 기능주의적인 방식으로 이해
되곤 했다.

그러한 이해는 성 선택 기제가 일어나는 장면에서 수컷과 암
컷의 모습을 각각의 목적이 다르고 그 결과 다른 행동을 보이는
것으로 그려낸다. 수컷은 자신의 후손을 남기는 것을 주요 목적으
로 하고 암컷은 자신과 새끼의 안위를 가장 염두에 둔다는 것이다.
수컷은 다른 수컷과의 경쟁에 상시적으로 노출되어 있고 수동적인
수컷보다는 공격적이고 신체 조건과 능력이 우수한 수컷이 짝짓기
에 성공했을 가능성이 크다고 본다. 이러한 성향은 동물의 수컷뿐
만 아니라 인간 남성에게도 나타난다고 말한다. 암컷은 활동적이
기보다는 수동적이며 새끼를 키우고 보살피는 데 더 많은 관심과
노력을 쏟는데 바로 이러한 성향이 암컷과 여성에게서 나타난다는
것이다. 사회생물학의 어떤 설명에서는 이러한 "기원"을 들어 여성
의 운동 감각과 방향 감각의 미발달을 설명하기도 한다.

자연적 사실과 사회적 사실의 순환성

이러한 전제에서 성차를 설명하는 사회생물학의 설명 방식은 대부
분 다음의 순서로 전개된다. 우선 동물에게서 나타나는 짝짓기 장
면의 여러 모습을 보여준다. 그리고 이것을 인간의 진화론적 기원
으로 제시하고 그것을 통해 인간 사회의 어떤 질서나 특성을 정당
화한다.

펭귄 암컷도 몸 판다: 알 품을 돌 얻기 위해

인류 역사상 가장 오래된 직업으로 평가받는 매춘이 펭귄의 세계에서도 나타나 동물생태학자들의 관심을 끌고 있다. 영국의 《데일리 텔레그라프》는 최근 미국 케임브리지 대학 피오나 헌터 박사 등이 남극의 로스 섬(남위 78도)에 사는 아델리 펭귄 집단에서 암컷 펭귄의 매춘 현상을 관찰했다고 보고했다.

번식기에 주로 나타나는 암컷 펭귄의 매춘은 유리한 조건에서 '새끼치기'를 하려는 욕심에서 비롯된다. 차고 습한 환경에서 알을 품어야 하는 펭귄은 알을 땅보다 높게 두기위해 반듯한 돌이 많이 필요하다. 이 때문에 암컷은 얼음과 진흙이 잔뜩 붙은 돌을 다듬기보다, 이웃의 수컷 펭귄에게 매춘을 하고 반듯한 돌을 얻어오게 되는 것이다.

《한겨레신문》 1998년 3월 2일자 기사

위 기사는 해외 연구 사례를 간단히 소개하는 기사로 당시 대부분의 일간지에 소개되었다. 이 기사를 읽어 보면 단지 펭귄의 어떤 습성을 발견한 것에 그치지 않고 그것이 인간 사회에도 적용될 수 있다는 함의를 던진다. 즉 '펭귄 암컷도 몸 판다'라는 제목에서 볼 수 있듯이, 이 기사의 함의는 '인간의 진화적 기원이라 할 수 있는 동물 사회에서도 매춘이 발견되는 것으로 보아, 인간 사회의 매춘은 인위적 산물이 아닌 자연적, 즉 진화적 본성이다!'라고 말한다. 즉 펭귄의 매춘이라는 자연적 사실을 가지고 인간의 매춘이라는 사회적 사실을 정당화하는 것이다.

그런데 여기에서 주의해야 할 것은 이미 자연적 사실을 '발견'하는 맥락에 사회적 사실이 놓여 있다는 것이다. 즉, 펭귄의 특정 행동을 '매춘'으로 해석하고 발견하는 과정에는 이미 인간 사회의 매춘을 바라보는 시각이 전제되어 있다. 어떠한 사회적 사실에 기반을 두고 자연적 사실을 발견하고, 이 자연적 사실은 다시 사회적 사실을 정당화하는 설명 구조를 갖게 되는 식이다. 주의해야 할 점은 처음의 단계에서 사회적 사실에 기반을 두고 자연적 사실을 발견한 맥락은 여간해서는 잘 드러나지 않고 숨겨진다는 것이다.

동물의 행동에서 어떤 함의, 특히 인간에게 던지는 함의를 발견하는 경우 종종 이러한 방식의 설명 구조를 갖게 된다. 예를 들어, 침팬지나 고릴라 또는 오랑우탄 같은 영장류 연구에서 1980년대까지만 해도 대부분의 경우, 암컷 영장류는 새끼를 키우는 어미이거나 수컷의 성적 공격을 받는 대상으로만 그려졌다. 그러다가 영장류 연구 분야에 '트리메이트trimates'라고 불리는 세 명의 여성 연구자인 제인 구달Jane Goodall, 다이앤 포시Dian Fossey, 비루테 갈디카스Birute Galdikas가 등장하면서 암컷 영장류에 대한 연구도 크게 달라졌다. 예를 들어, 제인 구달의 경우 침팬지가 도구를 사용한다는 점을 발견했는데, 도구를 사용한 이 침팬지가 바로 암컷 침팬지였다. 이 여성 영장류학자들을 특집으로 한 1993년《사이언스》기사에서 기획자는 이렇게 질문하고 있다. "트리메이트 이전의 남성 영장류학자들이 암컷 영장류를 (새끼를 보살피는 어미 혹은 수컷의 성적 공격을 받는 대상으로서만) 천편일률적으로 그려내고, 영장류 사회구조에서 한 개체로서 인지하지 못한 것은 운이 나빠서인가 아니면 발견하지 못한 것인가?"[9]

사회생물학은 대부분의 경우, 동물의 행동을 보여주고 이것에서 인간 사회에 대한 함의, 즉 진화적 기초를 발견했다고 설명한다. 여기에서 언제나 주의해서 보아야 할 점은 동물의 행동 그러니까 자연적 사실의 "발견"으로 제시되는 그 행동이 어떤 맥락에서 어떤 사회적 사실을 기초로 "해석"된 것인가 하는 점이다. 그 "발견"이 전제한 사회적 사실은 결국에 자연적 사실로 정당화되는 사회적 사실이 되기 때문이다.

│ 사회생물학 비판과 성찰

사회생물학에 대한 비판으로는 크게 두 가지를 들 수 있다. 첫 번째로 사회생물학이 일으키는 파장에 대해서 사회생물학이 함의하는 정치적 보수성에 대한 비판이다. 과학을 이용해 현상을 방어하려는 시도라는 것이다. 이러한 시도는 역사적으로 사회적 변동기, 특히 기존 지배 질서가 위협받는 시기에 등장했다. 기존 지배 질서의 유지에 가장 큰 이해관계를 갖는 사람들은 교육과 대중매체 그리고 재정에 강한 영향력을 미치는 사람들이었고 덕분에 사회생물학의 설명은 학교와 언론에서 급속도로 퍼져 나갔다. 두 번째 비판은 사회생물학이 과학자 자신의 사회와 인간의 도덕에 대한 개혁적 전망을 자연을 통해 말한다는 것이다. 하워드 케이Howard L. Kaye 는《현대 생물학의 사회적 의미》에서 사회생물학은 사실로부터 가치를, 과학 정보로부터 도덕을 도출한다고 지적하면서 이것은 진화의 '사실'로부터 인간의 윤리학을 '추론'하는 것이라고 지적한다. 사회생물학은 지금도 학계나 대중적으로 큰 영향력을 행사하고 있고 사회생물학의 내용 자체와 그 파급력을 둘러싼 논란은 앞으로도 계속될 것으로 보인다.

성 호르몬

성 호르몬의 발견과 성차 설명의 신기원

성 호르몬은 20세기 초에 발견된 물질로 성 내분비학Sex Endocri-nology이라는 새로운 분과 학문을 낳았다. 성 호르몬은 성차를 신체 구조에만 한정하던 기존의 설명을 화학물질의 측면에서 재구성했다. 성 내분비학이 등장하기 이전의 과학자들, 특히 해부학자들은 성의 본질을 특정 신체 기관에서 찾았는데 성 내분비학은 신체 기관이 아닌 그것의 분비물에 초점을 맞춤으로써 해부학 모델을 대체하게 된다. 성 호르몬을 이용해 성차를 설명하는 데에는 '신호-반응'의 은유가 등장한다. 호르몬이 하나의 신호이고 몸의 각 부분은 뇌와 긴밀하게 연결되어 그 신호에 반응한다는 식이다. 이러한 은유는 분자생물학의 발달을 배경으로 하고 있는 정보사회의 이미지와도 맞닿아 있다. 호르몬에 담겨 있는 특정한 정보가 발현되는 것이 성차라는 설명이다.(Martin, 1992/1987)

또한 성 호르몬이 가진 이동성은 성차에 관한 설명을 생식과 무관한 기관인 골격이나 혈액, 심지어는 뇌에까지 확장시킨다. 성 호르몬을 도입함으로써 성차에 관한 과학적 지식은 이제는 단지 성차를 묘사하는 데 그치지 않고 그 인과 기제를 찾게 되어, 성은 실험실에서 측정하고 조작할 수 있는 대상으로 전환된다.(Oudshoorn, 1994)

성 호르몬의 구분으로부터 조절 특성으로

성 호르몬 연구 초기인 1920년까지는 한 가지 성에는 한 가지 호르몬만이 있다(one sex hormone per one sex)고 생각했다. 즉 여성의 몸에는 여성호르몬이, 남성의 몸에는 남성호르몬이 있어서 그 호르몬이 각 성의 특징을 조절한다고 여겼다. 1913년 영국의 생리학자 월터 힙Walter Heape은 《성 대립성Sex Antagonism》이라는 책에서 여성과 남성은 생물학적으로 정반대라고 주장한다. 이를 빈의 부인과 의사 오이겐 슈타이나흐Eugen Steinach가 상반된 성 호르몬 개념으로 정립한다. 남성과 여성의 생식선은 정반대의 대립적인 호르몬을 분비한다는 것이다. 이렇듯 초기의 성 내분비학자들은 성 호르몬을 뚜렷이 구분되고 대립적인 것으로 정의했고 그에 따라 여성과 남성도 이분법적으로 생각해야 한다고 주장했다.

그런데 1921년부터 교차 발견, 즉 남성의 몸에서 여성호르몬이 발견되고 여성의 몸에서 남성호르몬이 발견되기 시작했다. '하나의 성에 하나의 호르몬'이라는 기존의 이분법적 개념을 고수하던 과학자들은 이러한 교차 발견에 대해 여러 가설로 대응했다. 이 가설은 주로 남성의 몸에서 발견된 여성호르몬에 집중되었다. 흥미로운 점은 당시의 교차 발견을 두고 여성의 몸에서 발견된 남성호르몬은 그다지 특별한 것으로 여겨지지 않았다는 점이다.

남성에게서 발견된 여성호르몬에 대해 과학자들은, 그것이 남성의 몸에서 만들어진 것이 아니라 음식물 같은 외부에서 유래한 것이라거나 또는 그것의 양이 너무 적어 아무런 역할을 못한다거나 혹은 그 물질이 신체의 정상적인 메커니즘을 돕는 것이 아니라 병을 유발한다는 등의 가설을 제시했다. 오늘날 이 모든 가설은 틀린 것으로 밝혀졌다. 남녀 모두의 몸에는 여러 성 호르몬이 혼재하며 그 성 호르몬들은 구조가 비슷해 간단한 화학반응으로도 서로 전환될 수 있다.

특정 호르몬의 존재 유무로 성차를 설명하기 어려워지자 다음에는 호르몬의 조절 특성으로 차이를 규정하려는 시도가 나타났다. 이것이 바로 그 유명한 '주기성 대 안정성' 모델로, 여성의 호르몬 조절 메커니즘이 주기성을 가지는 데 비해 남성은 그렇지 않고 안정적이라는 것이다. 여성의 이러한 주기성은 히스테리와 연관된 것으로 설명되었고 사회성 결여의 근거로 제시되었다.

그러나 남녀 모두의 몸에서 성 호르몬을 포함한 대부분의 호르몬은 시간 주기를 갖는다. 즉 하루나 한 달 혹은 계절이나 일생을 주기로 하는 규칙성을 갖는 것이다. 예를 들어 성장 호르몬과 생식선자극 호르몬은 24시간 주기이기 때문에 잠든 직후에 그날의 최고치를 분비한다. 남성의 신체를 조절하는 호르몬 또한 주기성을 갖는 것이다. 주기성은 열등함의 원인이 아니라 오히려 이 주기성이 무너질 때 몸에 이상이 나타난다.

또한, 주기성의 유무뿐만 아니라 그에 관한 해석도 다시 생각해 볼 여지가 있다. 주기성은 히스테리의 근거로 제시될 때처럼 불안정성의 원인으로 해석될 수도 있고, 다른 한편으로는 변화나 활동성으로 해석될 수도 있다. 19세기 말에서 20세기 초엽에 활동했던 세포생리학자 게디스는 주기성과 안정성에 대해 정반대의 해석을 내렸다.(Laqueur, 1990) 앞에서 언급한 것처럼 게디스는 세포의 특성에 따라 성차를 설명하는데, 남성(과 수컷)의 세포는 에너지를 소비하는 이화작용을 주로 하고 여성(과 암컷)의 세포는 에너지를 저장하는 동화작용을 주로 한다고 규정한다. 그에 따라 남성은 적극적이고 활기 있고 열정적이고 변덕스러운 반면 여성은 수동적이고 게으르고 안정적이라고 설명했다. 이처럼 게디스는 안정성을 게으름이나 수동성과 연결 짓고 변덕스러움은 활기나 적극성과 연관시키면서 경쟁이 치열한 사회생활을 하기에는 여성의 안정성보다 남성의 변덕스러움을 더 유리한 것으로 부각한다.

어느 성의 주기성(안정성)을 강조하는가, 그리고 그 주기성(안정성)을 부정적으로 해석하는가, 긍정적으로 해석하는가하는 문제는 단지 생물학적 사실로만 결정되는 것이 아님을 알 수 있다. 그것은 자연과학 외부의 다른 해석체계를 필요로 하고 그에 따라 은폐와 강조, 특정 가치가 부여되기도 한다.

싱 호르몬을 이용해 성을 이분법적으로 규정하려는 시도는 이와 같이 수많은 문제가 있었으나 쉽게 사라지지 않았다. 위에서 본 것처럼 남성호르몬 또는 여성호르몬이라는 명칭은 '하나의 성에 하나의 호르몬'이라는 전제 하에서 붙여진 이름이지만 그 이론이 틀렸음이 사실로 입증되었음에도 불구하고 아직까지 그 명칭이 사용되고 있다. 이론이 잘못되었음에도 여전히 남성/여성호르몬이라는 명칭이 잔존하고 있는 것은 그 이론이 전제하고 있는 이분법적 성차라는 신념이 얼마나 강고한지 보여 준다.

또한 1960년대와 70년대에는 특정 호르몬과 행동을 연관 짓는 연구가 붐이었다. 예를 들어 보통 여성보다 남성에게 더 많은 테스토스테론의 분비량으로 공격성을 측정하려는 시도는 냉전 체제와 미국의 베트남 전쟁 같은 사회적 배경에서 활발히 이루어졌다. 그런데 쥐를 이용한 실험에서 과학자들은 '테스토스테론이 공격성을 낳는다'라는 '호르몬 → 행동'의 인과관계를 상정했으나 공격적인 상황 자체가 테스토스테론 분비를 촉진한다는 연구가 나오자 인과성이 아닌 상관성을 주장하는 정도로 후퇴했다. 그러나 이후의 실험은 동일한 상황에서 테스토스테론이 증가하기도 하고 감소하기도 함을 보여주었다.(Fausto-Stering, 1985) 사실 테스토스테론과 공격성에 대해서 우리가 알고 있는 것은 많지 않다. '테스토스테론=남성호르몬'이라는 등식이 팽배한 상황에서 남성적 행동 특성이라고 알려진 공격성을 그 물질과 연결시키고 있을 뿐이다. 다른 예를 하나 들어 보자. 개나 고양이 같은 동물의 암컷이 막 새끼를 낳았을 때 사람이 다가가면 이 동물은 평소와는 다른 반응을 보인다. 이때 우리는 암컷이 '포악해졌다' 혹은 '방어적이다'라고 말하지 '공격적이다'라고는 표현하지 않는다. 과연 실험실에서 테스토스테론이라는 특정 호르몬을 과다 주입받은 수컷과 새끼를 낳은 암컷이 보여주는 행동을 하나는 '공격적'이고 다른 하나는 '방어적'이라고 정반대로 표현할 수 있을 만큼 둘 사이에 커다란 차이가 있는 것일까?

생물학적 성차 연구의 규칙과 맥락: 과학의 객관성 실천 양식과 사회문화적 배경

지금까지 살펴본 생물학적 성차 연구가 어떤 과학적 규칙으로 실천되고 어떤 사회문화적 맥락에서 이루어지는지를 살펴보도록 하자.

근대과학 실천의 핵심은 객관성이다. 이 객관성은 근대과학의 성공 즉 세계를 설명할 수 있다는 인간 이성의 성공을 이끈 가장 주요한 동력이다. 또한 이 객관성은 그러한 실천에서 생산된 지식이 신뢰할 만하다는 과학 지식의 인식론적 권위와 대중적 수용의 커다란 동력이기도 하다.

이 근대과학 실천의 핵심인 객관성은 가치중립적 관찰과 실험이라는 방법에 근거한다. 그런데 이러한 실험적 방법의 강조 속에서 '문제 선택'이라는 부분은 어디론가 사라지고 만다. 페미니스트 과학철학자인 하딩은 이러한 문제 선택에 대한 성찰 없이 방법에서의 객관성만을 강조하는 경향을 "약한 객관성"이라고 비판한다.(Harding, 1986) 어떠한 과학 활동이든 사회의 가치체계로부터 자유로울 수 없는 데도 종종 자연과학은 가치중립성, 객관성이라는 방법을 강조할 뿐 그 실천이 자리 잡고 있는 기본 가정에 대한 비판을 허용하지 않아 결국엔 하나의 도그마처럼 굳어진 것이다.

'문제 선택'의 중요성을 성 행동sexual behavior 연구의 예를 통해서 살펴보도록 하자. 1960년대 많이 이루어진 성 행동 연구는 설치류를 이용해 짝짓기 장면에서 수컷과 암컷이 보여주는 행동을 관찰하곤 했다. 과학자들은 수컷과 암컷의 성 행동을 이미 차별적으로 정의했다.(Wijngaard, 1994) 수컷의 행동은 올라타기, 삽입, 사정 그리고 이러한 행동의 결합 등 매우 복합적인 것으로 본 반면에 암컷의 성 행동은 단지 척주전만lordosis, 즉 등을 구부리는 것 하나 뿐인 것으로 보았고 이 등을 구부리는 정도는 암컷의 순응성의 척도로 간주되었다. 실험 모형도 이러한 생각을 반영하고 있다. 과학자들은 실험을 할 때 수컷이 원래 있던 우리cage에서 실험장으로 옮겨지게 되면 새로운 상황에 적응할 때까지 약 2시간 정도가 필요함을 발견하고, 실험은 수컷이 이 적응 기간을 거친 후에 암컷을 넣어주면서 시작되었다. 이 실험 모형에서 볼 수 있는 것처럼 성 행동은 이미 수컷을 중심으로 '문제 선택'이 이루어졌고 암컷은 수컷의 성 행동을 관찰하는 하나의 수단에 불과했다.

이러한 수컷에 편향된 실험 방식은 1970년 한 학회에서 여성 과학자 모니카 쉴히-크리거Monica Schoelch-Krieger가 처음으로 암컷의 성 행동에 주목해 자신이 수행한 실험을 발표하기 전까지는 '객관적'인 것으로 의심 없이 수용되었다. 쉴히-크리거는 수컷 쥐를 밧줄로 묶어 놓고 암컷 쥐에게 이 수컷에 반응할 기회를 주었다. 우리에서 실험장으로 옮겨진 암컷 쥐는 처음에는 어리둥절해 있다가 척주전만 이외의 매우 다양하고 복합적인 행동을 보여 주었다. 암컷 쥐는 앞뒤로 뛰어다니고 돌진하고 껑충 뛰어올랐으며 귀를 움직였다. 이는 그 당시까지의 지배적인 성 행동 연구의 문제 선택, 즉 수컷 중심의 성 행동 정의definition에서 예상할 수 없었던 것이었다. 이 발표는 청중들에게 큰 충격을 주었고 학회의 발표장도 혼란에 빠졌다고 한다. 이 학회 이후에 암컷의 성 행동은 새로운 연구 대상이 되었다. 그리고 암컷의 성 행동을 고려하게 되자 성 행동의 범주에 이전에는 없었던 요소들이 포괄되기 시작했다. 예를 들어 성적인 동기 부여, 탐색, 교미 전 성 행동 등 암컷과 수컷의 상호적인 행동이 성 행동의 중요한 단계와 유형으로 포함되었다.(Wijngaard, 1994)

하딩은 '문제 선택'을 눈감아 버리는 가치중립적 객관성을 "약한 객관성"으로 규정하고 이에 대한 대안으로 "강한 객관성"을 주장한다.(Harding, 1986) 지식 활동은 특정한 문화 맥락의 영향을 받을 수밖에 없으며, 그 모든 가치체계에 대해 엄격한 성찰을 시도하는 연구야말로 지식의 객관성을 극대화하는 강한 객관성이라는 것이다.

앞에서 살펴본 사례에서, 두개골학의 상대 수치에 대한 반응과 성 호르몬의 교차 발견에 대한 반응에 근대과학은 어떻게 대응했는가? 근대과학의 실천 자체가 기존의 '문제 선택', 즉 여기서는 이분법적이고 차별적인 성차 개념에 대한 성찰을 요구하지 않았기 때문에, 이전의 기준에 문제점이 드러나더라도 '문제 선택'을 다시 검토하기보다는 다시금 이분법적 성차를 증명해 줄 수 있는 다른 방법을 찾아 나섰던 것이다. 즉 약한 객관성의 테두리 안에서 해결해 보고자 한 것이다. 성 행동 연구의 역사에서 쉴히-크리거의 새로운 연구는 단지 방법만을 바꾼 것이 아니다. 바로 '문제 선택'을 재성찰함으로써 기존의 수컷 중심의 '문제 선택'을 암컷 중심으로 바꾸는 일대 전환을 이룰 수 있었다.

우리가 성차에 대한 과학적 지식을 접할 때 주의해서 따져보아야 할 점은 바로 이러한 '문제 선택'이다. 즉 그러한 지식의 생산과 확대 그리고 대중적 수용이 어떤 사회문화적 맥락에서 이루어지는가 하는 것이다. 이분법적이고 차별적인 사회와 다양성을 인정하고 평등한 사회에서 생산되고 수용되는 과학적 지식은 분명 다르다. 통념이라는 이름의 편견을 지나치지 않고 인식하고 성찰할 수 있을 때 우리의 생물학적이고 사회적인 복합적 실재에 대한 통찰 또한 가능할 수 있을 것이다.

더 읽어보면 좋은 책

■ 오조영란 · 홍성욱 엮음, 《남성의 과학을 넘어서》, 창비, 1999.

한국의 과학 실천과 구조를 성별의 측면에서 본다면 어떤 그림이 그려질까? 이 책은 한국에서 처음으로 그러한 시도를 내용으로 담고 있다. 이론부터 현실까지 흥미로운 이야기를 하고 있다.

■ 샌드라 하딩, 이재경 · 이박혜경 옮김, 《페미니즘과 과학》, 이화여자대학교출판부, 2002.

'과학 안에서 여성들이 어떻게 살아남을까?' 대신 '여성주의적 목적을 달성하는 데 과학을 어떻게 전유할 수 있을 것인가'라는 질문에서 이 책은 시작한다. 근대 과학을 약한 객관성으로 비판하면서 물리학이야말로 과학의 정수가 아니라 가장 약한 객관성의 보기라는 도발적 분석을 보여준다.

■ 이블린 폭스 켈러, 민경숙 · 이현주 옮김, 《과학과 젠더》, 동문선, 1996.

고전의 반열에 올랐다고 할 만큼 유명한 책으로 과학과 젠더를 다룬 책 중에서 가장 많이 인용된다. 과학과 성별 이데올로기의 관계를 철학적으로 분석했다.

■ 캐롤린 머천트, 전규찬 · 전우경 · 이윤숙 옮김, 《자연의 죽음》, 미토, 2005.

근대 과학의 탄생을 당대의 성별 정치의 현실과 문화에서 분석한 기념비적 저작이다. 여성과 자연을 은유적으로나 실질적으로 배제하고 착취한 근대 과학의 기원을 미려한 문장으로 생생하게 보여 준다.

■ 하워드 L. 케이, 생물학의 역사와 철학 연구모임 옮김, 《현대 생물학의 사회적 의미》, 뿌리와이파리, 2008.

사회생물학에 대한 식상한 비판이 아닌 깊은 통찰을 원한다면 반드시 읽어 보아야 할 책이다. 아울러 훌륭한 번역으로 어려운 이야기를 쉽게 이해할 수 있도록 정리했다.

섹슈얼리티 ●●

성별화된
섹슈얼리티와
여성주의
성정치학

이나영

—— 이 글은 섹슈얼리티 이론에 대한 이해를 기반으로 한국의 현실적인 문제들을 살피고 분석하는 능력을 키우는 데 주 목적을 둔다. 이를 위해 먼저 섹슈얼리티가 무엇인지 그 의미를 알아보고, 섹슈얼리티를 보는 학문적 관점의 발전과 이와 긴밀한 관계가 있는 여성주의자들의 도전의 역사를 함께 소개한다. 또한 성폭력과 성매매를 중심으로 한국사회의 구체적인 쟁점들을 살펴보고, 이를 통해 한국의 현실에서 여성주의 성정치학의 내용을 살펴보고 그 실천 방향을 논의하고자 한다.

누가 누구와 사랑해야 하는가

2013년에는 세계적으로 동성결혼 합법화의 물결이 거세게 일어났다. 프랑스에서는 5월 동성결혼이 합법화됐으며, 미국에서도 연방대법원이 동성부부에 대한 제도적 차별을 규정한 연방 〈결혼보호법〉이 위헌이라고 결정한 것을 계기로 동성커플들의 결혼이 줄을 잇고 있다. 이어서 영국에서도 7월에 동성 간 결혼을 합법적으로 인정하는 법안을 통과시켰다. 반면 러시아에서는 같은 해 6월, 외국인과 언론단체에게도 적용되는 〈반동성애법〉을 국회가 만장일치에 가까운 투표로 통과시켜 주목을 받았다. '비전통적 성관계 선전 금지법'으로 이름 붙인 이 법은 미성년자에게 동성애를 선전하는 행위를 금지한다. 이 같은 사안은 우리에게 많은 생각거리를 제공한다.

우선 '누가 누구와 사랑해야 하는가'(사실은 '누가 누구와 잠자리를 가지는가', '어떻게 섹스하는가', '누가 누구와 결혼해야 하는가')의 문제가 개인적·종교적 차원을 넘어 중요한 사회적 이슈이자 국가적 차원의 사안임을 보여 준다. 또한 정상/비정상, 허용 가능한 것/그렇지 않은 것, 합법/불법, 사적/공적 영역 간 경계를 구성하거나 재구성하는 데 섹슈얼리티가 주요한 역할을 하며, 무엇보다 섹슈얼리티에 관한 관념과 실천이 사회·문화적으로 다르며 유동적이라는 사실을 우리에게 환기한다. 한편으로 학계와 종교계뿐만 아니라 일반 국민들 사이에서도 이러한 사안에 대한 찬반 논란이 거세다는 사실은 섹슈얼리티에 대해 우리가 가지는 양가적 감정을 보여 준다.

이는 섹스에 대한 우리의 감정과도 연관된다. 섹스는 인간을 재생산하는 필수 과정이자, 삶과 인간됨을 의미화하는 주요한 원천이다. 결혼과 가족, 더 나아가 사회와 국가 유지에 필수적인 인간 행위이며, 개인의 정체성과 관계 형성에 주요한 요소로 작동하기 때문이다. 그러기에 우리가 적극적으로 선택하든 아니든 섹스는 우리의 삶 속에 깊숙이 들어와 존재한다. 그럼에도 섹슈얼리티性와 함께 연상되는 이미지는 언제나 쾌락에 대한 호기심과 동시에 불온한 감정을 불러온다. 그러한 '감정'은 어디서 연유된 것일까? 우리의 몸일까, 사회일까? 이데올로기일까?

한국사회에서 섹슈얼리티는 오랫동안 도덕과 규범의 영역에 속했으며, 지극히 사적인 문제로 여겨졌다. 특히 여성들이 성에 대해 '감히' 논한다는 것이 상상하기 어려울 정도로, 섹슈얼리티에 관한 담론과 실천은 모두 남성들의 몫이었다. 그러나 최근에는 다양한 변화가 일어난다. 성적 자극과 쾌락을 증대하는 재현물들이 범람하는 한편, 여성들의 자유로운 성적 표현이 공공연하게 지지되고, 성적 노출과 동성애에 대한 관대함이 '진보'의 척도인 것처럼 여겨지기도 한다. 오랫동안 간과된 학문 영역에서도 섹슈얼리티에 대한 논의가 활발하게 진행된다. 그렇다면 정말 우리사회는 성해방을 논할 정도로 급진적으로 변화한 것일까? 변화했다면 누구나 평등하게 그 결과를 누리고 있는 것일까? 성에 대한 범람이 진정 해방의 증거인가? 해방의 의미는 무엇인가?

사실 여성주의자들은 오래 전부터 섹슈얼리티에 주목했다. 여성주의는 사적 영역이라 여겨졌던 섹슈얼리티를 공공의 의제로 다루었다. 그동안 무시되던 여성의 성적 욕망을 드러내는 동시에,

개인의 욕망이 타인의 성적 권리 침해나 착취로 이어지는 데 문제를 제기해 왔다. 여성과 남성의 성적 욕망이 사회적으로 다르게 구성되고 차별적으로 실천되는 방식들, 이에 따른 문제점들을 적극적으로 제기하면서 사회 변화를 위해 노력했다. 학문적, 실천적 영역 모두에서 섹슈얼리티를 여성의 관점으로 이론화하고 정치화하는 데 기여한 것이다.

TIP | 미국의 〈결혼보호법〉에 대한 위헌 판결

1996년 미국에서 통과된 〈결혼보호법Defense of Marriage Act, DOMA〉은 결혼을 이성 간 결합으로 한정 짓고, 동성과 결혼한 사람에게는 세금 공제, 교육 융자, 건강보험, 주택 거주 및 연금혜택 등 1100여 가지에 이르는 연방정부의 각종 법률 및 복지 혜택을 적용하지 못하도록 명시했다. 〈결혼보호법〉이 위헌이라고 국가를 상대로 소송을 제기한 사람은 동성 애인과 살다가 2007년에 결혼식을 올린 에디스 윈저였다. 44년간 동거해 온 테아 스파이어가 2009년 사망한 직후 36만 3000달러의 연방상속세가 그에게 부과되자, 정상적인 부부라면 내지 않아도 되는 세금이라며 동성 간 결혼을 인정하지 않는 〈결혼보호법〉에 대해 위헌 소송을 냈다. 이에 연방대법원은 2013년 6월 26일, 결혼을 '남성과 여성의 결합'이라고 정의한 〈결혼보호법〉이 위헌이라는 최종 판결을 내렸다.

섹슈얼리티란 무엇인가?:
생물학적 본능인가, 사회·문화적 구성물인가?

섹슈얼리티는 성적sexual이라 느끼는 감정, 욕망, 실천, 정체성, 행위 등을 포괄하는 개념이다. 우리나라 말의 '성性'이 어쩌면 영어의 섹슈얼리티라는 개념과 가장 유사할 것이다.

  그러나 오랫동안 섹슈얼리티는 거스를 수 없는 인간의 본능으로 이해되었고 이성 간 성기중심적 섹스로 환치되었다. 사회·문화적 영향에 오염되지 않은 섹슈얼리티만의 고유한 영역이 있다는 본질주의적 사고에 기인한 것이다. 본질주의적 접근essentialism은 복잡한 전체의 여러 속성들을 가상의 내적 진리나 본질에 준거해 설명하는 방법으로 모든 성적인 문제들에는 자연적으로 주어진 단일하고 기본적이며 통일적인 어떤 유형이 분명히 존재한다고 가정한다.(윅스, 1986/1994: 19) 이들은 성이 고정불변의 내적 본질에 의해 결정되며, 사회적 성차와 성 정체성sexual identity은 타고난 생물학적 성차sex에 의해 결정된다고 본다.

  '성도덕주의자'들과 '성자유주의자'들이 성에 관해 본질주의적으로 접근한 거울상이라는 주장은 그래서 타당하다. 전자는 성이 위험하거나 인간 본성의 악한 측면을 반영한다고 보기 때문에 윤리와 도덕, 종교와 법, 때로는 의료적 시술을 통해 성을 적절히 관리하고 통제해야 할 대상으로 여긴다. 제대로 통제되지 못한 성은 비도덕적 악행이거나 범죄행위가 된다. 반면 후자는 성에 대한 인간의 관심이 자연스럽고 심지어 바람직하기 때문에 외부적 힘으로 통제하는 것이 불가능하다고 본다. 이들은 성도덕주의자들의 주장을 도덕적 엄숙주의 혹은 위선에 근거한 것이라 비판하면서 개인의 자율적 성행위에 관한 어떠한 공적 개입도 부정적으로 본다. 겉으로 명백해 보이는 차이에도 불구하고, 억압의 대상이든 해방의 대상이든 두 가지 관점은 모두 성이 인간의 본능이자 특정 신체 부위 안에 내재한 생물학적 명령이라는 신념에 동의한다는 점에서 섹슈얼리티에 관한 본질주의적 접근이다.

섹슈얼리티 연구에서 본질주의는 몇 가지를 전제한다. 첫째, 인간의 행위는 유전적·생물학적·육체적 원리에 의해 결정되는 자연스러운 것이라는 믿음이다. 둘째, 인간이 보이는 유사한 행위들을 그 이면에 숨겨진 하나의 경향성을 표현한 것이라고 본다. 따라서 외형적으로 유사성을 지닌 행위는 근본적인 본질과 의미를 공유한다고 인식된다.(Vance, 2006/1989: 29) 과학이라는 이름으로 수행되는 성 연구들이 많은 경우 본질주의적 혐의에서 자유롭지 못하다고 비판받는 것은 이러한 전제들을 공유하기 때문이다.

본질주의적 사고는 명시적인 연구 주제뿐만 아니라 연구 질문에도 암묵적으로 내재된 경우가 많다. 예를 들면, '동성애적 이상행동에 미치는 요인 연구'처럼 이미 동성애를 이상행동이라 전제하고 출발하는 연구가 많다. 또한 동성애에 관한 연구의 설문지에서 '당신은 왜 동성애자가 되었습니까?' 혹은 '동성애자를 어떻게 생각하십니까?' 같은 질문을 종종 발견하기도 한다. 이러한 질문은 이성애가 자연스럽고 당연한 것이라 전제한다. 이성애에 반하는 동성애는 인간의 본능에 반하는 '변태'적인 것, 비정상적인 것, 혹은 관용의 대상이 되는 이질적 대상이라는 전제가 암묵적으로 깔려 있다. '당신은 어떻게 이성애자가 되었는가'라는 질문이 부재한 것은 바로 이 때문이다.

반면 성을 생물학과 몸에 의해 결정되는 자연적 소여가 아니라, 사회·문화·역사적 구성물로 보는 관점이 있다. 이를 통상 구성주의적 접근Constructionism이라 일컫는다. 구성주의자들은 섹슈얼리티를 선험적으로 주어진 것이 아니라 특정한 시간과 장소에서 만들어진 사회적 관계(들)와 문화의 산물로 보기 때문에 그 의미와 내용이 지속적으로 변화한다고 본다.

극단적 사회구성주의자들은 생물학적 명령으로서의 성을 사회적 명령의 산물로 대체하는 사회학적 본질주의라는 비판을 받기도 한다. 성을 단순히 문화적 산물로만 여기면 우리들의 몸은 사회

TIP | **무의식과 섹슈얼리티: 본질과 비본질주의 사이에서**

영국의 정신분석학자 지그문트 프로이트Sigmund Freud는 섹슈얼리티와 문명과의 관계에 주목했다. 그는 성적 억압을 통해 인류문명이 발달했다고 보고 무의식에 관한 이론을 통해 성별화된 정체성이 형성되는 과정을 보여주었다. 성 정체성이 타고난 것이 아닌 후천적 기질로, 언제든 붕괴할 수 있는 불안한 상상적 봉합물이라 보았다. 그런 점에서 프로이트는 당대의 지배적인 사고를 전환하는 데 결정적으로 기여했다. 프로이트는 인간 본질의 고정성과 성 분화의 경직성에 의문을 제기했던 현대적 논의의 선구자로 평가받는다. 또한 성차가 비본질적인 것임에도 불구하고 영속적이며 탄력적으로 반복되는 이유에 대한 부분적 해답을 제공했다고 평가받기도 한다.

프로이트는 무의식이라는 영역을 통해 성의 의미를 확대하고 동성애를 탈신비화하고자 했으나, 하나의 규범이 내재된 정상적 발달유형을 가정하고, 지향해야 할 하나의 목표를 상정했다는 점에서 결정론자라는 비판을 받기도 한다. 정상적 발달단계에 도달하지 못한 다른 성을 끊임없이 목록화함으로써 주변화하고 병리화했다는 것이다. 무엇보다 그의 이론은 서구의 일부일처제 가족구조와 이성애, 생식기, 남성중심적 섹슈얼리티에 근거했다는 한계를 지닌다.

적 의미체계에 묶인 무기력한 대상에 불과하게 된다. 성에는 사회가 명명하는 것 이상의 어떤 것이 분명히 존재하고, 우리는 육체라는 '실체'를 완전히 무시하고 살 수는 없다.

사실상 많은 학자들은 사회가 성을 직접적으로 만들었다기보다는, '성적인 것'(욕망의 의미)이 복잡한 사회적 관계에 의해 구성된 것이라고 본다. 그렇기 때문에 역사적 맥락과 권력관계에 주목하는 경향이 있다. 프랑스의 철학자 미셸 푸코Michel Foucault는 섹슈얼리티가 권력이 억누르려는 일종의 자연적 소여거나 지식이 서서히 밝혀야 할 모호한 영역이 아니라, 하나의 역사적 구성물에 주어진 이름이라고 말했다.(푸코, 1990) 유사하게 제프리 윅스Jeffrey Weeks는 우리사회에 성에 관한 다양한 담론과 실천이 존재하며, 이러한 담론과 실천의 총체가 '주체의 위치subject positions'를 형성한다고 주장한다.(Weeks, 1994/2003) 보다 자세히 설명하자면, 개인의 정체성은 기존에 사회에서 어떤 상황이나 현상에 부여한 의미들과 의식적·무의식적 관련을 맺으며 형성되며, 또한 스스로 형성한다. 이때 성적 욕망을 둘러싼 '자아감'은 주체를 체계적으로 만드는 주요한 요소가 된다. 그러므로 성 정체성은 사회적 관계에 의해 이루어지는 정의와 자기 스스로를 정의하는 일 사이의 복잡한 과정이자 산물이 된다. 주의할 점은 그러한 자아감마저도 보편적인 것이 아닌 역사적으로 특정한 시기의 것이고 성 정체성 또한 역사적으로 볼 때 유동적이라는 사실이다.

이러한 관점의 장점은 본질적인 것에 관한 우리들의 인식과 경험, 지식 등을 재고하고, 지금까지 당연하고 자연스럽게 여겨온 성적 구조의 위치를 사회문화적 맥락에서 살펴보게 한다. 단순히

'다양한 성 문화가 있다'는 식의 다원주의를 주창하는 것이 아니라 기존의 지식체계와 과학적 이데올로기들, 성별, 계급, 인종, 민족, 나이, 종교 등 사회적 권력관계들이 섹슈얼리티를 위계적으로 주조해 온 방식에 대해 질문하고 도전한다. 그러므로 섹슈얼리티는 '주어진', '고정불변의 것'이 아니라 다양한 주체와 의미들 간의 경합과 투쟁의 장이자 협상의 영역이 되는 것이다.

　　이들의 관점을 따라가면, 동성애자는 본질적이고 타고난 것 혹은 초역사적인 전-사회적 존재가 아니라 근대 자본주의 사회의 산물이거나 법의 효과가 된다. 실제 서구에서 동성애를 일종의 정체성으로 인식하기 시작한 것은 19세기 말에서 20세기 초반이었다. 또한 다양한 성적 실천들은 정상과 비정상, 합법과 불법의 이분법적 틀에서 벗어나 사회문화적으로 다른 실천양식 중의 하나로 이해될 수 있다. 여성주의자들은 대체로 사회구성주의에 동의하지만 젠더를 중심에 두고 사고한다는 점에서 차별성을 지닌다.

여성주의자들의 도전

섹슈얼리티에 대한 여성주의 논의의 맹아는 19세기 후반부터 전개된 서구의 제1차 여성운동(제1의 물결)의 흐름 속에 이미 내재되어 있었지만, 본격적인 논의는 1960년대 후반 급진주의 여성주의자들이 주도한 제2차 여성운동(제2의 물결)의 흐름과 함께 시작되었다. 한국의 경우, 1980년대 민주화운동 이후 1990년대부터 본격적으로 이론화·법제화되었다. 섹슈얼리티와 연관된 여성주의운동과 연구의 기본적인 전제는 가부장제와 이성애중심주의가 다양한 권력관계와 맞물려 작동하는 방식에 대한 비판과 도전이다. 즉, 성적 존재로서 여성의 욕망과 쾌락을 강조하면서, 남성중심적 섹슈얼리티로부터 자신의 성을 보호할 권리와 성적자기결정권을 옹호하고 이성애중심주의와 성적 위계에 대한 비판 정신을 잃지 않는 것이다. 구체적으로 여성주의자들의 섹슈얼리티에 관한 논의는 성폭력, 성희롱, 가정폭력, 성매매, 포르노 등의 이슈뿐만 아니라 레즈비어니즘과 퀴어, 소비자본주의 사회 속의 성적 재현, 사랑과 연애, 여성의 몸과 성적 통제, 국가에 의한 여성 폭력의 문제 등 다양한 주제를 포괄한다.

사적인 것의 정치학, 남성 지배의 정치학

섹슈얼리티 연구에서 여성주의자들의 가장 큰 기여 중 하나는 섹슈얼리티와 권력 간 관계에 주목하면서 여성 억압의 원인을 체계적으로 밝히고자 했다는 점이다. 이들은 남성에 의한 여성의 성적 억압이 젠더 불평등의 주요 기제라고 보고 이를 개념화하고 의제화하는 데 기여해 왔다. 특히 초창기 급진주의 페미니즘의 주요 이론가인 케이트 밀레트Kate Millett는《성性 정치학》에서 섹슈얼리티와 젠더의 교차를 여성 정체성의 가장 중요한 부분이자 여성 억압의 핵심으로 보았다. 밀레트는 가부장제가 섹슈얼리티를 자연적인 것이자 불변의 것으로, 남녀 간 관계를 사적이면서 비정치적인 것으로, 여성을 자연스럽게 남성에 종속되는 존재로 만든다고 보았다. 이러한 분석은 이후 여성주의자들로 하여금 여성과 섹슈얼리티에 관한 영속적인 재현 양식들에 도전할 수 있는 도구를 제공했다.(앞의 책, 94) 그의 주장은 여성운동에서 가장 유명한 슬로건 중 하나인 '개인적인 것이 정치적인 것이다'라는 말의 이념적 토대가 되었다.

여성주의자들의 섹슈얼리티에 관한 정치적 분석은 슐라미스 파이어스톤Schulamith Firestone에 의해 확대되었다. 밀레트가 가부장제의 심리적 구조를 제안했다면 1970년 파이어스톤은《성의 변증법》에서 남녀 간 불평등한 관계 속의 근원인 성적·사회적 정체성으로서 이성애를 이론화했다. 파이어스톤은 성차별이 계급차별이나 인종차별보다 훨씬 심각하며 비가시적이라고 주장하면서 남성이 여성을 지배하는 체계를 분석하기 위해 성계급sex class라는 용어를 제안했다.(Firestone, 1997/1970: 19~26) 그러나 결국 생물학이 남성 지배의 원인이라 전제함으로써 생물학적 결정론을 크게 벗어나지 못했다는 한계를 지닌다. 섹스와 섹슈얼리티에 대한 개념상 혼돈으로 인해, 향후 여성주의자들이 본질주의자라는 혐의를 받게 된 원인을 제공했다고 평가받기도 한다.

파이어스톤이 제안한 여성에 대한 성적 억압 체계(가부장제, 성계급 체계sex class system)는 후일 게일 루빈Gayle Rubin의 섹스/젠더 체계sex/gender system라는 발전된 개념으로 정교화된다. 루빈은 마르크스Karl Marx가 경제적 영역에 대한 이론을 발전시켰듯이, 섹슈얼리티 영역에 대한 분석의 필요성을 제기한다. 그는 1975년 〈여성의 교환―

섹스의 정치경제학에 관한 글〉에서 결혼을 통한 사회적·성적 유
대가 기본적인 사회 단위를 생산하는데, 여기서 주로 여성이 친족
체제에서 종속된 존재로서 남성들 사이에서 교환의 대상이 된다
고 주장한다. 그는 여성 교환과 근친상간 금지를 통해 인류가 친
족체계를 발전시켜 왔으며, 이를 통해 상이하면서 비대칭적인 젠
더 구성과 이성애중심주의가 발생한다고 보았다.(Rubin, 1997/1975:
27~42) 그러므로 섹스/젠더 체계는 사회가 생물학적 섹슈얼리티
를 인간 활동의 생산물로 변화시키는 일련의 배치 체계이자 변형
된 인간의 성적 욕구를 만족시키는 체계이다.(앞의 책, 28) 섹스/젠
더 체계를 통해 루빈이 궁극적으로 말하고자 한 점은 억압이 불가
항력적인 것이 아니라 영역을 조직하는 특정한 사회관계의 산물이
라는 점이다.

　　이상과 같은 여성주의자들의 작업은 섹슈얼리티에 권력관계
가 개입된 메커니즘을 밝히고자 하는 이론과 실천으로 이어졌다.

성별화된 섹슈얼리티, 성애화된 권력

섹슈얼리티 연구에서 여성주의자들의 가장 두드러진 기여 중 하나
는 여성을 성적 욕망과 쾌락의 주체로 보면서 동시에 성적 위험으
로부터 보호받을 여성의 권리에 대해 이론화한 점이다. 이들은 젠
더 불평등의 원인 중 하나로 섹슈얼리티에 주목하고 남성중심적
섹슈얼리티에 문제를 제기해 왔다. 특히 여성의 입장에서 섹슈얼
리티를 이론화하기 시작한 여성주의자들은 여성에 대한 성적 통제

와 폭력, 착취가 남성지배 체계의 주요한 도구임을 밝히는 데 크게 기여했다.

여기에는 1960년대 서구에 불어 닥친 이른바 성혁명●의 영향이 컸다. 성혁명이 당시 여성들에게 긍정적으로 미친 영향은 크게 두 가지다. 첫째, 성적 주체로서 여성의 존재를 인정하게 되었고 두 번째는 여성의 성적 해방이 요구됨과 동시에 찬양되었다는 점이다. 성혁명은 여성에게 무성적이며 정숙한 '어머니'/성적으로 타락한 '창녀'라는 기존의 이분화를 넘어, 성적 쾌락을 즐길 수 있는 주체로서의 권리를 부여하는 정치학으로 인지되었다.(hooks, 2000: 86~87)

그러나 여성주의자들은 성해방의 기운과 실천이 남녀 간에 다른 결과를 초래함을 점차 목도한다. 성에 관한 통제권이 제한된 상태에서 확대된 성적인 기회가 반드시 여성해방으로 이어지지는 않는다는 사실을 깨달은 것이다. 경제적·사회적으로 동등하지 않

● 성혁명

일반적으로 전통적이고 보수적인 성 풍습이나 제도를 바꾸고 새롭게 해방된 성 질서를 만들어 나가려는 일련의 사상·실천을 뜻한다. 1945년 오스트리아 정신분석의 빌헬름 라이히 Wilhelm Reich가 자신의 저서 《성혁명》에서 최초로 언급했다. 미국에서 성혁명은 1970년대 전후에 일어났다. 경구용 피임약의 개발과 낙태의 합법화를 배경으로, 〈이혼법〉 개정과 21세 이상 성인 간에 합의된 동성 간 성적 행위를 비범죄화하는 등 성적 이슈를 둘러싼 법률이 잇달아 제정된 상황과도 관련된다. 젊은이들은 쾌락과 재생산이 분리된 성적 해방의 기운에 노출되었다. 특히 사생활의 변화에 대한 욕망과 가능성에 대한 수용적 사고, 개별적 성취·쾌락·자유에 대한 비전을 정당한 혁명적 목표로 삼았던, 당시 신좌파들의 사고가 젊은 대학생들에게 큰 영향을 미쳤다. 이들은 결혼을 부르주아의 제도로 보고 비판하면서 자유연애를 선호했고, 섹스를 자신을 위해 즐기는 것으로 간주하면서 당대의 성적 규범에 도전하고자 했다.(Jackson & Scott, 1997: 4) 특히 윌리엄 매스터스William Masters와 버지니아 존슨Virginia Johnson의 여성 오르가즘에 대한 연구가 성적 해방의 기운과 조응하자 성적 탐험이 온 나라를 휩쓸게 되었다.(Gerhard, 2001: 73-74)

은 남녀 간 관계에서 성적 쾌락이란 결국 남성만을 위한 것이며, 성적 관계가 여성에 대한 성적 폭력과 구분되기 어렵기 때문이다.

따라서 여성주의자들은 남성 중심 사회에서 억압된 여성의 섹슈얼리티를 발견하고 변화시키고자 노력하는 한편, 성별화된 섹슈얼리티에 내재한 강제성과 위험에 도전하기 시작했다. '성별화된 섹슈얼리티gendered sexuality'란 가부장제 사회에서 일상에 존재하는 성별 이중 규범을 지칭한 것으로 여성에 대한 성적 착취와 폭력이 지속되는 현상과 긴밀한 관계를 지닌다. 성별화된 섹슈얼리티의 실천 양식은 남녀 간 위계적인 관계가 성애화되는 측면과도 긴밀한 관계를 지닌다. 성애화된 지배란 '남성-지배'와 '여성-복종'을 정상적인 원칙으로 보고 여성을 남성의 성적 자극과 욕구를 만족시켜주는 젠더로 규정한다. 성적 유혹과 표현에 관해 성별화된 지배적 규범이 젠더 정체성을 형성한다는 의미에서 '성애화된 젠더sexualized gender'라고 지칭되기도 한다. 예를 들어, 캐서린 맥키넌Catherine MacKinnon은 1987년 〈섹슈얼리티〉라는 글에서 섹슈얼리티에 관한 여성주의 이론은 젠더 불평등의 이론 안에 섹슈얼리티를 위치시키는 것이라 보고, 섹슈얼리티가 남성 지배를 성애화하는 통제의 역학이며 남성과 여성, 젠더 정체성과 성적 쾌락을 규정한다고 주장했다. 그에게 섹슈얼리티는 남성에 의해 정의되고 여성에게 강요되며, 젠더의 의미를 구성하는, 남성 권력의 사회적 구성물이다. "포르노그래피는 이론이며 강간은 실천"이라는 로빈 모건Robin Morgan의 유명한 슬로건 또한 여성에 대한 지배와 폭력이 성애화되는 남성 중심의 섹슈얼리티를 비판한 것이었다.

그리하여 지금까지 여성주의자들은 성폭력, 가정폭력, 포르노, 성매매 등에 관한 주요한 분석과 실천에 크게 기여해 왔다. 많은 여성주의자들은 남성의 폭력적 섹슈얼리티로부터 해방하는 것이 여성의 성적 해방과 성적 안전을 담보한다고 믿는다. 그렇기 때문에 사회문화적 인식의 변화뿐만 아니라 남성지배적인 사회에서 사는 위험으로부터 여성들을 보호하고자 법률 제·개정 운동도 전개하고 있다.

제도로서 이성애의 규범성과 정상성

1960년대 후반부터 서구 여성주의자들은 여성의 성적 억압을 설명하기 위해 가부장제 이외에도 이성애중심주의에 주목했다. 1970년에 등장한 일군의 급진적 레즈비언들radicalesbians이 발표한 〈여성과 동일시하는 여성〉은 가부장제 문화 속에서 억압받는 여성들

TIP | **이중적 성규범**(성별 이중규범, 성적 이중체계)

성적 인식과 실천, 그리고 이에 대한 판단에 대해 남녀 간 다른 기준이 적용되는 현상을 말한다. 여성의 이분화와 남성중심적 성문화와 연관된다. 남성의 성적 욕망은 충동적이며 억제할 수 없는 것으로 여겨져 자유로운 성적 행위가 당연시된 반면, 여성은 성적으로 수동적이거나 무성적 존재로 여겨진다. 남성들에게 허용되는 성적 행위가 여성들에게는 허용되지 않으며 이러한 기준선을 어긴 여성은 정숙하지 못한 여성으로 비난받고 심지어 가부장제 가족제도의 경계 밖으로 밀려나게 된다. 이러한 이중적인 성규범으로 인해 성적 폭력의 가해자인 남성에게는 오히려 이해의 시선이, 피해자인 여성에게는 사회적 낙인이 가해지기도 한다. 이러한 관념과 실천은 성적인 여성은 창녀, 무성적 여성은 마리아로 대표되는 '여성의 이분화'와 연관되며 공적 영역과 사적 영역, 밤과 낮에 따라 달라지는 이중적이며 위선적인 성규범과도 교차한다.

간 연대와 실천으로서의 레즈비어니즘을 강조한 유명한 선언문이다. 이들은 여성의 사회적 역할, 여성에 대한 사회적 기대, 여성에 대한 사회적 관점(시선)들이 여성을 열등한 존재로 구성한다고 보고, 그러한 성 역할은 여성을 남성과의 관계 속에서 지배계급인 남성을 지원하고 시중드는 보조적 계급으로 정의함으로써 여성의 인간성을 말살한다고 보았다.(Radicalesbians, 1997: 153~154) 이들은 가부장제에서 여성은 모두 성적 대상sex objects에 불과하다고 보았다. "우리는 모두 여성이기 때문에 모든 여성과 자아해방을 나누어야 한다."(앞의 책, 154)고 주장하면서 이성애 '자매'들과의 차이보다는 동질감과 유대를 강조했다. 이들의 주장은 '정치적 레즈비어니즘political lesbianism', '레즈비언 연속체lesbian continuum' 등의 개념으로 확대되었다. 이후 여성주의자들은 성적 관계의 가부장적 모델인 이성애 관계 속에서 여성은 결코 성적으로 해방될 수 없다는 인식하에 이성애 관계에 내재한 억압과 폭력성에 관심을 기울여 왔으며, 이성애가 규범화되어 다른 섹슈얼리티의 실천 방식을 배제해 온 방식을 분석했다.

따라서 여성주의자들은 이성애를 성관계와 성적 실천, 결혼과 가족제도, 노동시장에 이르기까지 다양한 영역을 작동하고 통제하는 사회조직의 구성 원리로 개념화했다. 즉, 이성애 제도가 성적 선호로서 이성 간 성적 결합만을 의미하는 것이 아니라 결혼이나 가족제도, 고용관계, 성별 이데올로기, 성규범 및 법 등으로 작용하는 일련의 제도적 장치라는 것이다. 이성애자가 되기를 거부하는 것은 성별 역할을 거부하는 것 이상으로, 남성의 경제적, 정치적, 사회적 권력에 편승하기를 거부하는 것을 의미한다.(Wittig,

1970년 급진적 레즈비언들은 여성들 간 연대를 강조하면서 모임을 갖거나 피켓을 들고 거리로 나왔다.

2003: 267) 그러므로 이성애는 강제성을 띤 제도다. 제도 담론으로서 이성애는 여성들이 당연히 남성들을 욕망할 것이라 가정하고 (훅스, 2005: 220), 이성異性을 배제한 모든 성적 관계들에는 침묵할 것을 강요한다. 또한 이성 간의 낭만적인 사랑, 연애, 결혼을 자연스러운 경로라 규정하며 이를 어기는 사람에게는 배제와 제재를 동반한다. 이성애 제도의 강제성은 단순히 법적·물리적 수단을 통해 명시적으로 강요하는 차원을 넘어, 거부할 때 따르는 불이익과

차별을 사회구성원들로 하여금 내면화하게 하고 스스로를 규율하게 만든다.

그러나 '자연의 질서'로서의 이성애 개념을 전복시키고, 제도로서의 이성애가 지지하는 성적 권력관계와 그 제도를 파생하는 젠더 체제를 지나치게 강조하면, 섹스와 연결된 근대적 젠더 관념의 고정된 범주에 갇히게 되는 딜레마를 야기하기도 한다. 이러한 생물학적 본질론의 혐의를 벗어나고 보다 비본질적인 섹슈얼리티 개념을 이론화하는 작업 또한 여성주의자들에 의해 진행되었다.

루빈은 성별 위계체계와 변별되는 성 위계체계sex hierarchy가 독자적으로 존재함을 지적하면서 젠더와 섹슈얼리티를 분석적으로 구분하기를 주장했다. 즉, 우리사회에는 동성애와 이성애 간은

TIP | 정치적 레즈비어니즘 / 레즈비언 연속체

이 개념은 샤롯 번치Charlotte Bunch가 레즈비어니즘은 성적 선호Sexual Preference를 넘어 정치적 선택이라고 주장한 바에 기인한다. 번치는 1972년 발표한 〈반항하는 레즈비언Lesbian in Revolt〉에서 남녀 간의 관계는 본질적으로 권력과 지배를 포함하는 정치적인 것이므로, 그러한 관계를 거부하고 여성을 선택하는 레즈비언은 정치적이며, 이러한 선택은 확립된 정치적 체계에 대한 도전이라고 주장했다. 그는 또한 여성들 간에 관계를 맺는 것이 우선적이라고 강조하면서 여성들과 함께 새로운 의식을 만드는 것이 가장 중요하며, 이것이 여성 해방의 중심이자 문화혁명의 기반이라고 하면서 페미니즘과 레즈비어니즘의 연대를 선언했다. 그러므로 정치적 레즈비어니즘은 남녀 간의 사적인 성적 관계를 정치화하는 과정에서 나온 것이었으며, 정치적 투쟁의 장에서 연대의 정치학을 강조한 것이라 평가할 수 있다.

레즈비언 연속체Lesbian Continuum는 애드리언 리치Adrienne Rich가 제시한 개념으로 가부장제, 이성애 중심 사회에서 여성들은 정도는 다르지만 많은 경험과 자원을 공유하기 때문에, 동성애와 이성애의 이분법을 넘어 공통의 억압에 대항하는 연대를 지향해야 한다는 의미이다.(Rich, 1980)

물론이고 결혼 여부, 성적 선호와 행위 방식의 차이에 따라 위계관계가 설정되어 있으며 이에 따른 차별과 폭력이 정당화되고 있다는 것이다.(Rubin, 1984) 이후 주디스 버틀러Judith Butler는 섹스가 젠더 역할과 정체성을 생산한다는 기존의 관념을 부정하고, 젠더가 자연스럽다고 여겨지는 성별화된sexed 몸을 생산하는 규제적 허구라고 주장해 섹슈얼리티 논의에 또 다른 전환점이 되었다. 그는 젠더가 섹스라는 본질이 외연화된 것이 아니라 강제적이며 반복적인 수행성performativity을 통해 사회적으로 (재)구성된다고 해석한다. 그러므로 그에게 섹스는 이미 언제나 젠더이며 섹스, 젠더, 성적 욕망의 연결고리는 필연적으로 강제적이며 취약한 것이 된다.(Butler, 1990) 이 같은 주장은 그동안 의심받지 않고 받아들여졌던 생물학적 섹스에 기반을 둔 남자(남성성)/여자(여성성)라는 이분법과 섹스(생물학적 몸) → 젠더(성 역할) → 섹슈얼리티(성적 욕망)의 선형적 관계를 해체한다는 점에서 큰 이론적 파장을 불러일으켰다.

젠더와 분리된 섹슈얼리티, 성 위계 시스템과 성적 불평등sexual inequality에 대한 인식은 퀴어 이론queer theory의 등장으로 점점 확대된다. 퀴어 이론은 이성애뿐만 아니라 성적 지향성이나 성적 욕망에 근거한 정체성 개념 자체에 대한 의문과 도전을 의미한다. 한편으로 이성애와 동성애를 각기 다른 섹슈얼리티 계급(성적 계급)으로 보되 이성애를 가부장제와 분리될 수 없는 정치구조로 파악하고자 하는 여성주의자들의 이론화도 지속되었다. 성적 억압과 쾌락, 피해자성과 행위성이 동시에 존재하는 섹슈얼리티 영역에서 젠더와 이론적·경험적으로 분리된 섹슈얼리티만의 독자적 영역이 존재하는가는 여전히 논쟁적이다. 현재 사회에서 성별 질서와 성적 위계는 상호구성적이기 때문이다. 특히 최근 '퀴어 페미니즘'을 주창하는 여성주의자들은 젠더에 강조점이 있는 기존의 페미니즘이나 젠더에 무관심한 남성중심적 퀴어 이론과 달리, 강조점은 섹슈얼리티에 있지만 섹스·젠더·섹슈얼리티의 교차성에 주목하는 것이 퀴어 페미니즘이라고 하면서 여전히 젠더 감수성을 중시한다.(Marinucci, 2010)

결론적으로 이성애에 대한 여성주의자들의 비판은 성적 친밀성이 생물학적 본능이나 성적 쾌락의 문제가 아니라 권력관계가 투영되는 정치적 행위의 장이라는 관점에서 출발해 정상화·규범화되는 방식과 효과에 대한 문제제기로 나아간다. 이성애 규범성

TIP | 퀴어

1990년대부터 미국에서 전면적으로 등장한 '퀴어'라는 용어는 성소수자(레즈비언lesbian, 게이gay, 양성애자bisexual, 트랜스섹슈얼transsexual, 트랜스젠더transgender, 간성intersex 등) 모두를 포괄하는 단어로 사용되어 왔다. 원래 퀴어는 남색가를 뜻하는 동시에 '이상한 사람', '별난 사람', '특이한 사람' 혹은 '정신병자'를 가리키는 표현이다. 동성애자들은 스스로 이를 재전유하면서 이성애만을 정상으로 규정하는 사회에 대한 저항의 의미로 사용하기 시작했다. 퀴어는 자신이 다르고, 일탈적이며, 이상하고 비정상이라는 사실에 직면하면서 오히려 그것을 강조하고 섹슈얼리티에 대한 규범에 순응하지 않는 것에 대해 당당한 지지를 공표한다. 퀴어 이론가와 활동가들은 성 정체성과 젠더 정체성이 사회적으로 구성된 것이며 하나의 개인이 동성애자, 이성애자, 남성 또는 여성 등의 협소하고 이분화된 정체성의 개념으로 설명될 수 없다는 관점을 공유한다. 이는 하나의 삶의 방식이 특정한 정체성으로 고정되는 현재의 분류 방식에 대한 도전이자, 이른바 정상적이라 여겨지는 젠더와 섹슈얼리티에 대한 반본질적이며 급진적 사고에 기반한다. 따라서 퀴어는 동성애가 아니라 비전형성, 독특함, 이상함, 비고정성이며, 퀴어의 반대항은 이성애가 아니라 정상성(이성애 규범성)과 평범함이 된다. 퀴어 이론은 이성애 중심성에 도전하면서 젠더 정체성과 성적 욕망 간의 귀속적 연관성을 해체한다는 점에서 의의가 있다.(훅스, 2005: 235)

을 보다 포괄적인 이데올로기적 체계로 정의하는 작업은 결국 우리사회에서 정상으로 규정한 것들에 대한 도전과, 다양한 영역에서 당연하거나 자연스럽다고 여겨지는 대상—권력의 주체—에 대한 상대화 작업과도 연결된다는 점에서 의의가 있다. 특히 젠더와 섹슈얼리티의 교차성뿐만 아니라 계급과 인종, 민족이 젠더와 맺는 관계에도 관심을 기울임으로써 불평등으로서 섹슈얼리티sexuality of inequality가 생산되고 작동되는 방식에 도전해 온 점을 기억해야 할 것이다.

성적 쾌락과 위험 사이에서: 성폭력과 성매매 생각해 보기

지금까지 섹슈얼리티의 개념과 여성주의 도전의 역사를 소개했다. 이상과 같은 논의를 떠나 사실상 몸과 관계된 욕망이 실질적인 쾌락과 연결되지 않는다면 우리가 섹슈얼리티에 관심을 가질 이유는 별로 없을 것이다. 문제는 한 사람, 혹은 한 집단의 욕망과 쾌락이 다른 사람과 다른 집단의 욕망, 쾌락과 일치하지 않을 때다. 이러한 불일치가 종종 개인 간, 집단 간에 명백히 존재하는 권력관계에 기인한 차별과 폭력으로 환원될 때 더욱 문제가 된다.

　그러므로 섹슈얼리티와 연관해 우리가 일상에서 겪는 어려움

중 대표적인 것으로 성적 친밀성과 폭력, 강제와 동의, 성적 표현과 거래, 성적 착취 간의 경계를 규정하고, 경계 사이에서 보다 '적절한' 우리의 행위 양식을 결정하는 일이다. 예를 들어 관계를 보다 진전시키기 위해, 혹은 친밀성을 표현하기 위해 시도한 성적 언사가 타인에게는 성폭력이 될 수도 있고, 성인 간 '자유로운' 성적 거래가 성매매라는 범죄행위가 될 수도 있다. 애인 간 성적 행위에 있어 어디까지 동의를 구해야 하는지 어려움을 호소하는 경우도 많다. 이 장에서는 우리사회에서 가장 문제되고 있는 성폭력과 성매매를 여성주의 관점에서 살펴보고자 한다.

성폭력: 친밀성의 표현인가, 폭력인가?

어느 나라든 섹슈얼리티와 연관된 이슈 중 여성주의자들에 의해 가장 먼저 의제화되는 것이 여성에 대한 폭력 문제일 것이다. 서구의 경우 급진주의 페미니스트들에 의해 1970년대 초반부터 쟁점화되었으며, 한국의 경우 1980년대 중반부터 본격적으로 문제가 제기되었다. 오랜 가부장적 전통에 의해 강간을 '여성 정조에 관한 죄'로 인식하고 피해자에게 일방적인 비난과 낙인('몸을 더럽힌 여자' 심지어 '강간을 유발한 정조관념이 희박한 자')이 가해졌던 사회 분위기 속에서 여성 단체들은 여성의 관점에서 성폭력을 사회문제화하면서 새롭게 개념화하려고 노력했다. 지금까지도 성폭력 피해자를 비난하는 논리에는 남성의 성적 욕망은 자연스러운 것이며 반드시 여성을 대상으로 분출해야 한다는 성에 관한 본질론적 사고관과 성별 이중규범이 깔려 있다. 그렇기 때문에 인식의 변화를 위한 사회운동 또한 꾸준히 이어 왔다.

그리하여 1983년 한국여성의전화가 '여성에 대한 폭력gender violence against women'으로 정의하기 시작했으며 1991년 무렵에는 〈성폭력특별법〉 제정을 둘러싼 여성 단체들 간 토론의 결과, 성적인 것에 초점을 둔 '성폭력sexual violence'으로 재개념화되기 시작했다.(이성은, 2005: 181) 이후 한국성폭력상담소를 중심으로, 〈성폭력 특별법〉 제정과 성폭력 피해자 보호에 앞장서 온 여성운동 단체들은 성폭력을 성별 권력관계의 문제이자 근절해야 할 폭력으로 설명하기 시작했다. 성폭력은 여자로서 '부끄러운 일', '여자들의 팔자', '정조의 문제'가 아니라 성적 자기결정권의 침해로 이슈화한 것이다.[1]

여성운동의 오랜 노력의 결과, 우리사회에서 성폭력은 '본인의 의사에 반하는 성적 접근이나 행위'로 강간, 강제 추행, 추행, 성희롱 등을 포괄하는 폭넓은 개념으로 인식되었다. 폭력의 개념을 넓힌 여성운동의 성과로, 여성들은 자신의 다양한 경험을 새롭게 해석할 수 있게 되었고 여성의 성적 권리에 대한 사회적 인식 또한 변화시킬 수 있었다.

하지만 기존의 여성다움, 남성다움에 대한 젠더 규범을 그대로 수용하고 오히려 강화하게 되었다는 새로운 문제에 부딪히게 되었다. 다시 말해 여성의 피해를 강조하기 위해 기존의 가부장제 사회가 여성에게 요구한 순진하며 나약한 여성(성)을 본의 아니게 강조하게 되었고, '성적 대상으로서의 수동적 여성'과 강한 성적 욕망의 능동적 남성성에 기반한 '잠정적 가해자 남성'이라는 통념을 재생산한다는 우려가 제기됐다. 여성주의자들은 여성들의 경험으로 성폭력을 정의하고자 했지만 역설적으로 이러한 시도가 여성들의 모든 성적 경험은 피해로, 남성들의 성적 행위는 폭력으로 해석해 버릴 수 있는 가능성을 만들었다고 스스로 성찰하기 시작했다.

따라서 최근에는 성폭력을 젠더 권력관계가 반영된 것이자, 성적인 폭력으로서 젠더-섹슈얼리티에 기초한 폭력gendered-sexual violence이라 이해하기도 한다. 실제 성폭력은 남녀 간 발생하는 경우가 많지만 같은 성별끼리도 성적인 폭력이 발생할 수 있으며, 이를 통해 폭력의 피해자가 결과적으로 수동적이고 나약한 '여성(성)', '여성화된 지위'로 격하되기 때문이다. 그러므로 성폭력은 개개인 간의 우연적이고 사사로운 갈등, 성차에 따라 본질적으로 다른 성적 욕망에 의해서라기보다 우리사회에 공고화된 다양한 권력관계, 사회구조적인 성차별과 밀접히 관련되어 있으며, 여성의 낮은 사회적·경제적 지위와 문화적 편견(성적 편견), 젠더, 인종, 민족, 계급, 나이 등에 관한 통념 등이 긴밀하게 얽힌 결과이다.

성폭력은 더 나아가 집단 간, 국가 간 위계관계에 의해 발생하는 구조화된 폭력의 문제이기도 하다. 예를 들어, 남성성이 지배와 통제를 의미한다고 믿는 많은 남성들은 여성에 대한 성적 폭력을 통해 스스로 남성성—남성의 지위—을 확인한다. 이는 여성의 성이 남성의 소유물이라는 오랜 가부장적 전통과도 연관된다. 실제 많은 남성중심적 사회에서는 다른 남성의 여성을 강간한다는 의미가 해당 남성의 소유물(남성의 권리)에 대한 침해로 인식된다. 이러한 논리로 전시 가해국 군인들에 의해 자행되는 집단 성폭력 또한 피해국에 대한 지배를 확인하는 것으로 상징화되었다. 즉, 성폭력은 여성에 대한 남성의 직접적인 지배와 통제를 의미하기도 하지만, 여성의 몸에 대한 침해는 남성성을 재확인하거나, 남성들 간의 권력관계를 확인하고 재설정하는 도구가 되기도 한다.

이처럼 젠더 질서의 재확인과 재편이라는 상징적인 효과 외에도, 더 큰 문제가 여성들이 입는 실질적인 육체적·정신적 피해와 잠재적 피해자들에게 미치는 통제 효과다. 성폭력 피해자들은 심각한 물리적 상흔뿐만 아니라 다시 폭력의 대상이 될지도 모른

TIP | 성폭력에 관한 일반적인 통념

1. 성폭력은 나와 무관한 일이다.
2. 성폭력은 낯선 사람에 의해 발생한다.
3. 성폭력의 가해자는 정신이상자이다.
4. 성폭력의 피해자는 주로 밤길을 다니는 야한 옷차림의 젊은 여성들이다.
5. 끝까지 저항하면 성폭력은 불가능하다.
6. 음주 후 성폭력은 정상 참작이 된다.
7. 의도하지 않았을 경우, 성폭력이라 보기 어렵다.
8. 남성의 성적 충동은 억제하기 어려우며 반드시 여성을 대상으로 풀어야 한다.
9. 여성의 '노No'는 '예스Yes'다.

출처: 한국성폭력상담소

TIP | 숫자로 보는 성폭력의 실태[2]

1. 직장인 여성 10명 중 1명은 '거의 매일' 혹은 '일주일에 한두 번' 정도 성희롱을 경험한다.
2. 성희롱의 가해자는 일반 회사의 경우, 10명 중 8명이 회사 대표 · 중간 관리자 · 직속 상사이고, 학교의 경우 교수(또는 강사)와 학생 간에 발생하는 성희롱의 비중이 높다.
3. 전체 성폭력 피해자 중 남성이 5퍼센트, 여성이 94퍼센트이다.
4. 심각한 성폭력의 경우(강제 추행, 강간 미수, 강간) 가해자 10명 중 8명이 피해자와 평소 아는 사이였거나 친밀한 관계였다.
5. 전체 성폭력 중 13.5퍼센트는 친족 내에서 발생한다.

다는 두려움에 시달린다. 미디어는 성폭력의 내용을 과도하게 상세히 보도하고 이를 접하는 여성들은 잠정적인 성폭력의 위협에 시달리며 스스로의 행동을 규율하게 된다. 언제 어디서 성폭력을 당할지 모른다는 두려움으로 늘 자신의 주변을 살피거나 '몸가짐'을 조심하게 되고, 귀가 시간을 조절하며, 밤길이나 낯선 환경을 두려워하고 타인—남성—을 잠재적 가해자로 의심하게 되는 것이다. 이로써 젠더에 대한 통념과 질서는 재생산된다.

따라서 소수자와 약자의 성의 보호를 강조하는 차원을 넘어, 왜 특정 집단의 성이 특정한 맥락에서 차별과 폭력의 문제로 전환되는지 질문해야 한다. 소수자와 약자는 절대적인 것이 아니라 상대적인 것이며, 폭력과 차별의 원인이기도 하지만 효과이기도 하기 때문이다.

그동안 한국사회는 여성운동의 주도로 인해 성폭력에 대한 인식 수준이 놀랄 정도로 개선되었고 선진적인 법제화도 마련되었다. 그러나 여성에 대한 폭력이 여성 개인의 불운 혹은 개인 남성의 병리적·일탈적 행위가 아닌 사회 전반의 의식과 실천을 통해 공고화된 성차별을 그 원인으로 한다는 여성주의자들의 주장은, 현실에서 여전히 성취해야 할 과제로 남아 있다. 특히 신자유주의 시대, 경제적 양극화와 빈곤의 확산이 기존의 젠더 질서를 재생산하는 과정에 주목해야 한다. 권력 유지와 재생산의 기제로서 사회적 약자들에 대한 강압적 통제와 규율이 이루어지는 현실에서, 개별 여성들은 남성성의 확인 기제로 폭력의 대상이 되기도 하고 분노 표출의 표적이 되기도 한다. 폭력의 피해자가 되고 있는 여성들의 현실은, 보수화된 사회 분위기 속에서 전통적 젠더 역할이 다시 강조되는 한편, 여전히 불안정하고 낮은 여성의 사회적 지위와 함께 고려되어야 할 것이다.

결론적으로 성폭력은 단순히 생물학적 '여성'의 문제도, '성적 sexual'인 것에 국한되는 문제도 아니다. 성별, 인종, 계급, 나이, 민족, 성 정체성, 장애 여부를 떠나 누구에게나 주어지는 생득적 권리인 자유를 박탈당하지 않을 권리, 자유를 침해하는 통제를 거부할 권리, 몸과 정신의 자율성을 보장받을 권리, 사소한 수준에서라도 육체적·정신적으로 침해받지 않을 권리가 인식되고 보호되어야 한다는 점에서 보편적 인권의 문제라 볼 수 있다. 그러기에 보다 거시적인 사회구조적 맥락과 조건이 늘 고려되어야 한다.

성매매: 성적 착취인가, 자유로운 거래 행위인가?

현행법상 성매매는 '불특정인을 상대로 금품 그 밖의 재산상 이익을 수수·약속하고', '성교 및 구강·항문 등 신체의 일부 또는 도구를 이용한 (유사) 성교행위'로 정의되어 있다. 그러나 오랫동안 우리사회에서는 성매매를 개인 여성의 일탈 행위나 남성의 본질적인 성적 욕망을 위한 '필요악'으로 규정해 왔다. '순진한 여염집 여성들을 보호하기 위한 성적 배출구'가 필요하다는 논리, 인류의 가장 오래된 직업으로서 성매매 강조, 규제 시에 국가 경제에 미치는 부정적 효과에 대한 염려 등 일면 다양해 보이는 주장들의 결론은 늘 한결같이 '성매매 불가피론'이다. 이러한 주장은 '성욕 총량의 법칙'에 근거한 강간 예방론, 하수구론, 이를 위한 공창제 주장과 함께 모두 성에 관한 본질론적 관점과 남성중심적 섹슈얼리티와 긴밀하게 연결되어 있다. 여성주의자들의 도전은 바로 그러한 사회적 통념과 맞서는 지점에서 시작되었다.

여성주의는 성매매가 개인의 도덕성 문제이거나 남성들의 본질적 성적 욕망의 문제가 아닌, 사회구조적 문제라는 인식을 전제로 가부장제와 남성중심적 성문화, 자본주의의 착취적인 성 산업 구조에 문제를 제기해 왔다. 더불어 인권의 차원에서 성매매 여성들이 겪는 피해의 실태를 공론화하고, 부정적인 사회적 낙인과 시선을 변화하고자 노력해 왔다. 특히 그동안 비가시화되었던 여성들의 경험을 드러내는 작업과 함께 반성매매 여성운동이 진행되었다. 반성매매 운동은 성매매 여성들을 개인적으로 타락한 '윤락녀'나 단순히 선도나 구제의 대상 또는 불쌍하고 나약한 피해자가 아니라, 성차별적 사회구조와 성별화된 성적 권력의 피해자이자 착취적 성 산업 구조의 직접적인 피해자로 규정짓는 데 기여했다. 가부장제, 자본주의 사회에서 저소득층 여성들의 '자발'적 선택이란 어떤 의미인지 되묻고, 강제라는 것이 물리적 폭력을 반드시 동반하지 않고도 가능함을 보여줌으로써 강제/자발이라는 이분법에 대해서도 문제를 제기했다. 결론적으로 한국사회에서 성매매 관련 용어가 공창, 윤락, 매매춘으로 그리고 다시 성매매로 변화하고, 성매매에 관한 사회적 인식이 변화한 데는 여성운동의 오랜 노력이 기여한 바가 크다.

그러나 2004년 〈성매매 특별법〉 시행 이후, 여성주의자들은 뜻밖의 상황에 부딪혔다. 이미 예상되었던 남성들의 저항은 차치하고라도 생존권을 주장하는 성매매 여성들의 '단식투쟁'과 거리

농성, '성노동'을 주장하는 여성주의자들의 등장, 2012년 〈성매매 특별법〉에 관한 헌법소원에 이르기까지 복잡한 갈등 상황에 직면한 것이다.

성매매 문제의 핵심은 이제 성 산업과 성 착취, 성구매자와 알선자의 문제가 아니라 여성(주의자)들과 여성(주의자)들 간 갈등, 심지어 〈성매매 특별법〉과 성매매 종사자들 간 갈등으로 여겨진다는 점이다. 주요 행위자들은 무대 위에서 빠지고 관객이 되어 구경하는 기이한 형상이 되어 버린 것이다. 이로써 성매매는 다시 여성들만의 문제가 되고, 〈성매매 특별법〉과 반성매매 운동이 성을 파는 여성들을 억압하는 원인으로 호도되는 반면, 성매매의 근본 원인이자 재생산구조의 근간인 권력의 카르텔(가부장제, 자본주의, 계급주의, 인종주의, 이성애중심주의의 상호교차성)에 대한 비판은 설 자리를 잃게 되었다. 그러는 사이 성 산업은 축소되기는커녕 다양한 업종으로 확산되었으며 한국 남성들의 해외 원정 성매매, 한국으로의 외국 여성 인신매매, 한국여성의 해외 인신매매가 세계 언론의 비난을 받아 왔다.

성매매에서 거래의 대상이 되는 사람들은 계급, 젠더, 인종에서 취약한 계층이며 사회적 약자들이다. 그럼에도 수요가 있는 곳에 공급이 있다는 자본주의 논리는, 이상하게도 성 산업에는 적용되지 않는다. 처벌받는 성판매자에 비해 처벌받는 성구매자가 현저히 적은 점은 이를 잘 보여 준다. 성매매를 통해 착취적인 이윤을 획득하는 성 산업자에 대한 처벌도 현실적이지 않다. 이러한 상황 속에서 '약자'(물리적, 사회적)의 성은 거래의 대상이 되고, 폭력의 대상이 된다. 거대한 성 산업과 인신매매의 초국적 네트워크는 이러한 상황을 더욱 강화한다. 성을 구매하는 사람들은 성적 본능과 자본주의라는 알리바이를 통해 본의든 아니든 젠더 불평등을 이용하고 재생하는 데 기여한 셈이다.

'성매매'라는 용어를 '성노동'으로 전환해 성매매 피해 여성들에 대한 인식을 재고하고 이들에 대한 낙인을 줄이며 실질적인 권익을 신장하자는 주장도 있다. 성노동의 합법화는 여성의 노동권을 인정하는 듯 보이지만 남성의 자연적인 성적 욕구에 기반 한 성매매가 불가피한 것이라는 관점에 동조하고, 돈과 권력이 있는 자에게 '살 권리'를 승인해 줌으로써 여성의 몸에 대한 남성의 전유를 인정한다.(권력관계 재생산에 기여) 성매매를 정부 통제 아래 두자고 함으로써 국가 규제주의의 성격마저 지닌다.

성매매는 섹슈얼리티의 단순한 교환관계거나, 성적 욕망을 충족시키는 사용가치가 아니라, 젠더 불평등의 효과이자 이를 유지·재생산하는 제도다. 또한 섹슈얼리티, 나이, 계급, 민족, 인종 등의 문제가 얽힌 포괄적인 권력관계(기반이자 결과)의 문제다. 무엇보다 일제강점기, 미군정기와 한국전쟁, 군사주의 체제를 겪어 온 한국에서 식민주의와 제국주의, 민족주의와 국가주의가 상보적으

TIP | 숫자로 보는 성매매 실태[3]

1. 18~39세 여성 인구의 약 1.75퍼센트인 13만 7331명이 성매매에 종사하는 것으로 추정된다.(2010년 기준)
2. 하루 평균 10만 6532명의 한국 남성들이 성매매 업소를 찾는다.
3. 국내총생산의 약 0.65퍼센트~0.82퍼센트를 성매매산업이 차지한다.(2009년 기준)
4. 피의자 신분의 성매매 여성이 실제 기소로 이어진 비율은 23.2퍼센트였지만, 성구매 남성의 기소율은 17.3퍼센트에 불과했다.

로 지지되는 지점에 국가 간, 남성 집단 간에 교환되는 여성의 몸이 있었고, 국가가 관리하는 성매매 시스템(공창제도와 기지촌 성매매)이 있었다는 역사적 사실은 성매매가 그리 단순한 거래 행위가 아님을 증명한다.

법이 범죄행위를 완벽히 근절하기 어려운 것처럼 성매매와 관련된 어떠한 법도 완벽하지 않다. 성매매를 합법화한 국가들이 증가하는 성매매와 초국적 인신매매를 통제할 수 없어 결국 여성 착취 구조를 재생산하듯,(Sullivan, 2007) 성매매를 불법화한 국가들 또한 법 집행의 의지와 국민 수준이 따라가지 못한다면 성매매 축소는 요원한 일일 것이다.(표1) 결국 법은 해당 국가가 처한 현실과 역사의 산물이며 국가 통치 방향에 대한 국민의 집단적 의지의 반영이다. 어떤 국가에 살고 싶은가를 생각해 보자. 민주주의 법치국가는 차별이 발생하는 곳에서 차별받는 자들(성을 파는 자)을 보호해야 함은 물론, 차별과 착취의 고리를 차단하고자 노력해야 한다. 사회적 약자에 대한 차별을 정당화하는 구조를 개선하고, 이를 뒷받침하는 인식의 변화를 위해 노력하는 일이 국가의 의무다. 3차 산업에 지나치게 의존하는 현행 산업구조와 접대문화에 기대는 비즈니스 방식의 변화, 불안정한 노동시장과 복지체계의 재편은 이러한 변화를 위해 필수적이라 할 수 있다. 민간 차원에서도 가부장적 성인식을 재구성하는 담론 투쟁과 급진적 문화운동이 병행되어야 한다. 그리고 이를 통한 궁극적인 목표는 '성매매 근절'이거나 '성매매 합법화'가 아니라 남성중심적 성문화의 변화와 젠더 체제 gender regime의 변화, 신자유주의 경제체제의 변화가 되어야 한다.

우리는 이제 일대 일 거래관계를 넘어 전 지구적 정의의 관점

표1. 국가별 성매매 제도와 관점 비교

정책	금지주의 (불법화, 범죄주의)	부분적 금지주의 (성구매자 처벌법)	국가규제주의 합법화 (성노동론)	비범죄화 (규제 철폐론)
인신론적 근거	도덕주의	여성주의 (젠더차별)	자유주의 (반차별)	자유주의
성매매에 대한 관점	죄, 사회병리적 현상, 퇴폐행위	여성에 대한 폭력이자 성적 착취, 젠더 간 불평등한 권력관계에 기인한 차별의 문제	성인들 간의 자유로운 성거래, 서비스 노동, 성노동 정상적인 직업의 하나	개인 간의 성적 거래, 성적 서비스로서 특정 산업에 기반한 규제의 대상이 아님
법적 대응 성판매	불법	비범죄화 (성판매자는 피해자)	합법 (성노동자: 불법화하는 것은 성판매자에 대한 차별을 야기)	합법
성구매	불법	불법	합법	합법
알선업 (포주, 업주)	불법	불법	합법 (부분적 규제와 통제)	불법
목표	국민의 건강과 안녕을 위해 건전한 성문화 정착, 성매매 근절(억제)	여성에 대한 성적 착취 근절, 가부장적 성문화 변화, 성매매 근절(억제)	자유로운 성적 거래, 성노동자의 생존권 인정, 매춘노동의 정상화를 통한 사회적 낙인 해소	자율적 성거래에 대한 국가 개입 지양
채택 국가	한국, 중국, 러시아	스웨덴, 노르웨이	독일, 네덜란드, 호주 일부 주	프랑스, 이탈리아, 영국
현재 한국의 논쟁 지형	일부 여성주의자와 정책 입안자, 일반 국민	대다수의 여성주의자들 (최근 여성 비범죄화 연대체 구성)	남성연대(보수), 일부 여성주의자, 일부 진보 남성들, 일반 국민	일부 진보 남성들

에서 약자에 대한 폭력과 인권의 문제로 성매매를 다시 사고할 필요가 있다. 국경을 넘어 누가 누구와 거래하고, 주로 누가 거래되며, 누가 이윤을 획득하는가. 지구화 시대 신자유주의 시장경제체제에서 유지되고 재생산되는 성별, 인종, 소수자, 약자의 관점에서 성매매를 재고할 필요가 있다.

공창제도(1916년)

한국에서 근대적 성매매의 역사는 일제 강
점기 공창제도의 실시에서 출발한다. 1876
년 개항과 더불어 일본인 거류 지역에서 시
작된 유곽 중심의 일본식 공창제는 1916년
에는 전국적인 수준에서 본격적으로 관리되
기 시작한다. 1916년 3월 31일 전국적 통일

법규인 경무총감령부 제4호 〈대좌부창기 취체 규칙〉을 공포함으로써 공인매춘업인 공창
의 설치 및 영업과 단속의 근거가 마련되고, 일본 식민정부에 의해 성매매가 체계적으로
관리되었다. 외부와 격리된 지역에 '매춘'업자를 집중시켜 유곽이라 칭하고 유곽 안에서만
성을 팔 수 있게 했으며, 유곽은 경찰의 엄중한 감독하에 공정가격으로 성을 매매하고 그
에 상응한 세금도 부과했다.(손정목, 2002: 69~76) 등록 절차를 거쳐 유곽 안에 집단 격리된
여성들은 정기적인 성병 검진을 받아야 했다. 이로써 특정 구역 지정을 통한 집창화, 등록
제, 정기적 (강제) 검진제 등 국가 규제체제로서의 성매매 제도가 확립되었으며 이후 오랫동
안 한국의 가장 대표적인 성매매 형태로 존재하게 된다.

〈공창제도 등 폐지령〉(1947년 11월 14일 제정, 1948년 2월 13일 시행)

미군정 시기 여성운동의 압력과 식민지체제 일소라는 차원에서 시행되었다. 첫째, 일체
의 매춘행위를 금지한다고 밝히고 있고 둘째, 공창제의 근거가 되는 〈창기 취체 규칙〉을
폐기하고 유곽 영업이나 창기가업의 허가를 무효화했으며 셋째, 성매매의 당사자(성을 파
는 자와 구매한 자)와 제3자에 대한 처벌을 명시하고 있다. 이전의 국가 규제주의 체제를
폐기하고, 금지주의를 최초로 천명한 것이라 볼 수 있다. 그러나 당시 미군정의 소극적 의
지와 실행력 부족으로 실효성은 거의 없었다.

〈윤락행위 등 방지법〉(1961년 11월 9일 공포)

박정희 군사 정부에서 사회악 일소 차원에
서 제정한 이 법안은 윤락행위 및 알선을
금지하고 윤락행위자를 보호지도소에 위탁
하며 윤락여성과 포주 간 채권, 채무를 인
정하지 않는다는 내용을 담고 있다. 그러나
시행령의 미비와 이중적 성규범의 만연으

로 실효성이 거의 없었으며, 심지어 성을 파는 여성들에게만 일방적으로 법을 적용하는 등의 문제를 낳았다. 무엇보다 박정희 정부는 이듬해인 1962년 요보호자인 '창녀'들에게 '안전한 적선구역'을 설정한다는 명목으로 미군 기지촌 등 104개 특정구역을 설치해 법적용 대상에서 제외하고 면세주류를 제공하는 등, 본격적인 외화벌이에 나서게 된다. 이로 인해 공식적으로는 성매매가 불법이었음에도 실질적으로는 성매매를 허용하고 심지어 권장하는 위선적 문화가 고착화된다.

〈성매매 특별법〉(2004년 3월 2일 제정, 9월 23일 발효)

이 법안은 〈성매매 알선 등의 행위의 처벌에 관한 법률〉(성매매처벌법)과 〈성매매 방지 및 피해자보호 등에 관한 법률〉(성매매피해자보호법)로 구성되었으며 이후 몇 차례 개정되었다. 이 법안에서 성매매는 '불특정인을 상대로 금품 그 밖의 재산상의 이익을 수수·약속하고 성교행위나 유사성교행위에 해당하는 행위를 하거나 그 상대방이 되는 것'으로 규정한다. 법안의 내용을 요약하자면 '처벌법'은 제3자인 "성매매알선, 권유, 유인, 강요, 장소 제공을 한 자"에 대한 처벌을 강화하는 한편, 선불금과 폭행, 김금 등의 방법으로 성매매를 강요당한 여성들을 "성매매피해자"로 규정해 형사처벌을 면제하고 단순성매매자에 대해서는 보호처분을 원칙으로 한다. '보호법'은 성매매 피해자의 사회복귀를 지원하기 위한 일반지원시설, 청소년지원시설, 외국인여성전용시설을 설치하고 의료비, 법률지원 등 필요한 경비를 국가가 지원하며, 공공기관에서 성매매예방교육을 의무적으로 실시하도록 하고 있다.

이 법안의 의의는 첫째, 지난 40여 년간 사용되던 '윤락'(성을 파는 사람에 대한 도덕적 비난이 깔려 있음)이라는 용어 대신 사고파는 행위에 초점을 맞춘 성매매가 공식적인 법률 용어로 채택되었고 둘째, 성매매를 강요당한 여성들을 '피해자'로 규정해 사회적 인식을 재고했다. 셋째, 그동안 간과된 성매매의 주요 착취고리인 제3자(포주, 알선자, 성산업 등)의 처벌을 강화해 성매매가 단순히 성인 간 거래행위인 2자관계가 아니라, 조직적인 3자관계의 시스템임을 강조하고, 넷째, 성매매방지와 피해자 지원 및 사회적 환기를 위해 교육에 대한 국가의 책임을 강조했다는 점에 있다. 무엇보다 그간 남성문화에서 관행으로 여겨져 왔던 성매매가 범죄행위이자 반인권적 행위임을 사회구성원들에게 인지시켰다는 점에 큰 의의가 있다.

여성주의 성정치학의 지향점

여성주의 섹슈얼리티 이론은 가부장제, 이성애중심주의, 자본주의 사회에서 남녀별로 다르게 부과된 성적 규범과 실천 양식, 차별적 결과에 문제를 제기하면서 여성의 성적 자기결정권과 주체적 욕망, 성적 다양성에 대해 이야기해 왔다. 여기서 더 나아가 섹슈얼리티가 젠더와 계급, 인종, 민족, 나이 등과 교차하면서 새로운 억압의 형태를 만드는 방식에 주목하고 변화를 위한 실천을 병행해왔다.

이론은 선형적으로 발전하기보다 상호구성적이고 중첩적이며, 특정한 맥락 속에서 다른 상황과 이론들을 만나고 실천방식들과 접점을 이루면서 지속적으로 변화한다. 그러므로 특정한 이론이나 관점이 한국사회의 현재 상황을 모두 설명할 수 있다고 말하기 어렵다. 1970년대 서구 급진주의 여성주의자들이 젠더가 섹슈얼리티를 결정한다고 봄으로써 여성의 성을 본질화시키고 동시에 취약하고 위험한 것으로 취급했다고 비판받는 것은, 여성의 사회적 지위가 신장하고 개인성에 대한 감수성이 확보된 서구 사회의 변화와 맞물린 것이다.

한국사회에서는 언제부터인가 젠더의 억압성을 무시하는 것이 섹슈얼리티를 논하는 세련된 태도로 인식되는 듯하다. 특히 2000년대 이후, 포스트의 물결과 함께 다양한 성 정체성, 차이, 성노동, 수행성이라는 담론이 들어오면서 '여성 억압'과 '착취'라는 용어는 성적 위계, 성적 쾌락, 담론적 구성물로 대체되었다. 성적 욕망은 성별관계와 무관하게 논의되어야 할 것처럼 느껴졌다. 성별 불평등이 여전히 존재하고 여성에 대한 폭력이 심각하다는 피해자 여성의 인권 담론은 '낡은 사고'에 기초한 '도덕적 규범주의'라고 치부되기도 한다. 이러한 경향이 여성들 간의 차이를 무시하고 젠더로만 환원되는 섹슈얼리티, 폭력적 섹슈얼리티에만 초점을 맞추던 논의에서 나아가 다양한 차이가 공존하는 현실을 인정하고 차이들이 상호교차되는 지점에 대한 이해를 요구하는 것이라면 긍정적이라 볼 것이다. 무엇보다 우리 스스로가 체화하고 있는 이성애중심주의, 중산층 핵가족 이데올로기에 문제를 제기하고 섹슈얼리티를 계급, 인종, 노동, 민족 등의 문제와 사고할 수 있다면, 그 이상 좋을 수가 없을 것이다.

그러나 아직도 우리사회에는 단일한 헤게모니에 갇힌 섹슈얼리티가 성적 다원주의로 대체되지 못했다. 성적 자유에 대한 담론과 실천이 기존의 헤게모니적 질서에 대한 저항과 도전을 의미하지도 않는 듯하다. 공동체, 헌신, 책임감 대신 자기관심, 자기이익 추구, 자기계발만이 강조되는 개인화된 사회에서 모든 것은 이제 스타일과 선택이라는 이름으로 재편되고 있다. 우리는 어떠한 성적 선택, 성적 표현, 능동적 성적 행위를 해야만 할 것 같은 강박에 시달리고 강박을 생산하는 조건에 대한 근본적인 질문은 점점 희미해져 간다. 이런 상황에서 '자유로운 성적 주체'라는 호명은 어쩌면 파편화된 채 무한한 생존경쟁에 내몰린 우리들에게 실존적 불안을 잠정적이나마 잊게 하는 신자유주의의 책략인지도 모른다.

성이 사회문화적으로 구성되었다는 주장은 성을 둘러싼 권력의 메커니즘에 보다 주목하라는 의미이다. 그러므로 다양한 성적 욕망과 권리를 실현하기 위해서는 욕망과 권리의 동등함, 혹은 차이의 공존을 주장하는 차원을 넘어서야 할 것이다. '억압'이라는 용어가 개별적 자율성과 차이를 늘 염두에 두며 사용되어야 하듯, '선택'이라는 용어 또한 선택지가 제한적으로밖에 주어지지 않는 조건에 대한 고려가 전제되어야 한다. 자유로운 욕망과 쾌락에 대한 주창이 젠더, 계급, 인종, 민족, 나이, 장애 여부 등의 상황에 대한 고려와 함께 가야 하듯, 개인의 성적 주체성을 확보하기 위해서는 사회 전반에 걸쳐 평등과 정의의 가치 실현이 병행되어야 한다. 결국 섹슈얼리티에 대한 사고와 실천을 어떻게 변화할 것인지의 여부는 현재의 위계적 사회관계와 물적 조건들을 의식적으로 극복하고자 하는 우리들의 노력에 달려 있다.

여성주의 섹슈얼리티 이론을 고민하면서 우리에게 남겨진 책무는 한국적 맥락에서 섹슈얼리티의 현실과 변화를 위한 실천방향을 고민하는 일일 것이다. 명징한 논리구조로 무장된 서구의 섹슈얼리티 이론 중 몇 줄기 안에 한국의 특정 현상을 구겨 넣을 것이 아니라 대한민국의 현재, 섹슈얼리티의 모순적 현실을 생산하는 조건과 이를 구성하는 권력관계에 보다 관심을 기울여 보자. 여성주의 성정치학의 궁극적인 목표는 욕망과 권리가 동등하게 위치 지워져 있지 않고 차이가 차별과 폭력이 되는, 바로 그 토대의 변화와 해체이기 때문이다.

1. 섹슈얼리티에서 강제와 동의를 어떻게 구별할 것인가? 성관계 시 남성들은 어디까지 여성들이 동의했는지를 알 수 없다고 푸념하기도 한다. 실제 데이트 강간 사건에서 남성은 여성의 합의하에 이루어진 관계라고 주장하고, 여성은 강제적 성폭력이었다고 주장하는 경우도 생긴다. 외형상 동등한 남녀관계라도 성적 관계에서 남성에게는 여전히 주도적이고 능동적인 역할이 기대되고, 여성의 자유로운 성적 실천은 문제가 되는 사회적 분위기라면, 동의는 '자발성'이라기보다 '거부하기 어려움'일 수도 있다. 이런 경우 어떻게 관계와 폭력의 경계를 구분할 수 있을까?

2. 아내 강간의 문제가 2013년 대법원 판례에서 쟁점이 된 적이 있다. 이 판결은 왜 문제가 되었고 쟁점은 무엇이었는가? 이성애적 관계 전반에 걸쳐 성폭력이 존재한다는 '성폭력의 연속선' 개념(Kelly, 1988)을 생각했을 때 '아내 강간'의 문제는 어떻게 파악할 수 있을까?

3. '성적 자기결정권'은 성과 관련된 문제에서 주요하게 부각되어 왔다. 자본주의, 가부장제 사회에서 선택지가 제한된 성인 개인의 자발적 성적 선택은 어디까지 가능할까? 권력의 우위에 있는 특정인의 선택권만이 일방적으로 실행되고 보호받을 우려는 없는가? 개인보다는 집단의 이해를 더 우선시하는 문화에서 서구식 '개인성'의 실현은 가능한 것인가?

4. 한국사회 성문화의 문제점들을 생각해 보자. 성적 이중규범, 남성중심적 성문화, 이성애중심주의를 중심으로 구체적인 사례를 들어 토론해 보자. 그 외에 또 어떤 문제들이 있는지 생각해 보자.

5. 한국사회에서 동성애 권리운동의 역사를 살펴보자. 이를 서구와 비교해 보고, 그 의의를 토론해 보자.

6. 성매매와 연관된 한국의 법체계가 변화해 온 과정을 살펴보고 국가별 성매매와 연관된 제도와 비교해 보자. 이를 기반으로 한국의 현실에 맞는 법 개정 방안을 논의해 보자.

더 읽어보면 좋은 책

■ 권혁범, 《여성주의, 남성을 살리다》, 또하나의 문화, 2006.

남성정치학자의 시선에서 다양한 사회현상을 바라보며, 유쾌하게 여성주의를 풀
어냈다. 여성주의에 대한 반감과 반격이 확산되는 시대에 왜 가부장제가 남성들
에게도 억압적인지, 왜 여성주의는 남성들에게도 이로운지 명쾌하게 이야기한다.

■ 김주현, 《외모가꾸기 미학과 페미니즘》, 책세상, 2009.

가부장제 사회에서 여성에 대한 다양한 미적 압력에 저항해 온 여성주의자들
의 예술적 실천행위를 역사적으로 소개한 책이다. 몸이 자본이 되고, 외모가 계
급이 되는 시대에 여성주의 정치학이 외모 꾸미기 미학에 어떻게 개입해야 할
지 고민하게 한다.

■ 바네사 베어드, 김고연주 옮김, 《성적 다양성, 두렵거나 혹은 모르거나》, 이후,
2007.

동성애의 역사적, 사회적, 문화적 구성 방식과 동성애 인권운동을 흥미롭게 풀
어가면서 우리가 흔히 갖고 있는 편견을 깨준다. 성소수자에 대한 억압적 현실
에 대한 고발과 더불어 성적 다양성이 존중되는 사회에 대한 필요성을 진지하
게 제기한다.

■ 수지 오바크, 김명남 옮김, 《몸에 갇힌 사람들》, 창비, 2011.

몸에 관한 우리들의 강박과 불안을 적나라하게 파헤치는 책으로 이를 조장해
이윤을 획득하는 사회구조, 대중문화, 미용성형 산업의 문제를 폭로한다.

■ 전희경, 《오빠는 필요없다》, 이매진, 2008.

진보운동 집단 내부의 가부장성에 도전하는 여자들의 경험을 이야기한다. 사회
를 변화시키고 싶은 사람들이 일상과 조직 속에서 간과하기 쉬운 부분들을 포
착하고, 여성주의 운동에서 배워야 할 점들을 제시한다.

■ 한국성폭력 상담소, 《섹슈얼리티 강의, 두 번째》, 동녘, 2006.

연애, 동성애, 성폭력, 성매매, 포르노 등 섹슈얼리티와 연관된 첨예한 쟁점들을
여성주의 관점에서 짚어주는 필독서라 할 수 있다.

이주 ●●

지구화 시대의
이주와 젠더

황정미

—— 지구화 시대에 국경을 넘는 이주는 매우 빈번해졌다. 그런데 이주 현상은 여성과 남성의 차이, 그리고 성별 위계 gender hierarchy에 따라 다르게 나타나고 있으며, 20세기 후반 '이주의 여성화'가 진행되면서 이주민의 절반은 여성들이 차지한다. 이주의 경로는 성별에 따라 분리되며, 개발도상국 여성들은 생존의 대안을 찾아 선진국의 저임 돌봄 노동자가 되거나 혹은 노동이주보다 비용이 적게 드는 결혼이주를 선택하기도 한다. 한국에서 결혼이주 여성의 유입은 결혼제도의 안정성과 출산 증가를 위해 장려되었지만, 다른 한편 부계 혈통 중심의 국민 재생산을 전제했던 국민국가의 정책과 제도에 대한 새로운 성찰을 요구하고 있다. 초국적 이주는 여성에게 희생과 고통을 부과하는 동시에, 여성들이 기존의 사회질서에서 벗어나 새로운 기회를 찾고 세력화를 시도하는 기회가 될 수도 있다. 여성들 사이의 초국적 연대와 네트워크 형성의 미래를 주목해 볼 필요가 있다.

이주와 젠더

오늘날 많은 사람들이 해외 여행이나 외국 생활을 선망한다. 특히 젊은이들은 배낭을 메고 낯선 곳으로 여행을 떠나며 더 나아가 외국 유학이나 취업을 꿈꾸기도 한다. 마찬가지로 고향을 떠나 새로운 삶의 기회를 찾아 한국으로 들어오는 외국인들도 크게 늘어났다. 국경을 넘는 사람들의 이동이 어떤 동기와 과정을 통해 일어나고 있으며, 또 여성과 남성은 이주에서 어떻게 다른 경험을 하는 것일까? 이 장에서는 우리의 일상생활 안으로 성큼 들어온 초국적 이주의 문제를 젠더 시각에서 생각해 보고, 여성과 남성을 구분하고 다르게 대우하는 젠더 질서가 국민국가라는 시공간을 넘어 전 지구적 차원에서 다양한 모습으로 작용하는 현상들을 이해하고자 한다.

한국인의 조상들이 이미 수천 년 전 북방 지역에서 한반도로 이주해 왔듯이 지리적 이동은 인류의 역사만큼이나 오래된 현상이다. 그런데 최근, 특히 1980년대 후반부터 증가한 이주 현상은 무엇보다도 지구화globalization와 지구자본주의global capitalism의 확산과 밀접하게 연관된다. 국제노동기구에 따르면 전 세계적으로 약 2억 1000만 명의 사람들이 고향을 떠나 외국에서 살고 있다.(ILO, 2010) 한국의 경우 해외에 사는 재외동포의 수는 1990년에는 232만 명, 2001년에는 565만 명이던 것이, 2012년에는 700만 명(726만 8771 명)[1]에 이르렀다. 또한 한국에 체류하는 외국인도 크게 늘어 2012년 기준 144만여 명에 이르며, 한국에 거주하는 전체 인구의 2.87

퍼센트를 차지한다.

　국경을 넘는 사람들이 늘어나는 만큼 이주민들은 경제, 정치, 문화, 종교 활동, 그리고 이주의 증가가 초래하는 사회문제나 갈등에 대해서도 점차 높은 관심을 보인다. 이주민을 배출하는 국가와 받아들이는 국가, 그리고 국제기구와 다양한 시민사회 단체들이 이주에 관련된 현황 조사와 정책 개발 등에 적극적으로 관여하고 있다. 그런데 이주 현상을 노동력 이동, 저출산과 인구 문제, 지역 개발, 인권과 차별 문제, 종교 갈등 등과 연관해 인식하는 시각은 일반화되었지만, 여성과 남성의 차이나 성별 위계가 이주의 전 과정에 미치는 영향은 크게 주목받지 못했다.

　최근 이주의 흐름에서 가장 눈에 띄는 것은 '이주의 여성화 feminization of migration'다. 이주의 여성화란 양적인 측면에서는 더 많은 여성들이 국경을 넘어 이동하는 것을 의미하고, 질적인 측면에서는 여성이 생계부양자 남성(아버지나 남편)을 따라 이주하는 '동반 이주자tied movers'로서가 아니라 주체적인 노동자 신분으로 이주하는 취업이주자가 많아졌다는 것을 의미한다.(이혜경 외, 2006: 259) 이주의 여성화는 새로운 질문들을 제기한다. 왜 많은 여성들이 해외 취업을 떠나는지, 여성들의 취업 과정이나 직종이 남성들과 구분되는지, 여성들이 이주를 통해 새로운 기회를 얻는지 혹은 더 많은 위험에 직면하는지, 여성들의 이동이 가족 관계나 돌봄, 친밀성, 삶의 질에 어떤 변화를 초래하는지 등에 대한 질문이 그것이다.

　이러한 질문에 대한 답을 찾아가는 과정은 먼저 젠더 시각에서 지구화를 재조명하는 데에서 출발한다. 여기서는 지구화와 국경을 넘는 이주, 젠더가 어떻게 상호 연관되는지 살펴보고, '이주의 여성화'를 비롯한 이주 과정에서의 성별 차이, 우리사회에서 관찰되는 이주 현상과 젠더 문제, 그리고 지구화 시대에 제기되는 젠더 문제들과 그것을 풀어가기 위해 필요한 대안들을 살펴본다.

왜 여성들은 길을 떠나는가?

지구화(혹은 세계화)는 더 이상 낯선 말이 아니다. 국경을 넘는 자본, 노동, 상품 서비스 등의 교류가 확대되고 국경을 초월하는 글로벌 문화와 대안적 정체성이 형성되고 있다. 보다 추상적으로 설명하면, 지구화란 세계 전체가 국경의 벽을 넘어 하나의 단위가 되는 것을 말한다. 국가는 물론 그것의 품 안에 있던 개인·기업·지방이 그 테두리를 벗어나 세계와 직접 맞상대한다. 또한 여러 형태의 민간 조직들이 국경을 벗어나 활동한다. 그러므로 지구화는 국제화 internationalization와는 달리 전 지구적 현상으로 지금까지 생활공간으로서 국민국가의 독자성을 침식해 들어간다.(임현진, 2011: 24~25)

어떤 사람들은 지구화를 시대적 대세로 받아들이면서 한국 사회의 관행과 제도들을 이른바 글로벌 스탠다드에 맞게 개선해야 한다고 생각하지만, 다른 한편 지구화가 국가 간, 지역 간, 계층 간 분배를 악화시키고 양극화를 초래한다는 비판의 목소리도 높다. 지구화의 진전은 국경을 넘는 사람들의 이동을 확대했으며, 이주를 떠나는 원인이나 그 결과에서도 지구화의 양면성이 그대로 드러난다. 예를 들면 국제적 전문직, 투자자, 다국적 기업의 경영진 등은 활발하게 국경을 넘어 이동하면서 자신의 경제적 이익과 문화적 영향력을 극대화하고 국제적인 엘리트로 인정받는다. 그러나 빈곤과 실업 때문에 해외로 취업을 나간 개발도상국의 비숙련 노동자들은 열악한 조건에서 고된 노동을 하면서 고향의 가족에게 생활비를 송금해야 한다. 고용주나 거주국 사람들로부터 차별과 인권침해를 받기도 한다. 이처럼 이주자들이 지구화의 상층회로 혹은 하층회로 중 어느 경로를 따라 이동하는가에 따라 그들의 삶이 전혀 다른 모습을 띠게 된다. "지구화는 나라에 따른 차이와 기회를 잘 이용해서, 개인이 더 유리한 기회를 잡고 더 나은 삶을 살 수 있는 기회를 이전보다 많이 제공한다. 그러나 동시에 이러한 가능성과 기회의 증가는 불안정함과 취약성을 동반하는데, 이주의 결과는 매우 복잡하고 때로는 모순적이다."(Beneria et al., 2012: 5)

지구화가 국제 이주에 미치는 영향을 좀 더 포괄적으로 살펴보자. 첫 번째는 인식과 정보의 측면이다. 기술과 통신의 발달로 사람들은 국내뿐 아니라 외국 생활에 대한 정보와 새로운 가능성들을 더 많이 접하게 되었고 이전보다 쉽게 이주를 선택할 가능성이 높아졌다. 두 번째 요소는 경제적 요인, 특히 경제적 격차의 문제다. 자본주의의 전 지구적 확산 과정에서 개발도상국은 구조조정과 경기불황 등으로 농업이 흔들리고 도시 지역의 일자리 부족 등이 나타난다. 이 과정에서 개발도상국 사람들은 일을 찾아 외국으로 떠나려는 경향이 강해진다. 또한 남반구 개발도상국들의 높은 경제성장률에도 불구하고, 선진국과 개도국 간 경제 수준이나 임금 차이는 점차 확대되고 있다. 이러한 격차가 확대될수록 더 많은 돈을 벌기 위해 해외로 떠나게 될 인센티브가 강해진다. 세 번째는 국제적 네트워크와 관련된다. 개인, 가족, 친지들을 연결하는 국제적인 네트워크가 형성되고 인터넷, 국제전화, 스마트 폰 등을 이용한 의사소통이 손쉽게 이루어지기 때문에 먼저 도착한 이주자가 새로운 이주자를 불러들이는 연쇄 현상, 이른바 연쇄 이주chain migration가 확대된다. 네 번째로, 전 지구적인 돌봄 결핍의 연쇄 현상을 들 수 있다. 이른바 선진국에서 여성들의 노동 참여가 늘어나면서 가정에서 노인과 자녀를 돌보는 일손이 부족해지고 돌봄의 결핍, 돌봄 위기care crisis 현상이 나타난다. 이 때문에 저임금 돌봄 노동자에 대한 수요가 늘어나고, 남반구 개도국 여성들이 외국인 보모, 외국인 가정부가 되어 이 자리를 메우는 것이다.(Beneria et al., 2012: 2~3)

이처럼 지구화의 심화는 다양한 유형의 이주를 더 많이 유발하고 있다. 동시에 더 많은 여성들이 이주를 떠나게 만든다. 이 장에서는 '이주의 여성화' 현상을 지구화와 연관해 이해하고 보다 구체적으로 '생존의 여성화'와 '전 지구적 돌봄 연쇄' 개념을 살펴본다.

이주의 여성화

국제기구의 추산에 따르면 1960년대부터 늘어난 여성 이주민은 현재 남성 이주민과 거의 같은 수에 도달했다. 2000년에 선진국에 거주하는 이주민 중 약 51퍼센트, 개도국의 경우 약 46퍼센트가 여성 이주민이었다.(ILO, 2003) 이주민을 많이 배출하는 국가들을 보면, 가령 필리핀의 경우 2000년부터 2006년 사이에 해외로 취업한 이주노동자의 70퍼센트 이상이 여성이며, 이 여성들의 69퍼센트는 보모, 노인 돌봄, 가사노동자 등 돌봄 노동에 종사한다.(Parrenas, 2010) 스리랑카에서는 1980년대에 해외 이주가 급증했으며 특히 1990년대 중반에는 해외 취업자의 70퍼센트 이상을 여성이 차지했다. 이후 새로운 취업 목적국의 등장과 남성의 취업을 권장하는 스리랑카 정부의 정책으로 여성이 다소 감소했으나 여전히 해외 취업자의 절반은 여성이다.(자야틸리카, 2011)

더 많은 여성들이 국경을 넘어 이주를 하는 이유는 각 국가별 지역별 배경에 따라 다양하지만, 학자들은 이주의 여성화가 최소한 다음의 네 가지 현상과 관련된다고 분석한다.(Piper, 2009: 2~3) 첫째, 여성들의 이주가 국제적인 통계에 더 잘 드러난다. 사실 인신매매, 유흥업 등 지하경제로 유입되는 여성들은 공식적인 이주 통계에 거의 잡히지 않는데, 최근에는 이러한 여성들의 이주도 노동이주로 인식되면서 통계에 포착되는 여성들의 수가 늘어났다. 둘째, 실제로 여성들이 전문직 이주와 비전문직 이주, 난민 등 다양한 이주 형태에 이전보다 많이 참여하고 있다. 셋째, 이주민을 내보내는 개도국(출발국)에서 남성들이 안정적인 전일제 취업을 하지 못하는 현상이 증가했다. 가구의 생계부양을 책임지는 여성들이 늘어나면서 기혼여성을 포함한 여성 전체의 이주가 늘어난 것으로 보인다. 넷째, 이주민을 받아들이는 국가(목적국)에서 가사서비스, 유급 돌봄노동 등 여성화된 직종이 점차 늘어나고 있다. 따라서 이주여성노동자에 대한 수요가 증가하고 있다.

생존의 여성화

생존의 여성화feminization of subsistence는 남반구(동남아, 아프리카, 중남미) 저개발국의 여성들이 북반구의 선진국(유럽, 북미)으로 해외 취업을 떠나는 과정을 지구화가 초래하는 경제 불균형과 양극화 심화와 연관해 설명하는 개념이다. 지구자본주의의 확산과 전 지구적인 경쟁이 심화되면서 기술이나 자본이 취약한 개발도상국들은 새로운 위기를 맞이하게 된다. 지구적인 경제 양극화로 개도국 경제가 피폐화되면, 빈곤과 실업이 만성화된 상황에서 최종적으로 생존의 책임을 여성들이 떠맡게 되고, 인적 자본이나 기술이 없는 개도국 여성들은 매우 위험하고 불리한 해외 취업의 길을 떠나게 된다.

사스키아 사센Saskia Sassen은 자본주의의 지구화 과정에서 여성들이 경제개발에 참여해 역할을 맡는 변화를 세 단계로 구분한다.(Sassen, 2002: 4~5) 첫 번째 단계는 외국자본이 저발전국의 농업 플랜테이션이나 자원 개발 사업에 진출해 현지 남성들을 임금노동자로 고용하면서, 여성들이 '보이지 않는 노동자'가 되어 생존경제 subsistence economy 내 식량 생산, 가사노동, 각종 생계유지를 도맡게 된다. 여성들은 집 주변에서 여러 가지 노고로 생계를 유지함으로써 남성노동자의 극단적 저임금 상태는 유지된다. 결과적으로 생존경제에 따른 여성 무급노동이 근대화된 산업 분야의 성장에 의해 착취 당하는 것이다.

두 번째 단계는 국제화된 제조업이 개도국의 '수출자유지역' 등에 공장을 건립하고 여성들을 '값싸고 온순한 노동자'로 직접 고용하는 것이다. 의류, 전자 조립 등의 업종에서 여성들은 저임금을 감내하면서 강한 노조도 조직하지 않는다는 점에서 선호된다.

　세 번째 단계는 여성들이 고향을 떠나 외국으로 이주하는 현상이다. 사센은 이 단계에서 이주의 여성화를 지구자본주의의 작동과 연계해 '생존의 여성화'로 개념화한다. 여성의 이주를 추동하는 중요한 요인으로 글로벌 도시의 형성과 개도국의 부채 증가를 든다.

　지구자본주의가 번성하면서 세계 각지에는 무역과 금융의 중심지인 '글로벌 도시'들이 발달한다. 그런데 고층빌딩과 국제적인 거리 풍경, 국제 엘리트와 관광객들이 넘쳐나는 글로벌 도시들의 이면에는 화려한 호텔과 유흥시설, 그리고 고소득 전문직들의 가정에서 서비스노동을 담당하는 저임금 여성노동자들의 삶이 있다. 이처럼 저임금 서비스노동에 대한 수요의 증가는 개도국 여성들의 이주를 유발한다. 또한 개도국 정부는 세계적인 경제 위기로 외채가 증가하면서 자국의 인력을 외국으로 수출하고 그들이 본국으로 송금하는 외화를 통해 경제를 유지하려는 전략을 취한다. 개도국 정부의 재정 긴축으로 교육, 보건, 복지 여건이 악화되면 가사노동과 자녀양육을 주로 담당하는 여성들이 더욱 민감한 영향을 받을 수밖에 없고, 많은 여성들이 가족의 생계유지를 위해 이주를 생각하게 된다. 국제적인 중개 조직들은 인신매매, 이른바 '우편주문신부mail order bride' 등 여성들의 인권을 위협하는 이윤 추구 행위를 하지만, 정부는 이들을 법적으로 통제할 만한 능력을 발휘하지 못한다. 이처럼 생존의 여성화는 여성들에게 남성보다 더 불리하고 열악한 이주의 조건을 수용하도록 압박한다. 여성들은 '더 좋은 기회를 찾아가는 이동이 아니라, 막다른 이동'으로서 이주를 선택하게 되는 것이다.

전 지구적 돌봄의 연쇄

여성 이주노동자들 중 다수는 돌봄노동자로 일한다. 개발도상국 여성들은 왜 이른바 선진국의 돌봄노동을 담당하는 인력이 되었을까? 이를 설명하는 개념이 바로 '전 지구적 돌봄의 연쇄global care chain'다. 이는 유급 혹은 무급 돌봄노동을 연결고리로 형성되는 전 지구적인 사람들 간 연계 관계를 의미한다.(Hochschild, 2000)

가부장적 성별 분업에 따라 여성들이 무급으로 담당해 온 가사일이나 자녀양육과 같은 돌봄노동은 산업화와 더불어 변화를 겪어 왔다. 전문직에 고용된 사람들은 잡다한 가사 일을 해결해 줄 누군가를 필요로 한다. 과거에는 전문직이 남성이었고 그 '누군가'는 그의 아내였다. 오늘날 남성들이 가사노동에 더 많은 참여를 하기는 하지만, 부부 모두가 취업한 가정에서는 여전히 가사 일을 맡아줄 누군가를 필요로 한다. 이른바 선진국에서 돌봄 결핍care deficit 으로 인한 글로벌 연쇄 현상이 발생하면서 개도국 여성들이 낮은 임금으로 선진국 가정에 고용되는 것이다.

여기에서 주목할 것은 돌봄을 매개로 한 여성들의 연쇄적인 이동이다.(그림1) 예를 들어, 필리핀의 한 여성이 홍콩의 가정으로 이주해 가사와 양육노동을 하고, 필리핀에 남아 있는 이 여성의 가족을 위해서는 또 다른 필리핀 여성이 고용된다. 홍콩에서 일하는 필리핀 여성은 자신이 홍콩에서 받은 임금을 고향으로 송금하고, 자신의 자녀 양육과 가사노동을 맡아 줄 또 다른 필리핀 여성을 고용하는 셈이다.

돌봄노동을 매개로 한 여성들의 이주가 왜 대량으로 발생하

그림1. 전 지구적 돌봄 연쇄

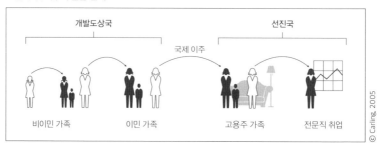

는 것일까? 그것은 지구화된 경제체제 안에서 가장 값싼 노동력에 대한 수요가 늘어났기 때문이며 동시에 여성 노동력의 가치가 계속해서 낮아졌기 때문이다.(강혜령, 2011: 74~76) 또한 개도국(출신국)과 선진국(도착국) 사이의 경제 격차나 임금 격차가 이러한 이주노동 시스템을 확대 재생산하고 있다. 이처럼 더 많은 이주여성들이 화려한 지구화의 이면에서 '지구화의 하인(Parrenas, 2001)'으로 일하고 있는 현실은 젠더 문제가 이제 국경을 넘어 전 지구적 차원으로 확대되고 있음을 시사한다.

또한 돌봄노동이 국경을 넘는 연쇄적 이주를 통해 수행되고 있지만 여성들이 돌봄을 담당해야 한다는 성별 분업은 여전히 유지되고 강화된다는 점도 주목해야 한다. 돌봄 연쇄는 결국 돌봄 결핍의 문제를 해결하는 대신 개도국의 여성에게 전가하는 것이며, 여성들의 임금은 최저 수준으로 유지된 채 돌봄 노동의 가치는 더욱 평가절하된다. 돌봄의 전 지구적 연쇄와 돌봄 노동에 대한 평가절하를 해결하기 위한 노력은 어디에서부터 시작되어야 할까?

첫째, 서구 사회 내부에서 성별 분업을 재편성해야 한다. 즉 서구 남성들이 자녀 양육과 가사노동에 더 많이 참여하고 사회

홍콩에서 일하는 필리핀 가사노동자들은 일요일이 되면 가족들이 쉴 수 있도록 밖으로 나가야 한다.
사진은 가사노동자들이 홍콩의 번화가인 센트럴 지구에 모여 비를 피하고 있는 모습이다.

적 돌봄social care을 확대해야 하는 것이다. 둘째, 돌봄노동자의 노
동자로서의 권리를 보장하는 제도적 보완이 중요하다. 가사노동
자들의 노동조건을 개선할 수 있는 제도적 장치를 만들고, 가사노
동자의 연대감과 교섭력을 높일 수 있는 공동체의 형성이 중요하
다.(Hochschild, 2000)

다양한 이주 과정과 새로운 성별 위계

지구화가 진전될수록 전 지구적인 양극화가 심해지는 경향을 보인다. 거대 자본이나 초국적 기업, 금융계 전문직들은 지구화의 과실을 취하는 반면, 구조조정 등으로 실업자가 된 사람이나 몰락한 농민들은 빈곤으로 내몰리는 현상이 세계 각지에서 나타나고 있다. 이주의 흐름에서도 세계 각국은 과학자나 전문직들을 경쟁적으로 끌어들이는 반면, 단순 비숙련 노동자들은 받아들이지 않으려는 경향을 보인다. 이주민 내부에서 양극화가 일어나는 것이다. 이주의 양극화에서 젠더도 중요한 요인으로 작용하며, 여성 이주민들은 남성보다 더 불리하고 열악한 경로를 통해 이주하게 된다. 그 결과 인권 침해나 성별 불평등이 가중된다. 이주의 과정에서도 남성과 여성은 서로 다른 기회나 장벽에 직면하게 되고, 그 결과 새로운 성별 위계 관계가 강화되는 현상이 나타난다.

이주여성과 비정규 이주

최근 증가하는 이주의 특징은 일회적인 정착형 이주가 아니라 단기 이주가 순환적으로 반복되는 현상이다. 예를 들면, 1980년대에 미국으로 이주한 한국인은 미국에 계속 정착해서 살아가며 영주권을 취득하기도 했다. 그런데 1990년대에 한국으로 들어온 동남아시아 출신의 노동자는 고용허가제에 따라 일정 기간을 일하는 노동계약을 맺고 한국에 취업했기 때문에, 계약 기간(4~5년)이 끝나면 다시 출신국으로 돌아가야 한다. 고향으로 돌아간 후에 안정적인 일자리를 찾지 못하면 다시 다른 나라로 취업할 기회를 찾아서 떠나는 경우가 많다. 이처럼 이주노동자에게 영주권이나 시민권 취득의 기회를 주지 않고 노동계약이 만료되면 귀국하게 하는 순환형 이주 또는 초청 노동자 제도guest worker system는 이주민의 권리를 제약한다. 즉, 취업해서 임금을 받는 경제적 혜택은 있지만 그 외에 수용국 사회에서 차별받지 않고 안전하게 살아갈 수 있는 사회적 권리나 삶의 질은 전혀 보장되지 않는다. 실제로 외국인 노동자를 고용한 작업장에서 발생하는 임금 체불이나 부당 대우 등은 언론에도 자주 보도되는 문제다.

이주의 여성화와 더불어 이와 같은 이주의 비정규화, 혹은 비정규 이주irregular migration가 함께 증가하는 것이 최근의 흐름이다. 특히 비숙련 노동자의 이민을 받아들이지 않는 아시아 지역에서는 이주의 비정규화, 그리고 이주민에 대한 차별과 사회적 배제가 더욱 심각할 수밖에 없다. 또한 개도국 여성들의 해외 취업이 호텔이나 유흥업소에서의 서비스노동, 가사서비스나 돌봄노동 등에 집중되어 있어서, 적법한 노동계약을 갖추지 못한 경우가 많다.

고향을 떠난 이주자는 항상 부당한 대우에 직면할 위험이 있지만, 이주 경로 자체가 성별에 따라 분리되기 때문에 이주여성은 일반적으로 남성이주자보다 더 불안정하고 위험한 조건에 처하게 되는 것이 현실이다. 남성들에게 가장 위험한 직종이 건설과 농업이라면, 여성들이 주로 일하는 가사노동도 매우 취약한 고용 형태다. 개별 가정에서 매우 고립된 채 일하는 가사노동자들은 고용주

의 억압이나 학대에 쉽게 노출될 수 있기 때문이다.(ILO, 2004; Piper, 2009)

노동이주에서의 성별 분리와 여성 직종의 탈숙련화

이주의 증가와 더불어 이주민 내부의 다양성도 확대되었다. 이주여성 중에서도 국제결혼을 통한 이주, 가사노동자나 생산직 등 비숙련 단순노동 이주, 난민이나 인신매매 등 강요된 이주도 있지만, 숙련을 갖춘 전문직으로 해외 취업을 하는 여성들도 있다. 최근에는 외국 인력을 받아들이는 수용국에서 이주민들이 다시 외국으로 이주함으로써 수용국이 동시에 출발국이 되기도 하는 복합적 현상들이 나타난다.(Piper, 2009)

　여성들의 이주는 특정한 '여성적' 직종으로 진출하는 경향이 뚜렷하게 나타난다. 각 국가들이 경쟁적으로 유치하려고 하는 전문 인력은 과학기술이나 정보기술 전문가, 국제금융 전문가 등으로 전형적인 남성적 직종이다. 여성들에게 해외 취업의 문이 열려 있는 직종은 주로 간호사, 교육 관련 직종이다. 또한 단순직종 중에서는 가사노동, 보모 등 돌봄서비스와 관련된 직종이 여성들의 주된 이주 통로이다. 이처럼 노동이주에서도 성별에 따른 직종 분리가 뚜렷하게 나타나고 있다.

　간호사 등 돌봄이나 교육과 관련된 전문직 이주여성들은 단순노동에 종사하는 이주여성에 비해, 비교적 좋은 대우를 받을 수 있다. 하지만 이들은 자신의 전문적 능력이나 숙련이 평가절하되는 '탈숙련de-skilling'의 장벽에 부딪치는 경우가 많다. 예를 들어, 필리핀 여성이 간호사가 되기 위한 소정의 전문교육을 모두 마치고 자격증을 딴 후에 일본에 취업한 경우, 일본에서 필리핀의 졸업장이나 자격증을 인정받지 못하고 다시 교육을 받아야 한다거나, 일본인 간호사에 비해 더 보조적이고 주변적인 업무를 맡게 되기도 한다.

또한 '재생산'이나 '돌봄'과 관련된 일은 따로 숙련이 필요한 것이 아니라 여성이라면 누구나 천부적으로 할 수 있는 일이라는 성차별적인 문화나 고정관념이 작용하기도 한다. 외국인 여성들이 맡고 있는 가사노동이나 아동 돌보기, 노인 돌봄 등은 특별히 숙련이나 전문성이 필요하지 않고 '온순하고 순종적인 제3세계 여성'이라면 누구나 할 수 있는 일로 간주된다. 따라서 저임금이나 열악한 고용조건도 당연하게 여겨진다.(Piper, 2009: 8) 결국 기존의 노동시장에서 나타났던 직업의 성별 분리나 노동시장의 성별 위계, 여성들이 주로 종사하는 돌봄노동 등에 대한 평가절하는 지구화와 이주의 여성화를 통해 더욱 심화되는 것으로 보인다.

초국적 모성과 가부장적 성별 분업

지구화와 이주의 확대는 가족관계와 친밀성에도 변화를 가져온다. 가족들이 외국에 떨어져 사는 '초국적 가족transnational family'이 대표적인 사례다. 자녀와 어머니는 외국에서 생활하고 아버지는 한국에서 돈을 버는 이른바 '기러기 가족'도 초국적 가족에 해당한다. 기러기 가족은 자녀의 해외 유학을 위한 가족 투자 전략이지만, 가족들 간의 공간적 분리로, 가족관계나 친밀성에 문제가 나타나기도 한다. 가족 부양을 위해 어머니가 이주를 하는 경우, 초국적 가구의 가장 역할을 어머니가 담당하는 '초국적 모성transnational mothering'은 보다 심각한 문제들을 제기한다.

여성이 국경을 넘어 이동할 때 가족에게 어떤 변화가 나타나는가? 가장 많이 언급되는 것은 여성이 떠난 후 고향에 남아 있는 가족들의 변화에 관한 이야기다. 정확한 통계는 없지만, 라셀 파레나스Rhacel Parrenas는 약 900만 명의 필리핀 어린이(청소년 인구의 27%)가 한쪽 부모나 양쪽 부모와 떨어져 사는 것으로 추정했다.(Parenas, 2005) 스리랑카에는 어머니가 떠난 후 남겨진 어린이들이 약 100만 명에 이른다고 한다. 한국에 취업한 중국 동포들이 많이 사는 연변을 비롯해 아시아의 곳곳에서 어머니의 부재는 일차적인 돌봄의 결핍, 심리적 분노와 혼란, 더 나아가 학업성적 부진이나 청소년 일탈 등 사회적 문제를 일으킨다는 인식이 높아지고 있다. 지역 사회의 여론에서도 이러한 문제를 부각한다.(오이시, 2011: 298; 김화선, 2011)

그런데 이른바 '남겨진 가족' 문제를 어머니의 탓으로 돌리는 태도에는 가부장적 고정관념이 강하게 작용한다. 필리핀 사회에 대한 한 연구에 따르면, 많은 어머니들이 이주노동으로 가족을 부양하고 있음에도 필리핀에서는 성별 분업의 변화에 저항하는 흐름이 나타난다. 고향에 남아 있는 아버지들은 전통적인 성별 고정관념에서 벗어나지 못한 채, 가사노동이나 양육에 거의 참여하지 않는다. 이는 결국 자녀들의 복지에 부정적인 영향을 미친다. 여성은 가정에 머물러 있어야 한다는 이데올로기를 변화시키고, 아버지도 자녀를 훌륭하게 양육할 수 있다는 새로운 가족 가치를 발전시켜야 한다고 파레나스는 주장한다.(Parrenas, 2010: 1855)

보다 근본적으로 부계 중심의 정주형 가족을 당연시하는 기존의 가족 규범이나 모성 역할이 지구화 및 이주의 증가 과정에서 급격하게 변화한다는 점을 주목할 수 있다. 유학, 해외 취업 등의 이유로 공간적으로 분리되어 살아가는 가족들은 관계가 소원해지고 서로 다른 라이프 스타일 때문에 친밀성의 위기를 겪을 수도 있다. 하지만 한편으로는 기존의 성별 분업에서 벗어난 역할 교대를 기대할 수 있고, 인터넷과 휴대폰 등 새로운 통신기술로 원거리 대화가 가능해지면서 시공간을 압축하는 새로운 친밀성을 형성할 수도 있다.

한국사회의 이주 현상과 젠더

한국으로의 이주와 결혼이주

이주 경로의 성별 분리

먼저 한국으로 들어오는 외국인의 이주 흐름을 살펴보자. 〈자료1〉에서 보듯이 한국에서 90일 이상 머무르는 외국인은 1990년대 초

자료1. 국내 외국인 등록 인구 증가 현황 (1992~2011)

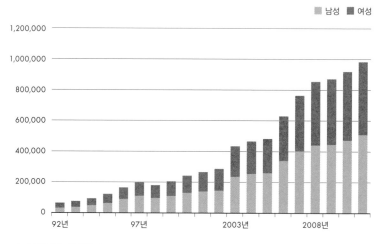

자료: 통계청, 〈외국인 등록인구〉, 1992~2011.

자료2. 국내 외국인 주민의 성별 구성 (2012)

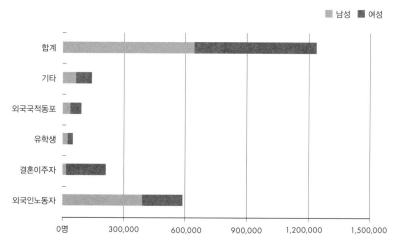

• 외국인 주민 중 '다문화 가족 자녀' 제외하고 계산함.
자료: 행정안전부 〈외국인주민 현황〉, 2012.

반에는 10만 명 이하였으나 2000년대 들어 급격히 증가해 100만 명에 육박한다. 법무부의 통계에 따르면 체류외국인 중 여성 비율이 44퍼센트 정도로 거의 절반에 가까우며, 이러한 추세는 1990년대 이후 현재까지 지속된다. 행정안전부에서 집계하는 '외국인 주민' 통계를 보더라도 여성의 비율이 48퍼센트 정도로 나타난다. 양적인 측면에서 '이주의 여성화'는 한국으로 이입해 들어오는 이주자의 흐름에서 뚜렷하게 나타나고 있다.

　그런데 외국인 주민을 유형별로 나누어 보면 외국인 노동자 중 여성은 매우 적은 반면, 결혼이주자의 대다수는 여성들이 차지하는 성별 불균형 현상이 나타난다.(자료2) 이주자 중에서 여성이 거의 절반을 차지하고 있음에도, 왜 남성들은 주로 이주노동자로 입국하고, 여성들은 주로 국제결혼을 통해 한국으로 들어오는 것일까?

　현실적으로 이주의 기회가 성별에 따라 분리되어 있기 때문이다. 한국의 고용허가제는 국가정책과 기업 수요에 따라 엄격하게 통제되고 있으며, 주로 남성들을 이주노동자로 받아들이고 있다. 또한 이주민 출발국의 차원에서 보면 개도국 여성들은 여성이라는 이유 때문에 안정적이고 제도화된 이주 경로로 들어가기 어려우며, 상대적으로 거래 비용이 적게 드는 통로를 선택할 수밖에 없다. 그래서 초기의 거래 비용 모두를 남성이 지불하는 '결혼'이나 유흥업 분야로 이주하는 경향이 높다. 앞서 살펴보았던 '생존의 여성화' 때문에 개도국 여성들은 비용이 적게 드는 위험하고 불안정한 이주 경로를 택하게 되는 것이다. 여성학의 시각에서 본다면 출발국의 가부장제와 수용국의 가부장제가 이주여성의 삶의 단

계를 지배함으로써 여성들은 불리한 선택을 감수하게 되는 것이다.(Piper, 1997: 334)

| 결혼이주를 보는 두 가지 시각

한국의 정부 정책이나 미디어에서 가장 주목받는 이주자는 결혼이주여성, 그리고 국제결혼가족을 의미하는 '다문화 가족'이다. 1990년대 중반부터 이른바 '농촌 살리기' 사업의 일환으로 농촌 비혼非婚 남성들에게 중국동포(조선족) 여성을 중매해 주는 국제결혼 사업이 추진되었다. 2000년대 들어서는 중국을 비롯해 베트남, 태국, 필리핀 등 동남아시아 각국에서 결혼이주여성들의 입국이 늘어났다. 결혼이주자의 9할 정도가 여성이다.[2]

여기서 '다문화 가족'의 의미를 잘 살펴볼 필요가 있다. 한국에서 '다문화 가족'은 한국인과 외국인 배우자로 구성된 가족, 즉 국제결혼 가족을 가리키는 말로 쓰인다.[3] 다문화라는 표현은 이민자가 많은 북미나 호주 등에서 널리 사용되어 온 다문화주의 multiculturalism에서 따온 것이며, 일반적으로 다문화주의란 한 사회 안에서 종족적인 다양성ethnic diversity을 조정하기 위한 법적·정치적 방안들과 이념들(Kymlicka, 2011)을 의미한다. 그런데 한국의 다문화 가족은 한국인이 포함된 국제결혼 가족만을 의미하는 다소 협소한 개념이다.

왜 한국에서는 다문화주의의 일반적 의미와 차이가 있는 '다문화 가족'이라는 개념을 사용하는 것일까? 그것은 결혼이주 현상을 한국 중심의 시각, 즉 국민국가의 입장에서 주로 인식하기 때문이다. 앞에서 논의한 지구화나 이주의 여성화라는 시각에서 결혼

이주를 다시 고찰해 보면 새로운 문제들이 나타난다.

먼저 국민국가의 관점에서 결혼이주는 한국 안에서 배우자를 찾지 못한 남성들을 위해 필요하며, 날로 심각해지는 저출산과 인구 재생산 문제를 국제결혼을 통해 해소한다는 점에서 정당화되어 왔다. 그러나 그에 따른 문화적 차이가 발생하므로 가족 내부의 갈등이나 폭력 문제, 자녀 양육의 어려움 등에 대해 적절한 지원을 제공해 국제결혼 가족과 그 자녀들을 한국사회에 안정적으로 통합시키는 것이 중요하다.

다른 한편, 지구화의 시각에서는 결혼이주의 다른 측면들을 주목할 수 있다. 국경을 넘는 결혼은 새로운 형태의 가족, 전통적인 가족관계(즉, 부계중심의 동질적 정주형 가족)와는 다른 혼종적이고 유동적인 가족관계를 형성한다. 실제로 많은 결혼이주여성들이 본국의 가족을 한국으로 초청하거나 취업 활동을 위해 자녀를 고향으로 보내 양육하기도 하며, 장기적으로 가족 전체가 이주여성의 모국으로 역逆이주하는 계획을 갖기도 한다.(김정선, 2010) 또한 국제결혼과 이주가 늘어나면서 '부계혈통을 통해 재생산되는 동질적인 국민'의 범위와 경계에 대해 보다 유연하게 접근할 필요성도 대두되었다. 여성과 아동의 국적이 반드시 남편과 아버지를 따라야 하는 것이 아니라면 이들의 국적 선택권이나 이중국적은 어느 정도까지 허용될 수 있는지, 이혼한 외국인 어머니가 한국국적 자녀에 대한 양육권을 갖고 체류할 수 있는지 등 새로운 문제들이 나타날 것이다. 이처럼 지구화와 초국적 이주의 증가는 부계혈통 중심의 국민 재생산을 전제했던 과거 국민국가의 정책과 제도에 대한 새로운 성찰을 요구하고 있다.

한국인의 이주와 젠더 문제

이주에 대해 이야기할 때 우리는 주로 한국으로 유입되는 아시아 이주노동자나 이주여성을 떠올리지만, 사실 이주는 이입immigration 과 이출emigration 모두를 포괄하는 개념이다. 역사적으로 보면 20 세기 초부터 많은 한국인들이 고향을 떠나 해외로 이주하면서 '코리안 디아스포라Korean diaspora'를 형성했다. 일제 식민지 통치하에서 정치적·경제적 이유로 중국, 일본, 러시아 등지로 이주한 한인들, 한국전쟁이 끝나고 미군과 결혼해 미국으로 이주한 여성들, 산업화 초기에 가난에서 벗어나기 위해 독일로 이주한 간호사와 광부들, 그리고 1970년대 중동 지역에 건설노동자로 떠났던 사람들이 잘 알려진 사례들이다. 현재 한국에 있는 외국인 노동자들이 과거 해외로 이주한 한국인들과 비슷한 경험을 하는 셈이다.

1980년대까지 한국은 이주민을 받아들이기보다는 주로 해외로 내보내는 나라였으며, 1990년대 이후에 해외이주 추세는 감소하고 있다. 이처럼 한국은 비교적 최근에 이주민의 출발국에서 수용국으로 전환한 것이다. 그런데 〈자료3〉에 나타난 해외이주의 유형을 보면 먼저 이민을 간 가족들의 초청으로 이주하는 연고 이주, 외국으로 일자리를 찾아가는 취업 이주 외에도 결혼이주 사례가 상당히 많다. 특히 1970년대와 1980년대 중반까지는 매년 5000명 이상의 한국인이 국제결혼을 통해 이주했고 이들은 주로 여성일 것으로 추정된다. 이렇게 본다면 국제결혼은 단지 동남아시아 등 특정 지역 여성들의 문제로만 볼 수 없다. 개도국 여성들이 결혼을 통해 경제적으로 더 발전한 나라로 이주하게 되는, 일정한 사회경제적 맥락과 젠더 구조를 다시금 생각해볼 필요가 있다.

2000년대 이후 해외 이주는 많이 줄어들었지만 국경을 넘어 이동하는 한국인들의 출입국은 매우 활발하다. 해외로 나가 90일 이상 장기체류하는 한국인은 지속적으로 늘어나고 있으며, 여성들도 남성과 마찬가지로 활발하게 출국하는 양상이 나타난다. 흥미롭게도 연령별 출국자 수를 살펴보면 특히 10대 후반과 20대 초반에서는 남성보다 여성 출국자가 더 많다.(자료4, 5) 여성과 남성의 출국 이유가 어떻게 다른지는 이 통계에 나타나지 않지만, 한국인들의 국제적 이동에서 성별에 따라 다른 기회, 혹은 다른 동기가 작동하는지 여부는 향후 주목해 볼 문제다. 최근 한국 경제의 저성장과 청년 실업이 심각해지자 해외 취업에 대한 관심이 높아져 장

자료3. 해외이주 신고자의 유형별 추이

자료: 외교부, 〈해외이주 통계〉, 1962~2011.

자료4. 성별 출국자 수

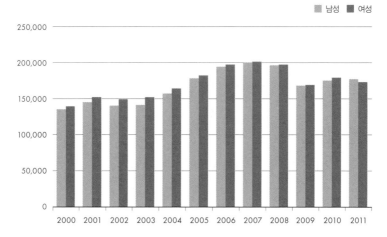

* 출국자는 국외로 나가 90일을 초과하여 체류하는 사람을 말함.
자료: 통계청, 〈국제인구이동통계〉, 2011.

자료5. 성별·연령별(5세 구간) 출국자 수

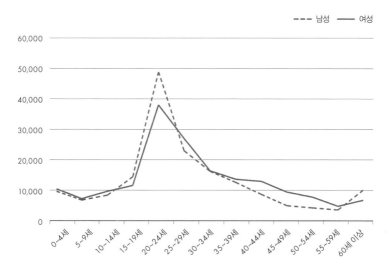

자료: 통계청, 〈국제인구이동통계〉, 2011.

단기 해외 유학, 해외 인턴, 국제기구 활동 등 해외에 체류해 경력을 쌓으려는 젊은이들이 많다. 한국 청년들의 다양한 이주나 해외 취업 등에서 성별에 따라 구분되는 기회 또는 위험요인들이 있는지, 앞에서 살펴보았던 취업 직종의 성별 분리나 여성적 직종에 대한 평가절하 및 불리한 대우 등이 나타날 우려는 없는지 등 향후 많은 관심과 분석이 필요하다.

지구화 시대의 젠더 문제: 전망과 과제

여성에 대한 차별이나 성별 고정관념, 직업에서의 성별 분리 등은 이제 한 국가의 경계를 넘어 전 지구적 차원에서 확장되어 나타난다. 지구화의 확대로 국경을 넘어 이주하는 여성들이 늘어났을 뿐 아니라, 여성들이 직면하는 다양한 기회와 위험들이 새로운 양상으로 변화한다. 새로운 젠더 쟁점들과 대응 방안들을 살펴보자.

이주민의 인권과 젠더

오늘날 많은 사람들이 빈번하게 국경을 넘지만 그것은 단지 물리적 공간의 이동에 그치지 않는다. 즉, 국경을 넘는다는 사실은 사람과 권리의 관계를 변화시킨다.(Benhabib and Resnik, 2009: 2) 우리에게 익숙한 권리는 대부분 국민국가의 국경 안에서, 국민 혹은 시민으로서 획득하고 참여하는 것이기 때문이다. 외국인, 즉 이방인은 국민을 보호하는 국가의 법과 제도, 권리, 사회적 안전망의 대상이 되지 못한다.

물론 사람의 이동이 빈번한 만큼 많은 국가들이 출입국이나 이민에 관한 법을 제정하고 국가가 필요하다고 인정하는 '합법적' 외국인 체류자를 보호하는 정책들을 마련한다. 국민국가의 영토 안에서 이주민의 삶은 합법인가 아니면 불법 체류인가에 따라 크게 좌우된다. 그런데 실제 이주가 진행되는 현실에서는 국민국가 단위의 법으로 포괄할 수 없는 다양한 문제들이 발생하는 경우가 많다. 특히 앞에서 살펴보았듯이 남성보다 열악하고 위험한 이주 경로를 택하게 되는 여성들은, 국민 또는 합법적 체류자로서 일정한 권리를 보장받기 어려운 경우가 많다. 또한 일반적인 이주민 권리나 이주노동자의 권리와는 구별되는, 어머니 또는 양육자로서 여성들의 권리는 정책에서 제대로 고려되지 않고 있다.

결국 합법 혹은 불법이라는 단순한 법적 기준만으로는 이주민의 권리 문제를 현실적·심층적으로 이해하기 어렵다. 국제 사회에서는 인도주의적 원칙에 따라 국민국가의 법으로 포괄되지 않는 이주민의 문제를 다룰 국제규범의 필요성이 널리 인식되고 있다. 이처럼 이주자의 권리를 뒷받침하는 보편적 개념은 인권이다. 사실 지구화는 국적이라는 특수주의적 기준이 아니라 인간됨 personhood이라는 보편주의적 기준에 따라 권리를 보장해야 한다는 인권 담론을 국제적으로 확산하는 바탕이 되었다.[4]

그런데 국제적인 인권 원칙을 언제 어떤 형식으로 수용하는 가는 국민국가의 결정에 맡겨져 있으며 이주노동자, 이주아동, 이주여성의 인권에 관한 국제조약을 모든 국가가 다 수용하는 것은 아니다. 또한 9·11과 같은 테러, 전 세계적인 경기침체와 실업 등으로 이주자에 대한 부정적 편견이 확대되거나 정책적 통제가 강화되는 경향도 나타난다. 보편적 인권 규범을 널리 확산하고 또 초국적 이주가 동반하는 새로운 기회의 창출과 다양한 문화 교류 등으로 더 개방적이고 활력 있는 지구촌을 만들기 위해서는 국제 사

TIP │ 추방된 여성들의 이야기, 서로 다른 결말

1. 2001년 9월 11일 뉴욕의 세계무역센터 테러로 한 영국인 남성이 사망했다. 이 남성에게는 아내와 미국국적이 있는 두 명의 어린 자녀(4세, 7세)가 있었다. 이듬해인 2002년 미국 이민당국은 미국에 취업한 남성의 배우자 비자로 체류한 이 영국 여성을 영국으로 송환시키는 절차를 진행했다. 남편의 사망으로 여성의 비자가 소멸되었다는 이유로 이 여성이 미국 시민권자인 두 아동의 어머니라는 사실은 고려되지 않았다.

2. 과테말라 출신의 한 여성은 남편과 여덟 살짜리 딸(둘 다 미국 시민권자)이 보는 앞에서 이민당국에 의해 무자비하게 체포되어 17일간 감옥에 갇혀 있다가 과테말라로 송환되었다. 이 여성이 자신의 체류자격을 심사하는 이민법정의 공청회에 참석하지 않았다는 이유였는데, 사실은 그녀에게 송달된 서류에 날짜가 잘못 기재되어 있었다. 이후 인터뷰에서 이 여성은 자신의 잘못이 없다고 호소했지만 이미 송환서류에 담당자가 서명을 했기 때문에 어쩔 수 없다는 답변을 들었다.

이 두 이야기의 결말은 매우 다르다. 영국인 여성은 블레어 수상의 전폭적인 지지를 받으며 로비를 통해 각계에 도움을 호소했고, 9·11 희생자의 외국출생 배우자에 대해서는 예외를 인정한다는 미국 〈애국법USA Patriot Act〉의 규정에 따라 그린카드를 다시 발급받을 수 있었다. 그러나 과테말라 여성은 결국 미국으로 돌아오지 못했다. 이 여성의 자녀는 어머니와 헤어져 살거나, 아니면 (미국 시민권자임에도 불구하고) 낯선 과테말라에서 살아가야 하는 양자택일에 직면하게 되었다.(Bahbah, 2009)

회와 국가의 노력, 더불어 이방인에 대한 관용과 문화적 차이를 인정하는 성숙한 시민 의식이 반드시 필요하다.

여성의 역량 강화와 전 지구적 연대의 전망

이주여성에 대한 전형적인 태도는 이들을 무력한 '희생자'로 보는 온정주의적 시선이다. 실제로 가난하고 낙후된 고향을 떠나 낯선 이국에서 고된 노동을 하면서 가족을 부양하는 여성들이 경제적·정서적으로 어려움에 처해있는 경우가 많다. 그러나 이들을 단지 희생자로 보는 것은 이들을 '우리와는 다른 타자他者'로 주변화하는 또 하나의 편견일 뿐이다.

　실제로 이주를 떠난 여성들은 어떤 측면에서 '남성의 세계'에 들어가 새로운 경험과 지식을 접하며, 가족의 통제에서 벗어나 스스로 의사 결정을 할 수 있는 여지가 커진다. 또한 돈을 벌어 귀국한 후에는 외국어를 할 줄 아는 똑똑한 여성으로 대우받을 수도 있다. 어떤 면에서 이주는 분명히 여성들에게 새로운 경험이자 모험이다. 자신의 출신국보다 경제적으로 더 개발된 사회라는 점이 기존의 전통적 젠더 이데올로기에서 어느 정도 벗어난 삶의 가능성을 제공할 수도 있다.

　그렇지만 역으로 이주노동이 여성들에게 새로운 기회이기보다는 고통스러운 부담이 되는 현실도 간과할 수 없다. 고된 노동조건과 더불어 가족관계로부터의 고립, 어린 자녀를 돌보지 못한다는 감정적인 고통 등은 이주한 어머니들의 삶을 더욱 어렵게 한다.

오이시 나나Oishi Nana는 여성들의 이주가 경제적 성과와 무관하게 여성들의 역량 강화empowerment에 기여한다고 보지만, 그럼에도 남겨진 가족에게 미치는 부정적 효과 또한 인정할 수밖에 없다고 말한다.(오이시, 2011) 그녀가 벌어들인 돈은 자녀 양육에 꼭 필요한 것이지만, 돈을 벌기 위해 집을 떠났기 때문에 자녀의 돌봄에 결핍이 생긴다. 이처럼 이주 어머니에게 유급노동과 무급노동은 함께 양립할 수 없는 모순적인 것으로 경험된다.

여성들이 국경을 넘어 이동하는 지구화 시대는 기존의 사회질서에 내재되었던 성별 분업이나 젠더관계에 새로운 변화를 가져오는가? 여성의 이주가 가족 내 전통적인 성별 분업이나 남성들의 돌봄 참여 등을 어떻게 변화시키는지, 또 이주와 취업이라는 새로운 경험을 통해 여성들이 새로운 역량을 형성하고 확대하고 있는지, 그리고 이러한 변화가 기존의 젠더 위계에 어떤 영향을 미치는지는 중요한 연구 주제가 되고 있다.

여성들의 역량강화에서 여성들 간 네트워크와 공동체 형성은 중요한 의미를 갖는다. 이주여성들이 서로를 돕는 공동체를 만든다거나 지구화의 다른 위치에 있는 선진국 여성과 개도국 여성, 수용국 여성과 출발국 여성 간 상호 이해와 네트워크를 만드는 것은 여성의 삶을 개선하는 데 중요한 계기가 될 수 있다. 예를 들면, 한국의 여성운동 단체들은 이주여성들의 출신국으로 찾아가 국제결혼을 결정하기 이전에 사전 정보를 제공하는 노력을 기울이고 있으며, 또한 한국에 거주하는 결혼이주여성들의 모임을 지원한다.(성미경, 2011) 일본 가와사키 시에 살고 있는 한국 출신 이주여성은 자신의 아들이 한국말을 못하는 것을 보고 모어母語의 중요성에 대해 생각하게 되었고, 중국 출신 이주여성들과 함께 자녀들에게 모어를 가르치기 위한 시민단체를 만들었다.[5] 이처럼 일상생활에서 형성된 여성들의 모임이나 다양한 시민사회 단체들의 교류와 연대관계를 만들어 가는 노력은 매우 고무적인 것이다. 이처럼 지구화 시대의 초국가적 여성공동체의 가능성에 대한 새로운 상상(강혜령, 2011)들이 늘어나고 축적될 때, 보다 정의롭고 평등한 지구촌으로 더욱 접근해 갈 수 있을 것이다.

더 읽어보면 좋은 책

◢ 울리히 벡 · 엘리자베트 벡 게른스하임, 이재원 · 홍찬숙 옮김, 《장거리 사랑》, 새물
결, 2012.
독일을 중심으로 이주민들의 결혼과 가족 문제를 통해 다양한 이론적 쟁점을
제기한다.

◢ 이화여자대학교 아시아여성학센터 엮음, 《글로벌 아시아의 이주와 젠더》, 한울아카
데미, 2011.
이 책은 한국을 포함한 아시아 각 국가의 여성이주 현실과 쟁점들을 소개한다.

◢ 이주여성인권포럼, 《우리 모두 조금 낯선 사람들》, 오월의봄, 2013.
한국 이주여성의 현실과 인권 문제를 좀 더 상세히 알고 싶다면, 이 책을 읽어
볼 만하다.

◢ 낸시 프레이저, 김원식 옮김, 《지구화 시대의 정의》, 그린비, 2010.
다양한 이주여성의 경험, 국가별로 다르게 나타나는 현실의 문제들을 종합적으
로 사고하기 위해서는 이 책을 읽어보기를 권한다. 보다 거시적인 관점에서 지
구화 시대 젠더 위계의 변화와 새로운 정의의 원칙을 이론적으로 논의한다.

2부 젠더와 일상

연애 ●●

이성애 연애와 친밀성, 드라마처럼 안 되는 이유

나임윤경

—— '작업의 정석'이 지배하는 한국에서 (남성중심적 이성애) 연애란 소소한 일상의 공유나 상대가 바로 '너'이기 때문에 함께 만들 수 있는 독특한 스토리, 추억, 서사, 그로 인한 감동은 없고, '매뉴얼'에만 그저 충실할 뿐이다. 그렇기 때문에 매뉴얼이 바닥나는 지점에서 허무하게 끝이 난다. 현재 대학생들의 (이성애) 연애도 매뉴얼에 따라 다양한 이벤트를 만들며, 화려하고 요란하게 이루어지는 것 같지만 실상은 "네 생일엔 명품 백, 내 생일엔 십자수"라는 유행어가 말해 주듯 남성들의 경제적 불평등에 대한 끊임없는 불만을 전제로 한다. 본 장은 (이성애) 연애 중인 남성들의 고가의 물품 공세가 요구하는 것이 여성의 십자수가 아니라 어쩌면 그 여성의 '몸'일 수 있음을 지적한다. 그러한 젠더화된 각본이 합의·경청·배려 등으로 구성된 평등을 전제하고 있지 않음을 문제화한다. 본 장은 평등에 대한 논의와 그에 따른 실천 없이 '작업의 정석'에만 이끌리는 (이성애) 연애는 폭력과 낭만 그 어디쯤에 놓여 있다는 불편한 진실을 말한다.

'작업의 정석'

"여자는 일단 술을 먹여서 취하게 만들어. 취하면 업어. 침대에 눕혀.
끝."

— 영화 〈건축학개론〉 중에서

연애와 사랑에 대한 적지 않은 연구들은 앤서니 기든스Anthony
Giddens의 《현대사회의 성 사랑 에로티시즘》을 참조한다. 이 책에서
기든스는 모더니티와 섹슈얼리티를 연결 지으며 조형적 섹슈얼리
티, 순수한 관계, 합류적 사랑* 이라는 개념을 소개한다. 이 세 개
념을 관통하는 것은 사랑과 친밀성에 당사자 간 '평등'이 전제된다
는 것이다. 평등은 경청, 협상, 합의 등 상호 인정을 함축하는 개념
들을 포함하는데, 기든스는 이 책에서 당사자 간에 협상을 거친 합
의가 성립된다면 그 사랑은 반드시 배타성을 전제로 하는 것이 아
니라고 설명한다. 상호 인정의 크기에 따라 결정되고, 발전되는 것
이 그가 의미하는 사랑과 친밀성이기 때문이다. 기든스의 논의는

---

* 합류적 사랑

기든스에 따르면 합류적 사랑이란 "자기 자신을 타인에게 열어 보이는 것"이다. 이것은 현
재 많은 사람들이 알고 있는 '사랑은 우리 둘이서만'이라는 폐쇄적 공식에서 벗어난 것이
다. 낭만적 사랑의 속성인 '영원'과 '유일'의 허구성에 대한 극복으로 합류적 사랑이라는 새
로운 사랑의 형태가 나타났으며, 그 유일한 사람이라는 신화에서 벗어나 누구와 어떠한 방
식의 관계를 갖는지에 대한 중요성을 인식한 것이다. 이 장에서도 언급할 내용이지만 박현
욱의 소설 《아내가 결혼했다》는 유일한 사람과의 낭만적 사랑을 진정한 사랑이라고 여기는
남자 주인공과 타인에게도 열려 있는 합류적 사랑의 실천가 여자 주인공의 갈등이 잘 그려
져 있다.

사랑과 친밀성을 나누는 관계에서의 원칙과 역학이 부모와 자식 관계를 포함한 여타 다른 인간관계의 그것과 다르지 않다는 생각을 들게 한다. 민주적 관계에서 평등성이란 기초이며 상식이기 때문이다. 다만 그 평등성의 의미를 어떻게 구성하고 어떤 방식과 모습으로 실천할 것인가에 대한 당사자들 간의 역량과 의지, 그리고 합의가 중요한 과제이다.

그렇다면 요즘 대학생들은 사랑과 친밀성을 어떻게 구성하며 실천하고 있는가. 이 글 도입부에 소개한 대사는 영화 〈건축학개론〉에 등장하는 90년대 학번 남학생들이 맘에 드는 여성을 '낚는' 방법에 대해 대화하는 내용이다. 그런데 그로부터 20여년이 지난 2010년대에도 남자 대학생들의 '작업의 정석'은 크게 달라 보이지 않는다. 그것은 남녀공학 대학교의 신입생 오리엔테이션이나 새내기 배움터, 그리고 일반적 상황에서조차 (선배) 남학생이 마음에 드는 (후배) 여학생에게 가한 성폭력의 거의 대부분이, 여학생에게 폭음이 강제된 이후에 생겨 온 것만 봐도 알 수 있다. 이처럼 한국사회에서 (이성애) 연애의 시작은 낭만과 성폭력 그 사이 어디쯤에 존재하는 경우가 적지 않다. 협상과 합의 없이 이런 방식으

영화 〈건축학개론〉의 한 장면. 납뜩이가 남자 주인공 승민에게 작업의 정석을 가르쳐 주고 있다.

로 시작된 연애는 기든스 개념으로 보면 사랑도 친밀성도 아닌 그저 폭력일 뿐이다. 그럼에도 이 영화가 중년 관람객들은 물론 이른바 '진보' 언론에서조차 극찬을 받으며 400만 이상의 관객을 동원했다는 것은 한국사회에서 (이성 간) 사랑과 친밀성이 상호 인정을 기반으로 한 평등과는 동떨어져 있음을 의미한다.

영화 속 남자 선배도 평소 맘에 들어 하던 후배 여성과 연애를 시작할 목적으로 영화의 대사 그대로 그녀에게 술을 강제해 취하게 한 다음, 몸도 제대로 가누지 못하는 그녀에게 몇 번의 키스를 시도한 끝에 그녀를 자취방으로 데려간다. 그리고 '끝'을 암시하는 듯한 장면에서 그녀를 좋아하는 남자 주인공은 현장을 목격했음에도 불구하고, 그녀의 의지에 반한 성폭력이 그에게조차 연애를 위한 '작업의 정석' 첫 단계로 해석되었기 때문에, 그는 성폭력에 개입하지 않는다. 연애를 위한 작업으로서의 성폭력은 사적이고 낭만적인 것이라 여겼기 때문일 거다.

그 '작업의 정석'은 철저히 남성중심적 시각에 기초한 것이어서 그녀는 성폭력 피해자가 아니라 그 남성의 구애를 받아들인 여성이 되고 만다. 그러므로 주인공 남성에게는 자신이 아닌 다른 남성을 '선택'한 그녀가 "쌍년"으로 기억된다. 성폭력 현장을 방관한 주인공 남성에게는 십여 년이 지난 현재까지 죄책감이나 반성의 기미가 없다. 오히려 30대 중반이 된 그녀가 이혼과 동시에, 중환자 아버지를 수발해야만 하는 상황에 처함으로써 그녀는 "쌍년"의 죗값을 톡톡히 치르는 듯하다.

본 장에서는 남성중심성을 전제하는 등 많은 모순과 문제가 있음에도 현재 거의 모든 대학생들에게 일상, 스펙 혹은 프로젝트처럼 되어 버린 이성애 연애에 대해 논의하고자 한다. 취업난 시대에 대학생들 대부분이 취업 준비에서 자유로울 수 없듯이, 연애 또한 대학생들에게 강박적으로 실천되고 있음을 보면서 연애가 대인관계 측면에서 스펙의 일종이 되어 버린 맥락을 이야기해 보고자 한다. 또한 기념일이라는 명분으로 이른바 '이벤트를 해대는' 과잉 소비 중심의 연애, 이러한 맥락에서 (성적) 친밀성은 어떤 의미를 갖는지 생각해 보고, 동시에 소비가 계층화되듯 소비를 중심으로 하는 연애 역시 계층화되고 있는 상황에 대해서도 짚어 보고자 한다. 끝으로 낭만과 성폭력의 모호한 경계 위에 위치한 (이성애) 연애의 남성중심성과 관련해, 연애관계를 주도하는 남성들은 물론 여성에게도 관계에 대한 성찰적 질문을 던져 보는 기회를 제공하고자 한다.

지금 한국사회는 (이성애) 연애 중

〈청소년들의 이성교제-연애문화〉를 쓴 다섯 명의 중학생들은 매월 14일만 되면 챙겨야 하는 이른바 '이벤트 기념일'이 일 년 내내 있다고 말한다.(김은영 외, 2003) 일반적으로 알고 있는 발렌타인데이나 화이트데이 등은 물론이고 로즈데이, 키스데이, 허그데이, 머니데이 등도 있다. 14일이 아닌 날로는 투투(사귄 지 22일)데이, 50일, 100일 기념일이 있다. 이와 같이 연중행사처럼 치러지는 기념일들은 청소년들에게 연애가 얼마나 깊숙이 들어와 있는지를 말해 준다. 동시에 왜 대학생들이 '이벤트' 중심의 연애에 그토록 강하게 얽매여 있는지도 말해 준다. 10대 때부터 익숙한 이벤트 중심의 연애는 결국 용돈의 규모가 커지거나 한 달에 수십만에서 백만 단위의 돈을 벌 수 있는 대학생들에게 엄청난 소비 중심의 연애 '프로젝트'를 만들어 낸다.

〈짝〉과 같은 예능 프로그램을 보면 이성 짝을 찾기 위한 20~30대의 노력이 연애를 일상화하는 10대를 훨씬 앞선다. 그야말로 연애 시대가 도래한 것 같다. 40~50대 남성들의 첫사랑에 대한 판타지를 강하게 자극한 영화 〈건축학개론〉과 드라마 〈사랑비〉 등이 나오면서 중년들까지도 다시금 연애를 하고 싶어 하는 분위기다. 네 명의 싱글 여성들을 주인공으로 한 미국 드라마 〈섹스앤더시티〉를 본떴음직한, 그러나 40대 싱글 남성들을 중심으로 한 한국 드라마 〈신사의 품격〉은 전문직 중산층 남성들의 연애를 보여 준다. 그 또래 전문직 싱글여성들이 '골드미스'라 불리며 사랑과는 동떨어진 채, 다만 소비와 사치의 주체로만 여겨지는 것과 달리 연애와 사랑은 남성들에게 언제나 '실시간' 진행 중인 경험임을 드러낸다. 거기에 더해 박범신의 소설을 영화화한 영화 〈은교〉는 육체적 조건과 상관없이 결코 시들지 않을 60대 남성 노인의 사랑과 연애에 관한 판타지를 그려 내며, 기존의 문헌이나 상식이 얘기했던 대로 '사랑＝여성, 의리＝남성'이라는 공식을 무색하게 만들었다. 적어도 한국사회에서 연애, 사랑, 친밀성의 주체는 남성인 것이다. 그런데 전 연령층에서 이성애 연애가 남성중심적으로, 남성이 연애의 주체가 되어 실천된다는 것은 그 안에서 모든 인간관계의 원칙으로 기능해야 할 평등, 합의, 상호 존중 등의 가치가 삭제된다는 의미는 아닐지 생각해 볼 필요가 있다. 그것이 아닐라면 이성 간 연애관계는 '특별한' 관계이기 때문에 이러한 가치들이 존중되지 않아도 되는 것이라 생각하는지 고민해 봐야 한다.

"사귀는 사람 있어요?"라는 말이 어떤 의미에서는 대화를 시작하기 위한 단순한 질문이거나 굳이 답을 기대하지 않는 의미 없는 말일 수도 있지만, "없어요"라고 답하는 사람의 입장에서 그 질문은 전혀 중립적이지 않다. 특히나 연애가 소비를 중심으로 이루어지고, 비정규직이 일상이 된 사회에서 경제적인 이유 때문에 연애와 결혼을 전망할 수 없는 20~30대에게 "연애 중"이라는 말은 단순히 자신에게 중요한 누군가가 있다는 의미 이상을 말한다. 이러한 맥락에서 본 장은 대학생들을 중심으로 연애와 관련된 앞서 제기한 문제들에 대해 이론이나 문헌에 기대어 생각하기보다 현재 대학생들의 경험과 진술들에 근거해 생각해 보고자 한다.

대학생들의 연애

고가高價의 물질('명품')을 소비하는 연애 과정의 의미

연애와 관련한 최근의 국내 문헌들을 검토해 보면 김현경의 〈프로젝트로서의 '연애'와 여성 주체성에 관한 연구—여자대학생의 경험을 중심으로)(2003)가 가장 자주 인용·분석되고 있다. 연구자는 대학생들의 (이성애) 연애가 프로젝트처럼 기획되고 있음에 주목한다. 이 기획에서는 다만 첫 만남과 둘 관계가 원만하게 이루어지는 것만이 아니라 철저히 계산된 젠더 각본—남성은 경제를 담당하고 여성은 그것에 상응하는 '몸'을 가꾸는 것—을 수행하는 과정이 더욱 중요시된다. 이 과정들은 소비적인 놀이를 통해 로맨스라는 이름을 얻게 되는데, 이 때문에 젠더 위계가 드러나지 않음은 물론 연애에 대한 비판적 시선을 유지하기 어렵다. 젠더 각본을 따르는 프로젝트로서의 이성애 연애에서 로맨스라는 목표는 연애 당사자들이 가장 남성다울 때와 가장 여성다울 때, 즉 젠더 각본을 가장 충실하게 이행할 때 극대화된다.(나윤경, 2005) 그렇기 때문에 로맨틱한 연애 과정에서 젠더 간 영역 분리는 극명해진다. 이 과정에는 이성 선후배나 친구 관계 때와는 전혀 다른 '각본'이 존재함으로써 둘만의 특별한 로맨스가 구성되며, 이를 위한 둘만의 특별한 선택들은 자연스레 엄청난 소비로 이어진다.

　　자유와 선택을 핵심 가치로 하는 신자유주의 시장 질서는 '자유롭게' 무엇이든 '선택'할 수 있는 삶을 선망하게 한다. 그것은 곧 자기계발로서의 연애(변혜정, 2010)가 성립되는 조건일 수밖에 없다. 자기계발이라는 신자유주의의 시대적 언명은 '특별한 자기'를 만드는 것이기 때문이다. 최고는 아닐지 모르지만 남과는 확연히 다른 '튀는' 자기, 남들을 흉내 내서도, 남들이 흉내 낼 수도 없는 자기를 만드는 자기계발은 곧 '스펙 전쟁'의 결과를 낳는다. 그러나 모순적이게도 모두가 특별해지려고 노력하는 맥락에서 특별함이란 없어지게 마련이다. 특별함을 추구했던 그 자리를 '매뉴얼'이 차지하면서 모두가 유사해지는 결과를 낳기 때문이다. 그 매뉴얼은 '이벤트'라는 이름으로 달력에 그려진 동그라미를 따라 화려하게, 더 크게 실행된다. 결국 일상에서 서로에 대한 이해·배려·존중·감동 같은, 상대가 그/녀이기 때문에 얻을 수 있는 작지만 진한 여운과, 두 사람이기 때문에 만들 수 있는 스토리·기억·서사들은 사라진다. 그리고 그 자리에 크고 화려하나 상대가 누가 됐더라도 얻을 수 있는 매뉴얼이 지정한 물건, 음식, 장소, 계산서만이 남는다. 따라서 젠더 각본이 명령하는 로맨틱한 이성애 관계에서는 스토리 없는 일상과 화려한 이벤트만이 성행하게 된다. 바꾸어 말하면 최근의 이성애 관계에서 이벤트가 계속 부상하는 현상은, 한국형 이성애 관계가 스토리, 기억, 서사 그러므로 일상의 소소한 재미와 의미를 결핍하고 있음을 보여준다.

2010년 말 〈개그 콘서트〉의 한 코너 '남보원'(남성인권보장위원회)이 촉발한 철저히 젠더화된 각본, "네 생일엔 명품 가방, 내 생일엔 십자수"라는 말에서 보듯, 화려한 이벤트 중심의 이성애 연애 안에서 남성들은 여성들의 소비 욕구를 충족시키기에 여념이 없고, 여성들은 십자수를 만들 만큼 참하지만 '무개념'으로 일관한다. 이에 대해 적지 않은 여성들이 인터넷에 항의성 댓글을 올렸지만 된장녀, 명품녀, 먹튀녀 등 여성들을 '개념'과 양심 없는 과잉 소비 주체로 언설화하는 여성 폄하 담론은 끊이질 않는다. 이러한 맥락들은 연애의 남성중심성을 비판하는 시도들을 비난하면서 연애 과정에서 남성들이 경험하는 경제적 손해와 불평등을 강조한다. 이른바 '남성 피해론'이 등장한 것이다.

서울 소재 한 여자대학교 학생들의 연애 경험을 인터뷰 방식으로 분석하면서, 여성들이 경험하는 연애의 의미를 파악하고자 한 시도가 있었다.(천혜정, 2005) 기존의 연애 관련 연구들이 대부분 설문지를 통해 실태 조사(연애 횟수, 기간 등)를 했거나(예, 조명환, 2004), 성경험에 대한 질문 혹은 연애 만족도에 미치는 요인(예, 최명숙·하나선, 2004) 등을 파악하는 것이었다면, 보고서와 인터뷰를 활용한 천혜정의 연구는 당사자들의 언어를 직접 듣고 연구에 인용해 연애의 전체적인 맥락을 보고자 했다는 장점을 갖는다.

그러나 미국 등의 사회에서는 대학생의 이성애 연애와 관련한 적지 않은 연구들이 데이트 강간과 폭력의 문제를 심각하고 의미 있게 다루고 있지만(예, McDonald & Kline, 2004; Dunn, Vail-Smith & Knight, 1999) 한국은 그렇지 않다. 보고서와 인터뷰를 활용한 천혜정의 연구방법이 갖는 장점에도 불구하고, 이 방법으로는 데이트 강간과 폭력의 문제를 다룰 수 없는 한계도 있다. 또한 (이성애) 연애와 관련해 데이트 강간 등의 성폭력에 대한 국내 연구가 비교적 활발하지 않다는 것은 성폭력 피해자들과의 접촉이 쉽지 않아서일 수도 있지만, 여전히 연애와 관련해서는 폭력보다는 낭만과 관련한 인식이 지배적이기 때문일 것이다. 이러한 맥락에서 여대생들의 연애를 보고서와 인터뷰를 통해 드러낸 천혜정의 연구는 성폭력 경험까지는 드러내지 못했다는 한계를 가짐에도 불구하고 여대생들이 통념과는 달리, 연애를 낭만적인 것으로만 경험하지 않는다는 점을 드러낸다.(천혜정, 2005)

'연애 권하는 대학'이라는 제목으로 시작되는 천혜정의 연구 결과는 10대 후반까지 금기 사항이었던 연애가 1년 뒤인 대학생이 되어서는 급작스럽게 권장 사항, 의무 사항을 넘어 하나의 제도화된 영역으로 인식된다고(박민자, 2000; 천혜정, 2005 재인용; 윤영준, 2006) 밝힌다. 또한 이러한 상황이 여대생들로 하여금 연애에 대해 거리를 두고 점진적인 태도를 갖게 하기보다는 각본에 따라 규범화된 행동들을 흉내 내게 한다고 지적한다. 이와 관련해 김현경은 대부분의 대학생 이성애 커플들이 연애를 일반적 인간관계와는 다른 특별한 관계로 의미화하면서, 그 '특별한 관계'가 이벤트와 과잉 소비를 정당화하는 기제라고 말한다.(김현경, 2003) 어떤 의미에서 이성애 연애관계의 특별함이란 일반관계에서 성취되어 가고 있는 성평등 의식까지도 무마시킬 만큼 여성과 남성의 영역 차이를 분명히 한다. 또한 천혜정은 여성들이 애인의 존재에 따라 자신감에서 열등감까지의 스펙트럼을 갖는다고 보았는데,(천혜정, 2003) 여기서 적지 않은 여성들이 남성으로부터 받는 이른바 '명품'에 대해 집착하는 이유가 드러난다. 애인의 존재는 명품 백을 사줄 수 있는 존재가 있음을 의미하며, 명품 백의 가격은 그 남성이 자신에게 느끼는 애정과 '사랑받는 여성'으로서의 정체성을 분명하게 하기 때문이다.(변혜정, 2010)

그러나 이 '명품 백'은 〈개그콘서트〉 개그맨들의 주장과는 달리 '십자수'와 교환관계에 놓이는 것이 아니라, 여성의 일상이 남성중심적으로 구성되거나, 여성이 그녀의 동성 친구들이나 가족과의 관계에 이전만큼 성실할 수 없게 되는 상황과 교환된다. 이러한 과정에서 여성들에게 자발적이지 않은 성관계도 발생한다. 이것은 정신분석학자들이 말하듯이, 남성들이 데이트 비용 전부 혹은 대부분을 부담하고 과도한 선물 공세를 하는 것이 여성들에 대한 성적 요구가 거절당하지 않기 위한 장치 같은 것임을 상기할 때 쉽게 이해할 수 있다. 그러니까 "네 생일엔 명품 가방, 내 생일엔 십자수"라는 절규가 드러낸 것은 명품 가방에 상응하는 성적sexual 교환이 이루어지지 않았음에 대한 분노이지, 경제적 손해와 불평등에 대한 분노만은 아닌 것으로 보인다. 이는 변혜정이 인용한 인터뷰에서도 드러나는데 그 내용은 다음과 같다.

> 남녀가 섹스를 평등하게 하는 것처럼 보이지만 그 이면은 그렇지 않다는 것 인정합니다. 예쁜 몸이 고마워 당연히 선물을 주고 싶습니다. 진심입니다. 물론 저 같은 학생은 고가의 선물을 살 수 없지만 여친을 기쁘게 하기 위해 돈을 모읍니다. 여친이 갖고 싶은 것을 뻔히 알지요. 돈 있으면 다 사주고 싶어요. 반면 저는 그리 갖고 싶은 것이 없어요. 핸폰을 바꾸고 싶지만 어떻게 여친이 사주겠어요. (…) 여친이 비싼 팬티를 선물했지만 3만 5000원의 팬티 돈이 아까워요. 사내놈이 명품 옷을 입어서 뭐해요. 많이 벌거나 부잣집 아들이라면 모르겠지만 (…) 사치입니다.(변혜정, 2010: 76~77 재인용)

그러니까 어쩌면 이벤트를 중심으로 과잉 소비를 하는 (이성애) 커플들은 의식적이든 무의식적이든 남성의 명품과 여성의 '몸'이 등가 교환이라고 생각할지 모른다. 따라서 애인을 위해 명품을 구매하는 남성들은 '참하게' 수놓은 십자수로 남성에 대한 자신의 '마음'을 표현하는 여성이 아니라, 가수 싸이가 노래하는 '강남스타일'의 여성처럼 ("정숙해 보이지만 놀 땐 노는 여자/이때다 싶으면 묶었던 머리 푸는 여자/가렸지만 웬만한 노출보다 야한 여자") '몸'을 표현하는 여성을 기대하는 것이다. 만일 이러한 '계산' 없이 명품 공세를 하는 남성과 그 공세를 받아들이는 여성이 있다면 '남보원'의 주장은 이미 개그가 아니라 남성 연애사의 경제적 손실과 불평등을 비극적으로 그린 다큐멘터리이며, 따라서 그들의 분노 섞인 절규는 마땅한 것이 될 것이다.

스토리와 서사 없는 관계, 그리고 친밀성의 문제

몇 년 전 배우 김혜수가 주연을 맡았던 영화 〈바람 피기 좋은 날〉에서는 외도하는 중년들의 실상이 코믹하게 그려졌다. 그럼에도 외도에 임하는 여성과 남성의 정형적인 차이가 진지하게 다루어졌다. 여성의 외도는 소통적 관계에 대한 갈망 때문이었고 남성은 다만 성적 욕구 때문인 것으로 표현되었다. 남편과 마찬가지로 외도 상대인 남자 역시 인터넷 채팅 때와는 달리, 대화보다는 성적 행위만을 요구할 때, 영화 속 여성은 거절하는 대신 끊임없이 그 남성에게 "얘기 좀 해봐"라고 말한다. 그러나 대화 소재가 부족한 상대 남성은 그녀의 귓불에 "옛날 옛날에…"로 시작되는, 스토리 없는 포르노적 판타지만을 읊어댈 뿐이다. 그 중년 남성의 (이성애) 연애 행동 양식은 〈건축학개론〉의 남자 대학생들과 다르지 않다. 결국 한국 남성들의 '작업의 정석'에는 연령과 시대를 초월해 "나, 너 좋아해"와 같은 단발적인 '작업성 멘트'만 있을 뿐이다. 이러한 경향은 여성과 남성 사이의 젠더적 문제도 낳지만, 한국 남성과 외국 여성들과의 관계에 있어서 문화적 문제도 발생시킨다.

영화 〈바람 피기 좋은 날〉의 포스터

"PC방-학교-술집-여관, PC방-학교-술집-자취방"은 한·중·일 대학생들의 캠퍼스 일상을 연구하는 과정에서, 고교 시절 미국 유학 경험이 있는 대만 국적의 여학생이 한국 남학생과의 연애를 떠올리며 그와 함께 갔던 공간의 전부를 묘사한 말이다. "일단 술 먹이고요, 술 취하면 갑자기 귀에 대고 나를 만난 지 며칠 되지도 않았는데 나, 너 좋아해……사귀자고 말해요." 그녀가 한국 남학생과 두 번의 연애에서 알게 된 'Korean 작업의 정석'이다. 만취 상태에서의 구애가 받아들여지지 않으면 그 다음 날 만나도 "쌩하고 모르는 척"하는 것이 그녀가 알게 된 몇몇 한국 남학생들의 행동이다. 그녀가 최근에 데이트하는 남성은 한국으로 유학 온 칠레 교포 남학생이다. 그와 함께 하는 데이트는 카누, 등산, 하이킹 등을 포함하며, 그는 그녀의 대만 친구들과 함께 어울리는 것은 물론이고, 최근에는 그녀와 함께 한국 요리 수업과 문화원에서 진행하는 다도茶道에도 참여한다. 그가 초대하는 그의 자취방은 언제나 깨끗하게 정돈되어 있고, 그녀를 초대할 때 그는 칠레 음식이나 한국에서 배운 한국 요리를 대접한다. 요리 대접을 받기는커녕 한국 남자 친구의 하숙방을 청소해 주기도 했던 그녀로서는 교포 남학생과의 데이트가 즐겁기만 하다. 그 이유는 "다양한 activity도 있고

요, small talk를 할 줄 알아요. 그리고 내가 준비될 때까지 섹스하지 않았어요"이다. 그녀는 결국 스토리, 서사, 배려가 있는 관계와 'Korean 작업의 정석'이 갖는 차이를 분명히 알고 있었던 것이다. 'Korean 작업의 정석'은 연애의 시작만을 가르칠 뿐, 어떻게 연애의 과정과 관계의 지속성을 구성해 가는지에 대해 들려주지 않는다. 그러니 연애의 처음은 이벤트처럼 장대하나 그 끝은 미약하고 시시할 수밖에 없다.

화려한 시작과 초라한 끝을 보이는 이성애 관계는 성매매 과정의 섹스와 유사하다. 앞서 대만 여학생이 표현하는 한국 남학생들과의 연애 경험 역시, 성 산업에서의 섹스와 구분이 어려워 보이기도 하다. 여자 친구가 청소를 해야만 할 것 같은 지저분한 자취방에서 섹스 이외의 다른 표현과 행위, 예컨대 같이 음식을 만들어 먹거나 친구들을 초대해 작은 파티를 열거나, 조용히 음악을 감상하거나, 진지한 토론을 하는 일들은 불가능하기 때문이다. 즉 일상의 공유 없이 섹스만이 목적이 되는 공간이라면 그곳이 자취방이라 할지라도 싸구려 '러브호텔'과 차이가 없을 뿐 아니라, 성매매 공간과도 차이가 없다. 다만 섹스 후 금전이 오가지 않는다는 차이가 있을 뿐인데, '명품' 선물이 금전을 대신한다면 그마저도 구분이 어렵다.

스토리와 서사 없이 성적 욕구 분출이 중심이 되는 관계는 끝말잇기처럼 이어 나갈 언어가 없어 허무하게 끝이 나거나 폭력으로 발전하는 경우도 왕왕 있다. 이른바 야동 혹은 일반적인 포르노에 서사와 스토리가 삭제된 채 남성중심적 욕망, 판타지 그리고 폭력만이 가득하듯 적지 않은 대학생들의 연애도 유사한 방식으로 진행된다. 본격적인 연구는 아니지만 수업에서 대학생들의 쪽글을 통해 알게 된 사실 중 하나는, 일부 대학생들이 연애를 할 때 둘의 성관계를 동영상으로 촬영하거나 사진에 담는 '이벤트성'의 경험들을 했다는 것이다. 때론 장난으로 때론 진지하게 둘 관계의 열정을 기록한 것이지만, 관계가 정리되었을 때 동영상과 사진은 여성들을 공포에 몰아넣는다. 여성 연예인들의 사적인 비디오가 잊혀질 만하면 나오는 한국의 사회적 맥락에서 어떤 남학생들은 그것을 흉내라도 내듯, 옛 사랑이 된 여학생들과의 사적 기록을 혼자 즐기거나 더 나쁜 경우 인터넷에 공개하겠다고 여학생을 협박하기도 한다. 이렇듯 일부 대학생들의 이성애 연애 과정은 포르노적 성산업과 구분되지 않는 지점이 포함되기도 한다.

　이성 간의 삽입 섹스가 개입될 때 한국은 물론 성적으로 훨씬 개방적일 것으로 여겨지는 미국 대학생들에 대한 연구에서조차 여학생들은 수세적 태도를 갖는 것으로 드러났다. 그럼에도 연애관계에 성관계가 포함되는 것은 여성의 혼전 성경험이 강력하게 터부시되는 한국사회와 같은 곳에서도, 자연스러운 일일 수밖에 없다. 특히 한국 여대생들을 대상으로 하는 연구들에서 적지 않은 여성들이 남성들의 섹스 요구에 대한 부응 여부가 그 연애의 지속 불/가능성을 결정짓는다고 생각했다. "너는 섹스 같은 거 안 하지?"라는 질문의 형식을 취한 남성의 요구에 어떤 여성들은 이별을 준비하고, 어떤 여성들은 준비되지 않았지만 섹스하기로 결정한다.(천혜정, 2005) 물론 동의와 합의의 형식을 갖추었지만 그 과정이 평등에 기초한 것인지는 의문이다. 연애의 지속이 섹스 동의 여부에 따라 결정되는 조건화된 것이라면, 여기서의 합의는 조건화된 합의, 강제된 합의로서 합의라고 할 수 없기 때문이다. 최근 2학년 여학생으로부터 받은 메일에는 그녀가 남자 친구와의 섹스에 유보적인 태도를 갖는 것에 대한 불안이 담겨 있었다. 그녀의 남자 친구 역시 다른 여성들과의 교제 경험을 예로 들면서 그녀가 섹스를 거절하는 것이 자신을 덜 사랑하기 때문이라고 말했다. 그녀의 메일에 대한 필자의 답변을 아래에 적는다.

> 우선, 윤경(가명)의 경험과 나이에 비추어 보았을 때 섹스에 대해 두려워하는 것은 너무너무 당연하지. 윤경의 남친도 그걸 이해해야 할 텐데… 그가 마치 대한민국의 모든 성인 여성이 성인이 됨과 동시에 섹스에 대해서 남성들과 마찬가지로 자유롭게 생각할 거라고 믿고 있는 '척'하는 것은 아니겠지? 한국에서 성장한 남성이라면 윤경이 갖고 있는 섹스에 대한 유보적인 태도가 그에 대한 사랑과는 아무런 상관이 없다는 걸 알 텐데? 모른다면 그건 좀 이상한데? 이상해도 너~~무 이상해! 다시 말하지만 윤경의 태도와 그에 대한 사랑 여부는 아무 상관이 없어. 자꾸 윤경의 섹스 동의 여부가 그에 대한 윤경의 사랑의 정도라고 엮어가는 그것이 난 맘에 안 들어요. 그런 식의 말로 윤경을 불안하게 하는 게 맘에 안 드는 거지. 1년이고 2년이고 기다려야죠. 양쪽 모두 준비될 때까지! 윤경은 그 기간 동안 그와의 섹스와 그와의 이별은 아무 상관이 없다고 생각할 만큼 성숙하고 독립적이 되어야지요. 윤경 친구의 경우 남친과 헤어질 때가 되었으니 헤어진 것이지 성관계 이후 헤어진 것이 아니에요. 그런 놈이었다면 헤어진 것이 천 번 만 번 잘된 일이고! 아무 조건 없이, 윤경의 욕망에 따라 섹스하고 싶다면 하세요. 그렇지만 섹스 후 이 남자와 헤어지면

어쩌나…하고 생각이 든다면 섹스하지 마세요. 아직 준비가 안 된 거니까.

　　많은 여성들이 섹스와 강간의 차이는 한 발 차이라고 말해요. 윤경처럼 어정쩡한 상태에서 섹스하기 때문이에요. 그러니까 정확하게 윤경이 아무 조건 없이 다만 그를 사랑하고 그와 성적인 욕망도 함께 공유하고 싶다고 생각이 들면 그때 섹스하세요. 절대로 그의 설득에 넘어가서도 안되고, 윤경 스스로도 윤경을 '괜찮아 괜찮아…'라고 설득해서도 안돼요. 그 결정은 자연스럽게 때가 되면 할 수 있는 거니까. 어떤 여성은 서른이 넘어서도 혼전 섹스를 못하기도 합니다. 그러니 절대로 서두르거나 그와의 관계를 지속하기 위해서 강간 같은 섹스는 하지 마세요. 알았죠? 이 상태에서 섹스하면 그건 강간과 다를 바가 없어요. 설득해서 하는 섹스는 말이 좋아 섹스지 강간이에요. 그의 다른 여성과의 관계는 윤경이 알 바 아니죠. 윤경과 그의 관계는 둘만의 것이지 다른 사람과 비교해서도 안 되고 비교되지도 않는 것. 어쨌든 섹스 여부로 윤경의 사랑을 잰다거나 이별을 암시한다면 그는 좋은 남자가 아님을 명심하세요. 적어도 나의 경험과 여성학적 관점으로 본다면 틀림없이 그래요~!

나임(2012. 10. 1)

　　위와 같은 답 메일을 보내긴 했지만 여전히 그 여학생이 남자 친구를 사랑하고 있음을 증명하기 위해 준비되지 않은 섹스를 했을까 걱정된다. 조건화된 섹스는 사랑의 발로가 아니며, 그렇기 때문에 그것은 친밀성으로 의미화되지 않는다. 그런데 만일 그가 그녀에게 고가의 선물이라도 하게 된다면 아마도 그녀는 부담스러움에서 벗어나고자 혹은 선물에 대한 대가로 준비되지 않은 상태에서 섹스를 하게 될지도 모른다. 적어도 정신분석학에서는 그렇게 말하고 있으니 말이다. 이와 같은 대학생들의 경험을 접하다 보면, 연애 중인 상대 남성에게서 받는 고가의 '명품' 선물에 대해 여성들이 다른 의미를 부여해야 한다고 생각한다. 또한 불편함이나 공포를 경험하는 여학생들은 지저분한 자취방에서의 섹스에 동의하거나 동영상이나 사진을 남기는 데 합의하지 말아야 한다. 그 내용을 공개하겠다는 남학생의 협박에 대해 교수나 친구들에게 도움을 청하고 "공개할 테면 해라"와 같은 태도를 견지해야 한다. 또한 준비되지 않은 상대에게 지속적으로 섹스를 요구하는 남성들은 그것이 사랑의 과정이 아니라 강간의 과정임을 알아야 한다. 친밀한 관계에서의 섹스는 설득과 요구가 아니라 자연스런 합의로 이루어지는 것이기 때문이다. 동시에 '명품'이나 값비싼 선물로 상대 여성의 사랑(마음과 '몸' 둘 중 어느 것이더라도)을 구할 수 있다는 믿음은 성매매 과정과 무엇이 다른지 스스로에게 묻는 것이 필요하다. 둘의 사적인 경험을 사진이나 동영상으로 기록하거나 공개하겠다고 협박하는 행동들, 'Korean 작업의 정석'이 여전히 유효하다고 여기는 생각들에 대해 남성들은 기든스가 언급한 평등을 전제로 한 감정적 커뮤니케이션으로서의 사랑과 친밀성이 어떤 의미인지 동료들과 토론할 필요가 있다. 또한 목하 (이성애) 열애 중인 대학생들은 사랑과 친밀성의 의미에 대해서, 그것을 획득하기 위한 경청, 배려, 상호 인정 등을 포함해 평등을 위한 어떠한 노력을 해 왔는지 스스로에게 물어보아야 한다.

대학생들의 연애와 계층

20대의 노동조건과 임금 현실은 2007년 우석훈·박권일이 쓴《88
만원 세대》로 촉발되었지만, 사회적으로 반값 등록금의 문제가 이
슈화되면서 낭만의 표상이었던 대학생들의 비참한 삶의 실상들이
더욱 구체적으로 드러나기 시작했다. 이와 함께 20대의 결혼 전망
불가능성에 대해서도 엄기호(2009), 박기남(2011) 등도 책과 논문을
통해 언급했고,《한겨레 21》은 〈사랑은 88만 원보다 비싸다〉[1]라는
기사를 통해 연애조차 불가능한 20대의 실상을 보도했다. 이른바
20대와 기성세대의 갈등을 주장한 '세대론'이 본격화한 것이다.

　　그러나 굳이 신광영(2009) 등의 세대론에 대한 비판에 기대지
않더라도 대학생들을 근거리에서 접하고 있는 교수들은 대학생들
이 동질 집단으로 묶일 수 없음을 안다. 최근 4~5년간, 대학생들의
학점과 부모들의 계층이 일정 정도 비례관계에 놓여 있음이 교수
들 사이에서 회자되어 왔다. 즉 양극화되는 부모세대의 경제적 조
건에 따라 자녀세대인 대학생들의 학점 역시 같은 방식으로 나뉘
는 것이다. 중산층 이상의 부모를 둔 학생들의 일반적인 대학생활
의 경로는 입학 후 동아리, 학과 등에서의 인맥 형성과 정보 공유,
한두 개의 아르바이트로 풍족한 용돈 확보, 유사한 계층의 이성과
연애, 사교육 기관에서의 자격증 취득과 외국어 향상을 위한 수학,
중국어권·영어권 혹은 일본 대학으로의 교환학생이나 어학연수, 4
년 내 한두 번 이상의 해외여행 중 일부 혹은 전부를 포함한다. 특
히 자신이 직접 돈을 벌지 않아도 학비가 마련되는 학생들은 아르
바이트로 '몇 푼' 버느라 시간 낭비하느니, 이른바 '스펙 전쟁'에 나

서며 영어를 비롯한 외국어 점수와 학점은 물론 다양한 자격증을 취득해 놓는다. 자신의 시간과 체력을 모두 스펙 향상, 즉 자기계발을 위해 사용할 수 있는 것이다.

반면, 논문 〈신자유주의적 상황 아래 대학생의 연애와 생애기획—저소득층 '명문대생' 사례를 중심으로〉(김효진, 2010)에서 드러나듯이, '가난한' 대학생들은 동아리 활동이나 교환학생 등 앞서 언급한 대학생활의 경로를 일부도 밟아갈 수 없다. 등록금은 학자금 융자로 임시변통한다 해도, 자취방 월세를 포함한 한 달 80만 원 정도의 생활비를 마련하기 위해 김효진이 인터뷰한 '명문대생'들은 주 20시간 이상을 할애한다. 이 '가난한' 학생들은 학점을 아르바이트와 '교환'했다고 말하면서 스펙은 엄두도 못 내며 "시험이 임박하면 책을 펴는데 '지금까지 해 놓은 것이 없으니까 공부를 많이 해야겠다' 하고 자는 거죠"(p. 51)라고 말한다. 소비를 중심으로 하는 대학가의 교우관계 역시도 이들에게는 버겁다. "경제 수준이 다른 아이들과는 같은 수준으로 놀지 못하기 때문에"(p. 94) 계층에 따라 분리된 또래 집단을 경험하는 것이다. 이들에게 대학생들의 '의무사항'인 연애란 어떤 것일까.

한국의 신자유주의적 경제질서는 차분하게 미래를 전망하고 계획할 수 있는 20대의 당연한 생애주기에 따른 과업을 삭제했다.(엄기호, 2009; 박기남, 2011) 20대의 연령에 걸맞은 사랑과 결혼에 대한 전망은 '한 학기 휴학-한 학기 복학'을 반복하며 등록금을 마련하고, 매달의 생활을 버티듯 넘기는 이들에게는 불가능한 것이나 다름없다. 김효진(2010)의 연구에 참여한 한 남학생은 입대하게 되는 상황에 대해서 "군대를 가는 게 호기예요.…(여자 친구가) 취업 준비 해야 하는데 저 때문에 못 하는 게 보이니까…이 친구도 집이 어렵고 빨리 취직해야 해요"(p. 106)라고 말하면서 연애로 인해 여자 친구가 취업용 자기계발을 못하게 되는 상황을 군입대로 도와주고자 한다. 이들에게 연애는 사치였던 것이다. 또 다른 여학생은 "저는 제 삶을 책임지고 부모님도 책임져야 할 것 같아요. 그런 상황에서 아이 교육비까지 책임질 수는 없어요. 그러면 낳지 않는 게 낫지 않나. 그렇게 생각하면 혼자 사는 게 낫지 않나. 경제적으로나 아이를 키우는 면으로나"(p. 121)라고 말하면서, 가난한 20대 대학생들의 연애와 결혼 불가능성을 보여준다.

연구자 김효진이 인터뷰한 21세기 '가난한' 대학생들의 교우관계와 이성애 연애관계에 대한 경험은 그 전 세대에서는 보이지 않던 것들이다. 일부 중산층의 학생들이 1980~90년대 당시에도 스키나 해외연수 등 계층적 활동을 했지만, 그것은 일부 극소수였을 뿐 대부분의 학생들은 서울과 지방, 중산층과 그 이하 계층의 학생들이 부모의 경제력과 상관없이 교우관계나 연애관계를 유지했다. 이 같은 관계가 가능했던 것은 당시 대학생들의 놀이나 연애가 오늘날만큼 소비를 중심으로 이루어지지 않았기 때문이었을 것이다.

재독학자 한병철은 그의 저서 《피로사회》에서 오늘날의 사회를 설명하면서 푸코의 근대 '규율 사회' 패러다임이 더 이상 유효하지 않다고 말한다. 그는 '성과주의 사회'라는 패러다임으로 신자유주의 질서에서 필연적으로 발생하는 해악적 징후들을 설명한다. 그중 하나가 '좋은 삶'에 대한 관심이 서사성을 벗어던진 채 생동성을 잃고, 다만 생존하는 것에 대한 관심으로 전환되는 것이라고 말한다. 이때 보존해야 할 것은 오직 자아의 몸, 자아의 전시 가치, 건강 가치뿐이라고 하는데, 이러한 곳에서 "소셜 네트워크 속의 '친구들'은 마치 상품처럼 전시된 자아에게 주의를 선사함으로써 자아 감정을 높여 주는 소비자의 구실을 할 따름이다"라고 역설한다.(한병철, 2012: 96) 자신들의 개인적이고 주관적 경험까지 모두 스펙화함으로써 객관적 평가의 대상으로 만들고, 끊임없이 자신의 일상들 가령 음식, 장소, 선물, 일기 등을 SNS를 통해 '재미의 공유'라는 명분으로 깨알같이 드러낸다. 그것은 곧 자신이 어떤 사람이라는 것을 다른 사람들에게 보여 주려는 대학생들의 일상적 기획이다. 이것은 소비함으로써 자신이 다른 사람들의 주목의 대상이 되고, 그럼으로써 자아의 감정을 높이려는, 즉 '잘 나가는 사람'이라는 (허위)의식 같은 것을 가지려는 성과주의 사회의 단면이다. 이러한 맥락을 고려하면 연애를 자기계발 기획의 하나로 관찰한 변혜정(2010)의 논의는 상당히 유효하다.

현재 대학생들의 일상과 연애 안팎의 맥락이 이러하다면, 소비를 통해 자신이 어떤 사람임을 드러내고, 만들어 낼 자원이 없는 '가난한' 대학생들은 연애를 기획하기 쉽지 않다. 특히나 "(애인으로부터 선물) 못 받으면 내가 불행한 연애를 하는 거 아닌가… 갑자기 지나가다가도 막 자랑해요. 이거 선물 받았다 하고. 스치는 그 순간에도"(김효진, 2010: 99)라고 말하게 되는 것이 일반적인 상황이라면 '불행한 연애'를 하느니 '연애를 하지 않는 불행'을 택하는 편이 나을지 모르겠다. 전자가 연애 당사자 두 명을 모두 개입시키며 불행을 증폭시킨다면, 후자는 연애하지 않는 개인 한 명에게만 해당되는 불행일 테니 말이다. 그러나 어느 쪽이던 '가난한' 대학생들에게 공정하지 않은 맥락인 것만은 틀림없다. '선택'할 수 있는 '자유'만이 능사인 곳에서는 '선택'할 수 있는 '자원'이 없음은 문제되지 않거나, 그것은 온전히 본인의 무능함으로 인식되기 때문이다. 아직 이렇다 할 사회적 성취는 없지만, 의심할 여지없이 그 가능성이 무한한 20대의 대학생들에게 '무능감'을 안겨 주기도 하는 지금의 연애 방식은 그렇기 때문에 다시 평가되고 재구성되어야 한다. 연애와 사랑처럼 개인적인 것으로 보이는 것이 온전히 개인적일 수 없고, 그렇기 때문에 '개인적인 것이 바로 정치적이다'라고 말하는 페미니즘의 모토는 명제이다.

페미니즘과 '낯선' 일상성

페미니즘 공부에 한창인 여학생에게 들은 바에 의하면, 대학교 안에서 페미니스트 정체성을 표방한다는 의미는 반공 사회에서 공산주의자보다 훨씬 더 위험한 존재임을 드러내는 것과 같다고 한다. 대학 구성원들의 페미니즘에 대한 혐오와 무지를 과장하고 냉소하려는 그녀의 의도를 차치하고라도, 페미니스트 학생으로서 대학 안에서 안정적인 교우관계를 맺는 것에 한계가 있음은 분명해 보인다. 일상적이고 소소한 것에 숨어 있는 정치학을 간파하는 것이 페미니즘이기 때문에 그 정치학을 '일상'과 '관습'으로 받아들이는 사람들에게 그것은 불편하고 때론 부당하게 느껴질 것이기 때문이다.

화려하고 색다른 이벤트가 연애의 핵심으로 자리하는 요즈음에 그것을 비판하는 이번 장의 논의 역시 적지 않은 독자들에게는 불편하고 부당했을 수 있다. 그럼에도 (이성애) 연애를 둘러싼 당사자들의 '안간힘'을 보면서 정말로 하고 싶었던 불편한 발언은 어쩌면 이성애를 하는 모든 사람들에게 '이성애가 자연의 섭리'는 아닐 수 있다는 것이다. 자연의 섭리라면 이렇게 인위적이고 과잉된 소비를 필요로 하는 이벤트가 왜 필요한지에 대한 의문이 들기 때문이다. 명품 등 고가의 물질이 오갈 수 있을 때 비로소 시작되고 유지되는 것이 이성 간 사랑과 친밀성의 본질이라면, 이미 그것은 자연의 섭리를 벗어난 인공의 그 무엇이라고 할 수 있지 않을까. 같은 맥락에서 남성중심적 욕망과 시각에 사로잡힌 (성)폭력적 '작업의 정석'을 동원하는 이성애 역시도 자연의 섭리와는 거리가 먼 것일 것이다. (성)폭력은 권력감을 동반한 인공적 노력의 최상급이기 때문이다.

그렇다고 이성애가 아니라 동성애가 인간 사랑과 친밀성의 본질에 가깝다고 말하려는 것은 아니다. 어떤 형태가 되었든, 사랑과 친밀성을 누군가와 공유하고 더욱 발전시키고자 한다면 거기에는 상호 인정과 평등의 실천이 포함되어야 한다는 것이다. 아마 그것은 상호 인정과 평등이 무엇을 의미하며, 그것은 또 어떻게 실천되어야 하는지에 관한 당사자들 간의 치열한 소통 과정을 필요로 할 것이다. 이 소통 과정은 당사자들만의 특이성singularity을 반영하고 있을 터이므로 '매뉴얼'이 따로 존재할 수 없다.

박현욱의 소설《아내가 결혼했다》의 내용은 매뉴얼에 근거하지 않은 다소 혼란스러운 사랑과 친밀성을 잘 보여 준다. 이 소설은 제목 그대로 자신하고만 낭만적 사랑을 나누어야만 하는 아내가, 여전히 남편인 자신을 사랑하면서도 동시에 다른 남성과도 결혼함으로써 이 남편이 알아 가게 되는 사랑의 다른 측면을 조명한다. 박현욱은 소설을 통해 한국의 남성중심적 결혼 제도에 대한 재사유를 시도하려 했다고 말하지만, 읽기에 따라서 그 소설은 당사자 간의 합의에 이르는 쉽지 않은 과정과, 그 합의를 수용하는 세 사람 간의 힘겨운 상호 인정과 평등의 성취 과정을 보여준다. 두 사람 간의 배타적인 사랑이 아니라 다른 누군가에게도 열려 있는 사랑은 분명 일반적인 매뉴얼대로의 '낭만적' 사랑은 아니다. 그러나 주인공 세 당사자들의 특이성을 반영한 합의와 평등이 실천되었다는 점에서 본다면 그들은 분명 사랑과 친밀성의 평등한 주체들이다. 그들만의 특이성을 담은 사랑은 매뉴얼로 남길 수 있는 것도 아니며, 다른 사람들이 따라할 수 있는 이벤트도 아니다. 그들의 특이성은 다른 사람과 '비교'하거나 다른 사람들을 '의식'한 결과, 그들과 달라지기 위해, 그들보다 특별해지기 위해 만들어진 특이성이 아니다. 그것은 자신이 누구인지, 자신의 자아는 어떤 방식의 사랑으로 구현될 수 있을지, 사랑을 통해 자신이 진정으로 얻고자 하는 것은 무엇인지 등에 대한 오래고 진지한 성찰과 자기 이해의 과정에서 구성된 '합류적 사랑'이라 할 수 있다. 그럴 수 있을 때, 그 누구도 흉내 낼 수 없는 '자신만'의 '우리들만'의 사랑이 탄생하는 게 아닐까. 이러한 관점에서 본다면 사랑을 나누는 대상이 이성 혹은 동성이어야 하는가에 대한 문제는 논의의 아젠다로서도 가치가 없을 뿐 아니라 논의의 '격'을 떨어뜨리는 것이다.

경청, 협상, 합의, 소통, 배려 등 평등을 향한 당사자들 간 노력의 과정이 사랑과 친밀성을 구성하는 핵심적 요소라고 한다면, 연애하고 있는 사람들 간의 관계를 '특별한' 관계로 규정할 수 있는 근거가 사라진다. 대부분의 인간관계에서, 위계적 질서가 전제된 조직 안에서의 관계에서조차도, 그곳이 어느 정도 민주적인 공간이라면, 당사자나 구성원 간 경청, 합의, 소통, 배려 등의 가치는 존중되고 실천되기 때문이다. 물론 열정과 흥분을 포함하는 성적 화학작용이 있다는 점에서, 사랑과 친밀성을 공유하는 사람들의 관계는 다른 인간관계와는 차이가 있을 것이다. 그러나 그 화학작용의 있고 없음이 사랑하는 당사자들 사이의 관계를 고가의 선물, 이벤트, 그리고 성폭력을 정당화하는 '특별한' 관계로 만들 수는 없다. 왜냐하면 일반적으로 그 화학작용의 유효기간이 짧기도 하거니와 화학작용 때문에 과한 소비와 성폭력을 정당화할 수 있는 근거는 없기 때문이다. 화학작용 때문에 제 정신이 아니었다고 한다면 모를까… 제 정신이 아닌 상태의 관계를 사랑과 친밀성이라고 말할 수는 없을 테니 말이다. '특별한' 관계라고 믿어 의심치 않았던 이성애 관계에 대해서 페미니즘이 그 특별함을 문제 삼고, 그 특별한 관계 역시도 기든스가 언급하는 평등을 실천하려는 다각도의 노력으로 일반적 인간관계와 다르지 않아야 한다고 말하는 이유는, 그 '특별함'의 외피를 두르고 이성애 '낭만'이 감추고 있는 남성중심적 젠더 위계와 폭력성 등을 간파하기 때문이다.

이 외에도 대학생들 간 연애에서 '임신종결'(일반적으로 '낙태')의 문제도 심각하게 다루어져야 한다. 섹스와 자연스럽게 연동되는 임신종결의 문제는 둘 간의 합의, 경청, 배려의 여부가 가장 극명하게 드러나는 장면이기 때문이다. 아무런 조건 없이 섹스에 평등하게 합의하는 과정 이외에도 스킨십 이전 남성의 콘돔 착용, '콘돔 착용+질외 사정'의 피임법 사용 등 원치 않는 임신을 피할 수 있는 방법에 대해서도 충분히 논의하고 그 결과에 따라 실천해야 한다. 결혼 밖에서 임신을 한 경우, 한국 여성들 대부분은 "낙태를 선택하지 않고 견디는 것이다"(양현아, 2005: 10)라고 말할 수 있을 만큼 대부분의 경우 여성들은 '사회적 낙태'를 경험한다. 여성은 정신적으로나 육체적으로 힘든 낙태를 견디지만 '순결'과 '생명 존중'의 윤리를 '위반'했기 때문에 가족과 사회로부터의 엄청난 비난 역시 견뎌야 한다. 그러나 남성은 '순결'과 '생명 존중'의 주체로서 비난 받는 대상에서 비껴 서 있으며, 의사나 판사로 혹은 일반 남성으로 낙태에 '대해' 비판적으로 발언할 권위만 가져 왔다.

철저히 젠더화된 영역을 보였던 이성애 연애의 시작과는 달리, 이렇듯 임신종결의 문제에서 남성의 영역은 사라진다. 대학생들의 경우 남학생들이 여자 친구의 임신 소식과 함께 종적을 감추거나, 본인과의 관계에서 발생한 임신이 아니라고 발뺌하거나, 가족들을 동원해 금전적 보상으로 문제를 해결하려 하거나, 낙태를 강요하는 등 많은 경우 비윤리적이고 비상식적인 태도를 보인다. 연애 구성 과정에서 합의, 경청, 배려를 실천하지 않았던 경험은 임신종결의 과정에서도 그대로 드러난다. 'Korean 작업의 정석'은 이렇듯 연애의 시작만을 읊어 대며 과정의 중요성을 삭제했기 때문에 이를 따르는 한국 남성들은 찌질이가 될 수밖에 없다.

한국 남성들이 신봉하는 '작업의 정석' 없이 연애의 시작이 불가능하다고 믿는가. 명품 등 고가의 선물이 없다면 연애의 지속이 어렵다고 생각하는가. 사랑과 섹스의 과정이 평등하다면 덜 낭만적이라고 생각하는가. 이성애 연애에 임하는 여성과 남성의 역할이 달라야 한다고 믿는가. 이러한 질문에 '왜?'라며 자문해 보는 과정은 당연하고 일상적인 것을 낯설게 바라보기 위해 꼭 필요하다. 일상적인 것을 낯설게 바라보는 것, 그 철학적 훈련이 대학 교육의 중요한 목표 중의 하나라고 생각한다면 더욱 그러하다.

더 읽어보면 좋은 책

■ 박현욱, 《아내가 결혼했다》, 문학동네, 2006/2013.

가족의 '정상성' 사랑의 '매뉴얼' 등을 의심하게 해 주는 소설이다. 기든스의 합류적 사랑의 모습을 구체적으로 상상하게 해 준다.

■ 공지영, 《즐거운 나의 집》, 폴라북스, 2007/2013.

정상적인 가족이란 무엇으로 구성되는가를 생각하게 해 주는 소설이다. 가부장적 가족 제도가 갖는 모순, 그로 인한 갈등을 잘 보여 준다.

❀ 권칠인, 〈싱글즈〉, 2003.

대한민국에서 20대 후반 싱글 여성으로 살아가는 것에 대해 의미를 담고 있다. 특히나 여성 간의 우정이 때론 결혼이라는 평생의 기획보다 더 가치 있는 것일 수 있음을 이 영화는 즐겁게 보여 준다.

❀ 백연아 감독, 〈미쓰 마마〉, 2012.

미혼모의 경험을 여러 각도에서 다룬 영화다. 결혼, 가족, 젠더 문제를 고민하게 한다.

❀ 지민 감독, 〈두 개의 선〉, 2012.

가족 '제도'가 갖고 있는 모순을 보여 준 다큐멘터리이다. 자신의 신념과 생활 방식을 지지하지 않는 제도라면 그것이 과연 우리에게 어떤 의미일지를 생각하게 해 준다.

몸 ●●

신자유주의 시대
경쟁하는 몸

김양선

—— 과거에도 한국사회의 외모 지상주의는 논란의 대상이 되었다. 하지만 2000년대 이후 신자유주의 담론이 확산되면서 외모 관리는 무한 경쟁에서 살아남기 위한 확실한 투자이자 개인의 능력을 나타내는 지표로 여겨지고 있다. 사람들은 세대와 계층, 성별을 막론하고 다이어트와 성형 등 외모 관리에 많은 시간과 돈을 투자한다. 경쟁력 있는 몸은 자기관리와 계발의 결과물이자 취업이나 사회적 성공을 위해 갖춰야 할 스펙 중 하나로 여겨지게 되었다. 사람들은 자신이 노력하면 사회가 원하는 몸을 만들 수 있다는 조형적 몸plastic body에 대해 상상하고, 몸의 서열화에 동참한다. 우리는 몸의 과잉 담론화가 소비자본주의 사회의 대중매체와 의료 산업 등에 의해 조장되고 있다는 사실을 간과한다. 몸 이외에 다른 능력이나 가치를 생산할 수 있는 가능성은 철저히 차단된다.

이 장에서는 한국사회의 몸 만들기 열풍의 현황과 문제점, 원인을 알아보고 이런 몸의 과잉 담론화에서 벗어날 수 있는 방안을 모색하고자 한다.

몸의 사회

'나는 생각한다. 고로 존재한다'라는 르네 데카르트René Descartes의 유명한 말은 근대에 들어서면서 합리적 이성을 중시해 온 인간 역사를 단적으로 보여준다. 이성과 몸을 구별하고, 이성이 몸을 합리적으로 통제하고 규제하는 것은 근대화·문명화의 주요 목적이었다. 그러나 주체와 정체성의 기반으로서의 이성 혹은 정신의 우월성은 차이와 탈중심을 중시하는 후기근대에 들어서면서 폐기되었나. 이처럼 후기근대 사회에 접어들면서 이성 중심주의에서 상대적으로 폄하되어 온 몸이 욕망의 거주처로 새롭게 발견되고 있다.

지금 한국사회에서 몸은 세대와 계층, 지역, 성별을 막론하고 모든 이의 관심사가 되었다. 다이어트와 뷰티, 성형 관련 산업은 계속 증가 추세에 있으며, 대중문화 역시 경쟁력 있는 몸을 끊임없이 전시한다. 건강한 다이어트 상식으로 네티즌의 폭발적인 인기를 끈 웹툰 〈다이어터〉, '인생을 바꾸는 다이어트' '극한도전' 등의 어구로 시청자들을 유혹했던 〈다이어트워〉, 〈스타킹의 다이어트킹〉 등 공중파와 케이블 채널의 각종 다이어트 리얼리티 방송은 몸을 관리하고 혹독하게 훈육함으로써 루저loser에서 위너winner로 거듭난 사람들의 사례들을 보여 주었다. '라이프 체인지', '대반전 메이크 오버쇼'라는 문구를 내건 성형 프로그램 〈렛미인〉 역시 시즌4까지 기획될 정도로 인기를 끌었다. 후기자본주의 사회, 그리고 모든 것을 개인의 능력으로 환원하는 신자유주의 시대로 접어들면서 몸은 관리와 자기계발의 대상이자 취업이나 사회생활, 연애와 결혼에서 성공하기 위한 중요한 스펙으로 자리 잡았다. 때문에 사람들은 사회가 요구하는 표준화된 척도에 자신을 맞추기 위해 다이어트와 성형 등 몸의 인위적인 조작에 투자를 아끼지 않는다. 이들은 얼핏 보기에는 사회가 요구하는 몸의 기준에 자기를 순종적으로 맞추려는 것 같지만 자기 몸을 길들이고 통제함으로써 얻게 될 이득이 무엇인지 충분히 알고 있다. '경쟁력 있는 몸'을 가꾸기 위한 노력은 '투자'와 '자기관리'의 맥락에서 이해되고 있는 것이다.

그런데 현대사회에서 여성과 남성의 몸은 자연적으로 주어진 생물학적인 몸이 아니라 계량화되고 수치화된 인공적인 몸이다. 여성의 체형을 빗댄 S라인 몸매, 콜라병 몸매, 베이글녀와 같은 말이 일상생활에서도 자연스럽게 쓰이고, 남성의 경우 식스팩이나 초콜릿 복근처럼 근육질의 몸매를 이상적인 몸으로 여긴다. 그리고 이 이상적인 몸을 만들기 위해 의료 기술과 뷰티 산업을 적극적으로 이용한다. 사람들은 왜 자연적으로 주어진 몸에 만족하지 않고 돈과 시간을 투자하는 것일까?

사회가 요구하는 기준에 맞춰진 몸이 좀 더 나은 사회적 지위와 생활을 보장하고, 이 기준에 맞지 않을 경우 게으르거나 자기 절제력이 부족하다는 식의 윤리적 가치판단마저 가해지기 때문이다. 그렇기에 사람들은 필사적으로 몸 만들기 열풍에 동참함으로써 자신의 경쟁력을 높이려 한다. 하지만 몸 만들기 열풍은 개인의 자유, 선택, 능력을 강조하는 신자유주의 이데올로기와 맞물려 개인을 스스로 관리하고 변형시키는 주체로 호명한다. 신자유주의적 주체는 자신의 건강과 사회적 지위, 욕망의 실현을 위해 시간과 돈을 지출할 수 있는 능력을 갖춘 자유로운 존재인 것 같지만 사실은 문화자본이 유포하는 이데올로기에 포섭된 존재다. 몸은 중립적인 물리적 실체가 아니라 소비자본주의 시대의 권력, 자본, 가치, 규범, 이데올로기가 중첩된 사회구성물인 것이다.

여성과 남성의 몸을 둘러싼 문제가 한국사회에서 어떻게 나타나고 있는지 몸 만들기 열풍의 현황을 자료를 통해 알아보고, 몸과 관련된 몇 가지 쟁점들 즉, 몸자본의 문제, 몸 프로젝트를 둘러싼 위계화의 문제와 원인, 해결방안 등을 모색해 보겠다.

한국사회의 몸 만들기 열풍

답답해 보이는 눈매가 불만이었던 김 모(여, 26) 씨는 스무 살 때 처음 쌍꺼풀 수술을 받았다. 1년 뒤 낮은 콧대와 입에서 턱 끝까지 길이가 짧은 '무턱'을 교정하는 수술을 동시에 받은 김 씨는 성형에 대한 남다른 관심 때문에 성형외과에 취직까지 했다. 벌써 3년째 성형외과 실장으로 일하는 김 씨는 동료 추천으로 허벅지와 복부의 지방을 흡입해 가슴에 이식하는 수술까지 받았다. 시간이 지나면서 보형물이 수축한다는 이유로 1년 반에 한 번씩 코 재수술도 받고 있다. 지금까지 수술비로 3000만 원이 넘게 들었지만, 김 씨는 새로운 성형법이 나올 때마다 수술을 하고 싶은 욕구를 누를 수가 없다.

《서울신문》 2014년 1월 27일자 기사

위 신문 기사에 소개된 것과 같이 성형 중독에 빠진 일반인들의 사례를 어렵지 않게 찾아볼 수 있다. 성형 중독까지는 아니더라도 일반인들의 성형과 다이어트는 이제 일상적인 라이프 스타일로 자리 잡았다. 한 연구에 따르면 서울경기 지역 18세 이상 여성 810명 중 77.5퍼센트가 미용성형수술의 필요성을 느낀다고 답했고, 한 번 이상의 미용성형수술 경험자가 47.3퍼센트에 달했다. 이들은 인터넷 커뮤니티에서 자연스럽게 다이어트와 성형 정보를 나누고 화장, 패션 등 몸 가꾸기에 투자를 아끼지 않는다.

더욱이 2000년대 들어 장기불황이 지속되고, 20대 청년실업이 사회적 문제가 되면서 몸은 윤리나 미학의 문제가 아닌 경쟁력 있는 주체가 되기 위해서 갖춰야 할 스펙으로 인식되고 있다. 다음 기사를 보자.

취업성형

극심한 취업난 속에 기업들이 취업 지원자의 실력이나 스펙 이외에 외모까지 평가의 기준으로 삼는 것으로 나타나 취업 준비생들을 울리고 있다. 특히 여성 취업자들에 대해서는 남자보다 외모를 더 따지는 경우가 많아 바늘구멍 뚫기보다 어려운 취업을 위해 울며 겨자 먹기로 성형을 하는 사례까지 있는 실정이다. 실제로 국내 기업 10곳 중 7곳은 채용 시 지원자의 외모를 평가하는 것으로 나타났다.

온라인 취업포털 '사람인'에 따르면 기업 인사담당자 776명을 대상으로 '채용과 외모'의 상관관계에 대해 설문한 결과, 66.1퍼센트의 기업이 '외모가 채용 평가에 영향을 미친다'고 답했다. 가장 영향을 미치는 부분은 '인상'(84.2% 복수응답)으로 나타났다. 이어 '분위기'(36.5%), '옷차림'(33.5%), '청결함'(30%), '몸매'(8.8%), '헤어스타일'(6.4%) 등의 순이다. '출중한 외모'는 4.7퍼센트에 그쳤다. 외모를 더 많이 보는 성별은 '여성'(68.8%)이 '남성'(31.2%)보다 두 배 이상 많았다. 지원자의 외모가 채용에 영향을 미치는 이유로는 '자기관리가 뛰어날 것 같아서'(34.7% 복수응답)라는 답변이 가장 많았다. 이어 '외모도 경쟁력이라서'(33.5%), '대인관계가 원만할 것 같아서'(21.8%), '외모에 따라 신뢰도가 달라져서'(21.8%), '직종 특성상 외모가 중요해서'(18.9%), '근무 분위기에 활력을 줄 것 같아서'(18.5%), '자신감이 있을 것 같아서'(17.3%) 순이다. 실제로 스펙이 조금 부족해도 외모가 뛰어나 가점을 주거나 합격시킨 경험이 있는 기업은 64.9퍼센트나 됐다.

《세계일보》 2012년 8월 6일자 기사

취업난으로 인해 외모마저 스펙으로 인식되고, 자기관리 능력과 대인관계를 재는 척도로 인지되고 있음을 알 수 있다. 특히 외모가 취업에 미치는 영향이 여성의 경우 남성의 두 배에 달해 성차가 몸을 서열화하는 요인 중에 하나임을 입증하고 있다.

몸 만들기 열풍은 세대와 성별을 막론하고 확산되는 추세이

TIP | 호황 이루는 국내 성형시장[1]

1. 성형수술 시장 규모: 연간 5조 원, 세계 1위(세계 성형시장의 4분의 1 차지)
2. 인구 1000명당 성형수술 건수: 13.5건, 세계 1위
3. 성형외과 의사 평균 연봉: 9278만 원, 26개 진료 과목 중 1위
4. 성형외과 전공의(레지던트) 지원율: 139.5퍼센트, 26개 진료 과목 중 4위
5. 국내 성형외과 현황: 성형 전문의 운영 745곳, 비전문의 운영 9000여 곳(추정)

다. 최근 들어 취업이나 승진, 입학시험 등에서 상대적으로 취약한 외모 때문에 불이익을 받을지도 모른다는 불안감 때문에 남성들 역시 외모와 몸 관리에 투자한다. 실제로 '수능성형', '취업성형'이라는 신조어가 생길 정도다. 직장인이나 취업준비생들에게 외모가 경쟁력이 되면서 직장인들은 상대방에게 좋은 이미지를 주기 위해 처진 눈이나 낮은 콧대를 오뚝하게 세우고, 성형에 무관심했던 중년 남성들도 이직이나 승진을 이유로 좋은 인상을 주거나 나이가 들어 보이지 않기 위해 시술을 한다. 신자유주의 시대 경쟁 사회에서 성공이 외모와 연결된다는 사회적 합의가 암암리에 이루어지면서 몸은 더 나은 자아를 성취하고, 더 나은 미래를 위해 투자하고 경영해야 할 대상으로 변모했다.

몸 만들기 열풍의 원인

그렇다면 왜 사람들은 이처럼 몸 만들기에 열광하는 것일까. 첫째, 현대는 이미지의 시대다. 이미지가 중시되는 시대에 자신을 가장 가시적이고 직접적으로 보여줄 수 있는 자산이 몸이다. 장 보드리야르Jean Baudrillard의 말처럼 이미지나 기호가 실재를 대신하는 시대에 상품을 사는 행위는 실용적인 목적에서가 아니라 기호나 이미지를 사는 행위가 되었다. 다시 말해 현대인들이 소비하는 것은 사물 그 자체가 아니라 '사회의 계급 질서와 상징적 체계'이다. 생산된 물건의 기능을 따지지 않고 상품이 상징하는 위세와 권위, 즉 기호를 소비하는 것이다. 소비 시대의 인간은 자신을 성찰하기보다는 대량의 기호화된 사물을 응시하고 욕망한다.

소비의 주체이자 대상인 기호 중에서 가장 아름다운 대상이 몸이다. 몸은 광고, 패션, 대중문화 등 모든 곳에 이미지로 넘쳐나고 있다. 몸을 둘러싼 위생, 영양, 의료와 관련한 숭배의식, 젊음, 우아함, 섹시함, 남자다움 혹은 여자다움에 대한 강박관념, 미용과 건강, 그리고 날씬함을 위한 식이요법, 패션과 명품 등은 모두 몸이 사회적 지위와 정체성을 단적으로 보여주는 물질적인 기호가 되었다는 사실을 증명한다. 몸은 정신이 담당했던 도덕적, 이데올로기적 기능을 문자 그대로 넘겨받았다. 이제 관리의 대상이 된 몸은 투자를 위한 자산처럼 다뤄지고, 사회적 지위를 표시하는 여러 기호 중 하나로서 조작된다. 더욱이 오랜 시간과 노력을 투자해야 하는 지적 자본이나 문화자본에 비해 몸자본은 단시간에 만들어질 수 있을 뿐만 아니라 이미지의 시대에 걸맞게 가시적인 효과가 크다.

2000년대 들어 연예 엔터테인먼트 산업의 급성장으로 이른바 연예인, 스포츠 스타, 정치인 등 유명인들과 관련된 셀러브리티 celebrity 문화가 확산되고 미디어 환경의 글로벌화에 힘입어 유명인들의 아름답거나 섹시한 몸과 외모를 부각하는 양상은 더 확산되었다.(최철웅, 2012) 광고, 잡지, 뮤직비디오, 드라마, 영화와 같은 매체를 통해 일반인들은 똑같은 이미지들을 공유하고, 그 속에서 소속감과 정체성을 찾으려 한다. 성형수술이나 다이어트 체험을 공개하는 연예인, 이들의 성공담, 대중교통 광고판부터 인터넷 사이

빅토리아 시크릿의 '러브 마이 바디 캠페인'(사진1)과 비교되는 도브의 '리얼 뷰티 캠페인'(사진2)은 아름다운 몸에 대한 강박적 기준에 도전장을 내미는 듯하다. 몸에 대한 사회적 편견에 반대하는 시민단체인 Club Round는 도브의 캠페인에 화답하는 한 장의 사진(사진3)을 웹페이지에 공개했다.

트까지 도처에 시각적으로 전시된 몸 이미지에 잠식당하면서 일반인들은 이들을 닮기 위한 몸 관리와 변형을 당연한 것으로 받아들이게 되었다.

두 번째, 몸을 둘러싼 산업이나 미디어는 후기자본주의 사회에서 이윤을 창출할 수 있는 최적의 분야다. 따라서 의료, 뷰티, 식품 등 몸과 관련된 산업, 그리고 몸 이미지를 전시하는 미디어는 이윤 창출을 위해 몸과 관련된 고정된 담론을 생산해 낸다.

육체 산업은 아름다운 몸과 외모를 가꾸기 위한 다이어트나 성형, 피부 관리, 피트니스 등 몸을 매개로 한 산업 전반을 일컫는다. 국내 다이어트 시장 규모에 대한 공식적인 통계는 나온 것이 없지만, 한국 다이어트 시장의 규모를 미국의 10분의 1 정도로 볼 경우, 7조 6000억 원 안팎으로 추정된다고 한다. 다이어트 의료가 1조 9000억 원, 헬스클럽이 2조 5000억 원, 다이어트 식품 등 기타가 3조 2000억 원을 차지할 것이란 계산이다.[2] 여기에 성형수술 시장 규모 약 5조 원, 뷰티 산업 약 5조 2863억 원(2010년 기준)을 합치면 육체 산업이 소비자본주의 시대의 최대 이윤창출원임을 알 수 있다.

여기에 미디어는 육체를 시각화하고 선정적으로 전시하는 데 집중하고 있다. 다이어트 서바이벌 프로그램, 성형수술 시연 프로그램은 비만이나 외모로 인해 고통받는 참가자들의 사연을 드라마틱하게 스토리화하고, 이들이 극단적인 절제와 훈련을 통해 일탈적인 몸을 정상화하는 과정을 보여줌으로써 정상과 비정상(일탈), 우월/열등한 몸과 외모의 경계를 재생산하고 서열화한다. 더욱이 이런 프로그램들은 성형외과 전문의나 전문 트레이너, 뷰티 전문가 등을 참여시키고 이들의 조언에 따라 다이어트와 성형에 성공한 참여자들을 부각하는 일련의 과정을 통해 의료 산업, 육체 산업과 미디어의 결탁을 자연스러운 것으로 만든다.

세 번째, 몸이 스펙이 되어 버릴 정도로 젊은 세대에까지 스펙 쌓기 경쟁이 치열해지고 있다. 이처럼 외모가 취업에 영향을 미치는 상황, 외모에 근거한 차별이 엄연히 존재하는 현실에서는 날씬한 몸이나 외모를 후천적인 노력이나 자본을 들여서라도 만들어야 한다는 인식이 확산된다. 엄기호의 지적처럼 "스펙이 이 잉여인간의 시대에 '자기관리'라는 도깨비방망이로 탈락시킬 놈을 찾기 위해 강조되고 있"고, "청년실업 문제를 해결할 의사도 능력도 없는 시장의 무능을 개인의 무능으로 돌려버린 것이 스펙의 실체"(엄기호, 2009)라 하더라도 당사자에게 취업은 절박한 과제가 아닐 수 없다.

또한 젊은 세대가 아니더라도 무한 경쟁과 이익의 극대화를 추구하면서도 책임의 주체를 개인으로 환원하는 신자유주의 시대에 살아남기 위해서 몸이 최후의 투자처라는 위기의식이 확산되고 있다. 승진이나 건강, 원활한 사회적 네트워크 형성에 외모나 몸이 영향을 미친다고 보는 것이다. 그러니 사회적 자아로 살아남기 위해서 이제 개인은 자신의 몸에 투자하고 몸을 관리할 수밖에 없다. 또 이처럼 몸이 개인의 노력과 능력 여하에 따라 얼마든지 자산이 될 수 있다는 인식이 확산될수록 외모에 따르는 상이한 보상과 제재를 당연히 여기는 사회적 분위기가 더욱 공고해지는 악순환이 되풀이된다.

몸자본, 몸의 계급화, 조형적 몸

스포츠 스타나 연예인들의 개런티를 일컫는 '몸값', 키가 작거나 뚱뚱한 사람을 일컫는 '루저' 등은 몸에 새겨진 서열과 계급을 함축하는 말들이다. 프랑스 철학자 피에르 부르디외Pierre Bourdieu는 취향의 계급화를 통해 몸의 계급화를 설명한다. 취향이란 계급과 자원의 불평등으로 인한 선택을 마치 개인들의 자발적인 선택인 양 자연스러운 것으로 받아들이는 것이다.(임옥희, 2010) 몸은 취향을 계반함으로써 형성된다. 부르디외는 몸이란 다양한 사회적 힘과 연관되어 발달하는 미완의 실체이며, 사회적 지위의 획득 및 차별화에 중심 기제로 작동하는 것이라고 보았다. 가령 걸음걸이, 말씨, 차림새 등 우리는 아주 어린 시절부터 사회화 과정을 거쳐 사회적으로 차별화된 몸을 만든다. 즉 몸은 개인이 속한 사회계급을 드러내는 것이다. 부르디외에 따르면 계층은 취향의 발달에 영향을 미치고 취향은 다시 몸의 발달에 영향을 미친다. 돈이 있는 사람은 헬스, 요가, 성형 등을 통해 자신의 몸을 관리하고, 잘 가꾸어진 몸으로 자아 연출을 할 수 있다. 반면 경제적 여유가 없는 노동자들은 먹고 살기 위해 육체노동을 해야 한다. 음식도 마찬가지이다. 소득 차에 따라 음식 소비의 취향이 달라지며, 같은 소득 내에서도 교육 수준과 직종, 즉 학력과 사회계층에 따라 고르는 음식이 다르다.

저소득층은 경제적·시간적 여유가 없는 탓에 열량이 높은 정크 푸드를, 고소득층은 웰빙 음식을 선호하면서 계급에 따른 취향의 차이가 건강에까지 영향을 미친다. 2013년 질병관리본부에서 조사한 국민건강영향조사 결과를 토대로 소득수준별 비만 유병률을 분석해 보면 하위 25퍼센트 가정의 여아(2~18세) 비만율은 2001년 9.5퍼센트에서 2010~2012년 평균 10.0퍼센트로 증가했다. 반면 상위 25퍼센트 가정 여아의 비만율은 2001년 8.3퍼센트에서 2010~2012년 평균 7.3퍼센트로 떨어졌다. 비만의 양극화 현상을 보여주는 지표인 셈이다.[3] 보건복지부의 2012년도 국민건강통계에서도 유사한 결과가 나왔다. 19세 이상 5500여 명을 월 가구 소득(가구원 수 고려)에 따라 네 개 그룹(상, 중상, 중하, 하)으로 나눠 분석한 결과, 비만 정도가 소득과 반비례했다. 소득 상위층의 체질량지수(BMI) 기준 비만율은 29.5퍼센트인데 비해 하위층은 34.3퍼센트로 4.8퍼센트 높았다. 특히 소득이 많을수록 날씬한 현상은 여성에게서 뚜렷하게 나타났다. 여성 소득 상위층의 체질량지수 기준 비만율(21.5%)은 하위층(32.4%)보다 10퍼센트 이상 낮았다.[4]

소득이 몸의 계급화를 가져왔다는 증거다. 이처럼 취향은 계급마다 다른 몸을 만들고, 이에 차별적인 가치를 매김으로써 몸의 서열화, 계층화를 야기한다.(쉴링, 1999: 185~201, 임인숙, 2007: 107) 각 계급 집단은 다른 계급과 '구별되는' 하지만 명확히 파악할 수 있는 몸과의 관계를 형성한다. 곧 특정 형태의 몸에 부착된 상징적 가치는 개인의 정체성 감각에서 일정한 함의를 갖게 되며, 지배계급은 자신들의 몸을 '우수한, 가치 있는 몸'으로 정의함으로써 '구별 짓기'를 행사하는 것이다.(함인희, 2006)

그러니 사람들은 사회에서 가치를 인정받을 수 있는 경쟁력 있는 몸을 만들기 위해 애를 쓴다. 이를 몸자본이라고 한다. 관리된 몸과 그렇지 않은 몸은 몸자본에서 차이가 난다. 즉 계급과 몸자본은 비례한다. 몸자본은 경제자본, 문화자본, 사회자본의 형태로 전환된다. 그런데 이 몸을 사회적 실체로 전환하기 위해서는 자신의 체형을 계발하고 유지하는 등의 행위가 요구된다. 가령 사회가 요구하는 미를 구현한 몸과 외모는 경제적·사회적 자본으로 전환이 가능하다. 여성의 경우 좋은 조건의 남자를 만나 신분 상승을 할 수도 있고 직장도 수월하게 구할 수 있다. 남성도 취업이나 승진에 도움을 받을 수 있다. 몸짱 연예인이나 전문 헬스트레이너처럼 자기 몸을 전시함으로써 돈을 벌 수도 있다. 이처럼 외모를 근거로 한 위계화(계층화), 즉 외모 차별주의가 존재하는 현실에서는 노력이나 투자의 결과 이 자본이 후천적으로 습득될 수 있다는 인식이 확산된다.

몸의 위계화를 이루는 바람직한(혹은 매력적인) 몸에 대한 사회적 기준은 젠더에 따라서도 달리 나타난다. 남성의 몸은 근육질, 여성의 몸은 스키니한 마른 몸에 가슴과 엉덩이를 강조한 S라인을 요구하면서 남성과 여성은 자신의 성별에 맞는 몸, 사회가 요구하는 이상적 기준의 몸을 만들기 위해 몸 가꾸기에 매진한다.

몸자본이 자본으로서의 상품성을 높이기 위해서는 우리의 몸을 언제든지 변경 가능한 것으로 만들어야 한다. 몸의 유기체적 속성을 강조하던 과거와는 달리, 후기근대 사회에서는 몸과 정신, 문화와 자연의 경계가 유동적이듯, 몸 또한 고정된 실체가 아니라 언제든지 변화 가능한 유연하고 가변적인 실체로 인식되고 있다. 이를 '조형성'이라고 한다. 조형성 혹은 유연성flexibility이란 몸이 파편화되고, 변형되며, 새로운 스타일로 재창조될 수 있는 대상이라는 인식을 말한다. 조형적 몸plastic body 하면 연상되는 것이 성형수술 plastic surgery일 것이다. 과거 얼굴 중심의 미용 성형과는 달리 이제 내가 원한다면 내가 원하는 부위를 마음대로 빼거나 깎거나 더할 수 있다. 지방흡입술, 보톡스, 종아리퇴축술, 양악수술 등은 "내가 원하는 부위"의 범주가 전신으로 확산되었고, 의료 기술 등 인공적인 도움으로 몸을 조형할 수 있음을 보여준다. 이런 현상을 단적으로 보여주는 사례가 성형외과나 다이어트 홍보 매체에서 흔히 볼 수 있는 Before/After 사진이다. 인터넷에서 흔히 볼 수 있는 연예인 성형 전/후, 얼짱 성형 전/후 사진은 눈이나 코, 턱 등 구체적인 부위를 확대해서 보여주고, 다이어트 전/후 00킬로그램 감량 사진 역시 배나 허리 등 특정 부위를 강조하거나 구체적인 수치를 제시하면서 내가 돈과 시간을 들여 노력하기만 한다면, 자기 절제 능력만 있다면 원하는 몸으로 재구성할 수 있다는 메시지를 시각적으로 생생하게 전파한다.

정리하자면 신자유주의 시대에 몸은 개인이 노력하고 통제하고 관리해야 하는 자본이 되었다. 사람들은 몸을 자본 삼아 우월한 사회적 지위, 경제적 특권을 누리고자 고군분투한다. 몸자본의 유무에 따라 신분이 결정되는 몸의 위계화가 진행될수록 몸을 조형/주조하려는 시도들도 증가하게 된다. 문제는 이 시도들의 이면에 자본의 이데올로기가 작동하고 있음에도 이런 구조적 원인들을 간과하고 개인이 자기 감시와 자기 검열을 자발적으로 수용하게 된다는 것이다. 몸(만들기) 프로젝트의 문제점과 원인에 대해 좀 더 자세히 알아보자.

몸 프로젝트의 문제점과 원인

몸을 비롯한 외모 지상주의 사회의 가장 큰 문제점은 신자유주의 사회가 개인의 능력과 경쟁력을 우선시하면서도 역설적으로 외모나 몸 이외에 다른 경쟁력이 저하된다는 것이다. 옷, 화장, 다이어트, 성형 등 몸을 가꾸고 길들이기 위해 일상의 시간과 공간을 투자하다 보니 자기 변신에만 주목하고, 사회 정치적 이슈에 대한 관심은 적어지게 된다. '가부장제 이데올로기에 순응하는 것이다', '육체 산업에 예속되는 것이다'라는 비판에도 불구하고 다이어트와 성형을 비롯한 외모 관리에 외적·내적 자산을 집중하면서 자신이 가진 다른 다양한 자원과 능력을 키울 가능성은 줄어든다.

둘째, 여성뿐만 아니라 남성, 청소년들에게까지 아름답고 이상적인 몸의 기준이 단일하게 적용되면서 지나치게 자기 몸을 개조하고 관리하게 되고, 이로 인한 물리적·심리적 고통이 커진다. 다이어트 식품이나 약품을 오남용해서 나타나는 부작용은 영양결핍, 골다공증, 각종 부인병을 유발하고 심지어 죽음을 유발할 수도 있다. 더 문제인 것은 마른 몸이 이상적인 것으로 제시되고 비만인에게는 게으름, 의지력 부족, 도덕적 실패와 같은 부정적인 낙인이 찍히면서 이런 낙인을 두려워한 사람들이 스스로 사회적 관계로부터 고립되거나 거식증, 폭식증 같은 신경증을 앓게 되는 경우가 많다는 것이다. 외모관리에 실패했을 경우 이를 개인적 능력의 한계나 의지력 부족 탓으로 여겨 자기비하나 자기혐오에 빠지기도 한다.

셋째, 미용성형 시장에 전문의뿐만 아니라 비전문의까지 뛰어들면서 각종 의료사고가 발생하지만, 의사와 환자 사이의 위계화된 관계로 인해 그 위험성이 충분히 고지되지 않고 있다. 한국소비자원의 자료에 따르면 성형수술 피해 등으로 소비자원의 상담을 받은 건수는 2013년 4806건으로 2012년 3740건보다 28.5퍼센트 늘었다. 교정 치료의 목적이 아니라 성형 목적으로 한 양악수술이 유행처럼 번지면서 현재 연간 5000건의 양악수술이 시술되고 있으며, 양악수술을 받은 사람들의 52퍼센트가 안면 무감각 등 부작용을 겪은 것으로 나타났다.[5] 하지만 성형산업과 언론은 미용성형의 효과만을 과장되게 선전하고, 미용성형의 선택을 소비자 개인의 의지인 것으로 담론화함으로써 그 선택에 따른 위험과 부작용마저 개인의 책임으로 돌린다.

넷째, 다이어트와 성형은 젊은 여성의 몸, 날씬하고 아름다운 몸, 섹시한 몸, 남성의 근육질 몸, 탄탄한 몸을 이상화함으로써 이 표준에 맞지 않는 여성과 남성들을 타자화한다. 나이 든 여성과 남성, 키가 작거나 뚱뚱한 여성과 남성, 장애인은 제외된다. 이처럼 젊고 예쁘거나 매력적이지 않은 여성과 남성을 타자화하고 가부장제 사회, 소비 사회가 요구하는 여성과 남성의 몸을 동질화함으로써 외모 관리와 그에 따른 육체 산업의 팽창을 마치 여성들 간, 남성들 간, 혹은 남성과 여성 간의 경쟁에서 비롯된 것인 양 호도할 수 있다. 몸 관리는 무한 경쟁의 시대에 남성들과 사회적으로 동등해지려는 여성들의 욕망과 힘겨운 노력의 소산인 셈이다. 그러나 이들의 힘겨운 노력은 자기만족과 자기관리의 일환으로 치부된다. 결국 저항의 가능성은 봉쇄되고, '외모가 곧 권력'이라는 이데올로기를 무비판적으로 수용하게 된다.

몸의 자본화, 몸의 서열화는 여성뿐 아니라 남성에게도 억압적으로 작용한다. 불과 얼마 전까지만 해도 외모에 대한 지적은 주로 여성에게 집중되었다. 남성의 시각에서 여성의 몸과 외모를 평가해 온 오랜 관행 때문이다. 남성의 외모는 남성성의 핵심인 경제적 부양능력과 결부되어 부수적인 것으로 여겨졌다. 하지만 최근에는 외모가 유일한 자원인 대부분의 여성들뿐만 아니라 경제력·사회적 지위 등 다른 여러 자원을 가지고 있었던 남성들에게도 외모가 중요한 능력 및 경쟁력이 되었다.(김고연주, 2010) 이런 변화는 남녀 성별 구분이 붕괴되고, 여성과 남성 모두 자기계발이라는 목적으로 자기를 감시하고 통제하는 자아로 구성되고 있고,(김고연주, 2010) 절제와 통제라는 이름으로 자신의 감정마저 관리하는 사회가 되었음을 뜻한다.

다섯째, 이처럼 우월한 몸/열등한 몸, 아름다운 몸/추한 몸, 경쟁력 있는 몸/나태한 몸과 같은 위계가 사회경제적 서열로 연결되는 상황에서, 외모에 따라 상이한 보상과 제재가 가해지는 것이 당연하게 여겨지는 사회 분위기가 더욱 공고해진다. 남성과 여성 모두 있는 그대로의 몸을 인정하지 못하고 사회가 요구하는 유순하고 획일화된 몸으로 길들여지면서 몸에 대한 자기 규율, 자기 감시가 확산되고 몸의 식민화 현상이 심화된다.

몸 중심 사회에서 탈주와 저항은 가능한가

다이어트와 성형, 미용과 패션을 비롯한 각종 육체 산업이 인도하는 몸 가꾸기는 개인에게 해방적인 경험을 제공할 수 있다는 견해도 있다. 자신의 의지대로 몸을 바꿀 수 있다는 경험이 자신의 자아를 마음대로 통제할 수 있다는 성취감을 부여할 수 있기 때문이다. 더욱이 여성의 사회 진출이 늘면서 자기조절, 결단력, 절제된 감정 등과 같이 예전에 남성의 미덕이라고 여겨졌던 자질들을 여성들도 몸과 외모 가꾸기를 통해서 적극적으로 실천하고 있다. 다이어트와 성형 성공으로 자신감을 회복했고, 다른 일에 도전하게 되었다는 식의 미담이 대표적인 예다. 혹자는 몸이 정체성을 규정하는 핵심적인 장소가 되는 시대에 끊임없는 보수와 개선, 자기 배려의 맥락에서 성형과 다이어트를 실천하는 여성들을 주체적이고 적극적이며 자아를 계발하는 페미니스트로 평가하기도 한다.

하지만 소비문화가 요구하는 몸 이미지와 패션 등은 유행에 따라 끊임없이 바뀌므로 개인은 늘 새로운 몸과 자아를 쫓아가야 한다는 억압에 시달리기도 한다. 즉 육체 산업은 자유주의 페미니즘과 급진주의 페미니즘에서 주장하는 몸의 자기결정권 개념이 신자유주의적인 자기계발 담론과 교묘하게 유착한(최철웅, 2012), 상품으로서의 페미니즘에 불과하다. 따라서 우리는 현재 몸과 관련된 담론이나 이론이 제공하는 해방과 욕망 실현, 전복이라는 메시지 이면에 내재한 소비자본주의와 신자유주의 이데올로기의 의도를 비판적으로 읽어낼 수 있는 안목을 키워야 한다.

그런 점에서 외모 중심주의 혹은 외모 차별주의를 개선하기 위한 심층적인 내용의 교육 프로그램들을 개발하고 진행할 필요가 있다. 현재 여성단체나 학교, 교과서 등에서 진행되는 프로그램 내용들은 대체로 '자기 몸 사랑하기'나 '몸에 대한 인식의 전환' 등 개인의 의식 변화에 머물러 있는 것이 문제다. 이런 인식의 변화는 물론 중요하지만 그것과는 별개로 외모 중심주의를 조장하는 미디어나 성형, 다이어트, 뷰티 산업 등 사회구조적인 요인의 실체를 폭로하는 작업이 체계적인 교육과 함께 병행되어야 한다. 즉 외모 중심의 미의 기준을 만들어 내고, 그것을 과학과 기술의 이름으로 포장하는 의료 산업과 대중매체의 작동 원리에 대한 성찰과 분석이 꾸준히 이루어져야 한다.

10대부터 노년층에 이르기까지 우리 일상에 널리 퍼져 있는 몸과 관련된 일상적 담론에 대해서도 재고할 필요가 있다. "건강 생각해서라도 살 좀 빼", "오늘은 예뻐 보이네", "날씬해졌구나", "젊어 보이네"와 같이 상대방을 외모로 평가하는 담론들은 상대방에 대한 관심이나 사교의 명목으로 우리 주변에서 지나치게 많이 쓰이고 있다. 이런 담론들은 외모 중심주의를 내면화하는 데 영향을 미친다. 따라서 '몸에 대해 말하지 않기', '외모나 몸이 아닌 상대방의 다른 가치들을 발견하고 말하기'도 일상에서 실천할 수 있는 대안이다. 가령 2009년 미국의 '델타델타델타 바디이미지 이니셔티브'는 '살에 대해 말하지 않기End Fat Talk' 캠페인을 전개해 몸에 평가적·윤리적 잣대를 대는 관행에 문제를 제기하기도 했다.

미디어에 대한 감시도 필요하다. 미디어는 다이어트 성공담과 실패담, 성형에 성공한 연예인을 끊임없이 재생산함으로써 단

《다이어터》의 한 장면. 우리는 일상 속에서 몸에 대한 말하기를 멈추지 않는다.

하나의 기준을 만들어 낸다. 시각적 이미지의 압도적 영향력과 미디어의 글로벌화 현상에 따라 몸 중심 사고가 더 확산되는 마당에 이런 기준을 바꾸기는 몹시 힘들어 보인다. 하지만 이스라엘처럼 일정 체중 기준에 미달하는 사람을 패션모델로 기용할 수 없게 하는 법안을 만들거나 미디어에 다양한 몸이 등장할 수 있도록 유도하는 제도적 장치는 필요하다.

외모지상주의에서 살아남은 자들의 인권에 대한 재고도 필요하다. 아이돌 스타들의 인권이 그 예다. 미디어에서 아이돌 스타들의 외모와 몸은 철저하게 시각적 쾌락의 대상이 되고 있다. 핫팬츠와 섹시한 춤으로 무장한 10대 걸 그룹들은 자신의 몸을 전시하기 위해 살인적인 다이어트로 몸을 혹사한다. 이들의 건강권은 최상의 상품성을 유지하기 위해 희생되는 것이다.

외모 차별을 다른 부분의 차별만큼이나 민감한 것으로 인식하고 극복하려는 실천도 필요하다. 〈남녀고용평등과 일·가정 양립 지원에 관한 법률〉은 "사업주는 여성 근로자를 모집·채용할 때 그 직무의 수행에 필요하지 아니한 용모·키·체중 등의 신체적 조건"을 제시·요구하는 것을 금지하고 있다. 비록 입법이 좌절되기는 했으나 법무부가 2007년 공고했던 〈차별금지법〉에는 용모 차별 금지가 포함됐다.

그러나 이런 제도에도 불구하고 외모차별을 극복하는 것은 쉽지 않다. 계층차별, 연령차별, 남녀차별, 인종차별 등 더 '시급하고 중요한' 차별의 철폐가 우선시되는 사회 분위기 때문이다. 하지만 외모차별은 열거한 차별 등과 연계되면서 우리사회의 여러 차별 요소들을 심화한다는 점에서 문제다. 따라서 외모 때문에 생기는 불이익을 없앨 수 있도록 제도적 요소를 보완하려는 실천이 필요하다.

　가령 외국의 제도적 실천을 모델로 삼을 수 있다. 2005년 프랑스는 성형광고를 전면 규제했고, 2012년 영국은 미용성형외과 의사협회에서 성형광고 전면규제를 요구했다.(한국여성민우회, 2013) 2013년 한국여성민우회에서 개최한 '한국의 성형실태 및 대안 모색을 위한 포럼'에서는 광고나 미디어에서 무분별한 성형 유도 확산을 막기 위한 제도적 장치를 만들고, 수술 과정에서 의료적인 상담의 의무화와 현재 부작용 고지가 제대로 이뤄지지 않은 상황의 개선을 요구하면서 다양한 삶의 공존이 가능한 〈몸 다양성보장법(가칭)〉 제정을 제안한 바 있다.

　마지막으로 몸에 대한 획일화된 인식에서 벗어나야 한다. 남자 키 180센티미터 이상, 여자 키 170센티미터 이상에 몸무게 50킬로그램 이하여야 정상이라는 10대와 20대에 만연한 이상적인 몸에 대한 판타지는 몸에 대한 다양한 사고를 가로막는다. 소비자본주의 사회가 유포하는 경쟁력 있는 몸을 영악하게 이용하는 사람도 있지만, 여전히 공사 영역에서 자기 몸을 부려 노동하는 사람들도 있다. 자기 몸의 변화를 이제 막 깨닫기 시작한 10대의 몸이 있는가 하면, 쇠락해 가는 노년의 몸도 있다. 여성과 남성의 경계를 허무는 트랜스젠더의 몸, 동성의 몸을 욕망하는 게이나 레즈비언의 몸도 있다. 대안적인 몸에 대한 상상은 우리사회에 존재하는 이 이질적이고 복수적인 몸의 존재를 직시할 때 가능하다.

더 읽어보면 좋은 책

▌ 김고연주, 〈'나 주식회사'와 외모 관리〉, 《친밀한 적》, 이후, 2010.

신자유주의 시대 경쟁 논리와 외모 산업 간 관계를 보여 준다. 외모 가꾸기가 개인의 중요한 능력이자 성취로 간주되면서 여성뿐 아니라 남성도 자기계발을 위해 몸을 감시하고 규율한다고 강조한다.

▌ 임인숙, 〈한국 다이어트 서바이벌 프로의 비만 낙인 재생산〉, 《한국여성학》 28(4), 한국여성학회, 2012.

국내 다이어트 서바이벌 프로그램이 비만 낙인을 재생산하는 방식을 분석하고 있다. 이런 프로그램들이 외모의 정상성과 일탈의 기준을 확대 재생산하면서 비만 낙인을 오히려 지속한다고 비판한다.

▌ 태희원, 〈신자유주의적 통치성과 자기계발로서의 미용성형 소비〉, 《페미니즘연구》 12(1), 한국여성연구소, 2012.

여성들이 미용성형을 자기계발을 위한 선택이자 소비로 의미화하지만, 이는 신자유주의 시대 의료 기술 및 시장이 논리에 따라 변할 수 있는 불완전한 프로젝트임을 규명한다.

▌ 한국여성민우회, 《뚱뚱해서 죄송합니까?》, 후마니타스, 2013.

외모 지상주의를 조장하는 의료, 시장, 미디어 등 사회구조적 문제를 성형과 다이어트 경험이 있는 24명 여성들의 생생한 목소리와 함께 들려준다. 대안적 몸과 관련된 구체적인 실천 방안을 제시한다.

▌ 크리스 쉴링, 임인숙 옮김, 《몸의 사회학》, 나남출판, 2011.

몸에 관한 20세기 주요 이론가들의 연구들을 체계적으로 소개한다. 몸을 통한 자아 연출과 연기하는 자아의 개념을 제시한 고프만, 시대와 사회에 따라 정치 권력이 몸에 행사되는 방식을 설명한 푸코 등의 다양한 이론을 엮었다.

📘 데버러 L. 로우드, 권기대 옮김, 《아름다움이란 이름의 편견》, 베가북스, 2011.

외모 지상주의의 여러 문제를 파헤치고 개선과 해결을 위한 실마리를 제공하는 인문서다. 특히 법률적·정책적·사회적 조치를 통해 외모 지상주의의 폐해를 최소화하고 개선하기 위한 전략을 제안한다.

가족 ●● '가족들' 안과 밖의 여성
그리고 남성

허민숙 · 신경아

—— 행복한 가족의 구성원이 되는 것은 현대를 살아가는 많은 사람들의 소망이자 바람일 것이다. 가까이 있는 친구와 동료마저도 경쟁의 대상일 수밖에 없는 무한 경쟁사회일수록 돌아가 쉴 수 있는 따뜻하고 편안한 안식처로서 가족의 의미는 그 중요성을 더해갈 수밖에 없다. 그러나 기대와 희망이 클수록 가족에 대한 실망도 커지기 마련이고, 가장 친밀한 관계여야 할 가족 간에 갈등이 깊어지는 경험을 하기도 한다. 이 장에서는 이처럼 애정과 상처의 동시적 공간인 가족의 현재를 여성주의적 관점에서 돌아보고 더 나은 미래의 가족을 상상하려 한다. 주변 사람들의 삶을 면밀히 들여다 보면, 사회에서 말하는 '이상적인 가족'의 틀에서 살기보다는 각자의 이유로 조금은 다른 형태의 가족 안에서 다른 방식으로 살아가는 사람들이 많으며, 그 다양성이 늘어감을 알 수 있다. 이번 장에서는 이러한 변화 속에서 '나'는 가족과 어떻게 살아갈 것이며, 또 가족과 어떠한 관계를 맺을 것인가, 그리고 나와는 다른 삶을 어떻게 바라볼 것인가에 대한 고민과 성찰을 나누어 보도록 한다.

"가족은 OOO이다."

가족사회학 수업 시간에 있었던 일이다. 학생들에게 가족은 나에게 무엇인지 하나의 문장으로 표현해 보라는 숙제를 주었다. 한 여학생이 "가족은 등산 배낭"이라고 이야기했다. 꼭 필요한 짐을 꾸려서 떠나지만, 산에 오르는 내내 버리고 싶은, 그러나 버릴 수 없는 짐과 같은 것이 가족이라는 것이다. 한 남학생은 "가족은 북극곰"이라고 쓰여진 한 장의 사진을 내밀었다. 빙하가 다 녹아서 간신히 발 디딜 틈만 남은 작은 얼음 조각 위에 곰 세 마리가 애처롭게 서 있는 사진이었다. 가족은 지금 너무나 큰 위기에 몰려 있어서 생존 자체가 걱정스러운 지경에 이르렀다는 것이다. 또 다른 여학생은 벌거벗은 상반신을 두 팔로 감싸고 있는 여성의 몸(얼굴은 없고 상반신만 있는) 사진을 가져왔다. 가족은 모든 것을 다 보여주고 드러내는 공간이라고 생각하기 쉽지만, 실은 많은 것을 감추어야 하고 표현할 수 없는 집단이라는 것이다.

내가 가족을 정의한다면 어떻게 표현할까? 위의 글에서 나타난 학생들은 가족이란 좋거나 나쁘거나 한 어떤 것이 아니라 매우 복합적이고 간단히 표현하기 어려운 것이라는 생각을 하게 한다. 우리는 어떤 가족 속에 살고 있는가? 우리가 앞으로 살고 싶은 가족은 어떤 가족인가? 이 장에서는 현재 우리가 속해 있는 가족을 살펴보면서, 미래에 우리가 만들어 갈 가족에 대한 그림을 그려볼 것이다.

가족과 개인

한국사회는 서구나 다른 아시아 국가에 비해 훨씬 더 가족중심적인 경향이 강하다.(김혜경, 2012; 장경섭, 2009) 유교문화적 전통과 식민지 시대의 경험, 전쟁, 산업화 이후 복지 정책의 부재 등 한국사회는 인간의 생존을 국가나 사회적 보호체계보다는 가족에게 그 책임을 떠넘겨 왔다. 한국사회의 구성원들은 가족을 단위로 살아남아야 했고 생애의 전 시기를 가족 속에서 살았다. 부모를 섬기는 도리인 효는 가장 근본적이고 절대적인 윤리로 간주되었고 다른 사회 영역의 구성 원리로까지 확대되었다. 가족은 영유아부터 노인에 이르기까지 전 생애 과정을 책임지는 기본 단위였고 또 유일한 단위였다.

따라서 각자의 경제적·문화적 조건은 가족의 사회경제적 지위에 의해 결정되었다. 계층적으로 상층이나 중산층 가족에서 태어난 사람은 가족의 지원을 통해 충분한 교육과 자기계발을 위한 기회를 가질 수 있었고, 물려받은 부를 자기발전의 자원으로 삼을 수 있었다. 반면 하층 가족의 자녀들은 교육기회는 물론, 별다른 자원을 갖지 못한 채 살아갈 수밖에 없었고 경제적·문화적으로 빈곤한 삶을 살 가능성이 높았다.

한국 가족의 이러한 역사는 서구와는 매우 다른 경험이다. 서구의 경우 18세기 이래 근대 사회가 전개되면서 가족과는 분리된 존재로서 '개인'에 대한 인식이 형성되었다. 가족을 비롯한 그 어떤 사람으로부터도 독립되고, 자율성을 지닌 주체로서 인간이라는

'개인' 의식은 보편적으로 확대되었고 20세기에 이르러 일상생활에도 뿌리를 내렸다. 그 결과 서구 사회의 젊은이들은 성인이 되면 집을 떠나 따로 살면서 경제적으로 독립된 생활을 하는 것을 규범으로 여겼다. 복지국가의 등장에 따라 기본적으로 국가나 사회와 같은 공적 차원에 의해 개인 생존에 대한 지원 체계가 확립되었다. 그리하여 서구 사회에서 인간은 먼저 '개인'으로서 독립된 지위를 가지며, 가족 속에서 살지만 자신을 가족구성원이기에 앞서 분리된 개인으로 생각하게 되었다.

2000년대 들어 한국사회에서도 '개인'에 대한 인식은 점차 확산되는 것처럼 보인다. 〈표1〉에서 1998년부터 2012년 사이 결혼에 대한 생각의 변화를 살펴보면 '결혼은 반드시 해야 한다'고 생각하는 사람이 크게 줄고, '해도 좋고 하지 않아도 좋다'고 생각하는 사람이 크게 늘어난 것을 볼 수 있다. 결혼을 의무로 인식하는 사람들은 이 시기 33.6퍼센트에서 20.6퍼센트로 3분의 1가량 감소했고, 대신 선택으로 생각하는 사람들이 23.8퍼센트에서 33.4 퍼센트로 늘었다. 특히 남성에 비해 여성은 결혼을 의무라기보다는 선택으로 생각하고 있음이 뚜렷이 나타났다. 2012년 여성의 39.4퍼센트가 결혼은 해도 좋고 하지 않아도 좋다고 생각하며, 남성(29.7%)에 비해 10퍼센트 정도나 높은 비율을 보이고 있다. 결혼의 필요성에 대해 여성들의 인식이 더 부정적인 것을 알 수 있다.

이처럼 한국사회에도 개인에 대한 지향이 높아지고 있다. 다시 말해 '개인화'라고 부를 만한 현상이 나타나고 있는데, 이는 두 가지 측면에서 설명할 수 있다. 첫째, 주관적 의식의 개인화다. 지난 200여 년간 서구 사회에서 나타난 바와 같이, 한국사회에도 가

표1. 결혼에 대한 성별 태도의 변화 (1998~2012)

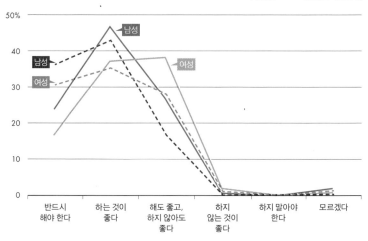

- - - 1998년 ── 2012년 (단위: %)

* 조사 대상: 15세 이상 인구
자료: 통계청, 〈한국의 사회조사〉, 1998/2012.

족보다는 자신을 중요시하는 주관적인 인식이 확산되었다. 가족
규범과 부양 책임을 준수하기보다는 자신의 자유와 개인적 욕구를
중요시하는 경향이 확대되어 온 것이다. 둘째, 객관적 측면으로,
구조적 위험의 개인화다.(Beck, 2002) 국가가 복지체계를 통해 시민
들의 삶을 보호해 주지 못 하기 때문에, 신자유주의적 경쟁 사회
에서 가족 역시 보호 능력을 잃고 개인들도 뿔뿔이 흩어질 수밖에
없다. 주로 하층 가족에서 나타나는 이러한 현상은 빈곤이나 실업
등으로 생계의 어려움에 직면한 가족이 이혼이나 별거로 인해 분
리되거나 실질적인 부양책임을 완수하지 못하면서 가족구성원들
이 혼자 살아가야 하는 상황을 가리킨다.(신경아, 2012)

한국 가족이 직면한 이러한 현실은 가족에 대한 개인들의 인식과 실천에 변화를 가져온다. 그것은 어떻게 변하고 있으며, 또 어떻게 변해갈 것인가? 이 장에서는 이러한 질문들에 대해 생각해 본다.

가족이란 무엇인가?

가족의 정의

가족family은 결혼과 혈연, 입양 등으로 맺어진 사람들의 집합체로 주거와 생활을 함께하며 정서적 친밀감을 갖는 공동체다. 가족은 경제적 협력과 성별 분업, 상호 돌봄, 합법적인 성관계, 출산과 양육, 정서적 지지 및 애정관계 유지 등의 기능을 수행하는 집단으로 정의된다. 따라서 가족은 단순히 주거와 생활공간만을 공유하는 가구household와는 구별된다.(Dickerson, 1995) 가족은 애정과 혈연관계를 바탕으로 구성되기 때문에 평화와 신뢰에 근거한 사적 공동체라는 특징을 갖는다. 그러나 동시에 가족은 사회 변화와 무관할 수 없기 때문에, 끊임없이 사회와 교류하는 열린 공간으로서의 특징도 갖는다. 가족생활과 가족관계에 대한 사회의 다양한 영향과 압력은 가족구성원 간의 관계에도 영향을 준다. 이런 의미에서 가족은 구성원 간 협력의 장소가 되기도 하고, 또 갈등의 장소가 되기도 한다.(Breines and Gordon, 1983)

또한 가족은 성별, 계층, 연령, 지역, 혼인 상태, 가족구성, 성적 지향 등에 따라 매우 다르게 경험될 수 있다. 한 사람이 여성인가 남성인가, 중산층인가 빈곤층인가, 도시에 사는가 농촌에 사는가, 기혼자인가 비혼자인가, 이혼이나 별거 상태인가, 이성애자인가 동성애자인가 등 개인이 가질 수 있는 다양한 요인에 따라 가족의 경험은 달라진다.

가족을 혈연, 애정, 거주의 공동체라고 할 때, 오늘날 그러한 정의에 부합하는 가족이 얼마나 될까? 입양을 통해 가족관계를 구성하는 사례도 늘어나고 있으며, 부부 간의 애정이 사라져 정서적 이혼 상태에 이른 '쇼윈도 부부'나 별거·이혼 후의 한부모 가족이나 조손 가족, 재혼 가족의 비중도 커지고 있다. 또 교육이나 취업을 위해 부모와 자녀가 떨어져 사는 기러기 가족이나 주말에만 만나는 주말 가족 등 거주 형태도 다양해지고 있다. 나아가 법적 혼인 절차를 거치지 않은 동거 가족이나 동성애 가족도 통계적으로 확인되지 않았을 뿐, 우리사회에 상당수 존재한다. 이러한 사례들은 '가족이란 무엇인가?'라는 질문에 우리가 가지고 있는 기존의 답이 매우 제한된 것임을 보여준다. 따라서 페미니스트들은 '가족 the family'이 아니라 '가족들families'이라고 이름 붙여야 하며 부부와 자녀로 구성되는 핵가족이 바람직하다는 생각은 '정상가족 이데올로기'에 불과하다고 비판한다.

2012년 5월 대학로 갤러리에서 '정상가족 관람불가전'이라는 사진 전시회가 열렸다. 사진전에는 동성 커플, 비혼여성, 비혼모, 장애여성 가족, 주거 공동체 등의 실제 삶을 사진에 담아 전시했다.

TIP | 가족 이데올로기

이데올로기란 사회의 가치체계, 즉 사람들이 일반적으로 생각하고 믿는 사고의 일관된 체계를 뜻한다. 이런 의미에서 가족 이데올로기란 가족에 대해 사람들이 가지는 신념과 믿음의 종합적 사고체계이다. 때문에 가족 이데올로기에는 가족을 이루는 가족구성원의 역할과 관계에 대한 고정된 사회관념이 투영된다. 현대의 가족 이데올로기는 이성애 부부와 아이들로 이루어진 핵가족을 '이상적이고 자연스러운 가족'으로 전제하며 그 외의 가족 형태를 '비정상적 가족'으로 배제한다. 그러나 현대의 이성애 핵가족은 가장 근원적인 자연의 산물이라기보다는 인류 역사의 어느 한 시점에서 나타난, 경제구조 변화에 따라 파생된 가족의 한 형태로 보는 것이 옳다. 보편성과 불변성을 가장하는 이데올로기의 특성상, 가족 이데올로기는 가족 내 젠더와 세대에 근거한 불평등과 지배관계의 현실적 모순을 은폐하는 기능을 하기도 하므로 이에 대한 비판과 성찰이 필요하다.

가족을 보는 여성주의적 관점

페미니스트들은 가족구성원 모두가 마치 동일한 관심과 가치를 공유하는 것처럼 전제하고 있는 가족에 대한 전통적 시각을 문제 삼는다.(Hartmann, 1981) 혈연과 애정을 바탕으로 함께 살고 있더라도 젠더와 연령에 따른 권력의 불균형이 가족 내 개인의 지위와 경험을 다르게 한다는 점에 주목하는 것이다. 특히 한국사회의 전통적 가족 규범은 부계 혈연 중심의 수직적 위계를 원리로 하기 때문에, 오늘날 현실에서는 크게 약화되었다 하더라도 아버지인 가부장家父長을 정점으로 하는 지배와 종속의 관계가 여전히 남아 있는 것이 사실이다.

또한 가족은 단순히 사회의 존속과 통합에 기여하는 집단인 것만은 아니다. 가족은 장남을 중심으로 한 상속체계가 재생산되는 수단으로, 사회적 불평등이 대代를 이어 세습되는 사회적 관행에 대한 책임이 있다. 신문기사에 종종 실리는 '재벌가의 불법적 상속 사건'이 대표적 예다. 굳이 상층만이 아니더라도 중산층 또한 재산을 자식에게 물려주거나 자녀교육에 몰입하는 등 계층적 지위를 유지하거나 상승시키기 위해 있는 힘을 다한다. 반면 하층 가족의 자녀들은 경제적인 자원은 물론 사회적 관계나 문화적 자원에서도 다른 계층에 비해 빈곤한 조건에서 삶을 시작한다. 그리고 이 같은 출발선의 불평등은 학교라는 제도를 통해 학생의 성적과 능력의 격차라는 차이로 정당화된다. 이처럼 가족은 사회계층이 유지되고 불평등이 지속되는 데 중요한 역할을 하는 기제일 수 있다.

페미니스트들은 또한 가족 내 성별 분업의 정당성에 의문을 품는다. '남성-생계부양자, 여성-돌봄노동자(가사와 양육노동)'라는 성에 따라 주어지는 의무는 가족 안과 밖의 남녀에게 불평등한 지위를 부여하기 때문이다. 전통 사회의 주요 구성 원리인 공사公私 영역의 분리는 가족을 사적 영역으로 고립시키고 사적 영역에서 수행되는 돌봄노동에 낮은 지위를 부여했다. 여성이 수행하는 돌봄노동은 사적 영역에서 이루어지는 자연스러운 역할이므로 국가나 사회가 개입하거나 영향을 주어서는 안 된다는 것이다. 이처럼 사적 영역의 가족 안에 고립된 돌봄노동은 언제나 여성이 수행해온 '자연스러운 일'이며 시장에서의 생산을 목적으로 하는 것이 아니므로 경제적 가치를 인정할 수 없다고 간주되었다.

그러나 이러한 성별 분업은 여성뿐만 아니라 남성에게도 부담이 될 수 있다. 가족 내 성별 분업은 개인의 의사나 능력과는 무관하게 규범적으로 주어지는 책임이기 때문이다. 남성은 결혼을 하면 본인이 원하든 원하지 않든 가족의 생계부양자가 된다. 그러나 신자유주의 사회의 불안정한 노동시장에서 남성들은 원하는 일자리를 얻기도 어렵고 언제 직장을 잃을지도 모른다. 비정규직으로 취업하게 되면 가족의 생계부양 자체가 어려울 수 있고, 고용 안정성 또한 보장되지 않는다. 이런 조건 속에서 남성들은 과거처럼 혼자서 가족의 생계를 부양하기가 점점 더 어려워지고 있다. 이제 남성들이 원한다고 해도 가족의 부양 책임을 전담할 수 있는 가능성은 점점 더 줄어들고 있다. 점점 더 많은 남성들이 결혼을 기피하거나 하고 싶어도 하지 못하는 상황에 직면하고 있다.

그런데 이처럼 생계부양자인 남성들의 가부장 지위가 경제적 환경 변화와 함께 흔들리는 것이 남성이나 가족에게 불행으로

만 인식될 필요는 없다. 남성뿐 아니라 여성도 가족 경제의 중요한 부분을 담당해야 한다는 의식과 실천이 확산되면, 부부 간 역할과 지위가 평등해지는 원동력이 될 수도 있고, 취업여성이라 할지라도 가족 문제는 여성에게 우선적인 책임이 있다는 문화적 기대가 엷어지는 계기가 될 수도 있다. 평등한 부부의 역할과 책임은 다음 세대에 자연스럽게 전이되어 양성평등의 문화가 빠른 속도로 전개될 수도 있다. 그러나 이러한 변화가 나타나는 대신, 남성들의 어려움과 좌절을 여성들의 탓으로 돌리는 여성 혐오의 기류가 심화될 수도 있다. 여성들이 일자리를 차지했기 때문에 남성들의 취업난이 가중되었고, 경제력 있는 여성들이 가족 내에서 목소리를 높이기 때문에 가족 간 갈등과 위기가 초래되었다는, 가족해체의 우려와 걱정을 가장한 여성에 대한 비난이 우리사회에도 낯설지 않기 때문이다.

현재 한국사회의 가족에게 가장 급속한 변화의 한 부분은 여성도 이제는 평생 취업을 점차 당연한 책임이자 권리로 받아들인다는 것이다. 경제활동의 단위가 가족에서 개인으로 변화하는 것으로 볼 수 있다. 그러나 달라지지 않은 부분도 있다. 결혼한 여성이 여전히 가사노동과 양육의 일차적 책임자로 여겨진다는 점이다. 여성이 가족 안에서 갖는 돌봄노동의 책임은 반대로 노동시장에서 여성을 차별하는 원인이 되기도 한다. 여성은 가족 내 주부 역할을 수행해야 하므로 노동시장에서는 이차적인 존재가 될 수밖에 없다는 성차별적 관념과 관행 때문이다. 그러나 일(임금노동) 중심적 사회에서 여성이 주부 역할과 임금노동을 균형 있게 병행해 나가기란 쉬운 일이 아니다. 돌봄노동의 가치를 인정하지 않는 사회와 남성중심적 조직 문화 속에서 밤늦게까지 야근을 계속하기 어려운 기혼 여성들은 회사의 핵심 인력으로 인정받기가 쉽지 않다. 따라서 일의 세계에서 성취하려는 욕구를 가진 여성들은 의도치 않게 결혼을 미루기도 한다.

작아지는 가족, 혼자 사는 사람들의 증가

〈그림1〉은 지난 25년간 한국사회에서 3세대 가구와 2세대 가구(부부+자녀)의 비중이 점차 감소하고 1인 가구와 2인 가구의 비중이 확대되는 추세를 보여 준다. 가족원 중 일부가 따로 사는 분거 가구의 증가도 가족 변화의 추세로 자리 잡고 있다.[1] 이러한 변화는 가족의 전형적인 이미지로 핵가족을 떠올리는 많은 사람들의 관념이 잘못된 것임을 보여 준다. 2012년, 한국사회의 1인 가구 비중은 25.3퍼센트로, 네 가구 중 한 가구가 1인 가구다. 불과 2010년만 해도 가장 많은 비중을 차지했던 4인 가구를 누르고, 이제 1인 가구가 전체 가구에서 가장 많은 비중을 차지하기에 이르렀다. 2012년 454만 가구인 한국사회의 1인 가구는 1990년에 비해 4.4배 증가한 것으로, 전 세계적으로 가장 빠른 수준의 증가세를 기록하고 있다. 통계청은 2035년에 이르면 1인 가구가 전체 가구의 34.3퍼센트를 차지할 것으로 예측하고 있다.

그림1. 가구원 수별 가구 비율 변화 (1985~2010)

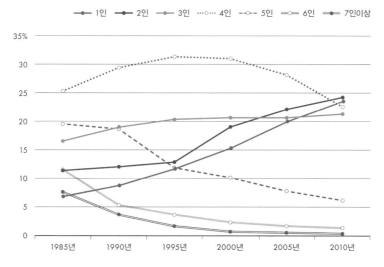

자료: 통계청, 〈인구·가구 구조와 주거 특성 변화〉, 2012.

그림2. 가구주의 성별·연령대별 1인 가구 수 (1985~2010)

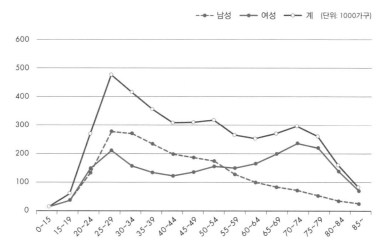

자료: 통계청, 〈인구·가구 구조와 주거 특성 변화〉, 2012.

그렇다면 1인 가구로 살아가는 사람들은 어떤 이들일까? 한국노동연구원의 분석에 따르면, 1인 가구의 평균연령은 57.9세로 65세 이상 노인이 26퍼센트를 차지한다. 여기서 여성은 54퍼센트로 남성보다 더 많다. 그리고 이들 중 상당수가 저소득층이다.[2] 취업하지 못한 산업예비군, 이혼 등 가족해체로 인한 독신자 그룹, 경제적 어려움으로 결혼하지 못한 비혼 그룹, 사별 후 홀로 사는 독거노인 등이 1인 가구의 다수를 차지한다. 그러나 1인 가구를 곧 빈곤과 직결시키는 것은 곤란할 수도 있다. 왜냐하면, 자발적으로 홀로 사는 삶을 선택한 사람들도 증가하고 있기 때문이다.

또한 〈그림2〉에서 1인 가구는 남성의 경우 40대까지 큰 비중을 차지하다가 50대가 되면 급격히 감소하는 데 비해, 여성은 50대 중반 이후 남성보다 더 많아지는 것을 볼 수 있다. 남성의 경우 결혼 연령이 늦춰지면서 40대까지 독신으로 살아가는 사람이 많은 데 비해 여성은 노년기에 혼자 남는 사람이 많음을 알 수 있다.

TIP | 비혼세대의 등장

미혼이나 독신이란 용어는 '혼인 상태가 아님' 혹은 '배우자 없음'을 의미하지만 '당연히 해야 할 결혼을 아직 하지 않았다'는 의미도 내포한다. 그에 반해 비혼은 그 스스로 결혼을 선택하지 않았음을 의미하며, 결혼을 할 의사가 없음을 강조하는 용어다. 이처럼 생애 주기에서 결혼을 필수가 아닌 선택으로 인지하며, 기존의 결혼과 가족제도를 벗어나 대안적 삶을 꾸리려는 주체들을 비혼세대라 칭한다. 주로 1970년대 이후 출생한 여성들이 비혼세대의 핵심을 이루고 있다. 비혼세대의 등장은 기존의 가족 개념이나 가족 관계의 의미를 확장할 수 있는 기회가 될 수 있다는 점에서 긍정적일 수 있으나, 비혼이 차별받거나 소외되지 않는 사회 환경이 만들어져야 하는 과제를 안고 있다.

변화하는 가족, 다양한 가족들

이혼

한국사회에서 이혼이나 이혼 후 혼자가 된 사람을 뜻하는 '돌싱'이란 단어는 더 이상 어색한 말이 아니다. 이혼이 이전보다 훨씬 자연스럽게 받아들여지는 것이다. 그러나 여기에도 성별에 따른 유의미한 차이가 있다. 2013년 한국인의 의식·가치관 조사에서 '이혼은 해서는 안 된다'는 물음에 '그렇다'로 응답한 남성의 비율이 62.7퍼센트임에 비해, 여성은 53.6퍼센트로 그 차이가 작지 않다. 이것은 한국사회에서 남녀의 결혼만족도 차이와 관련될 수 있다. 한국보건사회연구원의 자료에 따르면 남편(70.9%)이 아내(59.85%)보다 결혼생활에 만족하는 비율이 훨씬 높고, 그 원인으로는 불평등한 가사 분담이 지목되었기 때문이다.(한국보건사회연구원, 2012)

　이혼과 관련한 최근의 눈에 띄는 변화는 중년 이후의 이혼 증가다. 〈표2〉에서 보듯 혼인 지속 기간별로 나누어 볼 때, 결혼 초기라 할 수 있는 0~4년간 혼인을 지속한 부부의 이혼은 가장 큰 비중을 차지하지만 점차 감소하고 있는 반면, 20년 이상 혼인을 지속한 부부의 이혼은 빠르게 증가하고 있다. 젊은 부부들이 홧김에 하는 섣부른 이혼을 막겠다는 '이혼숙려제'[3] 도입이 무색할 만큼 중년 이혼 및 황혼 이혼의 증가폭이 가파르다. 여러 가지 원인이 있겠지만 자녀가 성장할 때까지 기다렸다가 이혼을 하는 경우도 있고, 출가한 자녀들이 이혼을 권유하는 경우도 있다. 또 고령화가 중

표2. 혼인 지속 기간별 이혼 건수

(단위: 천 건, %)

	이혼건수	계	0~4년	5~9년	10~14년	15~19년	20년 이상
1990	45.7	100.0	39.5	29.2	18.2	7.9	5.2
2000	119.5	100.0	29.3	22.3	18.7	15.4	14.2
2010	116.9	100.0	27.0	18.8	15.9	14.5	23.8
2011	114.3	100.0	26.9	19.0	15.2	14.2	24.8

자료: 통계청, 〈인구동태통계연보(혼인·이혼편)〉, 각 년도.

년 및 황혼 이혼의 원인으로 지적되기도 한다. 평균수명이 연장되면서 불행한 결혼생활을 청산하고 새 삶을 살기에 중년의 나이가 늦지 않았다는 인식이 이혼 결정에 영향을 미친다는 것이다. 이에 따라 50세 이후의 결혼을 일컫는 '황혼 결혼'도 증가하고 있다.[4] 결혼과 이혼에 대한 가치관의 변화가 연령과 세대, 결혼 경험의 유무를 구분하지 않고 빠르게 진행된다는 분석도 나오고 있다.

결혼뿐 아니라 이혼 역시도 선택적 대안이 될 수 있기 때문에 결혼과 이혼에 대해 예측할 수도 없고 편견을 가질 필요도 없다. 다만 행복한 결혼과 행복한 이혼을 위해 경제적·심리적으로 준비된 결혼과 이혼(김혜경, 2008)에 더 관심을 기울이는 자세가 필요하다.

한부모 가족

이혼의 증가와 사고·질병으로 인한 사별, 비혼인 상태에서 아이를 출산한 미혼모와 미혼부의 경우 한부모 가족을 이루게 된다. 따라서 한부모 가족은 모자녀 가족이 될 수도 있고 부자녀 가족이 될 수도 있다. 한국사회에서 한부모가족은 꾸준히 증가해 왔다. 전체 가구에서 한부모 가구가 차지하는 비율은 2005년 8.6퍼센트에서, 2012년 9.3퍼센트로 증가했다. 이혼(32.8%)이 한부모 가구 형성의 가장 많은 비율을 차지하고, 사별(29.7%), 미혼모·부(11.6%)가 그 뒤를 따른다.(통계청, 2012)

한부모 가족의 증가 추세에 따라 미성년자를 자녀로 둔 한부모가족에 대한 정부의 지원과 관심도 확대되고 있다. 편부모라 부르며 결핍과 비정상을 전제하고 금기시했던 과거에 비해 달라진 사회 태도를 엿볼 수 있는 대목이다. 그러나 여전히 정부의 한부모 가족지원 정책은 경제적 지원에 한정되어 있다. 한부모 가족에 대한 경제적 지원은 매우 필요한 조치이지만, 그것으로 한부모 가족에 대한 사회적 편견이 저절로 사라지진 않는다. 한국사회에서 기존의 정상가족 범주에 속하지 못한 가족 구성원이 소외감을 느낀다면 그것은 정상가족이 아니어서라기보다는, 정상가족에서 일탈되었다고 간주되는 사회적 시선 때문이다. 이런 점에서 한부모 가족에 대한 사회·정서적 지원은 의식을 개선하는 일에 집중해야 한다. 편견 없는 자유로운 세상에서 개인과 다양한 가족이 행복할 가능성이 높기 때문이다.

여성가구주 가족

여성가구주란 가족의 생계책임을 맡고 있는 여성을 가리키는 말이다. 2012년 전체 가구의 26.8퍼센트인 481만 2000가구가 여성 가구주 가족인 것으로 나타났다. 이는 우리 이웃의 네 집 중 한 집 이상에서 여성이 혼자 벌어 가족의 생계를 책임진다는 의미다. 여성가구주 비율은 꾸준히 상승할 것으로 예상되는데, 2030년에는 34퍼센트에 이를 것으로 전망하고 있다.

여성들은 사별과 이혼으로 인해 가구주가 되기도 하지만 배우자가 있는 상태여도 배우자가 부양자의 역할을 하지 않는 경우 가족의 생계 책임을 떠맡게 된다. 비혼여성이나 여성 독거노인 등의 여성이 세대주인 가구도 포함된다. 여성 노동시장의 불리한 상황을 고려하면, 대다수 여성가구주 가족의 경제적 어려움을 추측할 수 있다. 다양한 형태의 가족지원 정책을 수립해 한부모 가족과 여성가구주를 지원하는 일도 중요하지만, 근본적으로 여성 노동시장의 고용 불안정을 해소하고 임금차별 등 성차별을 시정하는 일이 필요하다.

표3. 여성가구주의 증가 추이

(단위: 천 가구, %)

	가구	여성가구주	여성가구주 비율(%)
2000	14,507	2,683	18.5
2010	17,359	4,457	25.7
2012	17,951	4,812	26.8
2020	19,878	6,114	30.8
2030	21,717	7,374	34.0

자료: 통계청, 〈장래가구추계〉, 2012.

동거

누가 결혼할 자격이 있는가(이성애, 동성애), 언제 누구와 결혼할 것인가, 결혼이 긍정적인 결과를 초래했는가 등의 질문은 결혼과 가족이 복잡하고 논쟁적인 영역임을 보여 준다. 논의의 복잡성은 이들에 대한 우리의 생각과 관점이 사회구조와 인식, 경험 등으로 변화하는 것과 관련있다. 40년 전만 해도 미국사회에서 인종 간 결혼은 징역형을 선고받을 수 있는 위법행위였지만, 지구화의 가속화는 결혼이주와 다문화가족을 새로운 삶의 유형으로 등장시켰다. 한국도 결혼하는 부부 열 쌍 중 한 쌍이 국제결혼을 한다. 다문화가족과 함께 최근 눈에 띄는 새로운 가족 유형은 동거 가족이다. 미국 시사주간지 《타임》이 선정한 '2010 세계 여성지도자 10인' 중 1위에 오른 호주의 첫 여성 총리인 줄리아 길러드는 이민자 출신이면서 결혼하지 않고 미용사 출신 남자 친구와 동거관계를 유지해 화제가 되었다. 서구 사회에서는 동거나 사실혼이 결혼과 동등한 법적 보호를 받는다는 점에서 우리의 현실과는 차이가 있다.

결혼은 NO, 동거가 좋다

조각가 유영호 씨(47)는 15년 전인 1998년 독일에서 설치미술가 윤정원 씨(41)를 만났다. 두 사람은 사귀었고, 만난 지 4년만인 2002년 서울에서 함께 살기 시작했다. 결혼 생각은 애초부터 없었다. 유 씨는 "유학 떠나기 전부터 결혼하지 않겠다고 결심했다"며 "결혼제도에 대해 부정적인 견해를 갖고 있다"고 말했다. 윤 씨도 "결혼제도에 묶여 평생 한 사람에 대한 의무로 산다는 건 불행한 일"이라고 밝혔다. 둘의 동거는 양가 어른들도 수용하고 있다고 했다. 그러나 여느 부부처럼 명절이나 집안 행사 때 양가에 둘이 함께 가는 일은 없다. 재산도 각자 관리한다. 유 씨는 "나나 그 친구나 이런저런 관계에 얽매이는 결혼 대신 동거를 택한 것"이라며 "사랑은 하되 일에도 더 집중할 수 있어 행복하다"고 말한다.

먹고살기 힘든 지금은 동거가 편해

백진우 씨(33, 가명)는 경비업체에서 비정규직으로 일한다. 2010년 여름 친구 소개로 최민영 씨(26, 가명)를 만났다. 광주에서 올라온 최 씨가 미용실에서 아르바이트를 하며 미용사 자격증 시험을 준비할 때였다. 백 씨가 최 씨의 월세방에 놀러 오고 자고 가는 일이 많아지면서 두 사람은 함께 지내는 게 어색하지 않았다. 교제를 시작한 지 8개월 후 두 사람은 "떨어져 지내기 싫다"고 합의했다. 보증금 1000만 원, 월세 30만 원짜리 방을 구했다. 보증금은 백 씨가 생활비는 반반씩 부담하기로 했다. 백 씨는 "결혼하고 싶어도 경제적 여유가 없는 상황에서 서로 좋아하니 함께 살기로 한 것"이라면서 "데이트 한 번할 때마다 밥값, 술값, 영화비, 모텔비에 부담을 느꼈는데 같이 사니까 확실히 데이트 비용은 절감됐다"며 웃었다. 그는 "당장 내일도 내다볼 수 없는 상황에서 결혼은 꿈도 꾸지 못하는 게 현실"이기 때문에 "지금은 함께 있는 것만으로도 서로에게 위안이 된다"고 말했다.

《경향신문》 2012년 9월 14일자 기사

위의 사례는 한국사회에서 동거를 하는 이유를 알려 준다. 동거는 '성관계를 맺는 남녀(또는 동성)가 혼인 의사 없이 주거와 생활을 공유하는 관계'를 말하며 법적 절차를 거친 법률혼이나, 혼인의 사가 있고 혼인생활을 하지만 법률혼으로 인정되지 않은 관계인 사실혼과는 다르다. 동거는 젊은이들 사이에서 긍정적인 평가를 받는 것으로 알려졌다. 노동시장의 불안정성으로 인해 경제적으로 어려운 20~30대가 결혼을 못하거나 미루면서 동거를 '대안'으로 삼는 것이다. 통계청 사회조사에서 2010년 15~39세 인구의 55.1 퍼센트가 동거에 동의하는 것으로 나타났다. 그러나 한국사회에서 동거 커플은 많은 차별에 직면해 있다.

동거 커플에게 임신은 가장 큰 불안 요소 중 하나다. 동거 커플의 출산과 육아 과정을 그린 다큐멘터리 〈두 개의 선〉은 임신 후에 겪는 놀라움과 두려움을 분명하게 보여 준다. 동거 커플이 걱정하는 또 다른 문제는 가족과 친지들에게 어느 정도 드러낼 것인가 하는 문제다. 동거에 대한 사회적 시선이 긍정적이지 않기 때문에 많은 동거 커플이 부모와 가족, 친지들에게 자신의 상황을 밝히지 않는다. 때문에 여러 가지 불편이나 불안을 감수해야 한다. 무엇보다도 동거 커플이 현실에서 직면하는 중요한 문제는 제도적 차별이다. 혼인신고를 하지 않았기 때문에 자녀 출산 시 가족관계 등록의 어려움을 겪을 수 있고, 신혼부부를 대상으로 하는 보금자리 주택의 청약 자격이나 국민주택기금의 전세자금 대출 자격이 주어지지 않는다. 동거 파트너가 사망하거나 관계를 청산할 때 상속이나 재산분할에서도 불이익을 당하기 쉽다.

동거가 상당한 비중을 차지하는 유럽의 경우 동거 커플을 위한 각종 제도와 법률이 마련되고 있다. 가족 형태의 3분의 1을 동거 가족이 차지하는 스웨덴에서는 1988년 〈동거법〉을 제정해 임신과 출산, 양육과 보육 등에서 동거 커플에게 법적으로 혼인한 부부와 동등한 권리를 부여했다. 프랑스에서는 동거를 단순 동거와 시민연대협약Pacte Civil de Solidarite, PACS으로 나누는데, 단순 동거의 경우 법적 신분은 아니지만 두 사람이 동거자임을 증명하면 자녀를 가질 수 있고 법적 보호와 지원을 받는다. 시민연대협약은 이보다 더 강력한 것으로 동거 커플이 동거계약서를 법원에 제출하면 사회보장, 납세, 임대차 계약, 채권·채무 등에서 결혼부부와 같은 권리와 의무를 보장한다. 일종의 준 부부제도라고 할 수 있다. 이에 비해 한국사회에서는 동거 커플에 대한 정확한 통계조차 수집되지 않고 있다. 혼전 성관계에 대해 부정적이고 법률혼을 중요시하는 사회문화적 조건 때문이다. 동거에 대한 한국 사람들의 인식과 현실이 어떻게 변화하는지 정확하게 이해하고, 동거 커플이 직면한 문제와 그것을 해결하기 위한 사회적 실천이 무엇인지 논의할 필요가 있다.

동성결혼

동성애 가족 역시 하나의 가족 유형이라 할 수 있다. 그리고 이러한 논의는 외국에서 더욱 활발하다. 아이슬란드의 여성 총리인 요한나 시귀르다르도티르는 2009년 총리직에 오르면서 동성 애인과 결혼했다. 해외 유명인들이 자신의 성적 지향을 공개하거나 동성애 지지 선언을 하는 일은 이미 놀라운 일이 아니다. 미국 오바마 대통령은 재선 연설문에서 동성결혼을 지지한다고 발언했고, 미국 CNN

의 유명 앵커인 앤더슨 쿠퍼, 여배우 조디 포스터, 엘렌 페이지 등 많은 이들이 자신이 동성애자고 스스로를 자랑스럽게 생각한다고 커밍아웃을 했다. 국내에서는 연예인 홍석천이 최초로 성적 지향을 밝히면서 어려움을 겪었지만 최근 영화감독 김조광수가 국내 최초로 동성 애인과 결혼식을 올리는 등 변화의 조짐도 보이고 있다.

동성애는 고대와 현대, 동서양을 막론하고 존재해 왔지만, 그것을 대하는 각 사회의 태도는 극단적일 만큼 다르다. 이슬람 국가에서 동성애는 극형을 받을 수도 있는 중범죄이지만 벨기에, 네덜란드, 노르웨이, 스웨덴, 아이슬란드 등 북유럽국가와 영국, 미국의 일부 주에서는 동성 간 결혼이 허용되고 이성애 부부와 동일한 법적 지위를 누린다. 동성애자들이 사회적 관용을 넘어 법적 지위를 요구하는 것은 혼인을 통한 사회적 안전망, 즉 배우자로서의 권리인 상속과 연금, 입양 등 결혼부부에 대한 제도적 지원에서 소외되고 여러 가지 차별을 받고 있기 때문이다. 앞서 본 프랑스의 시민연대협약은 처음 제정된 목적이 동성 커플의 권리를 보장하는 데 있기도 했다.

한국의 대학 강의실에서 이루어지는 동성애 관련 수업에서 학생들의 반응은 다양하지만, 그중 공통된 것이 있다면, '나와 관련 없는 사람이 동성애자인 것은 상관없으나 내 가족이나 친척, 친구 중에 그런 사람이 있다면 싫다'는 태도다. 다른 사람이 동성애를 하든 이성애를 하든 상관없다는 태도는 적어도 젊은 세대에게 동성애에 대한 열린 태도가 자리 잡은 것 아니냐는 해석으로 이어질 수도 있다. 그러나 나와 가까운 사람, 내가 일상적으로 마주쳐야 하는 사람이 동성애자인 것이 불편하다거나 참을 수 없다는 심리는 동

2005년 방영된 SBS 드라마 〈인생은 아름다워〉는 국내 지상파 방송 최초로 드라마에 동성애 커플이 등장해 화제를 모았다. 가족에게 커밍아웃을 하면서 생겨날 수 있는 문제들과 고민들을 진지하게 묘사한 드라마로, 당시 보수 기독교 단체의 항의와 보이콧을 받기도 했다.

성애를 수용하거나 인정하는 태도와는 거리가 있다.

한국사회처럼 남녀를 연애관계로만 묶어서 생각하는 데 익숙하고 연애를 부추기며 이성애결혼에 대한 환상과 낭만이 과도하게 포장된 사회에서, 동성애를 하나의 애정관계의 유형으로 인식하고 이해하는 것은 쉽지 않은 일이다. 때문에 우리사회에서 동성애에 대한 논의는 주로 미디어의 동성애 묘사 및 동성애 연예인 스캔들 등과 같은 매우 제한된 수준에 머물러 있다.

그러나 친밀성과 돌봄이 가족 기능 회복의 가장 우선적인 과제라고 한다면 동성 가족을 굳이 배제할 필요가 있는지에 대해 질문해야 한다. 더욱이 삶의 방식에 대한 개인의 선택이라는 측면에서 본다면 누가 누구의 삶을 판단하고 금기시하는가의 질문도 제기될 수 있다. 이런 점에서 동성애 논의는 인권 존중의 의미를 포괄한다. 그러나 이에 대한 한국사회의 논의는 매우 부족하다. 때문에 동성애 가족의 출산과 입양, 사회적 편견과 관용, 시민권으로서 개인 의사의 존중과 공동체 결속 등을 주제로 논의의 폭을 확장할 필요가 있다. 전통적 이성애 핵가족의 전형성을 기준으로 한 기존의 정책 구상과 실천으로는 한국사회에 다양하게 존재하는 가족구성과 욕구의 변화를 포괄할 수 없는 지점에 와 있기 때문이다.

친밀한 관계의 폭력을 해석하는 관점

가정폭력

가족 안에서 일어나는 폭력 중 가장 높은 발생률을 보이는 배우자 간 폭력은 아내구타wife beating, 아내학대wife abuse, 가정폭력domestic violence, 부부폭력marital violence, 친밀한 관계에서의 폭력intimate partner violence 등 다양한 명칭으로 불리고 있으며, 그 명칭에 따라 조금씩 다른 정의를 가진다. 1960년대 서구 사회에서 여성운동이 가정 내 폭력을 사회문제화할 때 등장한 아내구타와 아내학대라는 용어는 폭력의 주된 가해자가 남편이고 주된 피해자가 아내임을 부각하며 폭력이 가부장제 사회에서 발생하는 성차별적 현상임을 강조했다. 한편, 가정폭력이란 용어는 배우자뿐 아니라 가족구성원 사이에서 발생하는 모든 폭력을 통칭하며 가정폭력의 대상과 범위를 확장한 것으로 국내의 〈가정폭력방지법〉은 이 정의를 따르고 있다. 여성가족부의 2013년 가정폭력 실태조사에 따르면, 한국사회의 부부폭력 발생 빈도는 45.5퍼센트이며, 통제 행위까지 포함한다면 63.3퍼센트인 것으로 나타났다. 부부폭력은 부부 간 폭력을 일컫고, 친밀한 배우자 간 폭력은 법적 부부뿐 아니라 동거 등 친밀한 관계에서의 폭력을 포괄하는 용어로 사용한다. 그러나 이 법은 가부장제 사회에서 불평등한 성별 권력을 폭력의 주요 원인으로 보기보다는 개인의 특징과 우연적 상황까지 폭넓게 고려하는 성 중립적경향을 보인다. 한국은 1997년, 〈가정폭력방지법〉 제정을 통해 가정폭력에 대한 국가 개입을 천명했지만, 가족 내 혹은 연인 내지 부부관계에서 일어나는 폭력을 사적이고 개인적인 일로 간주하는 사회 통념을 크게 변화시키지는 못했다. 경찰에 의해 가정폭력 신고가 묵살되거나 안이하고 미흡한 조치로 인해 피해를 신고한 여성이가해자에게 더 큰 보복 폭행을 당하는 경우가 여전히 발생한다.

가정폭력과 관련해 우리사회는 매우 이중적인 태도를 가지고있다. 사람들은 피해 여성의 처참한 사진과 피해 사실을 묘사한 보도를 접하면서 어떻게 이런 일이 있을 수 있냐며 분노하지만, 동시에 '남성의 화를 돋구었을지 모른다'고 비난하거나 '폭력을 유발하거나 적극적으로 대처하지 않은 것 아니냐'며 도리어 피해여성에게 책임을 묻는 데 익숙하다. 여성이 피해자고, 그 가해자가 피해여성과 친밀한 관계인 경우, 우리사회는 그 피해여성이 '폭력을 유발하지 않은 진짜 피해자'인지에 관심을 둔다. 폭력으로부터 보호받아야 할 시민의 권리를 논의하는 대신, '여자다운 여자였는지', '가해자와 어떤 관계였는지'가 관심의 대상이 되는 것이다. 또한

'사적인 일이기 때문에, 남의 일에 개입하는 것 같아서, 나중에 피해자로부터 원망을 듣기 때문에, 가해자가 보복할 것이 두려워서, 신고해도 별 소용이 없기 때문에' 등을 이유로 이웃의 아내구타를 모르는 척하기도 한다.

그러나 여성에 대한 폭력은 지극히 사적이고 개인적인 문제이기보다는 사회구조적 문제라는 점을 간과해서는 안된다. 앞서 가정폭력을 성차별적 현상이라 진단한 것은 이것이 우리사회의 성별 권력과 매우 밀접한 관련이 있기 때문이다. 마르고 가녀림을 여성성으로 칭송하고, 여성에 대한 통제와 지배를 로맨스라 이름 붙이며, 남성에게 의존해야 생계와 안전을 보장받는 사회에서는 가정폭력에 대해 모두가 침묵하며 외면하는 일이 암묵적인 규율로 자리 잡게 된다. 내 자신이 지금 안전하다는 이유로 성별 권력이 만들어 낸 가정폭력에 대한 편견을 그대로 수용하거나, 피해자를 비난하고 있지 않은지 각자의 반성이 필요하다. 가정폭력에 대한 우리의 침묵은 누군가의 비명과 절규에, 너무도 분명하게 연결되어 있기 때문이다.

폭력의 재정의

이런 의미에서 무엇이 폭력인가에 대한 문제도 다시 생각해 볼 필요가 있다. 신체적인 외상이나 정신적인 피해를 가져오는 행동만이 폭력이라는 생각도 언제나 옳은 것인지 검토해 보아야 한다. 미국의 젠더 폭력 연구자 에번 스타크Evan Stark는 "강압적 통제coercive control"라는 개념을 통해 폭력이 우리가 알고 있는 고정관념보다 훨씬 더 깊고 광범위한 수준에 걸쳐 발생한다고 주장한다. 여성들이 경험하는 폭력의 본질이 신체적으로 얼마나 심하게 공격당했는지에 있기보다는 여성들의 삶을 통제하고 지배함으로써 여성들의 자유와 자율성을 침해하는 데 있다는 것이다. 여성들은 귀가 시간, 친구들과의 여행, 옷차림과 머리 모양, 연애, 사교 활동 등에서 간섭을 받거나 통제를 당하기도 하지만 이를 남녀관계에서 발생하는 자연스런 현상으로 인식하고 받아들이기도 한다. 특히 연인이나 부부관계에서 남성이 여성을 통제할 경우, 이것은 여성에 대한 남성의 애정 내지는 관심으로 해석된다. 또한 여성에 대한 통제는 '여성스러워야 더 사랑스럽다'는 사회적 권유의 모습을 띠고 있기 때문에 여성들의 순응을 비교적 쉽게 이끌어내기도 한다.

무엇보다 스타크가 주목하는 것은 성평등이 현실화되려는 시점에 강압적 통제 방식이 증가한다는 점이다. 법과 제도적인 성차별이 줄어드는 시점이지만, 성평등에 대한 반발로 여성에 대한 개인적인 지배를 시도하거나 여성을 통제하려 드는 남성들의 동기가 오히려 증가한다는 것이다. 강압적 통제론을 지지하는 일군의 학자들은 이러한 일들이 사소해 보일지라도, 삶에 대한 통제와 간섭, 비난의 지속은 결국 여성의 자기결정권과 자유, 자아존중감, 자신감 등을 파괴하기 때문에 이것을 폭력으로 인지해야 한다고 주장한다. 따라서 신체적이고 물리적인 폭력 개념을 넘어 개인의 자율성을 침해하고 개인에 대한 통제와 지배를 가능하게 하는 사회적 관습과 체계에 주목해야 한다. 여기서 발생하는 폭력의 요소들을 일상적으로 관찰하고 이를 인지하는 노력이 필요하다.

가족에 대한 새로운 상상 시작하기

영화 〈고령화 가족〉은 출가할 나이가 훌쩍 지났음에도 화장품 외판원으로 생계를 이어가는 노모와 여기에 빌붙어 사는 삼남매에 관한 이야기다. 하루도 쉴 틈 없이 자식들을 위해 희생했지만, 자식들은 변변치 않다. 첫째는 동네 삼류건달이고 가장 반듯하고 공부 잘해, 온 가족의 기대를 모았던 둘째는 영화감독 데뷔작이 실패하면서 쫄딱 망한 채 엄마 집으로 슬며시 들어왔다. 시집보내는 것으로 끝인 줄 알았던 셋째 딸은 두 번의 이혼경력과 함께 버릇없는 사춘기 딸을 데리고 친정으로 돌아온다. 〈고령화 가족〉은 소위 스펙 없고 직장도 없고 마흔 넘어 장가도 못간 남성과 돌싱 이혼녀에 대한 이야기를 담고 있어, 우리의 현실과도 멀지 않은 이야기다. 우애 좋고 효심 지극한 이상적인 가족상과는 거리가 먼 이들은 (영화의 후반부에 밝혀지지만) 서로 피를 나눈 친형제들도 아니다. 그러나 영화는 한솥밥을 먹는다는 의미의 식구食口가 실제로 핏줄을 나눈 형제들만큼이나, 가족 간의 정을 깊이 쌓고 또 나눌 수 있다고 말한다. 사회적으로 인정받아야만 부모 노릇, 자식 노릇, 형제 노릇을 제대로 하는 것인지, 또 돈 잘 벌고 잘나가야만 그 인생이 훌륭한 인생인지에 대해 생각하게 한다. 둘째 아들의 대사가 인상 깊다. "모든 생명은 살아 있다는 것만으로도 존중받아 마땅하다. 좋거나 나쁜 삶이란 없다. 초라하면 초라한 대로, 찌질하면 찌질한 대로 자기에게 허용된 삶을 살면 그뿐이다. 아무도 기억하지는 않겠지만 그것이 개인에게 주어진 삶이고 역사다."

그런데 이 영화에서 흔들리는 가족을 지탱해 주는 것은 어머니다. '가족관계의 붕괴, 그 이후의 가족'을 그리는 이 영화에서조차 어머니는 희생과 사랑의 화신으로 존재한다. 그런 의미에서 아직 우리사회에서 '가족의 신화', '모성의 신화'는 완전히 해체되었다고 할 수는 없을 것이다. 신자유주의 시대의 가족에게 어머니란 자식 교육의 로드매니저로 권력을 행사하며 자녀와의 관계에서 가해자가 되기도 하고 때로 피해자가 되기도 하지만, 사회는 그것을 '가족의 이름으로' 승인한다. 가족의 신화, 모성의 신화를 넘어 새로운 상상을 시작해야 할 이유가 여기에 있다.

어떤 가족이 바람직한 가족인지, 나는 어떤 가족을 이룰 것인지, 나와 가족 모두가 다같이 행복해지는 방법은 과연 있기나 한건지 가족과 관련한 무수한 의문에 답은 쉽게 얻어지지 않을 것이다. 그러나 우리는 사회에서 정해 놓은 이상적인 가족의 기준에 맞추기 위해 혼신을 다하거나 쉽게 절망하는 대신, 이전에는 깊게 생각해 보지 않았던 다양하고 다채로운, 유쾌한 가족에 대해 그리고 가족관계에 대해 보다 더 자유롭게 상상할 수는 있을 것이다. 이러한 시도는 보다 많은 가족들을 웃게 할, 그리고 보다 더 많은 사람들을 자유롭고 행복하게 할, 가족의 새로운 기준을 마련하는 데 기여할 것이다.

더 읽어보면 좋은 책

▌ 김희수 외,《나, 독립한다》, 일다, 2007.

여덟 명의 여성들이 각기 다양한 사연으로 가족에게서 독립한 과정을 담았다. 결코 화려하지만은 않은 독립의 과정과 이유에서 가족과 혈연의 의미를 묻는다.

▌ 엘리자베트 바댕테르, 심성은 옮김,《만들어진 모성》, 동녘, 2009.

헌신, 사랑, 희생의 대명사쯤으로 여겨지는 어머니에 관한 이야기다. 숭고한 존재로 칭송될수록 그 기대에 미치지 못했을 때의 비난은 걷잡을 수 없는 법이다. 모성에 대한 사회적 기대의 근원을 거슬러 올라가 '타고난 모성'이 과연 존재하는지에 대해 묻는다.

▌ 울리히 벡·엘리자베트 벡 게른스하임, 이재원·홍찬숙 옮김,《장거리사랑》, 새물결, 2012.

세계화에 따라 변화된 가족의 풍경을 '세계가족'의 개념으로 접근한다. 가족과 혈연에 장거리라는 조건이 개입되면서, 우리의 삶이 어떻게 변화될 것인지를 흥미롭게 관찰하며 전망한다.

▌ 김은경 외,《가정폭력》, 한울아카데미, 2009.

가정폭력을 해결하려거든 이 문제를 가족유지의 관점에서 보는 우리사회의 가족주의적 태도를 버려야 한다. 한국 여성의 전화가 지난 25년간 전개한 가정폭력추방운동의 역사, 과정, 미래비전을 담은 목소리에 귀 기울여 보자.

🎞 박문칠 감독, 다큐멘터리〈마이 플레이스〉, 2014.

비혼모의 주제를 다룬다. 정상가족과는 동떨어진 삶을 살겠다는 여성의 선택과 그녀 가족의 갈등과 변화의 모습을 담았다. 사회와 사람들이 변해야 한다고 주장해 왔다면, 누가 변해야 하는지 진지하게 생각해 볼 일이다.

🎞 부지영 감독, 영화〈지금, 이대로가 좋아요〉, 2009.

세상이 말하는 사랑과 내가 경험하는 사랑이 불일치할 때 어떻게 할지를 질문한다. 세상의 가치와 다른 사람의 시선으로 내 인생을 재단할 필요가 있는지 되물어 보자.

노동 ●●

불안정한 노동시장에서
살아남기?

신경아

—— 우리는 흔히 일이 생계유지의 방편이자 자아실현의 수단이라고 이야기한다. 그러나 정말 일이 자아실현의 수단일까? 정녕 그렇다면 왜 많은 직장인들이 회사를 떠나고 싶어 할까? 우리는 내가 하고 싶은 일, 나에게 맞는 일을 하고 싶다고 말하지만 그것이 어떤 일인지 알고 있기는 한 것일까? 또 이전 세대가 그래 왔듯이, 더 오래 일하고 더 많이 벌면 좋은 삶인가? 일과 관련된 가장 큰 딜레마는 우리가 사는 현대사회는 모두가 돈벌이가 되는 일을 가져야 한다고 가르치지만, 정작 일할 기회는 제한되어 있다는 사실이다. 고용이 안정되고 적절한 급여를 받으며 승진과 복지가 보장된 일은 점점 더 소수의 몫이 되고 있다. 또 노동 과정에서 자율성을 갖고 자신의 역량을 키울 수 있는 전망을 제공하는 일을 찾기란 더더욱 어렵게 되었다. 따라서 대부분의 사람들은 일의 질質에 관계없이 생존하기 위해서는 어떤 일이든 해야 한다. 노동시장은 전쟁터가 되고 있으며 그 속에서 정규직의 신분을 얻고 살아남기 위해서 치러야 할 전투는 훨씬 더 치열해지고 있다. 우리는 그런 싸움에 뛰어 들어야 할까? 그런 전쟁터에서 계속 머물러 있어야 할까?

이 장에서는 현대사회에서 우리가 처한 노동시장 조건을 살펴보고 일과 관련된 우리의 선입견(또는 고정관념)을 깊이 성찰하며, 일을 다르게 바라볼 수 있는 시각을 얻고자 한다.

졸업 후 뭐하세요?

당신의 쵸잇쓰?1

나의 졸업은 '떠밀려 온 졸업'이었다. 진로에 대한 탐구도 현실적으로 하지는 못했고 막연히 작품을 할 수 있으면 좋겠다고 생각만 했을 뿐이다. 집에서는 회사에 취업하길 강력하게 권유하셨지만 그 말을 듣지 않아 지금도 가족과는 그다지 편하지 않다. 원래는 언어 선생님이나 글을 쓰는 작가가 될까 고민해 보기도 했는데 그마저도 현실적으로 돈을 바로 벌기는 힘들었다. 고민만 가득 안은 채로 홍대 근처에서 지내다 보니 몸은 갈수록 나빠졌다. 암흑 같은 1년을 보낸 것 같다. 그렇게 쉬다가 무용을 전공하는 친구가 자신과 함께 작업해 보자고 해서 춤을 배워 보게 되었다. 그때 내가 조금씩 고민에서 해방되고 있다는 생각을 했다. 고민이 해결되는 건 아니지만 견딜 힘이 생겼다고나 할까.

틈틈이 내 마음대로 그림도 그려서 홍대 프리마켓에서 팔아 보기도 하고, 정말 적은 돈을 받고 블로그 스킨을 디자인하기도 했다. 하지만 그걸로는 절대 먹고 살 수 없었다. 그래서 알바도 하고 부모님께 도움을 받기도 했다. 지금은 벨기에 와플집에서 평일 저녁 두 시간씩 일하고 있다. 물론 지금 룸메이트와 함께 살고 있는 집의 전세는 어머니께서 도와주셨기 때문에 최소의 생활비로 생활할 수 있다. 불필요한 소비는 최대한 줄이고 있는 편이다. 또한 둘이 같이 살고 있기 때문에 혼자서 살 때보다 비용이 적게 나간다.

나는 회사를 다녀 본 것은 아니지만, 회사에 취업한 다른 친구들을 보면서 이런 생각을 한다. '되는 대로 잘 풀리는 것에 안심하지 마라.' 회사에 입사한 친구들뿐 아니라 이건 진로를 고민하는 많은 사람들에게 해당하는 말이다. 나 역시 선택을 강요받다가 3년이라는 세월을 떠밀려서 지금은 심적으로는 안정적이다. 재정적으론 아니지만. 하하하.

오전에는 보통 작업을 많이 하지는 않는다. 동양화 수업을 들으러 갔다가 운동도 조금하고, 오후에는 아르바이트를 하고 주로 밤 시간에 작업을 한다. 룸메이트의 출판사가 일을 의뢰해서 책에 들어갈 일러스트를 그리고 있는데 쉬운 일은 아니다. (…) 찰스 다윈과 가야금의 명인 황병기가 롤모델이다. 뇌는 모든 분야에 열려 있다고 한다. 나도 여러 분야를 넘나드는 일러스트레이터가 되고 싶다.

〈졸업 후 뭐하세요?〉, 《Headache》 0호

'88만원 세대', '백수', '백조' 같은 말들이 더 이상 낯설지 않게 여겨진지도 꽤 오래되었다. 청년실업은 한국사회에서 중요한 사회 문제의 하나가 되었고 선거의 주요 이슈로 등장했으며 국회, 행정부 등 정책 형성 영역에서도 풀기 어려운 숙제가 된지 오래다. 그러나 무수한 말과 담론들에 비해 청년 일자리 문제의 해결은 쉽지 않아 보인다. 졸업을 앞둔 학생들 다수는 정식 일자리보다는 인턴 일자리를 구하는 것이 관행이 되었고, 정규직이 아닌 비정규직(계약, 파견 등)이라도 감수하며 노동시장에 들어가지 않으면 안 되게 되었다. 청년층의 높은 실업률은 한국사회만의 특수한 현상은 아니며, 전 세계적으로도 정도의 차이는 있지만 공통적인 사회 문제가 되고 있다. 학교를 졸업하고 노동시장에 처음 진입하는 사람들은 구인과 구직 정보가 적절히 연결되지 않아 일자리를 찾기가 어렵고, 취직한 후에도 직장이나 직무에서의 불만족으로 인해 이직하기가 쉽다. 취업 후 1년 이내에 직장을 떠난 신입 사원의 비율이 60퍼센트에 이른다는 보고가 있을 만큼, 노동시장의 신규 입직자가 안정된 일자리를 얻고 일을 계속해 나가는 것은 개인적으로나 사회적으로 중요한 과제다.

따라서 각 국가에서는 적극적 노동시장 정책의 일환으로 '졸업 후 취업을 위한 지원 정책School to Work Policy'을 시행하고 있다. 한국 정부도 대졸자나 고졸자를 위한 취업 지원 정책을 시행하고 있지만, 선진국 수준의 노동시장 정책은 아니며 기업의 비정규직 채용을 제대로 규제하지 못해 청년실업 문제는 심각한 수준이다. 2014년 통계청 발표에 의하면 청년 고용률은 39.7퍼센트로 떨어졌고, 20대 취업자 수는 20여 년간 계속 감소했다. 2013년 한국고용정보원에서 주요 기업 상반기 대졸 신입 사원의 나이를 조사한 결과, 남성은 평균 33.2세, 여성은 28.6세로 나타났다. 1998년 조사에서 평균 25.1세였던 것에 비하면 신입사원의 나이가 남녀 모두 많아진 것이다. 한 대기업 채용 담당자는 "최근 신입사원의 대표적인 특징은 30대가 많아진 것"이라며 "여성 입사자들도 대학 5년은

TIP | 적극적 노동시장 정책

적극적 노동시장 정책The Active Labor Market Policy, ALMP이란 국가가 노동시장에서 취업률 향상을 위해 주도적인 노력을 전개하는 고용 정책을 말한다. 이것은 실업이 발생했을 때 실업보험 등 실업자의 생계보호 지원에 초점을 두는 소극적 노동시장 정책The Passive Labor Market Policy, PLMP에 비해 국가의 책임과 주도성을 강조한다. 스웨덴이나 덴마크 등 노르딕 국가의 노동시장 정책이 대표적인 사례다.

기본"이라고 말했다.[2] 졸업 후 입사까지의 시간이 그만큼 더 길어졌다는 이야기다.

　취업 자체가 어려운 세상에서 윗글의 필자 희수는 오히려 "꼭 취업을 해야 하는가?"고 묻는다. 그리고 자신은 아르바이트를 하는 처지에서 "되는 대로 잘 풀리는 것에 안심하지 마라"라고 되레 안정적인 일자리를 찾은 친구들에게 충고한다. 왜 이런 생각을 하는 것일까?

　희수는 우리에게 '일'에 대해 삐딱한 시선으로 비틀어 볼 것을 주문한다. 우리들 대부분은 졸업 후 가능한 빨리 취업하고, 그것도 가능한 자신이 원하는 직업을 얻으면 최선이라고 생각한다. 또 대부분 임금수준이 높고 근무 환경이 좋으며 고용 안정이 보장되는 일자리를 원하는데, 이런 조건을 충족하는 일자리는 주로 대기업이나 공기업, 공공기관에 분포한다. 따라서 젊은이들 대다수는 대기업, 공기업 입사나 고시, 공무원 시험 합격을 위해 오랜 기간 준비한다. 아래 기사는 대기업 신입사원의 자격 조건이 점차 완화되고 있다고 설명한다. 하지만 토익, 학점, 자격증, 어학 연수까지 챙겨야 하는 20대 구직자의 고단한 상황에는 변화가 없어 보인다.

　취업포털 잡코리아는 지난 2006년 상반기부터 2012년 상반기까지 7년간 매출액 상위 10대 기업에 들어간 회원들의 스펙을 분석한 결과를 내 놨다. 기업별로는 매출액 1위인 A기업은 학점 3.67점, 토익 841점, 어학연수 1회, 자격증 2개 등으로 조사됐다. 매출액 2위인 B기업은 토익 832점, 어학연수 1회, 자격증 2개 등이었다. OOO 잡코리아 사업본부 이사는 "최근에는 기업들이 구직자의 다양성을 인정해 주면서 대기업 합격자들의 겉으로 드러나는 스펙이 예전만큼 높지 않다"고 분석했다.

《서울경제》 2013년 10월 13일자 기사

혼히 21세기 기업은 '창의적이고 열정적인 인재'를 원한다고들 하지만, 토익과 자격증을 챙기며 창의성과 열정을 두루 갖춘 인재가 되기란 쉽지 않을 것이다. 언제 끝날지 모르는 공무원 시험을 준비하는 학생들도 마찬가지다. 대체 이 길이 내가 원하는 길인지, 내 적성에 맞는 일인지 충분히 깊게 생각할 틈도 없이 '높은 급여'나 '안정적 일자리' 등 어느 누구에게나 보편적으로 타당해 보인다는 이유로, 미래를 선택하고 그 길을 가기 위해 내달린다. 그런데 '어느 누구에게나 보편적으로 타당한' 삶이 과연 내게도 만족스런 것일까? 그런 삶에서 나도 일반적인 수준의 만족감을 넘어서는, 깊은 충족감을 느낄 수 있을까?

앞서 소개한 희수는 이러한 길을 거부하고 자신의 길을 찾기 위해 도전하고 있다. 아침에는 배우고 싶은 것을 배우고, 낮에는 아르바이트를 하고, 밤에는 자신이 원하는 일을 한다. 소비는 최소한으로 줄이고 자신이 원하는 것에 집중하며, 돈을 많이 못 버는 대신 얻을 수 있는 시간의 여유를 누린다. 물론 이런 삶의 방식이 모두에게 가능한 것은 아니다. 누군가는 졸업과 동시에 1000만 원이 넘는 등록금 대출금을 상환하라는 통지서를 받기도 할 테고, 가족을 부양하거나 기본 생계 자체를 전적으로 스스로 해결해야 하는 사람들도 있을 것이다. 또 젊은이들이 열심히 일해 사회발전에 기여해야 한다는 사고방식을 가진 사람들은, 일에 대한 다른 상상

"안녕들 하시나길래"

안녕들 하시나길래 올 한 해 내 삶을 돌아봤어요. 지긋한 사비칠은 말이죠.

본래는 학점을 땄어요. 공부를 한 적은 없고 학점을 땄죠. 상대평가는 '상대'를 고꾸라 뜨려야 이기는 제도예요. 곳?경도 축제도 제쳐놓고 공부만 했는데 B+이 떴어요. 면상만 안 잡았지, 선생님과 싸웠어요. 학점은 바뀌지 않았어요. "상대평가에서 어쩔 수 없다네. 네 학점을 올려주면 누군가는 내려가." 평점이 4.0이 넘는데 장학금과 거리가 멀어요. 이 학교는 학점 괴물들이 살아요. 난 고구라진거죠. 누가 머리 위에서 나를 짓밟았나봐요. 봄바람에 휘날리며 흩날리는 벚꽃잎과 함께 학점 C를 얹자가 언제되었다는 문자가 찾아왔어요.

여름까는 되의 고뿔을 했어요. 새벽 여섯시면 눈을 뜨고 [안녕들을 함께 겠어요]. 이번 역은 강남, 강남 쓰기노모데 서

끼가 강남. 강남이끼데쓰. 취빵빵버쉬 ..." 이 소리를 들으면 머리에 종이 땡땡땡 울렸어요. 이른 입시로 반의 파고다, 외어를 듣기도 전에 "디렉션, 인 더스 피트.", 자정까지 스터디. 해변이고 나발이고 딕테이션, 쉬도윙 다가오는 월말, 허커스, 모글게, 사공, 유수연과 한습터. LC를 푸는데 매미가 시끄럽게 울어요. 이번에도 900점을 못넘으면 저는 사람 취급을 받을 수가 없어요.

가을 바람이 불 때, 나는 편지를 쓰지 않고 자기소개서를 썼어요. 자기 속여서 쓰는 자기소개서에 진짜 '나'는 없어요. 나는 김광석 노래를 좋아하는데, 나는 무성하게 건네 좋아하는데. 나는 구알이면 오우 두시까지 낫잠을 자는데, 편 사실을 쓸 곳도 없고 써서도 안 되죠. 다 써, 나는 돼지고기가 된 느낌이었어요. 푸줏간의 붉은 조명 아래서 외설적으로 엉덩이를 흔드는 돼지고기, "내 항정살이 맛있어 내 목살은 당신 입에서 녹을 거예요. 나는 세상에 홀로

순종적인 돼지고기예요."라고 외쳐 정신나간 돼지고기.

그리고 겨울, 첫 눈이 내리기 한 주 전에 면접을 봤어요. 혹백논리적인 정장을 입은 사람들 사이에서 온 몸이 떨렸어요. 면접장에 들어서는데, 면접관들이 나를 보며 하품을 해요. 그들은 내 말투를 깔봐요. 그들과 나는 어울리지 않는다고 해요. 난 끝까지 웃음을 잃지 않았죠. 내 일이 그들 것들으로 미끄러졌고 그날 밤. 난 술도 없이 몸을 꺾이는데, 산생아처럼 울었어요. 한참 우는데, TV에서 앤씨 노래가 나왔어요. "이 세상 살아가다보면 슬픔보다 기쁨이 많은 걸 알게 될꺼야." 참 터무니없이 해맑네요.

그렇게 살았어요. 사실 왜 그렇게 분주했는지, 무엇이 적게 애전했는지 모르겠어요. 하나 합격은 했어요. 하지만 합격해서 안녕한지는 잘 모르겠어요. 아니, 안녕하지 않았고, 안녕하지 않으며, 앞으로도

안녕하지 않을 것 같아요. 안녕이라는 것, 그런 건 애초부터 우리 것이 아닌 것 같아요. 왜 그럴까요. 우리네 삶이 처음부터 그런 것은 아닐텐데. 우리네 삶이 처음부터 그런 것은 아니었을텐데...

2013년 철도 민영화에 반대하는 코레일 노조의 파업에 4200여 명이 직위해제되는 사태에 이르자 고려대생 주현우 씨가 이에 항의해 '안녕들 하십니까'라는 제목의 대자보를 써 붙였다. 이후 대학가와 고등학교, 각 기관에서 노동운동과 시민운동을 탄압하는 정부에 맞서 민주주의와 노동권, 인권 보장을 요구하는 대자보들이 줄을 이었다.

이 너무나 이기적인 생각이라고 치부할 수도 있다. 그러나 희수는 많은 사람들이 하지 않는 질문, 오히려 하고 싶지만 하기 어려운 질문을 용기 있게 던지고 있다. 우리는 왜 일을 해야 하는 것인가? 열심히 일해서 돈을 벌고 그 돈으로 소비를 하고, 다시 일터로 돌아가야 하는 자본주의적 삶의 양식이 우리가 원하는 삶일까? 세계에서 가장 긴 노동 시간을 고수해 온 한국의 일 중심적 라이프 스타일이 우리가 진심으로 원하는 삶인가?

노동자, 그 이름이 낯선 이유

'노동labor'은 생계를 유지하기 위한 활동을 의미하는 학술 용어다. 그러나 우리는 일상에서 노동이란 단어를 자주 쓰지 않는다. '일'이나 '직업', '근로'란 단어가 우리에게는 더 익숙하다. '노동'이라고 하면 대개 텔레비전에서 본 노사 분규나 파업 장면을 떠올리거나 또 '노동자'라고 하면 육체노동자나 단순하위직 종사자를 가리키는 말이라고 오해하는 사람들이 많다. 그러나 '노동'이란 인간이 생계를 위해 재화나 서비스를 생산하는 활동을 가리키며, '노동자'란 생계유지를 위해 자신의 노동력을 판 대가로 임금을 받아 생활하는 사람들을 의미한다. 이런 의미에서라면 우리들 대부분은 노동자라고 할 수 있다. 자신의 자본으로 회사를 만들어 타인을 고용하거나(고용주), 혼자 또는 가족원들과 소규모로 일을 하며 살아가는 사람(자영자)은 상대적으로 소수이기 때문이다.

우리들 대부분은 일생 동안 노동력을 판 대가로 살아가는 노동자이지만, 왜 노동자라는 이름은 우리들에게 생소하고 때로 불편하기조차 한 것일까? 노동 중심 사회이면서도 노동자의 권리를 제대로 인정하지 않는 한국사회의 특수성을 첫 번째 원인으로 꼽을 수 있다. 1960년대 이래 노동집약적 공업화로 경제발전을 이룩한 한국사회에서 노동자들은 가장 주요한 통제의 대상이 되어 왔다. 낮은 임금을 받고 시키는 대로 일하는 유순한 노동력을 형성하기 위해 국가는 노동 3권을 불법화하고 노동조합 조직을 막는 등 노동을 적극적으로 통제했다. 박정희 정부 시절 극심한 노동 통제로 인해 1970년대 초에는 전태일의 죽음 등 수많은 노동자의 저항이 있었고 1987년 이후에는 노동운동이 활성화되었지만, 아직도 한국사회에서 노동조합은 만들기도 어렵고 활동 범위도 기업별 노조라는 울타리에 한정되어 있다.

노동에 대한 극심한 통제와 함께 지적할 수 있는 두 번째 요인은 노동의 위계가 뚜렷하고 노동자 인권이 충분히 보장되지 못하는 문제다. 어느 사회나 노동시장 내 직업의 위계가 있고 임금을 비롯한 노동조건에 차이가 있지만, 한국사회에서는 생산·서비스노동 등 육체노동의 임금이 훨씬 더 낮은 편이다. 또한, 같은 노동자라도 정규직과 비정규직이라는 신분 차별을 두기 때문에 비정규직 노동자들은 낮은 임금과 불안정한 고용을 감수해야 한다. 아울러, 한국사회의 오랜 관행의 하나인 권위주의적 문화는 노동자의 인권을 실현하는 데 큰 걸림돌이 되어 왔다. 사무직·관리직·경영자들이 생산직과 서비스직 노동자를, 같은 동료로 인정하지 않는 문화나 차별하는 관습이 점차 사라지고 있다고는 하지만, 여전히 우리사회 기업문화의 단면이기도 하기 때문이다.

셋째, 해방 이후 한국사회의 좌우 이데올로기 대립과 분단 상황이다. 자유민주주의 체제인 남한과 사회주의 체제인 북한의 대립은 노동 문제에 대한 인식을 한국사회에서 극도로 위축시켰고, 반공 이데올로기의 강력한 지배로 노동운동의 이미지는 심각하게 훼손되었다. 1987년 민주화운동 이후 노동 문제에 대한 인식이 개선되어 왔고, 2002년 한일 월드컵에서 '붉은 악마'의 등장은 한국사회의 레드 콤플렉스를 깨뜨렸다는 주장도 있다. 하지만 여전히 한국사회에서 반공 이데올로기는 강력한 힘을 가진다. 그러나 노동운동은 일하는 사람들이 자신의 생존과 권리를 보장받기 위해 협상과 조정을 추구하는 운동이라는 점을 기억할 필요가 있다. 그리고 선진 사회에서 노동 3권은 당연히 보장되는 기본권이며, 노동운동을 이데올로기적으로 해석하는 경향은 이미 50여 년 전 미국과 소련이 탈냉전 사회로 들어서면서 사라졌다. 그런 점에서 노동 문제에 대한 한국사회의 부정적 인식은 매우 후진적인 현상이며 21세기 한국사회가 더 발전된 민주주의 사회로 나아가는 데 큰 걸림돌이 되고 있다고 할 수 있다. 이런 사회적 정서는 우리들의 삶에 어떤 영향을 주고 있을까?

첫째, 개인적인 차원에서 노동자로서 자신의 권리를 추구하기 어려워진다. 대학을 졸업하는 많은 사람들 중 〈근로기준법〉이나 〈남녀고용평등과 일·가정 양립 지원에 관한 법률〉 등 노동자로서 알아야 할 기본적인 법률에 대해 공부한 적이 있거나 읽어 본 사람이 과연 얼마나 될까? 대학을 졸업했다고 해도 노동권에 관한 지식을 갖지 못한 대부분의 젊은이들은 노동시장에 나온 후 크고 작은 어려움을 겪은 후에야 노동자로서 자신의 권리에 눈을 뜨게 된다. 따라서 '노동자'로서 자기 인식, 즉 노동자로서 나는 어떻게 살아갈 것인가? 하는 문제와 관련된 노동자 정체성은 대학 시절 습득해야 할 중요한 부분이다.

둘째, 집단적인 차원에서 노동조합과 노동운동에 대한 무관심을 낳으며, 이는 노동자들의 권리 향상을 저해하는 조건이 된다. 노동자이지만 노동자 정체성을 갖지 않기 때문에 노동조합에도 무관심하거나 참여하지 않는다. 아직도 많은 회사에서 경영자들은 노동조합을 부정적으로 인식하고 있으며 노동자들이 노동조합에 관심을 갖는 것을 환영하지 않는다.

노동조합의 활동이 활발한 회사는 그렇지 않은 회사보다 노동자들이 더 나은 노동조건을 누린다는 것이 많은 연구에서 증명된 사실이다. 불행히도 한국의 노동조합 조직률은 15퍼센트에 불과하며, 여성의 경우 10퍼센트도 되지 못한다. 국가와 기업의 노동조합에 대한 통제, 노동자의 무관심, 그리고 비정규직의 경우에는 노동조합 가입 자체가 실질적으로 어려운 상황 등이 그 원인이다.

희수는 이런 노동 현실에 대해 개인적인 저항을 하고 있다. 대부분의 사람들이 학교를 졸업하면 대기업이나 공기업에 들어가거나 공무원이 되어 높은 임금과 안정적 일자리에 안주하고 싶어하는 현실에서, 희수는 그런 삶이 주는 위험을 미리 인식하고 다른 삶의 방식을 찾고 있다. 어찌 보면 모험과도 같은 삶을 사는 희수, 그가 꿈꾸는 노동은 어떤 모습일까?

젠더와 노동시장

과거에 비해 여성의 지위가 높아졌다고들 한다. 여성의 지위가 너무 높아져 남성들이 역차별을 당한다는 주장이 나올 정도. 정부 관료나 정치가들은 잊혀질 만하면 한번씩 '군가산점제도의 부활' 이야기를 꺼내고, 인터넷 포털 사이트에는 '여성가족부 폐지' 서명란이 늘 한 구석을 차지한다. 여성의 지위는 정말 향상된 것일까?

가장 중요한 답은 노동시장에서 찾아야 한다. 노동시장에서 임금수준이 높고 고용이 보장된 일자리에서 계속 승진해 가는 여성들이 많아졌다면, 그리고 그런 여성의 임금수준이 남성과 비교해 별 차이가 없다면, 분명 여성의 지위는 개선되었다고 할 수 있을 것이다. 그러나 노동시장의 각종 지표들은 여성의 노동시장 내 지위가 크게 개선되지 않았으며, 노동시장의 성평등 수준이 한국의 경제 수준에 걸맞지 않을 정도로 후진적임을 보여 준다.

여성의 고용률과 M자형 노동 생애 유형

한국에서 여성의 고용률이 OECD 국가 중 가장 낮은 수준(53%)이라는 사실은 잘 알려져 있다. 이러한 수치는 해방 직후인 1940~50년대의 노동시장 참여율과 비슷한 수준인데, 당시 인구의 대다수를 차지하던 농업 인구 절반이 여성이었던 것이 그 이유다. 해방 후 현재까지 여성의 학력은 지속적으로 상승해, 대학 진학 비율이 남성을 능가했고 전문직과 관리직 등 상위직으로의 진출도 늘어났다. 그럼에도 불구하고 지난 60여 년 동안 전체적인 여성 고용률에 큰 변화가 없는 이유는 무엇일까?

그 대답은 〈그림1〉에서 찾을 수 있다. 〈그림1〉은 여성과 남성의 연령별 고용률을 기록한 자료다. 전체적으로 여성의 고용률은 남성의 고용률에 비해 낮아 20대 후반부터 70세 이상까지 전 연령층에서 남성보다 낮은 수준에 머물러 있다. 특히 35~39세 연령층에서 여성의 고용률은 54퍼센트로 남성의 고용률에 비해 38.3퍼센트나 낮다. 이런 격차는 10년 후인 45~49세에 이르면 24퍼센트 수준으로 감소하고 이후 노동시장 퇴장기인 60대까지 유지된다. 이러한 여성의 노동시장 참여는 경력 단절을 포함하는 노동 생애 유형으로서 보통 M자형이라고 불린다. 한국과 일본에서 두드러지며, 선진국에서는 1980년대부터 사라진 형태다. 그동안 여러 차례 지적되었지만, 결혼과 출산 후 초기 양육기의 여성들이 노동시장에서 퇴장하는 현상은 한국의 20~30대 여성들에게 아직도 광범위하게 나타나며 이것은 여성의 노동시장 지위를 낮은 수준에 제한하는 결과를 낳고 있다. 예를 들어, 20대에 기업의 정규직 사원으로 일하다가 퇴직한 후 40대에 다시 노동시장에 진입하려는 여성들 대부분은 자신의 전공이나 경력을 살리지 못한 채, 중년층 여성들의 일자리로 낙인찍힌 하위 사무직이나 서비스직에 비정규직으로 취업하는 경우가 많다. 만약 그녀가 직장을 떠나지 않았다면, 승진이나 경력상의 이점을 살려 더 좋은 노동조건에서 일할 수도 있었으리라는 기대는, 경력 단절이 여성에게 가져오는 불이익이 얼마나 큰지 말해 준다.

그림1. 남녀 연령별 고용률

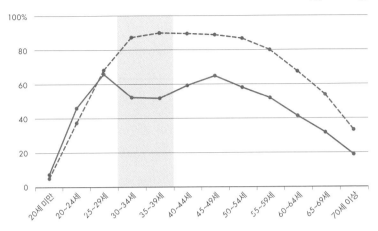

자료: 통계청, 〈경제활동인구조사〉, 2012년 8월.
출처: (김유선, 2013) 재인용

　　〈그림1〉에서 한 가지 주목할 부분은 20대의 고용률이다. 여성
의 고용률은 20대 초에는 48.2퍼센트에서 20대 후반에 68.2퍼센
트로 높아지며, 남성의 고용률은 39.6퍼센트에서 70.5퍼센트로 증
가한다. 남성이 다소 높기는 하지만 여성과 남성의 고용률에 큰 차
이가 없다.(김유선, 2013) 이것은 20대 여성의 학력 수준이 높아지고
취업 욕구가 커지면서 이들이 노동시장 진입을 위해 적극적으로
노력한 결과 나타난 변화다. 그러나 노동시장 진입기의 이러한 균
등화 추세는 30대 초가 지나면 반전한다. 결혼과 임신, 출산과 양
육이 노동시장에서의 성별 격차를 확대하는 주요 원인인 것이다.
2013년 경력 단절을 경험한 여성들을 조사한 결과 경력이 단절된
직접적 계기는 결혼(45.9%)이 가장 중요한 요인이었고, 육아(29.2%),

임신·출산(21.2%), 자녀교육(3.7%)의 순으로 나타났다.(통계청, 2013)

특히 30대 여성들에게 결혼과 출산, 양육으로 인한 경력 단절은 가장 심각한 문제가 되고 있다. 〈표1〉에서 30대 기혼여성 중 경력 단절을 경험한 여성은 35퍼센트를 차지하며, 비취업 여성 중 경력 단절로 인해 비취업 상태에 있는 여성은 70퍼센트를 차지한다. 여성의 초혼 연령이 20대 후반으로 늦춰진 요즘, 30대 여성 세 명 중 한 명은 결혼이나 임신, 출산과 육아로 인해 직장을 떠나고, 30대 기혼여성의 절반(50.1%)이 직업을 갖고 있지 않으며, 이들 비취업 여성의 3분의 2 이상은 결혼과 임신, 출산과 양육 등의 이유로 일을 그만두었다. 여성에게 결혼과 임신, 출산, 육아 책임이 직장 생활을 계속하는 데 얼마나 큰 영향을 주는지 짐작할 수 있다.

그렇다면 20~30대 여성들이 결혼과 임신, 출산, 육아로 인해 직장을 떠나는 이유는 무엇일까? 다른 사회에서도 이 같은 연령층의 여성들이 결혼과 출산을 주로 경험하지만 그것이 직장을 그만두는 결과로 이어지지 않는 데 비해, 한국사회에서 유난히 경력 단

표1.　연령대별 경력 단절 여성 현황

(단위: 천 명, %)

연령	기혼여성(A)		비취업여성(B)			경력단절여성(C)			
		구성비		구성비	비율 (B/A)		구성비	비율 (C/A)	비율 (C/B)
합계	9,713	100.0	4,063	100.0	41.8	1,955	100.0	20.1	48.1
15~29세	593	6.1	338	8.3	57.0	219	11.2	36.9	64.8
30~39세	3,076	31.7	1,541	37.9	50.1	1,081	55.3	35.1	70.1
40~49세	3,984	41.0	1,432	35.2	35.9	532	27.2	13.4	37.2
50~54세	2,061	21.2	752	18.5	36.5	123	6.3	6.0	16.4

자료: 통계청, 2013년 경력단절여성 통계 보도자료.

절 현상이 지속되는 것은 무엇 때문인가? 몇 가지 이유를 살펴보면 다음과 같다.

첫째, 일과 가족을 양립할 수 있는 사회적 조건이 불충분하다. 일–생활 균형work-life balance, 즉 일과 가족생활 그리고 개인적 삶의 균형을 이루기 위해서는 가족에서 양육과 돌봄을 위한 사회적 지원 체계가 필요하다. 한국사회에서는 보육을 중심으로 사회적 체계가 구축되어 왔으나 아직 양적·질적 측면에서 개선되어야 할 점이 많으며, 공보육公保育의 비중도 낮다. 또 자녀 교육에서도 사교육 등 부모의 부담이 큰 교육 체계가 지속되어 여성이 직업과 가족의 돌봄 책임을 병행하는 것이 쉽지 않다.

둘째, 한국의 장시간 노동 체제와 기업의 일 중심적 문화가 갖는 문제다. 한국은 OECD 국가 중 가장 긴 노동시간을 유지해 왔으며, 일 중심적 문화를 가진 사회다. 2010년 OECD 보고에 따르면 한국인은 연간 2193시간 일하는데, 이는 OECD 평균 근로시간보다 444시간 더 긴 것이다. 주 단위로 환산하면 11.1주, 월 단위로 환산하면 2.6개월 더 오래 일하는 것이다.(한국노동연구원, 2012) 이렇게 긴 노동시간 체제에서는 가족돌봄 책임을 수행할 시간이 충분히 주어지지 않는다. 여성이든 남성이든 장시간 노동으로 지친 사람들에게 가정은 휴식의 공간으로서 의미를 가질 뿐, 아이를 낳고 키우며 부모로서의 기쁨을 맛보는 생명 생산의 터전이라는 의미는 축소될 수밖에 없다. 따라서 이 같은 '피로사회'에서는 부모 중 한 사람, 즉 여성에게 아이를 돌볼 책임이 주어지고, 그녀는 직장 대신 아이를 '선택'할 수밖에 없다. 그러나 이 경우 그녀의 선택을 진정한 의미에서 선택이라고 보기는 어려울 것이다.

셋째, 한국사회에서 여전히 강력한 영향력을 가지는 성별 분업 의식이다. 경제적 부양은 남성이, 돌봄노동은 여성이 해야 한다는 성 역할 의식, '아이는 가정에서 엄마가 키워야 한다'는 가정 중심주의domesticity, 맞벌이를 하더라도 여성이 가사와 육아를 전담해야 한다는 슈퍼우먼 콤플렉스 등 성별 불평등을 초래할 수 있는 고정관념들이 한국사회에서 지배적인 영향을 끼치고 있다. 이러한 성별 분업 의식은 여성과 남성 개개인의 주관적 인식으로 나타나지만, 실은 한국사회의 근대화 과정에서 국가정책적으로 형성되어 온 것이다. 한국의 국가는 1960년대 공업화 이래 '남성 생계부양자 가족'(남성 1인의 소득으로 가족의 생계를 꾸려 가는 가족)을 규범으로 설정하고 일터에 나간 남성을 위해 여성이 가족의 모든 일을 전담하는 일 중심적 가족 모델을 바람직한 것으로 제시했다. 2000년대 들어와 '남성 생계부양자 가족'은 점차 '2인 생계부양자 가족'(남녀가 함께 경제적 부양의 책임을 진 가족)으로 바뀌었지만, 가족 안에서 돌봄노동을 여성이 전담하는 문화적 구조는 여전히 지속되고 있다.

성별 임금격차

2012년, 남성의 임금을 100이라 할 때 여성의 임금은 63으로 성별 임금격차는 37퍼센트의 수준에 이른다. 이를 연령별로 나누어 보면, 월평균 임금은 45~49세에서 가장 격차가 커져 남성이 322만 원, 여성이 155만 원으로 여성의 임금이 남성 임금의 2분의 1도 채 되지 못한다.(그림2) 이러한 격차는 시간당 임금에서도 그대로 나타나 45~49세 연령층에서 여성의 시간당 임금은 8882원으로 남성의 시간당 임금 1만 7672원의 50.3퍼센트에 그치고 있다.(그림3) 성별 임금격차는 20대 후반까지 작은 차이를 유지하지만, 30대가 되면서 크게 벌어져 40대 후반에 가장 큰 폭을 나타내고 있음을 알 수 있다. 앞서 연령별 고용률에서 살펴본 것처럼, 노동시장 진입기인 20대의 성별 격차는 크지 않으나, 30대 이후 노동시장 상황의 성별 차이에 따라 임금격차도 확대되어, 남성의 조직 내 지위가 정점에 오를 시기인 40대 후반에 성별 격차가 가장 커지는 것이다.

이 같은 성별 임금격차는 왜 발생하는 것일까? 가장 큰 요인은 고용 형태, 즉 정규직과 비정규직의 성별 분포가 다른 데서 찾을 수 있다. 임금수준이 낮은 비정규직에 여성이 훨씬 더 많기 때문에 비정규직 효과가 반영된 결과다.(그림4) 여기에 성별 직업 분리, 즉 여성들이 임금수준이 낮은 저임금 직종이자 하위 직급에 몰려 있는 현상과, 교육과 경력 등의 이유로 여성이 낮은 수준에 머물러 있다는 점을 또 다른 요인으로 지적할 수 있다. 그러나 이러한 구조적·개인적 요인으로 설명할 수 없는 격차도 적지 않다. 성별 임금격차의 30~50퍼센트가 설명할 수 없는 격차, 즉 차별로 인한 결과로 해석되고 있다.(신광영, 2011; 신경아·김영미 외, 2013) 한국의 노동시장에서는 여성이라는 이유만으로 남성보다 낮은 임금을 받는 현상이 매우 뚜렷하게 존재하고 있음을 알 수 있다.

그림2. 월평균 임금

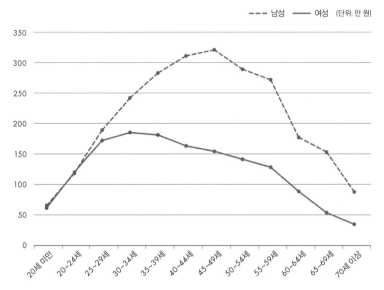

자료: 통계청, 〈경제활동인구조사〉, 2012년 8월.
출처: (김유선, 2013) 재인용

그림3. 시간당 임금

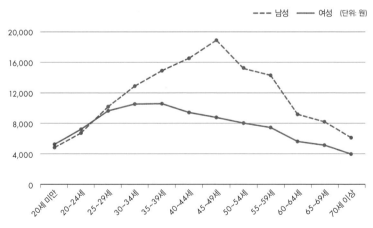

자료: 통계청, 〈경제활동인구조사〉, 2012년 8월.
출처: (김유선, 2013) 재인용

그림4. 정규직과 비정규직의 월평균 임금

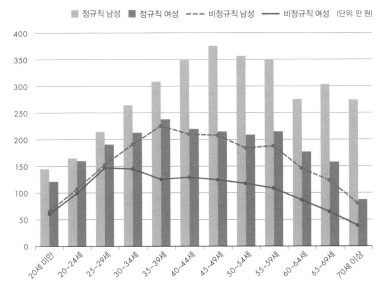

범례: ■ 정규직 남성 ■ 정규직 여성 --- 비정규직 남성 — 비정규직 여성 (단위: 만 원)

자료: 통계청, 〈경제활동인구조사〉, 2012년 8월.
출처: (김유선, 2013) 재인용

비정규직

한국의 노동시장에서 두드러진 현상 중 하나는 높은 비정규직 비율이다. 2007년 〈비정규직법〉 시행 후 감소하기는 했지만, 아직도 여성 노동자의 60퍼센트 가량이 비정규직으로 일하며, 이렇게 높은 비중은 세계에서 그 예를 찾기 어려운 수준이다. 이처럼 비정규직 여성 고용이 늘어난 것은 서구 사회의 경우 시간제 고용을 통해 여성의 노동시장 참여가 확대된 데 비해, 노동시간 경직성이 높은 한국사회에서는 전일제 비정규 고용에 의해 여성 노동력을 활

불안정한 노동시장에서 살아남기? **349**

용해 온 데서 원인을 찾을 수 있다. 여기에 한국사회의 높은 경력 단절 현상도 한 몫을 했다. 결혼과 임신, 출산과 육아로 인한 직장의 상실은 여성을 불안정하고 낮은 임금을 받는 노동자의 지위로 제한해 왔다. 이를 보여주는 자료가 〈그림5〉의 연령에 따른 비정규직 고용의 분포다. 〈그림5〉에서 비정규직 여성노동자의 연령별 분포를 살펴보면, 20대에 다소 높아졌다가 40대가 되면 가장 높은 비율을 나타내는 것을 볼 수 있다. 노동시장 진입기인 20대에 정규직이나 비정규직으로 일하다가 결혼·출산·육아로 인해 퇴직한 후, 40대가 되면 비정규직 일자리에 들어오는 여성들이 많음을 알 수 있다. 그 결과 여성노동시장에서는 30대 이후부터 정규직이 줄어들고 대신 비정규직 고용이 압도적으로 늘어나고 있다.

비정규직 고용은 고용이 불안정하고 임금은 물론 사회보험 등 노동자에게 주어지는 각종 복지 혜택에서도 소외되기 쉽다. 〈그림6〉에서 비정규직 여성 노동자의 임금은 2011년 기준 106만 1000원으로 정규직 여성 노동자 임금의 53.1퍼센트 수준이며, 정규직 남성 노동자 임금의 34.7퍼센트, 비정규직 남성 노동자 임금의 67.8퍼센트에 그치고 있다. 그 결과 비정규직 여성노동자의 44.9퍼센트(197만 4000명)가 최저임금에도 못 미치는 수준의 월평균 임금을 받고 있다.[3]

〈그림7〉에서 비정규직 여성 노동자의 사회보험 가입 여부를 살펴보면, 국민연금과 건강보험, 고용보험 모두 정규직 여성에 비해 가입률이 크게 떨어지는 것을 알 수 있다. 정규직 여성 노동자가 국민연금과 건강보험 가입률이 90퍼센트를 넘고 고용보험 가입률도 80퍼센트 이상인 데 비해, 비정규직 여성 노동자의 경우

그림5. 여성 노동자의 연령별·고용형태별 분포

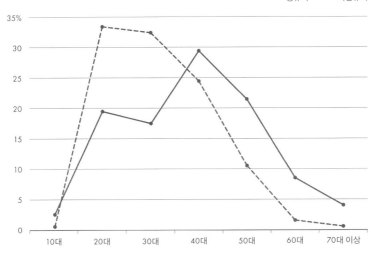

자료: 통계청, 〈경제활동인구조사 부가조사〉, 2011.

그림6. 고용형태별 임금 비교

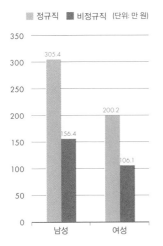

그림7. 여성노동자의 고용형태별 보험 가입 실태

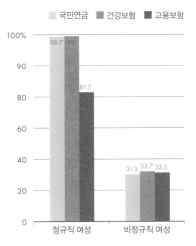

자료: 통계청, 〈경제활동인구조사 부가조사〉, 2011.

세 보험 모두 30퍼센트를 조금 웃도는 수준이다. 이러한 통계자료를 이들의 낮은 임금수준과 함께 생각해 보면 실직이나 건강 문제를 겪을 때, 또 퇴직 후 노인이 되었을 때 사회적 지원과 보호를 받을 수 있는 노동자가 3분의 1에 불과하다는 사실을 알 수 있다.

남성중심적 조직 문화와 성차별

조직 문화 속에서 발생하는 성별 불평등은 다음과 같다. 첫째, 채용 시 차별이다. 채용 면접에서 성별에 따라 (직무와 관련 없는) 다른 질문을 하는 것은 성차별이며 이는 〈남녀고용평등법〉에 위배된다. 그러나 아직도 많은 기업에서는 여성에게 남성과 달리, 개인적인 질문이나 여성에 대한 선입견을 전제로 한 질문을 하기도 한다. 남성중심적 조직은 남성들이 다수이고 의사결정권을 가진 직위를 독점하고 있어 조직의 규범과 일상문화가 남성의 의식과 경험을 토대로 형성된다. 그런 곳에서 여성은 조직의 외부인outsiders처럼 취급되기 쉽다. 그러나 이것은 여성이 조직에 적합하지 않아서가 아니라, 한국의 많은 기업들이 남성 편향적 조직 문화에서 벗어나지 못하고 있기 때문이다.

둘째, 성별 직무 분리다. 성별에 따라 직무가 다르게 주어지는 현상은 전 세계적으로 보편적인 것이지만, 한국 기업에서는 그

경직성이 훨씬 더 두드러진다. 또 수직적 위계에서도 여성은 남성에 비해 권한이 적은 하위 직급에 몰려 있는 현상이 뚜렷하다. 이러한 성별 직무 분리는 흔히 '유리벽glass wall'과 '유리천장glass ceiling'이라고 불려 왔지만, 많은 한국 기업에서는 군이 '유리'라는 수식어를 붙일 필요가 없을 정도로 분리가 명확하다. 여성과 남성이 하는 일과 직위에서 보이지 않는 차별이 존재한다는 것이다. 이러한 성별 직무 분리는 분명한 성차별이다. 차별discrimination이란 같은 사람을 다르게 대우하거나 다른 사람을 같게 대우할 때 발생하는 것으로, 동등한 교육을 받고 동일한 채용 과정을 거쳐 입사한 남녀 근로자를 성별에 따라 다른 업무에 배치하는 것은 성차별이다. 이러한 성별 직무 분리는 여성을 조직의 주변적인 업무에 한정함으로써 여성이 조직의 핵심 인력으로 성장하는 것을 막는다. 또 의사 결정권을 가진 관리·경영직으로의 접근도 차단한다.

셋째, 조직 문화의 남성중심성이다. 한국 기업의 조직 문화가 갖는 특징 중의 하나는 야근과 회식, 술자리가 잦다는 점이다. 오래 일하고 늦게 퇴근할수록 열심히 일하는 사람이라는 인식이 지배하는 가운데 야근이 일상화되었으며, 회식은 업무의 일부로 간주된다. 그리고 많은 경우 회식은 술자리와 연결된다. 그러나 기업에 여성들이 늘어나면서 이런 문화에도 변화가 생겨나고 있다. '1차는 삼겹살과 소주, 2차는 노래방'으로 이어지던 회식의 여성들, 특히 결혼한 여성들이 많아지면서 기업에서 환영받지 못하는 관행이 되기 시작했다. 반면 이런 회식 문화에 길들여진 관리직 남성의 관점에서 보면, '칼퇴근'을 하고 술자리를 좋아하지 않는 여성 직원은 소통하기 어려운 불편한 존재일 수 있다. 문제는 한국의 기업에서 이런 차이들이 여성들의 '차이'로 존중되기보다는, 조직에 대한 충성심이 부족한 사람들의 '개인주의'로 해석되기 쉽다는 점이다.

넷째, 가사노동과 육아, 간병, 노인돌봄과 같은 노동자 가족의 돌봄은 남녀 모두의 책임이며 관심이 되어야 하지만, 한국의 기업에서는 이것이 수용되지 않고 있다. 한국사회 전반의 규범이 돌봄을 여성의 책임으로 규정하기 때문에, 기업에서도 이것은 여성의 문제로 주변화된다. 따라서 현행법의 출산휴가나 육아휴직 제도도 제대로 사용되지 못하고 있다. 이러한 휴가나 휴직 제도를 사용하면 할수록 조직 속에서 점점 더 주변화되기 때문이다. 그러나 일상의 가사노동을 수행하고 아이를 키우며 아픈 사람과 노인을 돌보는 것은 여성만이 아니라 남성도 함께 해 나가야 할 일이며 책임이다. 따라서 육아휴직은 남성도 사용할 수 있도록 되어 있지만, 실제로 육아의 목적으로 휴직을 신청하는 남성들은 아직 극소수에 불과하다. 남성들이 원한다고 해도, 조직에서는 그것이 낙인이 될 가능성이 크기 때문이다.

다섯째, 남성중심적 조직 문화에서 일상적으로 발생할 수 있는 성차별의 한 유형으로 직장 내 성희롱이 있다. 직장 내 성희롱은 "사업주, 상급자 또는 근로자가 직장 내 지위를 이용하거나 업무와 관련해 다른 근로자에게 성적인 언동 등으로 성적 굴욕감 또는 혐오감을 느끼게 하거나 성적 언동 그 밖의 요구 등에 대한 불응을 이유로 고용상 불이익을 주는 것을 말한다.(〈남녀고용평등법〉 제2조 제2항)" 성희롱-sexual harassment은 1974년 미국 코넬대학에서 여직원에 대한 남성교수의 성적 괴롭힘이 '문제'로 인식되면서 '원하지 않는 성적 관심'은 타인의 노동권을 침해할 수 있는 '범죄 행위'라는 개념이 형성되었다. 성희롱은 신체적·언어적·시각적인 차원에서 발생할 수 있으며, 고용상의 불이익과 관계되는 조건형 성희롱과, 직접 고용조건에 영향을 주지는 않지만 성적 괴롭힘으로 인해 근무 의욕을 저하시키는 환경형 성희롱으로 구분된다.[4] 성희롱은 단순히 타인에 대한 성적 관심에서 발생하는 사건이 아니다. 직장 내 성희롱은 조직 문화에서 권력을 가진 사람이 그렇지 못한 사람을 성적으로 이용하는 인권 침해적 행위다. 아직도 남성중심적 문화를 가진 한국의 많은 기업에서 직장 내 성희롱은 언제든지 발생할 수 있는 일상에 잠재된 위험이라고 할 수 있다.

그러므로 직장 내 성희롱을 예방하고 적절히 처리할 수 있는 능력은 노동자 개인의 역량을 넘어 조직 문화의 성평등과 민주주의 실현에 꼭 필요한 요소다. 먼저 무엇이 직장 내 성희롱인지, 그것이 어떤 경우에 발생하며 왜 문제가 되는지 등 개념적 인식을 명확히 할 필요가 있다. 대개 직장에서 지나친 성적 관심과 관련해 사건이 발생했을 때 그것을 '성희롱'으로 문제를 제기하기가 어려운 경우가 많다. 늘 같이 일하거나 자주 접하는 관계에서 성희롱 문제를 지적했을 때 피해자는 지지를 받기보다 오히려 의심이나 비난의 대상이 될 수 있다. 또한 지속적으로 반복될 수 있기 때문에 점차 피해자는 자존감이 훼손되고 저항하지 못하는 자신에 대한 분노, 무력감, 좌절감을 경험하면서 부정적인 자아 인식self concept에 이르기 쉽다. 이 같은 정신적·정서적 경험은 노동 의욕을 꺾고 자기부정적인 감정 상태를 가져와 결국 일을 계속하기 어렵게 만드는 요인이 될 수 있다. 따라서 다른 어떤 차별과 폭력에 대한 대응에서와 마찬가지로, 직장 내 성희롱도 타인이 원치 않는 성

┌─────────────────────────┐
│ TIP │ 감정노동
└─────────────────────────┘

현대 노동시장에서 가장 빠르게 늘어나는 일자리는 서비스직이다. 고객에게 직접 또는 간접적으로 서비스를 제공하는 업무는 기계화·자동화되기 어려운 영역이기 때문이다. 여성은 의사소통 능력이나 타인에 대한 돌봄 경험이 많다는 성별 고정관념으로 인해 고객과 대면적 접촉이나 음성을 통해 서비스를 제공하는 직무에 고용되는 경향이 있다. 콜센터 상담원, 항공사의 승무원, 백화점이나 대형 마트의 판매직, 식당의 홀 서빙 노동자, 관광 가이드 등이 대표적이다.

감정노동emotional labor이란 이윤 창출을 위해 노동자가 자신과 고객의 감정을 관리하는 행위를 말한다. 감정노동은 고객들에게 회사가 필요로 하는 마음 상태를 이끌어 내기 위해 노동자가 자신의 감정을 만들어 내거나 억압하는 행위다. 노동자는 자신의 감정 상태와는 관계없이 회사가 요구하는 매뉴얼에 따라 미소를 짓거나 정해진 높낮이의 목소리로 말하며 인내하고 복종적인 자세를 취해야 한다.

감정노동은 네 가지 수준으로 구분된다.(Hochschild, 1983) 첫째, 표면적 행동surface acting으로 종업원들이 조직의 표현 규칙에 따라 '표면적으로' 나타나는 감정의 가시적 측면들을 조정하는 상태를 말한다. 둘째, 심층적 행동deep acting은 노동자들이 상황의 요구로 인해 외적 태도를 조정하지만 내적 감정은 변하지 않은 채로 남아 있는 상태다. 셋째, 적극적인 심층 행동active deep acting은 노동자들이 과업규칙에서 표현하도록 요구받은 역할을 수행하기 위해 자신의 느낌 자체를 조정하려고 하는 상황이다. 이 경우 표면적 행동뿐만 아니라 내적인 감정까지 통제의 대상이 되며 종업원 스스로 자신의 내적 감정을 통제하려고 노력하는 상태에 이르게 된다. 넷째, 수동적 심층 행동passive deep acting은 종업원이 특정 상황에서 요구되는 감정을 자동적으로 느끼게 되는 상태를 의미한다.

이 네 가지 수준은 감정노동의 결과 노동자들이 자신의 고유한 감정과 느낌으로부터 분리돼 조직의 감정 규칙에 종속되어 가는 단계들이다. 그 결과 감정노동자는 자신의 주관적 느낌feeling에 귀를 기울일 수 있는 능력을 상실하고 고객에게 가벼운 감정의 전시 display of emotion만을 제공할 수 있는 소외의 상황을 겪게 된다.(신경아, 2009) 장기간 억압적인 감정노동을 계속하게 되면 노동자는 좌절과 우울 등 심리적 질병을 겪게 되며 심한 경우 공황 상태에 빠지기도 한다. 최근 한국사회에서는 콜센터나 판매직 여성 노동자, 항공사 여승무원들의 감정노동이 심각한 사회문제로 제기되었다. 이에 따라 기업에서는 수당 등 금전적 보상이나 감정노동자의 휴식과 정신적 안정을 위한 프로그램을 도입하고 있다. 그러나 무엇보다도 '손님은 왕'이라는 잘못된 사회적 관행을 해소하고 노동자의 인권을 존중하려는 의식과 이를 보장할 수 있는 제도의 실현만이 실질적 개선으로 이어질 수 있다.

적 관심은 차별이자 폭력이라는 사실을 명확히 인식하고, 발생 초기부터 단호히 대응하는 자세가 필요하다. 일단 성희롱이라고 의심되면, 회사 내 관련 부서나 여성 단체의 도움을 받아 책임감을 가지고 해결하려는 적극적인 노력을 기울여야 한다. 무엇보다도 한국사회에서 과도하게 확산된 외모중심주의와 여성의 성적 대상화에 대한 경각심을 가지고, 타인의 외모에 대한 지나친 관심은 인권 침해가 될 수 있다는 자각을 조직 문화의 구성원들이 공유해 나가야 한다.

성평등을 향한 실천

노동시장과 조직 안에서 여성과 남성은 아직 멀리 떨어져 있고, 여성의 대다수는 유리벽과 유리천정에 갇혀 있다. 이러한 상황을 개선하기 위해서는 어떤 노력이 필요할까?

첫째, 노동시장에서 성별 격차를 해소하고 성평등 수준을 높이기 위해 국가와 사회의 실천이 가장 중요하다. 지금까지 한국사회에서 국가는 엄밀히 말해, 여성의 노동시장 진출을 돕고 노동시장 지위를 개선하는 방향보다는 자신의 필요에 따라 여성 노동력을 활용하는 식의 정책을 추구해 왔다. 그 결과 한국 노동시장에서 여성이 갖는 위치는 취약하기 그지없고, 학력 수준이 상승했음에도 그 만큼 상황이 개선되지는 못했다. 따라서 국가의 여성 고용 정책과 기업의 여성 인력 정책이 여성의 노동시장 조건을 개선하는 데 어떤 영향을 줄 것인지 엄밀히 분석하고 비판적인 개입을 할 수 있어야 한다. 무엇보다 여성들의 적극적인 관심과 비판, 감시와 요구에 의해서만 국가의 정책 방향이 바뀌고 기업의 관행과 제도, 문화를 변화해 갈 수 있을 것이다.

둘째, 일이 자신의 삶에서 어떤 의미를 갖는지 고민하고 자신이 원하는 일이 무엇인지 탐색하며 평생 일을 계속해 가려는 의지와 노력이 필요하다. 최근 한국사회에도 자본주의 경제를 넘어 새로운 공동체적 경제를 구축하려는 실험들이 생겨나고 있다. 시민들에 의한 제3섹터를 확대해 가려는 이러한 노력은 '사회적 경제'라고 불리며, 사회적 기업이나 협동조합 등 지역사회의 다양한 생산과 돌봄 공동체들이 여기에 속한다. 사적인 이윤 추구를 목적으로 하는 기업들과 달리, 기업의 이익과 함께 공공선the public good과 노동자의 권익을 고려한다. 또한, 자본주의적 시장경제에 내포된 경쟁, 갈등, 착취의 요소들을 줄이고 협력, 소통, 분배의 정의를 실천하는 데 관심을 갖는다. 노동시장에 들어가려는 이유와 무슨 일을 누구와 어떻게 하며 살아갈지를 고민한다면, 자본주의를 넘어선 다양한 실험에 관심을 기울일 필요가 있다.

셋째, 여성과 남성 모두 일과 삶의 균형에 대한 관심을 가져야 한다. 한국사회의 장시간 노동 체제와 일 중심적 가치관은 오래 일하고 더 많이 벌기만 하면 좋은 삶이라는 자기 착취적인 라이프 스타일을 지배적인 규범으로 만들어 왔다. 그러나 가족과 개인적 삶이 없는, 일만 하는 삶이 과연 누구에게 바람직한 것인가?

하는 질문을 던져 볼 필요가 있다 2012년 대통령 선거에서 야당의 한 후보가 노동자들에게 '저녁이 있는 삶'을 돌려주겠다는 슬로건을 내걸어 큰 호응을 얻었다. 대다수의 한국인들에게 '저녁이 없다'는 것은 휴식과 여가, 친밀성을 나눌 시간이 절대적으로 부족하다는 의미다. 일과 개인적 시간, 가족을 위한 시간을 균형 있게 분배할 수 있을 때 일도, 개인적 삶도, 가족관계도 지속할 수 있을 것이다.

넷째, 노동시장과 조직 문화 속에서 성평등의 수준을 높여 가려는 여성과 남성의 의식적인 노력이 필요하다. 한국의 〈근로기준법〉과 〈남녀고용평등과 일·가정 양립 지원에 관한 법률〉에는 선진국이라 불리는 나라에서 추진되는 대부분의 정책과 제도들이 포함되어 있다. 그러나 이것이 노동 현장에서는 제대로 지켜지지 않는다. 법적 권리를 현실화하기 위해서는 성별 불평등을 해소하고 자신의 권리를 지키려는 남녀 노동자들의 실천이 핵심이라고 할 수 있다. 특히 성평등은 여성에게만 유익한 것이 아니라는 사실을 남성들이 인식할 필요가 있다. 남성 또한 혼자 가족을 부양해야 하는 책임에서 자유로워지고, 노동자의 단결을 통해 법적 권리를 실현하며 더 높은 수준의 법적 보장을 추구해 나가려면, 남녀 노동자의 협력은 필수불가결한 요건이기 때문이다.

더 읽어보면 좋은 책

📗 강이수 · 신경아 · 박기남, 《여성과 일》, 동녘, 2014.(근간)

여성주의적 관점에서 노동에 대한 체계적인 접근을 시도한 책이다. 일과 정체성, 노동에 대한 여성주의적 이해 등 여성의 관점에서 노동의 의미를 새롭게 묻는다. 노동시장의 성별불평등, 비정규직 등 여성의 노동시장 지위를 분석하고 성평등을 향한 여성노동운동의 전망을 다룬다.

📗 조순경, 《노동의 유연화와 가부장제》, 푸른사상, 2011.

신자유주의 경제체제에서 확대되는 노동의 유연화를 설명하면서 이것이 한국의 노동시장에 어떤 변화를 가져왔는지, 여성의 저임금과 고용불안정을 어떻게 심화시켰는지 분석한다.

📗 박수정, 《여자, 노동을 말하다》, 이학사, 2013.

비정규직 여성노동자 여덟 명의 생애 이야기를 수록한 책이다. 2005년과 2012년, 7년의 간격을 두고 두 차례의 인터뷰를 통해 책으로 엮었다. 2000년대 고용불안정의 시대를 살아가는 비정규직 여성노동자의 생생한 삶의 모습을 살펴볼 수 있다.

🎞. 니키 카로 감독, 영화 〈노스 컨츄리〉, 2006.

1984년 미국에서 최초로 직장 내 성폭력 사건에서 승소한 사례를 소재로 한 영화다. 남성 직종인 광산에 취업한 여성이 겪는 성차별과 성폭력, 가정폭력 등의 문제를 총체적으로 다루면서 가부장적 가족과 노동조합, 조직문화 속에서 맞서 싸우는 여성의 경험을 이야기한다.

🎞. 여성노동영화제

한국여성노동자회와 전국여성노동조합이 주관해 2004년을 시작으로 2013년 3회를 거듭하면서 여성노동에 관한 다양한 다큐멘터리를 상영해 왔다. 신자유주의 경제체제의 지배 아래 차별과 빈곤에 맞서 살아가는 아시아를 비롯한 세계 여성노동자들의 일과 삶에 관한 영화를 소개한다.

남성성 ●●

남성성의 위기와
한국의 남성문화

엄기호

—— 이번 장에서는 최근 많이 이야기되고 있는 남성의 위기라는 맥락에서 한국의 남성문화의 특징을 알아본다. 한국에서 남성으로 살아간다는 것은 이성애적인 질서에서 사회적으로 요구되는 아들, 남편, 아버지, 국민 등 여러 가지의 역할을 수행한다는 것을 의미한다. 이에 반해 한국의 남성문화는 남성들끼리 우정을 나누고 단결하는 강력한 남성동성문화적 특성을 가진다. 남성동성문화는 동성 간에 서로를 즐겁게 하고 사회적 연대를 구축하지만 강력한 동성애혐오에 기초한다. 이번 장에서는 이것을 동성사회적homo-social, 동성에로틱homo-erotic, 동성애혐오homophobic라는 개념을 통해 알아본다. 한편 신자유주의의 전지구화, 다품종 소량 생산, 유연 생산, 소비 사회의 전면화 등은 노동시장의 변화를 만들었으며 이에 따라 노동을 통해 가부장과 국민의 지위를 독점하던 남성의 위치를 흔들고 있다. 이에 따라 기존의 규범적 남성성은 위기에 처하게 되고 새로운 남성성이 출현할 가능성을 낳고 있다. 이런 맥락에서 사이버 마초와 루저 문화 등을 이 장에서는 살펴본다.

위기의 남성과 남성문화

남성의 위기에 대한 목소리가 높다. 남성우월주의의 시대에서 남녀평등을 지나 이제는 남성이 역차별을 당하고 있다고 항의한다. 얼핏 살펴보면 틀린 말이 아닌 것 같다. 초등학교의 경우 여교사의 비중이 거의 80퍼센트에 달하고 있으며 2013년 사법시험에서 여성이 차지하는 비율은 40.2퍼센트로 사상 최고를 갱신했다. 1990년대까지만 하더라도 사법시험에서 여성의 비율은 한 자릿수에 지나지 않았다. 정치에서도 우먼 파워가 심상찮다. 2012년의 대통령 선거에서 주요 정당의 남성 후보는 문재인 민주당 후보가 유일했다. 새누리당·통합진보당·진보정의당은 다 여성 후보였다. 노동자 후보를 표방하고 나온 후보도 여성 후보였다. 어찌되었든 현상적으로만 보면 남성의 시대가 가고 여성의 시대가 열렸다는 말이 헛소리이기만 한 것은 아니다.

이뿐이 아니다. 사회 곳곳에서 여성이 남성을 추월하고 있고, 남성이 도태되어 간다고 한다. 대표적인 곳이 학교다. 아직 공립학교에서도 남고와 여고가 남아 있는 지방의 경우에는 학부모들이 되도록이면 남학생들을 공학이 아닌 남고로 보내려고 한다. 남학생들이 여학생들에 비해 학력이 너무 떨어지기 때문에 내신 성적에서 불리하다는 것이다. 교사들을 만나 보더라도 도대체 남학생들에게 무슨 일이 있었느냐고 반문하는 경우가 많다. 여학생들은 악착같이 공부하고 알토란같이 성적이나 스펙을 챙긴다고 한다. 이에 반해 남학생들은 너무 어리숙하고 하는 짓이 어리고 게임이나 자위행위, 섹스와 같은 말초적인 것에만 빠져 아무 생각이 없어 보인다는 것이 교사들의 한결 같은 우려다.

다른 한편 남성의 위기는 아버지의 위기로 불리기도 한다. 밖에서는 죽어라고 일해서 돈을 벌어오지만 집안에서는 전혀 존재감이 없다는 것이다. 모처럼 일요일에 아버지가 집에서 쉬고 있자 자식이 다가와서 "아저씨 누구세요?"라고 했다는 것은 그저 농담이 아니다. 육아에서부터 교육에 이르기까지 엄마가 다 책임지면서 자식과 소통하고 갈등하며 또 관계를 만드는 한국사회에서 아버지란 부재하거나 낯설고 불편한 존재가 되지 않을 수 없다. 아버지는 그저 돈이나 벌어다 주면 그 역할을 다한 것이지 그 너머에서 자식의 삶에 관심을 보일 때 그것은 불편한 간섭이 되고 만다.

도대체 지난 20년간 한국사회에 무슨 일이 벌어졌기에 '권력자'였던 남성들이 자신들이 이제는 도리어 역차별을 받고 있는 피해자라고 말하는 것일까? 이런 위기는 그저 과정에 지나지 않는 것인가, 아니면 현실까지는 아니더라도 어떤 흐름을 반영하고 있는 담론인가? 나아가 위기에 처했다는 것은 남성들의 지위인가, 아니면 남성다움manhood이라는 가치인가, 그도 아니면 남성성masculinity인가?[1] 그도 저도 아니면 몇몇 진화생물학자들이 말하는 것처럼 남성이라는 생물학적 종 자체인가? 또 이것은 한국사회의 특수한 문제인가, 아니면 전 지구적인 문제인가?

물론 우리사회에는 여전히 고전적인 성별 분업과 고정관념이 큰 힘을 발휘하고 있다. 의사는 남자, 간호사는 여자라는 식으로 자연스럽게 생각한다. 남자가 실직을 해서 집안일을 하더라도 그것은 일시적이며 아내를 '도와주는 것'이라고 생각한다. 남성은 성폭력을 당할 수 없으며 성폭력을 당했다고 주장하는 남자는 어쨌든 '찌질이'라고 생각한다. 그래서 자신이 성폭력을 당했다고 주장하는 남자는 극히 드물다. 그러나 위에서 이야기한 것처럼 이런 남성과 여성에 대한 공고한 고정관념 속에서도 남자에 대한 이야기는 그저 여성의 생물학적 성 반대편에 있으면서 권력을 누리고 여성을 지배하던 그런 고전적인 이미지로는 더 이상 해명되지 않는다는 것을 알 수 있다. 이 글에서는 한국의 남성문화가 시대적 변화에 따라 어떻게 변화하고 있는지를 살펴본다.

한국에서 남자로 산다는 것

우리가 흔히 남자라고 말하면 남성 성기를 가지고 태어난 인간을 지칭한다. 그러나 남성 성기를 가지고 있다고 해서 바로 남자가 되는 것은 아니다. 남성 성기에 걸맞다고 여겨지는 남자의 몸을 가지고 있어야 한다. 근육질 정도는 아니더라도 최소한 여성적인 몸매여서는 안 된다. 여유증(여성형의 유방)을 가지고 있는 남자들이 공중목욕탕에 가는 것을 꺼리고 부끄러워하며 하루 빨리 수술을 하려는 이유가 바로 이것이다. 또한 남자의 몸을 가지고 있다고 해서 되는 문제도 아니다. 남자다움이라고 하는 남자로서의 태도와 성적 지향성을 갖추어야 한다. 커밍아웃을 한 남성 동성애자의 경우에는 몸이 아무리 매끈한 근육질이라고 하더라도 그의 '남자답지 못한' 말투와 행동거지를 보고 남자가 아니라고 판단한다. 나아가 그가 이 모든 것에서 '남자답다'고 하더라도 그의 성적 지향성이 이성애가 아니라면 그는 '남자답지 못한 남자'로 판명된다. 결국 남자란 남자의 몸을 가지고, 이성의 몸에 다가서는, 이성애자만을 지칭하는 말이다.

남자가 이성애적인 질서에 포괄된 성적인 존재여야 한다는 것을 가장 잘 보여주는 곳이 군대의 신체검사다. 루인은 "근대적 남성은 늘 체육과 같은 운동을 통해 신체를 단련해야 했고, 운동과 전투에 문제가 없는 몸 상태를 유지해야 했다"(루인, 2011: 83)고 말한다. 그런데 이런 문제가 없는 몸 상태를 결정하는 것은 신체적 장애뿐만 아니라 성기능 장애도 포함됐다. 음경의 2분의 1 이상이 절단되어 성교가 불가능한 경우나 성기 발육 부전, 고환 결손 및 위축 등은 군 면제 판결을 받는다. 무정자증 역행성 사정, 과소정자증도 4급 판정을 받는다.(위의 책, 87) 이런 '장애'들이 전투를 수행하는 데 아무런 문제가 없음은 물론이다. 오히려 징집에서의 이런 신체 기준은 외부 성기와 성기능이 남성과 비남성을 나누는 기준이라는 것을 역설적으로 보여 준다. 남성은 이성애 질서 내에서만 규정되는 것이다.

이런 이성애 질서에 기반을 둔 남자에게는 여러 가지 역할이 배분된다. 이것을 한 남자의 생애를 쫓아가며 생각해 보자. 먼저 그에게는 이성애의 소산물로서 아들이라는 역할이 주어진다. 아들은 한국의 남성성을 이해하는 데 핵심적인 역할을 한다. 서구의 남녀관계가 주로 부부관계를 기본적인 축으로 남성성과 여성성을 규정한다면 한국의 경우에는 아들을 이해하지 못한다면 남성에 대한 이해의 채 반에도 미치지 못한다고 봐도 될 정도다. 많은 경우 아들은 남편이나 아버지보다 더 크게 남자의 평생을 좌우하는 정체성이라고 할 수 있다. 아들로 태어나서 아들을 낳아 대를 이어가는 것이야말로 남자의 가장 큰 역할이자 임무라고 할 수 있다.

아들이기에 남자에게는 많은 것들이 주어진다. 특히 1980년대까지만 하더라도 장남의 경우에는 집안이 가난하다면 교육은 주로 딸이 아니라 아들에게 몰아주는 경우가 많았다. 어려서부터 딸과는 달리, 집안의 기둥이고 미래라는 말을 들으면서 자란다. 지금은 달라졌다고 하지만 과거에는 반찬에서도 아들과 딸 사이에 차별이 있었다. 물질적인 차별이 없다고 하더라도 문제가 달라지지는 않는다. 오히려 아들에 대한 상징적인 권위의 부여가 더 크다. 《남자의 탄생》이라는 책을 쓴 전인권의 표현을 빌리면 아들은 "이 땅의 유일한 상속자"라는 지위를 갖는다. 아들에게는 이런 어마어마한 상징적 지위가 부여되고 주변 대부분의 사람들이 이 권위를 승인한다.

이 때문에 아들들은 물려받고 누린 것이 많은 것만큼이나 의무감과 중압감도 많다. 특히 '유일한 상속자'로서 다음 상속자를 생산해야 한다는 중압감은 그 자신의 의지나 욕망과는 상관없는 사회적 압력으로 다가온다. 결혼을 해서 대를 이어야 한다는 것이다. 그때서야 비로소 아들로서 의무를 다했다고 할 수 있다. 서양과 한국의 남성 동성애자들 모두 '죄의식'을 가지고 있다는 점에서는 비슷하지만 죄의식의 내용이 아주 다르다는 이야기를 성정체성과 관련된 어느 국제회의에서 들은 적이 있다. 서양의 경우에는 '신 앞에 죄를 지었다'는 죄책감이 강하다. 그리스도교의 전통이 강한 서구에서는 동성애를 신 혹은 자연에 거스른 죄악으로 생각한다. 이에 반해 한국의 경우에는 부모에게 죄를 지었다는 생각이 강하다고 한다. 부모에게 손주를 안겨드려야 하는데 그러지 못했다는 것이 죄의식의 핵심이라는 것이다. 한 쪽은 신에게 죄를 짓는 것이지만, 다른 한 쪽은 집안에 죄를 짓는 것이다. 아들이란 집안에 매인 존재다.

아들에 이어 남자에게 주어지는 두 번째 역할은 남편과 아버지의 역할이다. 그러나 사실 한국에서 남편과 아버지의 역할은 지극히 경제적인 영역에 머물러 있다. 한국의 가족관계에서 남편과 아버지는 부재하고 대신 가장breadwinner만 있다는 것을 쉽게 알 수 있다. 가족 내에서 남자의 권위는 대부분 '밥을 벌어다 주는 사람', 즉 가장이라는 위치에서 나온다. 이에 비해 남편과 아버지의 자리는 대단히 협소하다. 사람들을 만나서 이야기를 나누다 보면 남편이라는 호칭이 무성적으로 사용된다는 것을 발견할 수 있다. 아내와 남편을 이어주는 것이 성적인 관계맺음이지만 많은 경우 남편으로서 성행위는 '의무방어전'이라는 말이 상징적으로 말하는 것처럼 성적인 설렘은 거의 제거된 의례적 행위로 재현된다. 아버지의 자리 역시 마찬가지다. 육아와 교육은 주로 엄마가 담당하기 때문에 아버지가 자식과 관계에 끼일 여지는 별로 없다.

한국의 남성문화와 남성동성사회

대신 성적인 존재로서 남자는 남편이 아니라 '남자'로 나타나는 경우가 많다. 이때의 남자는 무성적인 존재에서, 오로지 성적인 존재로 탈바꿈한다. 남자들의 세계는 여자에 대한 성적인 농담과 은유, 과장으로 가득 차 있다. 여성에 대한 이야기는 남자들만의 끈끈한 공모관계를 맺어 준다. 일찍이 학교에서부터 남자들은 여자 이야기를 한다. 이 이야기는 군대로 이어지고 회사에까지 간다. 군대에서는 강박적으로 여자에 대해 이야기한다. 고참은 끊임없이 여자친구에 대해 물어보고, 유격 훈련에서는 애인의 이름을 부르며 뛰어내린다. PT체조를 할 때 조교는 이 운동이 허벅지를 얼마나 튼실하게 만들고 그 허벅지가 섹스를 할 때 얼마나 여자를 미치게 하는지에 대해 말한다. 텔레비전에 여자 아이돌이 나오면 평소와는 달리 굶주린 짐승처럼 달려들고, 위문 공연을 온 여자 가수들에게 거품을 물고 함성을 지른다. 남자들만 모여 있는 군대는 역설적으로 성적인 에너지로 가득 찬 공간이다.

그러나 군대를 갔다 와야 사람이 된다고 할 때 그것은 여성을 성적으로 대상화하기 때문만은 아니다. 군대에서 남자들은 세상을 배운다고 한다. 군대를 다녀와야 현실을 알게 되고 정신을 차린다고 말한다. 군대에서 배운다는 현실이란 무엇일까? 그것은 '권력'이다. 남자들은 군대에서 현실이 권력적으로 구성되어 있으며, 권력이 없다면 아무것도 없다는 것을 알게 된다. 계급이 깡패라는 말처럼 군대는 철저히 위계화된 권력집단이다. 이 집단에서 살아남

드라마 〈직장의 신〉의 한 장면.

기 위해서는 오로지 권력을 가져야 하며 권력을 가지는 순간 권력
이 없는 자에게 절대적으로 군림할 수 있다는 것을 군대에서 배운
다. 사람과 사람 사이의 관계를 권력의 관계로 파악해 굴복하는 법
과 지배하는 법을 배우는 곳이 군대다.[2]

　회사 역시 최근의 젊은 세대에서는 많이 완화되었지만 이전
에는 남성들 간의 성적인 에너지로 가득 찬 공간이었다. 회사원들
끼리 같이 사우나를 가서 서로의 알몸을 본다는 것은 서로 간에
가장 깊숙한 신뢰가 쌓였다는 말이기도 하다. 이들은 때로는 업무
를 핑계로 몰려다니며 회식을 하고 2차를 간다. 거래처 사람들에
게 성상납을 하기도 하고 자신들이 성상납을 받기도 한다. 이 역시
단지 성적인 쾌락만을 추구하는 것이 아니다. 이것은 서로 간에 성
이라는 가장 은밀한 비밀을 공유하며 끈끈한 공모관계를 형성하는
가장 확실한 방법이다. 이것을 거부하면 조직 생활에 차질이 빚어
진다. 여자와 성은 남자와 남자를 이어주는 가장 확실한 '매개체'
인 것이다.

　여성과 성을 매개체로 형성되는 것이 바로 남성동성사회[3]다.
군대나 회사와 같은 남성동성사회는 대단히 에로틱한 공간이며 몸을 통해서 서로의 에너지를 활력화하는 공간이다. 간단하게 어른들만 살펴보더라도 집에서는 부인과 한마디도 하지 않고 주말이면 피곤하다고 잠만 자는 남편이 친구가 부른다고 하면 자다가도 벌떡 일어나서 나간다. 친구가 그렇게 좋으면 친구랑 결혼하지 그랬냐고 항변을 해도 아무 쓸모가 없다. 이처럼 남성들은 동성사회 집단 속에서 활력화된다. 이 동성 집단은 사실 대단히 에로틱한 공간이다. 술에 취해서 서로 뽀뽀를 하고 볼을 비비기도 한다. 거의 성추행에 가깝다.

그러나 성행위나 둘만의 배타적인 애정은 엄격히 금지되어 있는 곳이 또한 남성동성사회다. 호모소셜homosocial하고 호모에로틱homoerotic하지만 호모섹슈얼homosexual한 것[4]은 엄격히 금지되어 있다. 이런 관점에서 본다면 학교 안에서 벌어지는 남학생들 간 성추행이나 성폭력은 그들 스스로에 의해서 동성애적인 것으로 이해되기보다는 동성사회적인 것으로 이해되고 있다는 점을 상기해야 한다. 외부의 시선에서는 명백히 성적인 것이지만, 그들 내부에서는 그것의 성적인 측면을 성찰하지 않고 동성사회적인 측면만 의미화되는 것이다. 이 의미 체계 바깥으로 나가서 그것이 성적인 것으로 언어화되는 순간 이 동성사회는 파괴된다. 성과 여성은 이 동성사회를 유지하기 위한 방패막인 셈이다.

남성성과 능동성, 그리고 자유

남성들의 동성사회에는 여성, 혹은 여성적인 것이 허용되지 않는다. 남성동성사회는 여성적인 것을 배격하고 남성성을 보존함으로써 남성 간 유대를 유지하는 것을 목적으로 삼는다. 따라서 남성동성사회는 여성을 대상화하고 비하하며 남녀 간 사랑이 아니라 남성들 간 우애를 더욱 중요한 가치로 여기는 경향이 있다. 그리스인들의 가치관에 따르면 우정이 사랑보다 더 큰 가치가 있는 것은 그것이 욕망에 얽매이지 않고 욕망으로부터 자유로운 관계맺음이기 때문이다.

여기서 남성 간 관계를 정의하는 핵심적 가치가 무엇인지를 알 수 있다. 바로 '자유'다. 자유를 가진 자만이 사람이며, 남성만이 자유로울 수 있다는 것이 이 당시의 기본적인 전제였다. 그렇다면 자유란 무엇인가? 자유의 핵심을 고대 그리스 사람들은 능동성이라고 보았다. 운명이나 욕망에 이끌려 다니는 것은 자유가 아니다. 누군가에게 매이지 않은 능동적인 사람만이 자유로울 수 있는 것이다. 이들에게 남자의 능동성이란 결코 제거되거나 상처받아서는 안 되는 절대적 가치였다.

이런 점에서 고대 사회에서 전쟁이 있고 난 다음에 포로로 잡힌 상대편 전사들을 왜 집단적으로 강간했는지를 알 수 있다. 그들이 동성애자들이기 때문이 아니었다. 오히려 전쟁 후에 남성 포로들을 강간한 것은 그들의 남성성을 제거하는 의례적 행위에 가까웠다. 강간을 당한다는 것은 곧 수동적인 존재, 여자가 되는 것을 의미했다. 한번 남성성에 치명적인 손상을 입고 여자가 되고 나면 다시 남성으로 돌아갈 수는 없었다. 한번 손상된 능동성은 복구가 되지 않기 때문이다. 이 때문에 소년과 남자 어른 간의 동성애가 이성애보다 더 고귀한 사랑으로 여겨지던 그리스 시대에도 소년에 대한 항문섹스는 엄격하게 금지되었다. 그것은 욕망을 위해 소년 의 남성성에 손상을 가하는 일이었기 때문이다. 소년은 아직 남자 는 아니지만 미래에 남자가 될 존재이기 때문에 그의 잠재적 능동 성을 보존해 주는 것이 그를 사랑하는 남자 어른의 임무였다. 따라 서 남성성이란 곧 능동성의 보존이며, 최대한 능동적으로 살아가 려는 자세를 말했다고 할 수 있다.

능동성을 보존하기 위해 가장 필요한 것은 힘이었다. 남에게 지배되지 않기 위해서는 남을 지배하든지, 아니면 적어도 남에게 지배되지 않기 위한 최소한의 힘을 필요로 했다. 위에서 말한 것처 럼 전쟁에 나갈 때 각자가 알아서 무장하는 것은 스스로를 보호할 힘이 있다는 것을 보여 주는 징표였다. 각자가 자기 투구와 방패, 그리고 신발을 알아서 준비해야 했다. 전쟁에 참여하는 것은 의무 가 아니라 영광이었으며 자신이 자유민이라는 징표였다. 전쟁에 참여하는 것을 통해 고대 그리스의 남자들은 자신들이 이 나라의 주인이라는 것을 확증할 수 있었다. 주인인 자들만이 나라를 다스 리는 데 참여할 수 있었다. 따라서 스스로를 무장할 수 없는 자, 그 런 힘을 가지지 않은 자는 남성으로 취급하지 않았다. 당연히 여자 와 노예, 그리고 어린이는 이 영역에서 배제되었다. 이들은 스스로 를 무장할 능력도 힘도 없다고 생각했기 때문이다. 따라서 여성은 남편에게 매인 존재이고, 또한 욕망을 따르는 존재였다. 그렇기 때문에 여성에게 인간의 고귀한 가치인 자유를 발견할 수 없다고 생각했으며 이것이 여성이 남성보다 열등한 근거였다.

대부분의 성별 분업은 이런 이분법에 근거하며 섹스에서부터 직업에 이르기까지 여전히 힘을 발휘한다. 그 바닥에는 능동성과 수동성의 이분법이 자리 잡고 있다. 남성은 자유를 추구하는 능동적인 존재이며 여성은 보호받는 수동적인 존재다. 성행위를 할 때 여성이 지나치게 주도적이거나 능동적인 것은 비난의 대상이 된다. 대신 남성은 여성의 성욕을 충족시켜 주는 존재다. 그래서 성애물을 보면 남성이 여성에게 끊임없이 '좋냐?'고 물어본다. 남자들은 여자를 만족시켜 줘야 한다고 생각한다. 남자들이 섹스 얘기를 할 때 자기가 해 줬더니 '여자가 좋아 죽으려고 하더라'고 말하는 것은 스스로를 능동적인 존재로, 여성을 수동적인 존재로 재현하는 전형적인 방식이다.

직업에 있어서도 마찬가지다. '힘'이 드는 일은 대부분 남성들의 일로 여긴다. 얼마 전 들은 아파트 청소원 일을 하시는 여성노동자들의 대화에서도 그 단면을 엿볼 수 있었다. 남성 경비원은 주로 경비실에 앉아 있고, 여성노동자들은 14층이 되는 아파트 복도를 물청소 한다고 허리가 부러질 정도였다. 가끔 남성 경비원들은 '힘 좀 쓰는' 물건 나르는 일 정도를 할 뿐이었다. 그런데 이 아파트에 특별 보너스가 나왔는데 여성들에게는 4만 원, 남성들에게는 6만 원이 나왔다. 이를 두고 여성 청소부들이 '남자들이 힘을 쓰는 일을 하니 당연히 남자들이 더 받아야 한다'고 말하고 있었다. 남자는 힘 쓰고 능동적인 일을 하고, 여자의 일은 보조적이고 허드렛일이라고 생각하는 것이다.

이렇다 보니 남성들은 좀처럼 자신을 '피해자'라거나 '수동적인 존재'로 드러내지 않으려고 한다. 특히 여성에게 자신이 종속적인 위치인 것을 받아들이려고 하지 않는다. 대표적인 것이 성폭력과 성매매의 경우다. 태국 방콕에서 경험한 일이다. 방콕은 아시아에서 가장 성 산업이 성업 중인 곳이기도 하다. 여성뿐만 아니라 성을 파는 남성들도 상당히 많다. 이들은 남성 동성애자들만을 상대하는 것이 아니라 부유한 나라에서 온 여성들에게도 성을 판다. 그런데 이들을 만나 이야기해 보면 성을 파는 여성들과는 확연히 다른 방식으로 자기 스스로에 대해 이야기 한다는 것을 알 수 있다. 이들은 자신들이 돈을 벌기 위해 어쩔 수 없이 성을 팔고 있다는 점은 인정하지만 자신이 여성에게 팔리는 존재라고는 거의 생각하지 않았다. 자기 자신도 '즐기고 있으며', '곧 떠날 것이며', '일시적이고 임시적인 일'이라고 생각한다. 이들이 남자로서 능동성을 보존하는 방식이다.

능동성은 남자들이 자신의 몸을 바라보는 방식이기도 하다. 많은 경우에 여성들이 자신의 몸을 바라보는 방식과 남자들이 자신의 몸을 바라보는 방식은 다르다. 여성들은 어려서부터 몸을 보호해야 하는 것, 지켜야 하는 것으로 교육받는다. 누군가가 언제 위해를 가해 올지 모른다. 따라서 여학생들에 대한 성교육은 대부분 '성적 자기결정권'에 입각해 자신이 원하지 않는 경우에는 하지 않는 것에 초점을 맞춘다. '안돼요', '손대지 마세요', '싫어요' 같은 말들은 성교육의 핵심을 보여 준다.

이에 반해 남자들에게 자기 몸은 보호의 대상이 아니라 활용의 대상이다. 몸은 최대한 굴려서 한껏 쾌락을 이끌어 내야 한다.

그래서 '사내자식'들이 밖에 나가 뒹굴고 놀다가 좀 다치는 것에 대해 과잉보호하는 부모가 아닌 다음에는 괜찮다고 생각한다. 그래야 사내자식이 된다고 믿는다. 운동장을 뛰어다니고 몸을 구부리고 펴면서 남자들은 몸이야말로 아주 좋은 놀이터며, 표현과 관계맺음의 매체이자 즐거움의 원천이라는 것을 어렸을 때부터 잘 알고 있다. 자위행위 역시 마찬가지다. 엄마들이 좀처럼 아들을 이해하지 못하는 때가 바로 아들이 하는 자위행위다. 엄마들은 우리 아들이 너무 자주 하는 것 같다면서 걱정하고 부담스러워한다. 몸을 바라보는 시선에 차이가 있다는 것을 이해하지 못하는 것이다.

남성성의 위기와 '루저' 문화[5]

근대 사회의 출현은 형식적으로는 모든 남자들을 '자유민'으로 만들었다. 부르주아 혁명을 통해서는 세금을 내던 자산가들이 시민권을 얻었고, 다음으로는 저항과 전쟁 참여를 통해 노동자들이 선거권을 기본으로 하는 시민권을 얻었다. 그러나 '아직' 여성들은 아니었다. 울리히 벡Ulrich Beck이라는 독일의 사회학자는 남녀 간의 이런 불평등이 사실은 근대 산업 사회를 낳았다고 말한다. 남자는 이제 자유로운 존재가 되어 자기 스스로의 삶을 기획하고 선택할 수 있게 되었지만 이런 모든 남자들의 '자유'는 핵가족의 출현과 더불어 대부분의 여성들이 '집으로 돌아가는 것'을 통해서만 가능했기 때문이다. 그래서 벡은 이런 근대화를 '반쪽짜리 근대화'라고 부른다. 남자에게만 근대화가 이루어졌으며 여성들에게는 오히려 가족이라는 새로운 봉건제가 창출된 것이다.(벡, 1999)

따라서 이 시기에는 남녀 간에 경쟁이라는 것이 있을 수 없었다. 과거에 남성들은 여성을 삶의 그 어떤 영역에서도 경쟁자라고 생각하지 않았다. 경쟁이란 동등한 자들끼리 같은 영역에 있을 때 벌어지는 것이다. 남성의 영역과 여성의 영역은 비교적 분명하게 나누어져 있었다 여성의 영역은 '경쟁'과는 상관없어 보이는 가족이라는 사적인 영역에 제한되었다. 반면 '경쟁' 혹은 '겨룸'이 지배하는 정치와 같은 공적 영역은 온전히 남성들만의 몫이었다. 이 공적 영역에서 남성들은 스스로를 두드러지게 내보이기 위해 서로 경쟁했다. 물론 남성들만의 경쟁이었으며 경쟁이라는 말 자체가 남성들 간 관계에서나 가능한 말이었다.

남자의 위기가 본격적으로 이야기되기 시작한 것은 바꾸어 말하면 남성들이 여성을 '경쟁자'로 인식하기 시작하면서부터다. 여성이 남성의 경쟁자가 되었다는 것은 이제 여성들이 전통적인 남성의 영역이라고 생각되던 곳에 진입하기 시작했다는 것을 의미한다. 지금 남자들이 여성들에 대해 가지는 감정이 당황스러움과 적대감인 이유는 역사적으로 경쟁자로 인식하지 않고 열등하다고 생각되던 존재를 인정해야 하는 데서 기인한다.

무엇보다 상황이 이렇게 급전환한 데는 사회구조의 변화가 끼친 영향이 컸다. 이를 벡의 이야기를 따라 정리해 보자. 벡은 무엇보다 생애구조가 바뀌었다고 말한다. 기대 수명이 연장되면서 과거에 여성의 삶은 곧 어머니의 삶이었지만 이제 여성의 생애에서 어머니로서의 삶은 "일시적인 한 단계"(벡, 1999: 185)가 되었다. 두 번째로는 피임이나 임신중절, 그리고 가사의 자동화는 '가사의 탈숙련화'를 유도했고 여성들을 생물학적인 '숙명'으로부터 해방시켰다. 여기에 더해 결정적으로 노동구조의 변화와 유연화가 미친 영향이 크다. 여전히 남성들은 자신들이 '힘'을 사용하는 육체노동에 종사하는 것을 선호하며, 또한 그로부터 벌어들이는 임금은 자기 혼자만을 위한 것이 아니라 가족을 부양시킬 수 있는 것이어야 한다고 생각한다. 이 때문에 여성의 노동에 비해 남성의 노동은 훨씬 덜 유연하며 노조라는 형태로 더 조직화되어 있고 그 결과 더 많은 비용을 지불해야 한다. 이에 비해 여성의 노동은 좀 더 싼 값에 더 임시적이고 일시적으로 고용할 수 있다. 남성들에 비해 고용 기회가 적은 여성들은 이런 노동을 더 감수하려고 한다. 이에 따라 저임금에 비정규직이 늘어날수록 그런 일자리는 남성들보다는 여성들의 몫으로 더 많이 돌아가게 된다. 이에 따라 남자들은 여성들이 자신들의 일자리를 위협하고 기득권을 빼앗는다고 생각한다.

특히 남성들은 자신들이 국가와 사회, 혹은 가족을 위해서 '희생'하는 노동임에 반해 여성들의 노동은 자아실현이라는 배부른 소리에 불과하다고 생각한다. 이 문제가 가장 첨예하게 부딪친 사안이 군가산점 문제였다. 군가산점 제도는 군대를 마친 사람이 국가기관에 지원했을 때 5퍼센트의 가산점을 주던 제도였지만 1999년에 헌법에 보장된 양성평등의 원리에 반한다는 이유로 위헌 판결을 받고 폐지되었다. 남자들은 군대에 의무적으로 가서 약 2년간의 시간을 '허비'하지만 '경쟁자'인 여자들은 그 시간에 자기

계발을 하거나 시험 준비를 알뜰하게 할 수 있다면서 가산점 제도의 폐지는 역차별이라는 것이 많은 남자들의 시각이었다. 여기에는 이제 경쟁이 남자들 간 문제가 아니라 사회 전체가 성별을 가리지 않는 무한경쟁의 시대로 접어들었다는 위기의식이 깔려 있다. 과거에 여성들의 도전은 예외적인 일로 허용되었지만, 이제 여성들과의 경쟁은 생계가 걸린 일이 된 것이다. 이런 남자들의 불만은 정당의 비례대표 공천에서의 여성할당제에서부터 대학의 생리휴가에 이르기까지 다양한 영역에 걸쳐 있다.

여기서 만들어진 것이 남성들의 독특한 '루저 문화'다. 신자유주의적 경제 재편은 모두를 탈락에 대한 공포로 몰고 갔다. 경쟁은 초경쟁 사회로, 생존을 위해 내달려야 하는 배틀로얄 상황을 만들었다. 이 과정에서 근대적 성별 분업 관계가 붕괴하고 가장으로서 남성의 위치는 심각한 타격을 받았다. 경쟁에서 탈락한 남성들은 자신들이 우리사회에서 '루저'라는 인식을 갖게 되었다. 내가 보기에 이들이 루저라고 생각하는 것은 이중적이다. 하나는 양극화 사회에서 '성공한 남자'에 비해 루저라는 의미고 다른 한편에서는 여성들로부터 루저로 낙인찍힌 존재라는 뜻이다. 한마디로 경쟁에서도 실패하고 인정투쟁에서도 낙오한 남자가 루저인 셈이다.

이 루저 문화의 등장과 더불어 지금 예능 프로그램의 대세가 왜 '남자들'인지를 이해할 수 있다.[6] 〈개그콘서트〉부터 〈1박 2일〉, 〈무한도전〉에 이르기까지 텔레비전을 틀면 웃음과 감동을 주는 스토리는 대부분 남자들이 만든다. 〈개그콘서트〉에서 여자 개그맨들이 차지하는 비중은 극히 미비하다고 해도 과언이 아니다. '아버지와 아들', '네가지', '격기도' 등 떴다는 프로그램은 죄다 남자 개그맨들의 차지다. 이들이 만들어 내는 웃음도 망가지고 찌질한 모습에서 나온다. '네가지'에 나오는 인기 없고, 시골 출신이고, 키가 작고, 뚱뚱한 네 명의 남자가 바로 이런 루저들을 대표한다. 이들이 나와 자신들이 루저가 아니라고 항변하는 데 웃음의 포인트가 있다. 루저인 찌질한 남자들의 찌질한 항변이 우리를 즐겁게 하는 것이다.

다른 한편 남자들이 이러한 찌질함에서 벗어나서 도전하고 성취하고 성장하는 데서 감동을 받기도 한다. 〈남자의 자격〉이나 〈무한도전〉 같은 프로그램들이 그렇다. 가끔씩 이 찌질이들이 서로 단결하고 기다리고 이끌어 주고 격려하는 모습에서 더 큰 감동을 얻게 된다. '원시'로 돌아가 집을 짓고 사냥을 하며 육체적 '땀'을 흘리는 것에서 남성의 부활을 재현한다. 비록 하나하나는 찌질하지만 그들이 서로 '형제애'를 나누는 모습에서 남성다움의 부활을 목격하는 것이다. 의리와 우정이라는 남성동성사회의 가치는 아직 완전히 깨어지지 않은 것이다. 이런 형제애는 여성들이 출현하는 예능 프로그램에서는 좀처럼 보기 힘든 장면이다. 여성들의 '자매애'는 주로 서로 상처를 위로하고 아파하는 데 있지 성취를 향해 서로 기대는 관계에 있지 않다. 그렇기 때문에 모두가 경쟁에 지치고 자신의 삶이 찌질해졌다고 생각되는 시대에는 루저인 남자들의 이야기가 '뜰 수밖에' 없는 것이다.

젠더 질서의 위기와 새로운 남성성의 모색

이런 과정에서 남성과 여성의 성별 분업에 기초한 이전의 규범화된 '젠더 질서'는 위기를 맞는다. 한편에서는 이제 더 이상 그런 '피곤한' 남자 역할을 못하겠다는 남자들이 나타나고 있다. 이들은 왜 남자들이 여자들을 위해 돈을 더 쓰고 '봉사'하고 살아야 하는지에 대해 의문을 던진다. 그래서 남녀가 평등하다면 이제 고통과 짐도 균등하게 나눠 갖자고 말한다. 코미디 프로그램에서 주로 '쪼잔하고 찌질한 놈'으로 재현되는 남자들은 가장 개념 있는 여자 친구는 모텔비를 반반 내거나 돌아가면서 내고 생일에 명품을 바라지 않으며 남자가 계산할 때도 할인 카드나 적립 카드를 스스럼없이 내는 여자 친구라고 말한다. 남자 혼자 짊어지기에는 경제적 짐이 너무 크기 때문에 그것을 같이 나누자는 것이다.

안상욱(2011)은 이들이 전통적인 규범적 남성성과 스스로 거리를 두고 있다고 말한다. 이들은 남자가 여자를 위해 마초적으로 뭐든 척척 해결하면서 여성들에게 다가가던 과거의 '남자들의 영광'을 그리워하는 존재가 아니다. 오히려 이들은 자신들이 얼마나 '더 한심한가'를 경쟁적으로 드러내면서 자기 자신을 조롱의 대상으로 만들어 웃음을 주고 있으며 새로운 문화텍스트로 웹툰에서부터 공중파의 예능 프로그램까지를 점령하고 있다. 스스로의 남성성을 무장해제하고 있는 것이다. 물론 이들이 경제가 아닌 다른 영역에서도 여성들과의 평등을 주장하는지는 미지수이다. 그러나 적어도 이들은 남자들의 금기어였던 '평등'과 '공평'을 스스로 말하고 있다는 점에서 분명히 기존의 젠더 질서에 균열을 가하고 있는 셈이다.

두 번째는 이들과는 정반대로 여성에 대한 적대와 혐오를 노골적으로 드러내는 사이버 마초들의 등장이다. 대표적인 사건이 2009년 11월 KBS의 〈미녀들의 수다〉에서 한 여대생이 키가 180 이하는 루저라고 발언해 남성들의 집중적인 공격을 받은 사건이다. 그녀가 다니던 학교의 게시판은 마비가 될 정도였다. 김고연주(2010)는 이 사건이 늘 여성의 외모를 평가하기만 하던 남성들이 여성들로부터 품평을 받는 낯선 경험에 대해 분노한 것이라고 주장했다. 소비자본주의의 전면화는 남자들 역시 몸을 가꾸고 상품으로 내놓으라고 강요하고 있다. 실제로 미국의 남자 청소년들 35퍼센트가 단백질 쉐이크를 먹고 있으며 5.9퍼센트는 스테로이드제를 복용하고 있는 것으로 조사되었다. 남자들이 '보는 주체'에서 '품평받는 대상'이 된 것이다. 무엇이든 '구경거리'가 되어야 하는 소비자본주의사회에 남성의 몸도 일상적으로 포획되고 있는 셈이다.

나아가 안상욱은 이것을 "점점 초라해져 가는 자신의 위치에 대한 자조적 인식과 점점 더 불가능해져 가는 것을 요구하는 여성들의 욕망이 만났을 때의 폭발"(안상욱, 2011: 70)이라고 말한다. 앞에서 이야기한 것처럼 남자란 여성의 욕망을 채워 주는 존재다. 그러나 현재의 경제구조에서는 도저히 여성의 욕망을 채워 줄 수 없으며, 그것을 채워 줄 수 있는 남자들과 결코 경쟁할 수 없다. 여성의 욕망을 충족해 주지 못하는 남자는 남자로서 자격을 상실한 남자이며 패배자다. 루저녀 사건에는 이런 패배자로서 남성의 그림자가 짙게 깔려 있다는 것이다.

일간베스트저장소(이른바 '일베')는 대표적인 사이버 마초들의 온라인 커뮤니티다. 일베의 이용자들은 '김치녀'라는 표현으로 여성들을 비하한다.

　　이런 패배감을 여성들에 대한 적대와 공격으로 전환한 것이 바로 사이버 마초들이다. 이들은 자신이 여성들의 욕망을 채워 주지 못하는 것이 아니라 그 여성들의 욕망이 애초에 헛되고 허황된 것이라고 말한다. 그녀들이 '된장녀'이기 때문에, 공격을 받아야 하는 것은 능력 없는 자신들이 아니라 허황된 그녀들이다. 이러한 맥락에서 사이버상에서 끊임없이 '~녀' 사건이 반복된다는 것을 알 수 있다. 이들은 자신들이 봉착한 문제의 원인이자 제거 대상을 여성에게서 찾는다. 여성을 공격하는 것을 통해서 능동성과 수동성을 남성과 여성의 이분법으로 재기입해 남성으로서 자신의 능동성을 보존하려는 것이다.(위의 책, 73) 이들은 이것을 통해 '평등'에 기반을 둔 남성동성 사회를 사이버상에서만이라도 상상적으로 재건하려고 한다.(엄기호, 2011; 이길호, 2012) 이런 점에서 사이버 마초의 출현은 새로운 현상이 아니라 오랫동안 한국의 남성 문화였던 남성동성 문화가 신자유주의 시대에 다수가 루저가 될 수밖에 없는 상황에 맞게 변주된 경우라고 할 수 있을 것이다.

새로운 남성성 출현을 기대하며

역사를 통해 오랫동안 자유는 남성들의 독점물이었다. 남성들은 자신들만이 능동적인 존재라고 생각해 왔으며 여성들과의 비교나 경쟁 자체를 거부해 왔다. 정희진(2011)은 바로 이 점에 주목하고 있다. 요즘 남성들이 남성들의 지위 하락을 이야기하기 위해서는 과거의 남성들과 비교할 것이 아니라 지금의 여성들의 사회적 지위와 비교해야 한다는 것이다. 과거의 아버지들은 권위가 있었고 위엄이 있었는데 지금의 아버지는 그렇지 않다고 개탄하는 것은 여성을 아예 비교 대상에서 제외하고 남성우월주의를 초역사적인 것으로 간주하는 것이다. 그렇기에 오늘날 여성들의 지위가 어떠한가와 비교할 경우에만 실제로 남성우월주의와 가부장제가 흔들리고 있는 것인지 아닌지를 알 수 있다는 것이다.

이런 점에서 본다면 남성들의 지위 하락이 곧 여성들의 지위 상승 때문은 아님을 알 수 있다. '어떤' 여성들의 지위가 상승한 것이지 '여성'들의 지위가 상승한 것이 아니다. 오히려 노동의 여성화는 빈곤의 여성화와 동시적으로 진행되고 있다. 일자리 자체가 점점 없어지거나 저임금·비정규직화되면서 이런 자리들이 여성들의 몫이 되고 있다. '워킹 푸어'라는 말처럼 노동 자체가 빈곤에서 벗어나는 수단이기는커녕 오히려 빈곤을 재생산하는 기제가 되고 있다. 다수의 여성들은 이 톱니바퀴에 들어가고 있는 것이다. 이것은 남성의 몰락이 아니라 노동의 몰락이라고 봐야 한다. 노동이 몰락하면서 남성들이 나라의 '주인 됨', 즉 시민권을 주장할 수 있는 근거가 붕괴되고 있는 것이 지금 '어떤' 남성들이 겪고 있는 위기의 핵심이라고 할 수 있을 것이다.

따라서 남성에 대한 이야기는 남성과 여성이라는 '성별 구도'만을 통해서는 제대로 들여다 볼 수 없게 되었다. 오히려 정희진 (2011)이 주장하는 것처럼 젠더 질서는 "전통적인 성별 구분보다 자본과 학력, 기술 등 개인이 가진 자원에 따라 젠더 범주가 '유연' 해지고 있는 것"(정희진, 2011: 31)이라고 생각해야 한다. 일뿐만 아니라 문화적 취향에서부터 사회적 역할에 이르기까지 전통적으로 남성적이라고 생각하던 것을 즐기고 정체성을 가지는 여성들이 많이 늘어난 것처럼 남성들 역시 이 글에서 살펴본 것처럼 그렇다.

일례로 홍대 앞에 있는 수많은 카페의 바리스타들, 라멘집의 주방을 차지하고 있는 사람들이 여성들이 아니라 남성들이라는 것에 주목할 필요가 있다. 홍대 앞의 터줏대감 역할을 하는 한 카페 주인의 말을 빌리면 커피숍에 와서 즐기는 '손님'의 대다수는 여성들이라고 한다. 그에 따르면 그들은 카페에 와서 고양이에 대해 이야기하고, 녹색 가치를 말하며 정치에 대해 토론한다고 한다. 반면 남자들은 주방에서 커피를 만들고 라멘을 끓이고 있다. 그들을 만나 이야기를 들어보면 그것을 기반으로 큰 사업을 하겠다는, 그런 야망은 없다고 한다. 사업을 하면 크게 해야 하고, 그게 곧 남성이라는 인식은 사절이라고 한다. '큰 게임'을 할 욕심이 없다. 대신 이들은 조그만 가게를 운영하면서 단골로 오는 손님들과 가늘고 길게 가는 것이 목적이라고 말한다. 일부긴 하지만 이런 남성들의 출현은 분명 지금까지의 지배적인 남성문화에 균열을 내고 있으며, 다른 남성성의 출현을 보여주고 있다.

더 읽어보면 좋은 책

📗 전인권, 《남자의 탄생》, 푸른숲, 2003.

"한국 남자는 어떻게 만들어지는가?" 이 책은 오늘날 한국에서 살아가고 있는 남자들이 어떻게 자신의 정체성을 형성했는가를 돌아보는 정신분석학적 보고서다.

📗 이길호, 《우리는 디씨》, 이매진, 2012.

이 책은 디시인사이드에 관한 인류학 보고서다. 저자 이길호는 디시인사이드에서 2년을 꼬박 머무르며 그곳의 수많은 목소리를 듣고 기록했다. 이 책은 '사이버스페이스'라는 또 다른 세계를 바라보는 하나의 시각을 제공한다.

📗 권김현영 외, 《남성성과 젠더》, 자음과모음, 2011.

이 책은 모든 인간에게 공통적으로 적용되는 성이라는 이데올로기화된 담론에서 기존의 젠더 이분법의 잣대로 그려지고 있는 남성성을 들여다본다. 그 속에서 젠더 개념을 폭넓게 아우를 수 있는 방안을 살펴본다.

📗 조지 L. 모스, 서강여성문학연구회·공임순 옮김, 《내셔널리즘과 섹슈얼리티》, 소명출판, 2004.

현대사회의 강력한 이데올로기인 민족주의와 섹슈얼리티의 관계를 중점적으로 짚었다.

미디어 ●●

아이돌 공화국:
소녀 산업의 지구화와
소녀 육체의 상업화

김예란

—— 이 글[1]은 특히 미디어와 문화산업 그리고 그 안에 행해지는 젠더와 섹슈얼리티의 문제를 논하고자 '소녀 산업'의 개념을 제안한다. 소녀 산업이란 소녀를 대상으로, 소녀에 의해, 생산되고 유포되는 문화 콘텐츠 및 그에 대한 실천 행위로서 우리의 일상적인 문화 영역에서 폭넓게 행해지고 있다. 우리의 목적은 한국으로부터 기원한 아시아-글로벌 대중문화 특히 소녀 아이돌에 집중된 소녀 산업이 지구적, 광역적, 지역적인 상호작용과 경합하면서 구성되고 작동하는 방식을 분석하는 것이다.

소녀 산업의 세 가지 상호 연관된 측면들—상업화, 재성애화, 국가주의화—은 지구적으로 작동하는 신자유주의적 통치 체제의 핵심적 요소다. 외면적으로는 자유롭고 권능을 얻은 듯한 소녀 이미지들이지만, 실제로는 신자유주의적 민족주의와 지구적 상업주의 안에서 생성되고 가동되는 대상이다. 더욱이 이것은 가부장적 젠더 구조를 재전유하는 방식으로 증대하고 있다. 이러한 현실에서 신자유주의적 문화 통치 권력에 대해 급진적으로 탐문하고 소녀 육체의 규범적 주체화에 대해 대안적인 시각을 제시할 수 있는, 지구적 관점에서의 비판적 여성주의가 필요하다.

소녀 육체의 상업화

우리 일상이 아름답고 젊은 여성의 몸의 이미지에 포화되어 있다는 말은 과장이 아니다.(Lazar, 2001) 소녀들은 뮤직 비디오에서부터 드라마, 영화, 광고, 리얼리티 프로그램, 국제적인 스포츠 행사와 정부 캠페인에 이르기까지 도처에 편재한다. 할리우드 아이돌인 커스틴 던스트나 제시카 알바는 10대에 데뷔해 10년 넘게 스타의 위치를 지키고 있다. 소녀들에 대한 강력한 인기는 하위문화 팬덤에 멈추지 않는다. 그들의 사회적·경제적·문화적 영향력은 실로 매우 강대하다. 예컨대 미국 비즈니스 매거진인 《포브스》는 2010년에 'Top Box-Office Teens'를 선정했는데, 그 목록에는 엠마 왓슨과 다코다 패닝과 같은 10대 소녀 배우들이 포함되어 있었다.(Pomerantz, 2010)

많은 연구자들은 현대 여성성이 경제적·정치적·문화적 차원에서 신자유주의적인 육체 관리 기술과 전 지구적 소비주의에 결합되어 있음을 지적해 왔다.(Aapola et al, 2005; McRobbie, 2009) 심지어 지난 수십 년간 진보적 여성성에 대한 기획을 주도해 온 페미니즘마저도, 페미니즘을 상업화하는 '상품 페미니즘' 같은 전략으로 활용되고 있다.(Goldman et al, 1991) 실로 페미니즘과 소비주의의 암묵적 결합이라고 볼 수 있는 포스트페미니즘은 현 시대의 '감성sensibility'으로 작동한다.(Gill, 2007) 포스트페미니즘 담론은 여성주의와 자본주의적 개인주의에서 강조되는 능동성, 자유, 젊음과 같은 가치들과 연계하며, 오늘날 신자유주의적 여성주의 문화를 구

성하는 데 핵심 원리로 기능한다.(Gill, 2007)

특히 소녀 육체는 지식-권력-즐거움의 신자유주의적 체제의 중심에 있다. 역사적으로 소녀 육체에 대한 착취와 체계적 규율은 가정, 교육, 노동 현장, 미디어에서부터 종교와 법에 이르기까지 다양한 사회적 장치를 통해 행해져 왔다.(Brooks, 1997) 특히 후기자본주의 미디어 정경에서 소녀 육체에 대한 열광은 자유주의적 담론, 유행을 따르는 성 문화sexual chic, 신자유주의적 권력체제라는 맥락에서 살펴볼 수 있다.(Bray, 2009: 175~176) 최근의 '걸 파워'에 대한 칭송은 '페미니즘, 신자유주의, 그리고 관습적인 여성성의 담론들 안에서 복합적으로 빚어진 것'이다.(Jackson and Westrupp, 2010: 358) 그러나 젊은 여성들의 권능을 의미하는 걸 파워는 소녀적 여성성과 섹슈얼리티에 대한 소비를 촉진하는 가운데, 모순된 여성성을 함축한다.

이 글은 이 광범한 논의의 영역에서 특히 미디어와 문화 산업 그리고 그 안에서 행해지는 상업화된 가치와 규율에 주목한다. 이를 위해 여기서는 '소녀 산업'의 개념을 제안한다. 소녀 산업이란 소녀를 대상으로 소녀에 의해, 생산되고 유포되는 문화 콘텐츠 및 그에 대한 실천 행위를 말한다. 소녀 산업은 우리의 일상적인 문화 영역에서 폭넓게 행해지고 있다. 소녀 산업은 현재의 미디어 정경에서 지구적인 동시에 지역적인 속성을 지닌다. 또한 오늘날 사회적·문화적·정치적 규범체제 안에서 전통적 하위문화인 '소녀 문화'와 상업 영역인 '소녀 마켓'(Driscoll, 2002) 등을 포함하는 소녀 산업은 미디어 테크놀로지와의 결합 속에서 형성·계발·촉진·규율되며, 그 구체적인 형태는 다양하다. 이 장에서는 한국에서 시작된 아시아–글로벌 대중문화, 그중에서도 걸 아이돌에 집중된 소녀 산업이 지구적·광역적·지역적인 상호작용과 경합하면서 어떻게 구성되고 작동하는지 분석하고자 한다.

　포스트페미니즘이 신자유주의와 결탁하고 소녀성의 상업화가 점점 증가하는 맥락에서, 소녀 육체의 포화 현상이 의미하는 바는 무엇일까? 오늘날 미디어 정경에서 특정한 유형의 소녀 이미지가 설계되고, 촉진되고, 생산되고 소비되는 사회적 실천들의 실제는 어떠한가? 지구화 시대에 넘쳐 나는 소녀 산업의 사회적 함의는 무엇인가? 이러한 질문들을 제기하며, 이 글은 현대 소녀 산업에서 지구적 차원으로 형성되는 '걸 아이돌 신드롬' 현상에 주목한다.(이동연, 2009) 구체적으로 이러한 맥락에서 재현되고 소비되는 소녀의 육체와 소녀성 문제를 문화 연구의 관점에서 해석한다.

걸 파워의 지구화

우리사회가 외면적으로는 성적으로 자유롭고 평등해 보이지만, 실상은 젊은 여성성이 더욱 견고하게 규제되어 왔다. 이런 시각에서 문화연구자 앤젤라 맥로비Angela McRobbie는 '발광성luminosity' 혹은 '발광'의 지점들에 주목한다.(McRobbie, 2009) 발광성이란 '지구적 여성성'이 '그에 작용하는 훈육 권력을 부드러운 형태로 유화하면서 극화하고, 가장하며' 발휘되는 영역을 말한다.(앞의 책, 58-59) 패션-미용 복합체, 노동하는 소녀, 남성적 소녀, 지구화되고 상업화된 여성성 등 현대사회에서 각광 받는 갖가지의 멋진 여성상들은, 실상은 젠더화된 차원 위에서 인종적 위계와 계급적 차이의 규범들로 구성된 이성애적 그물을, 유지하고 활성화하는 도구에 지나지 않는다. 리즈 프로스트Liz Frost 역시 지구적 커뮤니케이션과 시각 미디어에서 여성의 육체가 규범화되는 양상에 주목한다.(Frost, 2005) 그는 소위 파워풀한 여성성이 찬미되는 경향에 있어서도, 이것이 젠더 관계가 근본적으로 변화한 긍정적인 결과라기보다는, '성애화된 주체'란 이러해야 한다는 규범과 규칙이 한층 더 발달한 현상으로 이해해야 한다고 주장한다. 이는 '성적 매력의 기술 technologies of sexiness'을 제공하는 '통치 양식'의 변화에 불과하다.(Gill, 2008: 53)

　　이러한 기존의 포스트페미니즘 현상에 대한 비판적 해석들은 걸 파워 문제에 대한 유용한 시각을 알려주는 동시에 몇 가지 한계점도 지닌다. 그 대체적인 문제점은 다음과 같다. 첫째, 걸 파워를 재현하면서 한국 소녀 아이돌의 이미지가 항상 성애화 sexualization를 주된 기법으로 하지는 않으며, 보다 다양한 전략들이 소녀 육체의 스펙터클화를 위해 동원된다. 그리고 각각의 개별 전략들은 상이한 사회집단마다 특정한 방식으로 소구된다. 그래서 단지 적나라하게 성애화된 소녀보다는 다양한 형태의 소녀성이 효과적인데, 이는 '사랑스럽고 귀엽고 때로는 강력한' 소녀가 '아시아의 시선을 사로잡기'에 유용하기 때문이다. 이렇듯 소녀 이미지 및 소녀 정체성의 레퍼토리가 차별화되고 절충적일수록 인종, 젠더,

세대 구분을 넘어서 거대한 규모의 지구적 음악 팬덤을 구성하기에 유리하다.(Toth, 2008)

둘째, 걸 아이돌의 사회적 실천에 있어 한국의 아이돌 그룹은 문자 그대로 집합적이다. 보통 5~10명의 소녀들이 팀을 이루어 생산·전시·유통된다. 걸 아이돌은 전문적인 연예기획사에 의해 획일적이며 순응적인 방식으로 계발·관리되는데, 공식적인 데뷔를 하기까지 이들은 수년 동안 춤, 노래, 무대 매너, 연기는 물론 외국어에 이르기까지 각종 종목을 훈련하는 힘든 준비 과정을 거친다.(이동연, 2009) 즉, 걸 아이돌 자체가 기업화된 관리 시스템에 의해 설계되고 규율되는 문화 콘텐츠인 것이다. 아이돌의 생성 원리, 즉 자기발명을 향한 사명감, 훈련과 관리 과정, 결과물이 보여주는 아이돌의 유연성과 다기능성multi-playing은 신자유주의적 이념을 체현한다.(Couldry, 2010) 걸 그룹에 있어서 신자유주의적 통치성이란 이념은, 단지 재현의 층위에 그치지 않는다. 이는 사회적 주체인 소녀들의 통치라는 실질적인 권력으로 작용하며 그 효과는 사회적으로 발현된다. 따라서 걸 아이돌의 존재론은 소녀 이미지에 반영되는 이데올로기 차원에서 더 나아가, 그 자체 문화콘텐츠로 물화한 소녀 육체에 대한 생산과 소비의 권력관계, 그 사회적 현실로 확장될 필요가 있다. 이는 또한 재현 차원의 이미지로부터, 문화적 실천 차원에서 문화 콘텐츠로의 이행과도 상응한다.

마지막으로 소녀 산업은 지구적·광역적·지역적 맥락에서 다수의 사회정치적 힘들과 복잡하게 연결되어 있다. 한국 정부는 세계적 미디어 기업과 문화 콘텐츠 개발에 박차를 가해 왔다. 미디어 산업과 대중문화의 세계화라는 국가적 욕망 안에서 소녀 산업은 국경을 넘어 아시아의 다른 국가들과 서구 사회에까지 확산되리라 기대되고 있다. 이에 발맞추어 걸 파워를 찬미하는 대중적인 담론들이 무수히 번성했다. '소녀들이 일본을 정복한다', '걸 그룹이 신한류를 부활시키다' 같은 표현들이 일부 사례이다. 걸 파워는 맥로비가 주장했듯 '소비문화의 혁신과 역동의 근원으로서 페미니즘의 도구화'는 물론 나아가 민족 문화를 위해 찬미된다. 소녀성의 상업적 가치는 가부장적 민족주의, 지구적 경쟁에 도전하는 민족주의적 야망, 그리고 경제적 이익을 극대화하려는 기업적 이해관계가 수렴된 신문화제국주의에 조화롭게 자리 잡는다.

　요약하자면, 걸 아이돌은 여러 방면에 걸친 이미지 창출을 통해 다양한 사회집단이 만든 욕망의 경제와 연계되며, 지정학적으로 작동하는 문화적 지구화의 통치 권력과 상호작용한다. 다음 절에서는 소녀 산업의 신자유주의적 통치라는 맥락에서 걸 아이돌의 이미지들이 생산되고 소비되는 구체적 방식을 분석하고자 한다.

한국 소녀 산업의 부상

소녀 산업은 소녀의 하위문화가 소녀 산업으로 확장하고 변형되는 체계적 발전 과정을 통해 만들어졌다. 한국에서는 1990년대에 다목적 스타 관리 시스템이 만들어졌다.(Shin, 2009) 그리고 이로부터 오늘날 아이돌 팝의 극적인 성장이 이루어졌다.(이동연, 2009) 전통적인 한국의 하위문화가 기업적 관리 및 투자 구조로 변형되고, 이것이 일본식 문화 산업 구조의 영향을 받으면서 나타난 혼종적 산물이 오늘날 한국의 아이돌 팝이다.(차우진, 2009) 아이돌 그룹이 '음악 매니지먼트 기업에 의해 상업적으로 설계되고 제조된 가수와 밴드'라는 새로운 정의를 획득하면서, 한국의 음악 산업은 문화적·경제적 의미에서 근본적인 변화를 겪게 된다.(김수아, 2010)

주목할 점은 각각의 아이돌 그룹은 브랜딩, 마케팅에 있어 고유한 특성을 창출하고 그에 따라 특정한 젠더·세대·문화적 취향의 집단을 효과적으로 공략한다는 사실이다. 이것이 1990년대 후반부터 2000년대 초반까지 유행했던 걸 아이돌과 차별화되는 오늘날 걸 아이돌만의 고유한 특질이다. 핑클과 베이비 복스를 비롯한 10여 년 전 걸 아이돌들은 거의 획일적으로 소녀풍의 이미지로 단장되어 주로 소녀 하위문화에 소구하는 경향을 띠었다. 반면 오늘날 아이돌 그룹은 기획사의 성격에 따라 일본화되거나 미국의 힙합 내지 펑크 문화를 적극 활용하는 식으로 다양화되고 변형되었다.[2] 이처럼 아이돌 그룹의 성공 여부는 이전에 존재했던 (익숙하거나 심지어 진부한) 음악적·성적·하위문화적 코드들을 혁신적이고 매력적인 요소들로 재조합하는 기술에 달려 있다. 나아가 한 그룹의 각 멤버들은 아름답거나 귀엽거나 이국적이거나 강하거나 짓궂거나 하는 식의 특정한 이미지를 연출한다. 예를 들어 원더걸스가 에로틱한 여성성을 표출하며 성인 남성 팬들을 유혹한다면, 소녀시대는 일본의 걸 아이돌 그룹에서 전형적으로 나타나는 '인공적 미'를 표현하며 광범한 세대의 남성 팬들에게 소구한다. 2NE1

은 미국의 힙합·펑크 스타일로, 독립적인 소녀들의 해방을 요구하는 가사를 외치면서 10대와 20대의 젊은 여성 팬들을 확보한다.(차우진, 2009)

독과점의 기획사들이 아이돌 탄생부터 활동 종결에 이르기까지 전 과정을 통제하는 가운데, 걸 아이돌은 전략적이고 체계적인 선별·계발·전시 과정을 거치게 된다. 이 과정에서 아이돌 그룹의 소녀들은 인간이기를 멈추고 문화 콘텐츠로 호환된다. 텍스트에 의해 제시되는 이미지와 달리, 하나의 상품으로서 문화 콘텐츠는 경제적인 파생 가치를 연계적이고 지속적으로 창출한다. 아울러 문화 콘텐츠는 장르와 미디어 플랫폼을 넘나드는 가변적 유연성trans-versatile flexibility을 지닌다. 미디어 연구자인 헨리 젱킨스Henry Jenkins가 지적하듯, 오늘날 지구화된 컨버전스 상황에서 팬들은 단지 해석적으로 향유하기 위한 대상보다는, 그들 자신이 잠겨서 살 수 있는 세계 및 자신이 실제 행하며 재생산할 수 있는 코드와 실천을 체현하는 대상을 원한다. 아이돌 문화 콘텐츠는 바로 이러한 욕망을 충족시키기에 딱 들어맞는 소비 아이템인 것이다.(Jenkins, 2006) 이런 점에서 아이돌 그룹은 매우 성공적이다. 일종의 관계 구조가 기획사와 아이돌 그룹, 팬들 사이에 형성되기 때문이다. 아버지로서의 기획사, 아이들로서의 아이돌 그룹, 그들을 돌보고 살피는 어머니로서의 팬덤이라는 상상적인 가족관계가 생성된다.[3] 재현의 의미에서는 강력한 소녀로서의 이미지이지만, 문화 콘텐츠로서의 걸 아이돌은 실상 신자유주의적 규범화의 제도에 종속되었다고 볼 수 있다. 이 예속된 문화 콘텐츠의 상품성이 바로 소녀 산업에서 걸 파워의 본질이다.

1 2ne1   2 소녀시대

　　이렇듯 소녀 육체의 상업화란 단순히 은유적인 표현이 아니
다. 연예기획사의 통제 아래 소녀 몸이 설계되고 형체화되며 전시
되는 일련의 과정에서, 물질적이고 실질적으로 구현되는 현실이
다. 이런 점에서 주요 연예기획사의 수익이 가파르게 증가한 것

은 놀라운 일이 아니다. 예컨대 SM엔터테인먼트의 경제적 성장은 한 금융전문가에 의해 '퍼펙트 어닝perfect earning'으로 표현됐는데, 2010년에 이수만 대표는 한국 최고의 연예인 부자로 선정되기도 했다. 그해 SM엔터테인먼트의 제1분기 수익은 전년도 같은 시기에 비해 다섯 배가량 상승했다. SM엔터테인먼트와 이수만의 승리는 의심의 여지없이 '걸 파워' 덕택이었다.(J. Kim, 2010)

소녀의 재성애화: 모호성이라는 미화 전략

강력한 걸 파워를 찬미하는 이른바 '쏘오녀들의 운동girrrl movement' 이 나타난 1990년대(Aapola et al., 2005) 이래, 걸 파워는 지구적 미디어-패션-문화 산업을 통해 급격하게 확장되고 다양화되었다. 소녀 산업은 소녀 하위문화와 '소녀 시장'(Driscoll, 2002)의 이질적이고 충돌적인 형식들을 절충적으로 조합하며, 오늘날의 형식을 갖추었다. 소녀 산업은 식사, 다이어트, 옷, 교육, 학교생활, 건강, 레저, 성형수술, 낙태에 이르기까지 갖가지 요소들을 흡수하며 소녀의 일상을 스타일화하는 과정에 적극적으로 개입한다. 한국에서 특히 교육 현장은 소녀 육체를 상업적으로 착취하고 전시하는 장으로 기능해 왔다. 한국의 교육 현장은 매우 억압적이며 훈육적이다. 전통적으로 소녀들은 학교에서 순종적이고 성실하며 깔끔하기를 강요받았다. 상업적 권력은 이러한 전통적인 교육의 이미지를 대체한다. 소녀들에게 보다 성애화sexualized되고 개인화된 소녀상이라는 '새로운 규범'(Frost, 2005)을 제공하며 지배적인 영향력을 미치게 되었다. 예를 들어 '얼굴을 제외한 당신의 모든 몸매를 책임집니다'나 'Don't worry, Be slim'과 같은 교복 광고 문구는 이러한 새로운 소녀상을 제시하는 사례다. 동시에 교복은 소녀 아이돌의 대표적인 무대 의상으로 등장한다. 교복을 입은 소녀에 대한 성적 환상은 일본의 망가이자 아니메 시리즈인 '세일러 문'에서 비롯했다.(Driscoll, 2002) 세일러 문의 소녀 이미지—미니스커트 교복 치마와 무릎까지 올려 신은 긴 흰 양말, 귀엽고 앳된 얼굴, 유아 같은 몸짓—는 에로틱한 순수성(Bray, 2009)을 풍긴다. 한편 일본의 사례와 비교할 때 걸 아이돌의 이미지는 '소녀'라는 브랜드에도 불구하고, 역설적이게도 매우 성숙하고 현저하게 관능적이다. 아이 같고 순수하며 순결한 속성을 지니는 소녀라는 이름과는 대비되게 한국의 걸 아이돌은 대부분 20대다. 이러한 사회적 담론(소녀라는 어휘의 의미 작용)과 몸 이미지(걸 아이돌의 육체적 관능성)의 불일치는 걸 아이돌에 있어 소녀성이 모순적으로 결합되어 있음을 암시한다.

걸 아이돌의 관능적이고 성숙하며 과잉된 여성성은 그들의 육체 조형을 통해 정교하게 구현된다.[4] 리본과 꽃 장식으로 꾸며진 긴 머리 모양새와 아기자기한 옷차림, 어린아이 같은 표정은 예쁘장한 소녀의 모습을 구성한다. 그들의 무대의상은 펑크 스타일의 반바지와 미니스커트, 티셔츠, 혹은 교복이나 군복, 해군복일 때가 많은데, 이것은 무성화된 아동화 또는 성 도착적인 옷 바꿔 입기 transvestism의 전형적 방식이다. 그러나 그들의 탈성애화된 옷차림과는 달리, 하이힐 위로 드러난 희고 긴 다리나 무릎까지 올라오는 가죽 부츠는 물신화된 여성성을 상징한다. 그들의 춤 역시 과잉된 섹슈얼리티를 드러낸다. 걸 아이돌의 공연은 그들의 찢어지는 듯한 웃음, 느슨하고 부드러운 몸동작, 획일적으로 패턴화된 안무로 구성된다. 그들의 춤은 집단적이고 반복적이며 (댄서가 본능적으로 우러나와 추는 춤이라기보다는) 완전하게 정해진 것이라서, 그들의 관능적 몸은 매우 수동적인 자세를 취하게 된다. 그러한 걸 아이돌의 수동적인 춤은 보이 아이돌의 춤과는 확연하게 대비된다. 보이 아이돌의 춤은 단련된 육체로, 자기 통제력이 넘치고 동작이 힘차며 정확하게 펼쳐지기 때문에 독립적이고 개인적이며 자유로운 느낌을 준다.

이 모든 복잡한 속성들을 종합적으로 정리해 볼 때, 걸 아이돌에게 섹슈얼리티의 본질은 모순적인 요소들이 충돌하고 파열하는 모호성에 있다. 걸 아이돌의 육체/이름, 이미지/담론, 외연/내연 사이에 모순들이 일관되게 발견되는 것이다. 걸 아이돌의 과잉으로 성애화된 몸은 순수와 결백을 함축하는 소녀라는 언어적 안전막의 허위성을 누설한다. 소녀의 모호한 섹슈얼리티는 순수성/선정성, 귀여운 아이/유혹적 여성, 단정함/천박함과 같은 이분법 사이에서 위험하게 중첩되어 있다. 맥로비가 말하듯이, 소녀는 일반적으로 대비되는 것으로 간주되던 모순들의 '교차적 특징들'로 구축된 '새로운 젠더 체제new gender regime'를 체현한다. '자연적이고 정결하며 바람직하다고 여겨지는 여성이 행하는 자기애와, 순수성을 가장하는 치기어린 장난'으로 조합된 스타일이 '(기회만 오면) 당장이라도 마음껏 노출될 수 있기를 고대하는 젊고, 잠재적인' 소녀

섹슈얼리티로서 구현되는 것이다.(McRobbie, 2009: 89)

걸 아이돌의 모호한 섹슈얼리티는 관객으로부터 매우 복잡하고 갈등되는 심리를 유발한다. 상이한 젠더와 세대의 관객들은 서로 다른 이유와 방식으로 걸 아이돌을 욕망하고 그녀의 매혹에 빠지면서 '걸 신드롬'을 낳는다. 10대 소녀는 걸 아이돌의 음악, 춤, 패션 스타일을 따라하고 상상하는 '일상의 실천mundane practices'을 통해 자신을 아이돌에 동일시한다.(Longhurst et al., 2007: 137) 아울러 현재 걸 아이돌의 팬덤에서 나타나는 독특한 현상은 30~40대의 삼촌 팬덤이다. 혈연관계인 삼촌이라는 설정은 아저씨와 여자 조카 사이라는 일종의 공모적 가족관계 안에서 안전성을 보장받는다. 소녀 조카를 향한 삼촌의 응시는 그 아이에 대한 자연적인 애정과 보살핌의 제스처로 정상화·정당화될 수 있기 때문이다. 삼촌이라는 이름으로, 소녀를 향한 남성의 시각적 소유의 욕망은 그 성적 함의를 부인하며 천진하고 귀여운 아이를 위한 순수한 것으로 주장될 수 있다. 이렇게 부인과 정당화로 묶인 이중적 남성 심리가 걸 아이돌 팬덤의 저변에 강력하게 (그러나 외면적으로는 드러나지 않은 채로) 만연해 있다.(김수아, 2010)

문화 산업이 발명한 소녀를, 가부장적 가족 구조에 위치 지우고 성애화된 소녀 육체를 가부장적 관계 안에 투입함으로써, 이 둘의 공모적 메커니즘 안에서 성인 남성은 안전하고도 은밀하게 소녀 육체 이미지를 향유할 수 있다. 전적으로 천진무구하거나 과잉으로 성애화된 여성적 섹슈얼리티보다 모호성으로 구축된 소녀적 섹슈얼리티는 남성의 자기모순적인 응시를 정당화하기에 더욱 적절하고 유용하다. 나아가 한층 더한 공모관계로서, 소녀 산업은 남성의 걸 아이돌 이미지 소비를 자극하고 정당화할 뿐 아니라, 소녀들이 그들을 본받아 자기성애화를 몸소 실천하도록 유도한다.(Lumby, 1998) 로버트 골드먼Robert Goldman 등이 '상품 페미니즘'이라는 개념으로 주장했듯이,(1991: 334) '페미니즘과 여성성을 비모순적으로 합치시키고 조율하는' 기술이 곧 시장 지향적이며, 미학적으로 세련되고 탈정치화된 페미니즘을 탄생시킨다. 심지어 이러한 가부장적 가족 모델에서 만들어진 소녀 섹슈얼리티에 대한 욕망의 경제는 국제 시장으로까지 확산된다. 문화 콘텐츠로서 걸 아이돌의 가치가 국가의 문화 자원으로 적극적으로 개발·촉진되는 것이다. 이로써 우리는 소녀 육체의 지구적 스펙터클화를 목도하게 된다.

아이돌 공화국의 탄생과 롤리타 민족주의 부상

2010년 한국의 지방선거에 가장 유명한 걸 아이돌인 소녀시대가 시민의 투표 참여를 독려하는 캠페인에 등장했다. 소녀시대는 '랄랄라'라는 제목의 싱글 앨범과 뮤직비디오를 출시했고 텔레비전 캠페인에도 출연했다. 캠페인에서 소녀시대의 멤버들은 팅커벨 같은 미니 사이즈 아이콘으로 그려졌고 투표자는 성인 남성 시민으로 표현되었다. 걸 아이돌은 중요한 여러 국제 행사에도 동원된다.

소녀시대는 2010년 서울에서 개최된 G20 정상회담의 홍보대사로 선정되었다. 걸 아이돌은 시민들이 지구화된 국가 만들기 프로젝트에 참여하도록 독려하고 유혹하고, 혹은 호명한다.

또한 걸 아이돌의 초국적 인기와 팬덤은 이른바 신한류라는 민족문화 부활을 열망하는 국가적 사업에 긴밀하게 연계된다. 아시아의 한국 대중문화 유통 및 소비를 의미하던 한류(Chua and Iwabuchi, 2008; Tsai, 2007)는 2000년대 초반의 드라마 붐이 한차례 진정되면서 한동안 침체되는 양상을 보였다. 이런 상황에서 최근 걸 아이돌의 유행과 인기는 한류를 회복할 수 있을 뿐 아니라 아시아를 넘어 지구적 차원으로 확장할 수 있는 호기로 여겨진다. 엄청난 자본과 시간이 한국의 걸 그룹을 홍보하고 시장을 개척하기 위해 투자되고 있다. 아이돌 그룹이 여러 언어(대표적으로 일본어)로 노래를 부르고, 새로운 시장 개척을 위해 외국에 수개월간 머무르는 일은 이제 상식이 되었다.

막대한 물적 투자 외에도, 걸 아이돌을 지구적 시장에 안착시키기 위한 담론적 노력이 투여되고 있다. 21세기 미디어 환경에서 국제적 미디어 콘텐츠 산업을 발전시키자는 국가적 야망을 피력한 당시 이명박 대통령의 2010년 방송의 날 기념 연설이 마치 자연스럽게 걸 아이돌의 몸에 투영된 듯하다. 해외 뮤직 차트에서 한국의 걸 아이돌이 높은 순위에 올랐다는 소식이 수많은 뉴스 채널을 통해 보도되고 있다. 한국의 걸 아이돌이 해외에서 승리하고 있다는 낙관론에 보다 강한 정당성을 부여하려는 듯이, 한국의 미디어는 외국 대중 문화인들과 비평가들의 목소리를 빌어 한국의 걸 아이돌을 찬미하는 담론을 생산하고 유통시켰다. 예를 들어 일본 영화

감독 슈스케 카네코가 '소녀시대와 원더걸스는 1970년대 일본 유명 아이돌 그룹인 캔디나 핑크레이디를 모두 합친 것보다 더욱 역동적이고 경이롭다'고 평한 내용이 보도되는 식이다.[5] 국내 미디어는 해외 전문가의 시각에서 언급되고 평가되는 것이 한국 아이돌의 자부심과 열광에 더욱 큰 신뢰와 확신을 주는 것으로 간주한다. 걸 아이돌에 대한 국가적 찬미는 이제 아시아 대륙을 넘어 아메리카와 유럽 대륙으로까지 탈권역화trans-regionalized되곤 한다. SM엔터테인먼트가 진행하는 소속 아이돌 그룹의 세계 순회공연 행사인 SM 타운 라이브와 관련해서, LA 행사장에 유명 할리우드 배우인 잭 니콜슨이 직접 티켓을 구매해서 관람했다는 소식이 흥분된 어조로 보도되었다.

아이돌들은 팝 댄싱 스타, 아름다운 배우, 광고 모델, 솔직하고 다정한 토크쇼 게스트에 더해 정치 캠페인 홍보자, 국제 행사 지원가에 이르기까지, 국경을 넘어 지구적 시장에서 다기능의 역할을 수행한다. 이렇게 본다면 소녀들은 가부장적 욕망의 성적 대상일 뿐 아니라 지구적 문화 전쟁에서 국가가 승리할 수 있도록 고군분투하는 애국적 민족주의의 대리인으로 그 사회적 위치가 이행·확장되는 것이다. 이 모든 과정은 아이돌 공화국의 건설 과정에 다름 아니다. 걸 파워는 단지 가부장적 재현 구조에서 남성적 판타지를 투영하는 '반영적 이미지'에 머물지 않는다. 그보다 더욱 중요하게 아이돌 공화국으로 명명된 상상적 공동체를 구성하면서 서로 다른 세대와 젠더 위치에 분산된 개인과 집단을 결속하고 그 문화적 자부심에 대한 국가적 야심을 체현하는 '실질적 힘'으로 작동한다.

소녀시대가 일본 도쿄의 아리아케 콜로세움에서 첫 쇼케이스 공연을 하던 날, '걸 그룹, 일본 열도를 뒤흔들다' 식의 공격적인 표현들이 신문 지상을 휩쓸었다. '넘버 원 자리를 차지', '국가를 점령하다', '승리와 성공' 같은 표현들은 미디어에서 흔히 사용되는 문화제국주의적 수사다. 이어 2011년 여름에는 SM엔터테인먼트 소속 아이돌들의 파리와 런던 공연이 성공리에 행해졌다. 국내 미디어에는 유럽에 한국의 대중음악인 K-pop 팬들이 생겨나는 것을 축하하는 기사들이 넘쳐났다. 이 사건은 주요 미디어에 의해 '한국의 유럽 침공'으로 명명되었다. 여기서 민족주의적인 몸 통치 권력이, 도전과 승리의 논리를 핵심으로 하는 신자유주의적 가치와 결합해 새로운 문화제국주의로 이행하는 것을 알 수 있다. 또한 지구적 경쟁시장에 도전하는 애국주의 안에서는, 소녀의 육체를 대상화하고 상품화하는 가부장적 담론이(라도) 거침없이 발화되고 정당화된다.

걸 아이돌에 대한 열정적 집착은 아이돌 공화국을 포화시키고 나아가 '롤리타 민족주의Lolita nationalism'라고 부를 수 있는 이념으로 구축된다. 여기서 롤리타란 단지 남성이 지닌 아동 성도착적 판타지와 아동의 성적 무의식뿐만 아니라, 현재 미디어 정경에서 시장적 필요로 계발되는 '섹시 걸'까지도 포함하는 개념이다.(Durham, 2009) 국가적 차원에서 롤리타의 집단적 추앙을 뜻하는 롤리타 민족주의는, 지구적 경쟁 체제에 대응하기 위한 국가의 신문화제국주의적 통치 체제 안에서 적극적으로 개발되고 정당화된다. 지구적 차원에서 작동하는 아이돌 공화국의 롤리타 민족주의는 한국의 가족 정서 안에서 결속된 삼촌 팬덤과 상동적이다. 가부장적 가족 구조 안에서 삼촌팬과 걸 아이돌의 관계가 안전하게 보장되듯이, 걸 아이돌에 대한 국제적 소비는, 이들을 홍보하고 독려하는 아이돌 코리아의 국가 장치 안에 확고하게 자리 잡고 번성한다. 혹은 지구적 소비주의 맥락에서 걸 아이돌을 본받으며 그들의 스타일을 모방한 상품을 소비함으로써 자신의 정체성을 단장하는 10~20대 젊은 여성들은 '글로벌 자매관계global sisterhood'로 조화롭게 연계된다.

대안적 소녀 문화를 위해

지금까지 문화 콘텐츠로서의 소녀성이 자본의 권력에 의해 발명되고 국가적 욕망에 의해 재성애화되는 방식을 살펴보았다. 분석을 통해 세 가지 전략적 측면이 드러났다. 하나는 걸 아이돌이 소녀 산업의 문화 콘텐츠로 탈인간화de-humanised된다는 점이다. 그리고 소녀 육체는 기업적 통치 권력을 통해 규범화된 문화 상품으로 대상화된다. 둘째, 소녀 육체가 재성애화되며 소녀 섹슈얼리티는 모호성의 섹슈얼리티로 표상된다. 성애화sexualisation와 탈성애화de-sexualisation의 경계에서 중첩되거나 갈라지며 진동하는 소녀의 이중적 섹슈얼리티는 (주로 성인남성에 소구하는 전통적으로) 단일화된 여성성과는 차별화되며, 그 다양성 때문에 세분화된 팬덤 집단들에 효과적으로 소구할 수 있다. 마지막으로 아이돌 공화국의 출범과 롤리타 민족주의의 부상이라는 관점에서 소녀 육체의 국가주의적 통치체제에 관해 논했다. 찬미와 애정의 수사를 통해 소녀 육체는 지구적 문화시장을 정복하고 국력을 자랑할 수 있는 국가적 자산으로 정의된다.

이러한 세 가지 상호연관된 측면들—상업화, 재성애화, 국가주의화—은 소녀 산업이 지구적으로 작동하는 소녀 육체에 대한 신자유주의적 통치체제 강화에 핵심적 요소임을 알려준다. 우선 외면적으로는 자유롭고 권능을 얻은 듯한(empowerment) 소녀 이미지들이지만, 실제로는 신자유주의적 민족주의와 지구적 상업주의 안에서 생성되고 가동되는 대상인 것이다. 미디어에 점증적으로 등장하는 유능한 여성 이미지에 대해 일부 포스트페미니스트들은 환영하는 태도를 보이지만, 새로운 젠더 체제 안에서 소녀는 새로운 방식으로 '통제'(Deleuze, 1997)되고 있을 뿐이다. 여기서 통제는 질 들뢰즈Gilles Deleuze의 해석대로, 전통적 사회에서처럼 억압적인 체계에 의한 통제가 아니라 생산적이고 유혹적인 힘에 의한 통제라는 점에서 더욱 시의적이다. 지구화된 문화시장 안에서 다양화된 여성 재현 방식이 서구의 그것과 다른 방식으로 변성하고 있다는 사실 또한 유념할 필요가 있다. 이 차이는 사회·문화·역사적 특수성에 기인한 것으로, 갈수록 젠더·세대·문화적 취향에 따라 세분화되는 상황에서 상품의 다양성은 새로운 틈새시장을 개척하고 확보하기에 유리한 전략으로 활용된다.

소녀 산업은 위태롭고 불안한 삶의 구조 안에 처한 젊은 여성들의 감정적인 노동을 촉진하고 착취하는 자본주의 논리를 통해 더욱 발전하고 있다. 이러한 젠더 정치의 이질성과 복합성을 설명하기 위해서는 서구적 틀을 넘어서는 다각적 접근이 요청된다.(Williamson, 2011) 걸 파워에 대한 화려한 담론이 증가하는 만큼 미디어 문화의 관리 및 조직에 있어서 신자유주의적 추동력은 더욱 강력하고 정교해진다. 더욱이 그것은 가부장적 젠더 구조를 재전유하는 방식으로 증대하고 있다.(Kapur, 2009; Yoon, 2009) 이러한 현실에서 신자유주의적 문화 통치 권력에 대해 급진적으로 탐문하고 소녀 육체의 규범적 주체화에 대해 대안적인 시각을 제시할 수 있는, 지구적 관점에서의 비판적 여성주의가 필요하다.

더 읽어보면 좋은 책

▰ 이동연 엮음, 《아이돌》, 이매진, 2011.

현장 및 이론 전문가들이 한국 아이돌 문화에 대해 본격적으로 논의한 저서다. 아이돌 현상에 대해 문화정치 및 산업의 관점에서 비판적으로 이해할 수 있는 시각을 제공한다.

▰ 박명진 엮음, 《두꺼운 언어와 얇은 언어》, 문학과지성사, 2011.

현대 문화와 언어 현상에 대한 심층적인 사유와 해석을 전해준다. 현대 미디어 이론과 문화 연구에 관한 확장된 시각을 배울 수 있다.

▰ 김창남, 《대중문화의 이해》, 한울, 2010/2009/2003.

문화 이론과 대중문화 연구에 근본적인 문제의식과 이론적 논의들을 매우 포괄적이고 정확하게 심어준다. 현대문화의 이론과 실제에 대해 균형 잡힌 지식을 얻을 수 있다.

▰ 앨리 러셀 혹실드, 이가람 옮김, 《감정노동》, 이매진, 2009.

현대 탈산업주의 시대에서 심화되는, 젠더화되고 계급화된 노동 현실에 대해 살아있는 지식을 얻을 수 있다.

▰ 앤 브룩스, 김명혜 옮김, 《포스트페미니즘과 문화 이론》, 한나래, 2003.

포스트페미니즘에 대한 문화적인 해석을 제공한다. 대중문화와 미디어 영역에서 일상적으로 접하는 경험들을 심화되고 비판적인 시각에서 새롭게 이해할 수 있도록 도와주는 지침서다.

3부 젠더를 넘어서 성평등으로

복지 ●●

돌봄은 누구의 책임인가

송다영

—— 복지국가는 저출산, 고령화, 노동시장 불안정 증대, 가족 구조 안정성 약화와 같은 사회구조적 환경의 변화 속에서 발전했다. 인간은 태어나서 늙어 죽을 때 까지 돌봄caring을 필요로 한다. 전통적으로 돌봄은 가족에 의해 지탱되어 왔으나 사회구조적 불안정성 증대로 사회가 정책적 개입을 통해 해결해야 하는 상황으로 변화했다. 돌봄 문제에 대한 정책적 대응은 공적 책임의 범위, 가족 중심적 재편 여부(가족화 vs 탈가족화), 남녀 간 돌봄 분담 방식(성별 공유 vs 성별 분리)을 둘러싸고 국가별로 상이하다. 근본적으로 돌봄에 관한 정책적 설계의 바탕에는 일하는 근로자로서의 여성과 가족을 보살피는 돌봄자로서의 남성의 역할을 어떻게 재배치하는 것이 이상적이고 합리적인가에 대한 젠더 관점이 중심축을 이루고 있다. 본 장은 돌봄 정책이 사회적 위험성이 증대되는 21세기 한국사회의 지속가능성과 사회적 연대를 유지시킬 수 있는 필요불가결한 정책이며, 남-녀 간 성별 분업을 넘어서는 새로운 패러다임으로의 전환 속에서 가능함을 제시하고자 했다.

새로운 정책 이슈로서 돌봄 문제와 복지국가

연애, 결혼, 출산을 포기한 세대, '3포 세대'는 최근 한국사회 젊은
이들의 자화상이다. OECD 13대 교역국이자, 20대의 90퍼센트 이
상이 대학을 진학하는 고학력 사회인 한국에서 왜 젊은이들은 인
간이 살면서 누릴 수 있는 즐거움을 모두 포기하려 할까? 연애, 결
혼, 출산을 포기한 이유가 단지 경제난에 의한 청년실업 문제로만
설명될 수 있을까? 아니면 점점 개인주의가 팽배해지고 자신을 위
한 삶을 제일 우선의 가치로 삼는 신세대 풍조로 환원될 수 있을
까? 오히려 3포 세대의 등장은 미래에 대한 불예측성과 불안정성
은 증가하지만 사회안전망은 부재한 현실에서 나타나는 '불안의
개인화' 현상이다. 지속되는 불황으로 취업과 미래가 보장되지 않
는 상황에서 20대에게 연애→결혼→출산은 자연스러운 생애 과
정이 되지 못하고 있다. 개인의 생활도 꾸리기 어렵다고 생각되는
불안한 상황에서 추가적으로 책임져야 할 새로운 가족구성원을 갖
는 일은 기쁨보다는 두려움으로 인식되기 때문이다. 이 같은 불안
과 두려움을 느끼기는 50대도 마찬가지다. 명예퇴직과 구조 조정
의 위협이 일상화되었으며 자녀학비, 주거비 및 생활비를 비롯한
물가가 끊임없이 올라가면서 중산층으로서 최소한의 생활도 흔들
리고 있다. 평균수명 80세 시대로 접어들면서 이들의 부모 세대
부양을 위한 비용 부담은 날로 커지고 있고, 정작 본인들을 위한
노후대책은 준비하지 못한 경우가 많다. 퇴직 후에도 생계를 위해
일을 계속해야 할 것 같은데 건강은 예전 같지 않고 일자리도 마

땅치 않아 보인다. 다가올 미래가 두렵고 노후도 걱정돼 항상적 불안을 호소하는 사람들이 늘고 있다.[1]

이처럼 개인에게 내재된 불안을 공동체적 연대와 상호호혜성에 기반을 둔 사회안전망을 통해 해결하고자 하는 것이 바로 '사회복지'이며 복지국가의 지향성이다. 사람은 태어나면서 죽을 때까지 돌봄의 연속선chain of caring 속에 살아간다. 아동기에는 돌봄을 받고, 성인기에는 돌봄(아동, 노인)을 주다가, 노인기가 되면 다시 돌봄을 받는다. 통상 돌봄은 가족에 의해 수행되었다. 산업자본주의 시대는 제조업 중심의 완전고용에 기반을 둔 사회구조였기 때문에 돌봄이 가족 내에서, 가족에 의해 이루어지는 것이 가능했다. 완전고용이 가능한 시대에 남성은 생계를 위한 경제적 부양을 담당하고, 여성은 가족돌봄의 역할을 수행하는 성별 분업 기제가 작동했다. 개인을 위한 돌봄과 복지는 가족이 책임지고 가족 내에서 이루어지는 구조였다. 그러나 사회구조가 고도화되고 노동시장구조, 인구구조, 가족구조가 바뀌면서 이 같은 성별 분업에 의한 돌봄의 토대가 상실되고 있다.

사회학자들은 인구구조, 가족구조, 사회구조 변화로 인한 신빈곤층의 증가를 현대사회의 신사회위험new social risk으로 정의한다.(윤홍식·송다영·김인숙, 2010) '신사회위험'이란 고령화로 인해 부양을 필요로 하는 노인은 늘어나고 '고용 없는 성장'과 불안정한 고용 형태의 증가로 높은 실업률과 저임금 빈곤층이 증가하면서 사회복지 정책 차원의 수요는 급격히 늘어나는데, 저출산으로 인해 이들을 부양할 인구는 줄어들고 노동시장을 통한 사회적 재원의 조성 능력도 떨어지는 이중적 질곡의 상황을 말한다. 여기에 완전

고용 사회에서 가능했던 남성 가장을 중심으로 한 1인 생계부양자 모델에서 여성의 노동시장 진출로 인한 맞벌이 가족(2인 생계부양자 모델)으로의 전환, 이혼 증가로 한부모가족과 같은 비전형적 가족의 등장은 가족이 전적으로 책임지던 아동 양육이나 노인돌봄이 더 이상은 가족 내에서 이루어지기 어려워졌음을 말한다. 복지국가는 이 같은 변화 속에서 나타나는 균열과 갈등을 해소하고 지속 가능한 사회를 만들기 위한 정책적 대안으로 등장했다. 복지국가는 사회 전반의 균열과 갈등을 최소화할 수 있는 정책을 통해 대다수 구성원이 사회적으로 배제되지 않고 적정 수준의 삶을 영위할 수 있도록 조직한다.

본 장은 사회구조의 변화 속에서 등장한 복지국가의 역할과 위상을 돌봄 정책의 관점에서 조명하고 향후 나아갈 바를 살펴보는 데 초점을 두었다. 이를 위해 우선, 시장 자본주의의 폐해를 최소화하고 인간이 누려야 할 기본권을 보장하는 데 주력한 복지국가의 유형화와 이에 대한 여성주의자들의 비판과 대안적 젠더 레짐gender regimes 유형화를 살펴보았다. 둘째, 돌봄 정책을 설계하는 과정에서 나타나는 쟁점을 검토했다. 셋째, 우리나라 돌봄 정책의 전반적 현황과 실태를 분석했다. 결론에서는 이를 바탕으로 지속 가능한 사회를 위한 성인지적gender-sensitive 돌봄 정책의 지향성을 제안했다.

복지국가, 돌봄, 젠더 레짐

복지국가 유형화와 젠더 레짐: 탈상품화, 탈가족화, 탈젠더화

고스타 에스핑 앤더슨Gøsta Esping-Andersen은 자본주의 사회에서 개인이 노동시장에 의존하지 않고도, 즉 노동력을 상품화하지 않아도 적정한 수준의 삶을 유지할 수 있는 정도를 '탈상품화'에 기초한 시민적 권리로 정의하면서, 여기에 관련된 국가-시장 관계를 중심으로 복지국가 유형화를 시도했다. 즉 개인이 질병, 실업, 노령, 산업재해와 같이 노동을 수행할 수 없는 상황에서 국가-시장 간 역학이 그의 생계유지에 영향을 미치는 방식을 중심으로 국가별 유형화를 시도한 것이다. 에스핑 앤더슨은 노동시장과 사회보험제도 중심의 복지 정책에 기반을 두고, 탈상품화 및 계층화 수준을 근거로, 세 가지 유형인 사회민주주의, 자유주의, 보수조합주의●를 제시했다.(Esping-Anderson, 1990)

이에 여성주의 학자들은 에스핑 앤더슨의 복지국가 유형화가

● 사회민주주의, 자유주의, 보수조합주의
  사민주의는 탈상품화 수준이 높고 보편적 사회권을 보장한다. 국가 내 계급 간 연대와 동맹을 바탕으로 높은 사회보장 급여가 보장되며 재분배 수준이 높다. 사민주의의 반대편에 존재하는 자유주의는 시장의 영향이 막강하고 탈상품화 수준이 낮다. 사회적으로 극소수 저소득층에게만 공공부조를 제한적으로 제공하기 때문에 전반적 사회보장 수준이 낮다. 보수주의/조합주의 유형은 사민주의와 자유주의 중간 정도의 탈상품화 수준을 보이며 사회권은 노동시장 내 지위와 연동된 사회보험제도에 의해서 충족된다. 조합주의는 노동시장 기여분에 기초한 사회보험 수급을 중심으로 하고 있어서 계층 내 재분배는 이루어지는 반면 계층 간 재분배가 원활치 못하다.

기본적으로 복지 체제의 한 축으로 존재하는 '가족'을 포함하지 않았고 젠더 관계에 민감하지 못해 불완전한 논의에 그쳤다고 비판하면서 대안적 논의를 제시한다.(Orloff, 1993; Lewis, 1992; Sainsbury, 1999; Leira, 2002) 여성주의자들의 비판은 에스핑 앤더슨이 사회보험과 사회적 급여를 통한 사회구성원의 소득보장income security에 관심을 가지면서 주로 국가와 시장 간의 관계나 이로 인한 계층화라는 복지 결과에 집중함으로써, 가족의 복지 제공자로서의 위상이나 가족 내 돌봄의 성별 분업 구조에 내재한 젠더 문제를 포괄하지 못했다는 것이다. 이들은 탈상품화의 한계를 지적하면서 '탈가족화'와 '탈젠더화' 개념을 제시한다.

앤 올로프Ann Shola Orloff는 에스핑 앤더슨의 노동자, 시민권, 탈상품화 개념이 남성 노동자를 표준으로 한 개념이고, 성별 분업 사회구조 속에서 노동시장에 편입하지 않은 여성을 원천적으로 배제했다고 비판한다. 올로프는 복지 레짐 논의에서 사회 내 젠더 관계를 고려해야 비로소 완전해질 수 있다고 역설했다. 마치 소득의 차이에 따라 계층화가 발생하듯, 젠더 관계도 계층화 효과가 있다는 것이다. 올로프는 노동을 상품화하지 않아도 생활을 영위할 수 있는 것이 복지국가의 탈상품화 효과라면, 가족 내 무급 돌봄노동으로 노동시장에 진입하지 못한 여성이 (남성)가장의 소득에 의존하지 않고도 생활을 영위할 수 있도록 해야 한다고 주장한다. 이를 위해 올로프는 복지국가 논의에서 '유급노동에의 접근성'과 '독자적으로 가구를 유지할 수 있는 능력'을 포함할 것을 제안했다.(Orloff, 1993) 제인 루이스Jane Lewis는 실제로 유형화를 시도하지 않은 올로프에 비해, 무급노동-유급노동 관계, 탈상품화된 여성의 무급노동 부담, 복지국가의 무급노동에 대한 의존 등을 고려하면서 젠더 체제 유형화를 시도했다. 이것은 이후 여성주의 관점의 복지국가 연구의 기초가 된다. 루이스는 남성 생계부양자의 역할 지원 정도에 따라 강한 남성 생계부양자 모델(영국, 아일랜드), 온건한 남성 생계부양자 모델(프랑스), 약한 남성 생계부양자 모델(스웨덴)로 구분하고 유형별 정책적 맥락과 특성을 설명했다.(Lewis, 1992)

돌봄 문제에 대한 '탈가족화'와 '탈젠더화' 논의는 낸시 프레이저Nancy Fraser와 다이앤 세인즈베리Diane Sainsbury가 본격화한다. 프레이저는 유급(시장)노동과 무급(돌봄)노동 간 조합을 중심으로 복지국가를 유형화한다. 보편적 생계부양자 모델universal breadwinner model, 동등한 돌봄제공자 모델caregiver-parity model, 보편적 돌봄제공자 모델universal caregiver model이 그것이다. 첫째, '보편적 생계부양자 모델'은 여성도 남성과 같이 노동시장 참여가 높아지고 노동시장을 통한 사회보장수급권 비율이 높아지나 돌봄에 대한 사회정책적 개입은 없는 국가로, 미국이 여기에 속한다. 둘째, '동등한 돌봄제공자 모델'은 가정 내에서 이루어지는 돌봄을 중요한 가치로 인정하고 돌봄수당 제공을 통해 보상하는 국가로, 독일이 여기에 속한다. 동등한 돌봄제공자 모델은 남녀 간 역할 차이를 인정하고 돌봄제공자로서 지위를 동등하게 인정하는 것이다. 셋째, '보편적 돌봄제공자 모델'은 남녀가 모두 동시에 노동자이자 돌봄제공자로서의 역할을 수행할 수 있도록 정책적 지원을 하는 국가로, 노동시간 감소와 돌봄을 위한 보편적 서비스를 제공하는 특징이 있다. 스웨덴이 여기에 속한다.

세인즈베리는 여성주의 관점과 주류 복지 체제론의 통합을 시도하면서, 사회권의 수급 자격이 개인 또는 가족에게 주어지는 가, 수급 자격이 전통적 성별 분업에 기반하는가, 돌봄에 대한 국가 책임 정도, 유급노동에 대한 성별 접근성 정도 등에 따라 남성 부양자 모델male-breadwinner regime, 분리된 성역할 모델separate gender roles regime, 개별화된 소득-돌봄자 모델individualized earner-carer model로 분류했다. '남성 생계부양자 모델'은 엄격한 성별 분업 이데올로기, 남성 가장을 중심으로 한 사회보장수급권, 부부 합산 과세, 남성에게 유리한 노동시장, 돌봄의 사적 책임, 돌봄노동에 대한 무보상 등의 특징이 있다. '분리된 성역할 모델'은 성별 분업 이데올로기, 가족 수급권(여성은 돌봄 제공자로서, 남성은 생계부양자로서의 수급권), 부부 합산 과세, 남성에게 유리한 노동시장, 돌봄노동에 대한 보상을 내용으로 한다. '개별화된 소득-돌봄자 모델'은 남성과 여성 모두 소득자와 돌봄제공자가 동시에 될 수 있고 수급권이 시민권과 거주에 기초해 개인에게 주어진다. 개별 과세, 양성 모두에게 유리한 노동시장, 국가의 돌봄 책임 분담, 돌봄서비스 제공과 돌봄노동 보상도 이루어진다. 프레이저와 세인즈베리는 분류 기준과 명칭은 조금씩 다르지만 돌봄노동, 가족, 여성을 둘러싼 젠더화된 사회적 관계를 드러내고 있다.

여성주의자들의 비판을 인정한 에스핑 앤더슨은 탈상품화 개념으로만 복지 체제를 설명하는 데 한계가 있음을 인정하고 복지 체제에 대한 재논의에 여성, 가족, 돌봄을 통합해 '탈가족화' 개념을 추가했다. 에스핑 앤더슨은 탈가족화 지표로 GDP 대비 의료를 제외한 제반 가족에 대한 서비스 지출 비중, GDP 대비 아동이 있는 가족에 대한 현금급여 지출 비중, 3세 이하 아동을 위한 공공보육시설 비중, 65세 이상 노인을 위한 방문서비스 비율 등을 제시했다. 탈가족화 기준을 고려했을 때도 탈상품화만을 고려한 기존 논의(1990)의 유형화와 달라지지 않았다. 그의 논의는 가족의 돌봄 부담 완화 문제는 고려했지만 가족-노동시장 내 젠더 관계를 충분히 고려하지 않음으로써 현실을 설명하는 데 한계를 보였다. 즉 가족 지원 서비스 구성 방식(가족지원을 현금을 중심으로 하는가, 서비스를 중심으로 하는가), 현금급여 제공 대상(누가 현금급여를 받는가), 휴가 이용의 성별 비율(누가 휴직을 사용하는가) 등에 내재된 젠더 관계에 대한 고민은 배제되었다.

사회적 돌봄 정책에 초점을 맞추어 국가별 유형을 분석한 시그리드 라이트너Sigrid Leitner는 탈가족화 이외에 탈젠더화 관점에 따라 정책 결과가 달라질 수 있다고 역설한다. 라이트너는 아동, 노인돌봄 정책을 암묵적 가족주의, 명시적 가족주의, 탈가족주의, 선택적 가족주의 등으로 분류했다. 가족화란 돌봄이 가족 내에서 혹은 가족구성원이 직접 수행하는 것을 지원하는 정책을 말한다. 가족화의 대표적 방식은 부모휴가, 양육수당 등이다. 반면 탈가족화란 돌봄이 가족 밖에서 혹은 가족구성원이 아닌 사람(근로자)들이 돌봄을 수행하는 것을 말한다. 보육서비스가 대표적이다. 라이트너는 아동돌봄에 대해서는 가족화 방편으로 부모휴가, 탈가족화 방편으로 3세 이하 보육시설 아동 비율, 노인돌봄에 대해서는 가족화 방편으로 노인돌봄에 대한 현금급여, 탈가족화 방편으로는 재가 요양서비스 이용률 지표를 이용해 국가별 유형을 분석한다. 또 탈젠더화 기준을 추가해 가족화 정책이 여성에게만 한정되는 경우, 남녀 모두가 가족돌봄을 할 수 있도록 유도하는 경우를 구분했다. 가족화 정책을 펴더라도 남녀가 공유하는 방식으로 돌봄제공자(주로 여성)의 경제적 독립을 보장하고 일-돌봄 간 선택의 여지를 높이면 탈젠더화를 추구하는 유형으로(스웨덴), 그렇지 않으면 성별화된 가족화 유형(프랑스)으로 구분했다. 라이트너의 유형화는 돌봄 정책 지향성에 있어 국가-시장-가족 간 역학에 젠더가 어떻게 작동되는가를 보여 준 논의로서 의미가 있다.

표1. 복지국가 유형화와 젠더 관점

연구자	분류 기준	유형화	비고
Esping Andersen (1990)	사회보장 정도 국가 책임 정도	· 사회민주주의국가(스웨덴, 덴마크) · 자유주의 국가(영국, 미국) · 보수조합주의 국가(프랑스, 독일)	탈상품화만을 기준으로 분류
Lewis (1992)	사회보장 정책 수급권, 공적 서비스 지원	· 강한 남성 생계 부양자 모델(아일랜드, 영국) · 온건한 남성 생계부양자 모델(프랑스) · 약한 남성 생계부양자 모델(스웨덴)	탈가족화에 대한 관점 결합했으나 생계부양 정도에 과잉 초점
Fraser (1997)	돌봄노동 급여 기준	· 보편적 생계부양자 모델 · 동등한 돌봄제공자 모델 · 보편적 돌봄제공자 모델	유급노동 vs 돌봄노동에 대한 보상 중심으로 유형화
Sainsbury (1999)	젠더 관계 수급 원리 성별 분업 정책 기본 이념	· 남성 생계부양자 모델 · 분리된 성역할 모델 · 개별화된 소득-돌봄자 모델	유급, 돌봄노동과 젠더 관계 고려해 유형화. (앞의 두 모델은 유사)
Esping Andersen (1999)	가족 지출 비중 현금급여 서비스	· 사민주의(덴마크, 핀란드, 노르웨이, 스웨덴) · 자유주의(호주, 캐나다, 뉴질랜드, 영국, 미국) · 보수주의(오스트리아, 벨기에, 프랑스, 독일, 이탈리아)	탈상품화와 탈가족화 고려, 그러나 젠더 관점 고려 부족
Leitner (2003)	서비스 지출 휴직급여 현금급여	· 암묵적 가족주의 　(약한 가족화+약한 탈가족화+성별화) · 명시적 가족주의 　(강한 가족화+약한 탈가족화+성별화) · 탈가족주의(약한 가족화+강한 탈가족화+성별화) · 선택적 가족주의 　(강한 가족화+강한 탈가족화+탈성별화)	돌봄 정책 유형화에 초점. 젠더 관점(성별화/탈성별화)을 결합

돌봄 정책의 쟁점

| 남성의 돌봄 참여 제도화

사회적 성별 분업은 오랫동안 남성-여성 간 불평등을 낳는 근간이었다. 남성은 노동시장에 나가서 일을 통해 생계를 꾸리는 책임을 맡아 왔고, 여성은 가정에 머물며 가족 내 돌봄을 전담해 왔다. 사회가 변하면서 여성은 점차 노동시장으로 진출했으나 여전히 돌봄자라는 역할 규정 때문에 저임금, 고용차별, 승진차별 등 다양한 차별을 경험했다. 반면 남성은 여성이 노동시장에 진출했음에도 가족 내 역할을 분담하지 않음으로써 여성의 이중 부담은 가중되었다. 고용불안정의 증대와 평생직장의 규범이 급격히 와해되는 사회 환경 속에서 성별 분업의 비대칭은 출산 파업과 빈곤을 유발했다. 이중 부담의 질곡 속에 여성에게 아이를 낳는 일은 자신의 미래를 저당 잡히는 일로 인식되었으며, 혼자서 생계를 꾸리는 홀벌이 남성에게 자녀 양육은 경제적 버거움에 등치되면서 출산을 최대한 미루거나 적게 하려는 현상이 만연했다. 여성과 남성을 일과 가족으로 분리한 배타적 성별 분업으로 생겨난 이 같은 모순적 상황은, 남성의 돌봄 참여를 제도화하는 가족화 정책을 통해 균형 잡을 수 있다. 남성의 돌봄 참여가 일상적 생활 규범이 된다면 돌봄으로 인해 발생하는 여성에 대한 성차별의 근거는 사라질 수 있으며, 가족과 함께 시간을 보내는 것이 모든 근로자의 권리로 확대될 수 있다. 남성의 돌봄 참여를 위한 노력은 남성에게는 기업 중심, 노동 중심의 획일적 삶에서 벗어나 이들의 탈상품화 수준을 충분히 높일 수 있는 물적 토대가 될 수 있다. 무엇보다도 돌봄이 여성을 넘어 모든 근로자의 요구가 되면서 돌봄을 위한 제도들이 실질화될 수 있다. 즉 돌봄 권리가 모든 근로자의 보편적 요구가 된다면 소득 보장에 대한 요구(소득대체율 상향), 적절한 기간 보장, 노동시장으로의 복귀 등을 강력하게 요구할 수 있기 때문이다.(Warness, 2006)

선진국에서는 남성의 돌봄 참여와 가족화의 중요성을 인지하고 이를 강력하게 추진하고 있다. 대표적인 남성의 돌봄 참여로는 배우자가 자녀를 출산하는 시기에 간호를 위해 휴가를 사용하는 부성휴가와 보호가 필요한 어린 자녀를 돌보기 위해 사용하는 육아휴직(부모휴가)이 있다. OECD 주요 국가들은 대부분 부성휴가를 법정휴가로 제도화하고 있다.(OECD, 2007) 대체적으로 부성휴가는 배우자 출산휴가의 성격으로 기간이 짧은 편이다. 핀란드가 3주로 가장 긴 편이며, 그 외 국가는 2주 이내로 규정하고 있다. 부성휴가 소득대체율은 무급인 호주와 뉴질랜드를 제외하고는, 대체적으로 65~100퍼센트에 걸쳐 있다. 기간도 짧고 소득대체율도 관대해 많은 국가에서 남성이용률이 높은 편이다.

한편 육아휴직은 어린 자녀를 양육하는 시기에 양쪽 부모가 모두 사용할 수 있도록 규정한 제도다. 육아휴직은 명목상으로는 성중립적이나, 현실적으로는 노동기간 단절, 소득대체율 문제, 성별 분업 이데올로기 영향으로 거의 대부분의 경우 여성이 사용한다. 육아휴직을 여성만 사용하게 되면서 기업이 여성을 꺼리는 요인이 되기도 한다. 아버지 할당제papa's quota는 이러한 상황에 대처하기 위한 만든 정책이다. 육아휴직 중 일정 기간 이상을 부만 이용할 수 있도록 제도화한 아버지 할당제는 스웨덴에서 1970년대부터 논의되기 시작했고, 노르웨이에서 1993년에 처음 도입되었다.(Leria, 2002) 아버지 할당제는 특정 기간에는 반드시 아버지만 사용하게 하고 양도할 수 없게 함으로써 남성의 돌봄 참여를 강화한 제도다. 스웨덴은 1995년 도입 당시 기존의 육아휴직 전체 기간 중 4주씩을 부모에게 할당하는 방식에서, 2002년 육아휴직 기간을 늘리면서 현재 부모에게 8주(60일)를 할당하는 인센티브 형식을 취하고 있다. 독일도 2007년 부모휴가를 도입하면서 각각 8주씩을 할당했다. 특히 노르웨이는 아버지 할당제를 기존 육아휴직 기간에 포함하지 않고 휴직기간을 연장하는 방식을 이용함으로써 남성의 육아휴직 참여율을 획기적으로 증가시켰다. 1986년 당시 25퍼센트에 머물렀던 남성 이용률이 할당제 이후 70~80퍼센트로 급격히 증가했다.

할당제와 더불어 남성의 돌봄 참여를 결정짓는 중요한 또 하나의 요인은 소득대체율이다. 할당제가 실행되어도 가족을 돌보는 기간에 소득이 보장되지 않는다면 남성이 육아휴직을 선택하기는 쉽지 않기 때문이다. 아버지 할당제를 도입한 국가들 중 남성의 육아휴직 이용률이 실질화된 그룹과 그렇지 않은 그룹을 나눈 것이 바로 소득대체율이다. 스웨덴이나 노르웨이와 달리 벨기에, 핀란드, 독일 등에서 남성의 육아휴직 이용률은 높지 않다. 결국 남성들이 '마음 놓고' 가족을 돌보는 시간과 기간을 확보하기 위해서는 제도적 권장과 함께 소득대체율의 확보, 즉 탈상품화에 대한 사회적 보장이 함께 마련되어야 한다.

물론 남성의 돌봄 참여 제도화에 대한 비판도 있다. 자녀를 직접 출산한 여성에 대한 육아휴직도 제대로 자리 잡지 않은 상황에서 남성의 돌봄 참여가 과연 현실적인 것인가? 현재 임금 근로자 중 대다수와 자영업자가 고용보험에 가입되지 않은 가운데 육아휴직 아버지 할당제 시행은 정규직 남성만을 보호해 주는 역차별이지 않은가? 이 같은 질문은 사실 현실적으로 충분히 논쟁이 필요한 부분이다. 그러나 남성의 돌봄 참여 제도화는 앞서 언급한 바와 같이 모든 일하는 사람들의 기본적 권리, 탈상품화를 위한 사회권 확보를 위해 먼저 해결되어야 할 과제이다. 남성이 빠진 여성만을 대상으로 하는 육아휴직의 확대는 여성을 보호하기보다는 영원한 2등 시민으로 제한하는 차별화 기제가 되기 쉽다. 돌봄 정책이 여성만이 아닌 남녀 모두의 요구가 될 때 진정한 권리로서 확대될 수 있다. 고용보험에 기반을 둔 육아휴직 포괄 범위 확대도 여러 가지 차원에서 대안을 내놓을 수 있다. 우선 비정규직이나 자영업자도 고용보험에 가입할 수 있는 법적 근거들이 만들어지고 있어서 포괄 범위 문제는 차츰 해결해 나갈 수 있다. 비임금 근로자, 실업자, 전업주부들은 정액급여 방식의 급여를 병행할 수 있다. 실제 영국에서는 3세 미만의 아동을 키우는 저소득층 가구에 대해서는 소득비례 방식이 아닌 정액급여(수당) 방식으로 지급하고 있다.(OECD, 2007) 남성의 돌봄 참여 제도화는 남성의 가족화를 통해 여성의 일-가족 병행이 실질적으로 가능해질 수 있다는 의미에서 성평등을 위한 돌봄 정책으로 확대되어야 한다.

| 돌봄 정책에서 여성의 지위: 노동자? 돌봄제공자?
돌봄 정책은 전통적으로 사적 가족 영역에서 여성에게 일임되었던 돌봄노동을 사회적·공적 영역으로 가져와 정책적으로 해결한다. 따라서 돌봄 정책의 성격과 방향에 있어서 여성을 어떻게 규정하는가는 상당히 차별적이고 논쟁적이다. 구체적으로, 돌봄 정책에서 여성으로 하여금 임금 노동자로서의 지위를 가질 때와 가족을 돌보는 돌봄제공자로서의 지위를 선택할 때 어느 쪽에 더 많은 인센티브를 제공할 것인가는 중요한 정책 차이를 만든다.(Bettio and Plantenga, 2004) 이것은 돌봄의 사회화 방식을 현물(서비스)급여로 할 것인가, 현금급여 방식을 취할 것인가의 문제로 발현되어 왔다. 현물급여, 즉 돌봄을 위한 서비스 확대는 여성의 유급노동 참가를 높이는 측면이 강한 반면, 현금급여는 가족 내 돌봄에 대해서 직접 보상을 취하기 때문에 여성이 노동자로서의 지위를 가지기보다는 집에 머물며 돌봄제공자로서의 역할을 하는 경향이 강화된다. 여성의 돌봄제공자로서의 지위를 유지할 수 있도록 지원하고 이에 대해 경제적 보상을 하는 방식은 직간접적으로 여성의 경제활동 참가를 감소시킨다. 현물급여, 사회서비스를 확대하는 국가들에 비해 현금급여를 제공하는 국가의 여성 경제활동 참가율은 떨어지는 경향이 뚜렷하다.(Bahle, 2003)

여성의 (재)가족화는 앞서 살펴본 남성의 가족화와는 다른 차원의 문제를 내포한다. 남성의 가족화는 돌봄제공자의 보편적 확대를 가져오지만, 여성의 (재)가족화는 여성이 돌봄제공자로 회귀하는 경향을 강화한다. 이는 여성의 경제적 독립과 자립을 저해하는 요인이 되기 쉽다. 이제껏 여성이 노동시장에서나 사회적으로 낮은 지위를 누린 구조적 원인 중 하나가, 성별 분업에 기초한 돌봄 전담이라는 현실적 제약에서 파생되었다는 점을 고려한다면, 여성이 돌봄제공자로 회귀하는 것은 바람직하지 않다. 또 아무리 선진국이라 할지라도 국가가 가족 내 돌봄에 대해 충분한 경제적 보상을 하는 것은 가능치 않다. 아동과 노인을 돌보는 일은 매우 중요한 사회적 의제이지만 노동생산성을 초과하는 재정 투여가 현실적으로 가능하지 않기 때문이다. 결국 여성이 가족 내 돌봄을 혼자 전담하게 되면, 전 생애에 걸쳐 여성의 경제적 독립의 물적 기반은 약화될 수밖에 없으며 남성 배우자에 의해 경제적으로 부양을 받는 이차적 지위에 머물 수밖에 없다. 남성도 혼자 생계 책임을 질 경우 노동자로서의 권리를 요구하거나 탈상품화 수준을 높이는 데 한계가 있다. 여성=돌봄자, 남성=생계부양자로 회귀하는 것은 사회적 변화 속에서 가능하지도 않을 뿐더러 양자 모두에게 부정적인 영향을 미친다.

반면 노동의 질에 대한 견제 없이 여성의 경제활동 참여나 노동자로서의 진출만을 강조하는 방식도 문제다. 여성이 사회에 진출해 노동을 하지만 노동시장에 나선 여성들은 장시간 노동, 저임금, 일-가족 이중 부담의 고통 속에 놓여 있으며 돌봄의 질조차 담보받지 못한다. 이 중에서도 특히 돌봄노동 서비스 부문의 임금수준은 타 분야 일자리 수준보다 떨어지고 있어서 과연 돌봄의 사회화가 여성의 삶을 개선시켰는가에 대한 근본적 회의가 제기되기도 한다. 그러나 돌봄서비스 증대가 장기적으로 여성의 노동시장 참여를 안정적으로 만들어 여성의 지위를 개선할 수 있는 여지는 분명하다. OECD 국가 자료를 기초로 한 시계열적 연구longitudinal study에 따르면 사회적 돌봄서비스 증대가 여성고용률을 높였을 뿐만 아니라, 성별 임금격차를 감소시켜 여성의 지위를 향상시켰음을 보여 준다.(류연규, 2009; Meyers and Gornik, 2003) 또 돌봄서비스 분야의 일자리 질과 여성의 노동권은 서비스 전달 체계 구조에 따라 국가별 차이를 보여서 향후 정책적 노력에 따라 달라질 수 있다.(장지연, 2011) 국가나 공공 부문에 의해서 돌봄서비스 부문이 운영되는 국가가 민간이나 시장 부문에 의해 운영되는 국가보다 해당 서비스 부분의 상대적 임금수준이 높다는 점은 주목할 만하다. 공공 서비스 중심의 국가인 덴마크, 핀란드의 돌봄노동 부문 임금은 전체 노동자 평균임금 대비 92.8퍼센트, 83퍼센트에 이르고 있다. 이에 비해 시장화나 민간 서비스 전달 체계를 근간으로 하는 영국, 미국, 캐나다, 아일랜드의 돌봄 분야 임금수준은 평균임금 대비 40~50퍼센트에 불과하다.(그림1)

돌봄이 사회화되면서 많은 국가들에서 돌봄을 위한 사회서비

그림1. 돌봄노동자의 상대적 임금수준: 전체 노동자의 평균임금 대비

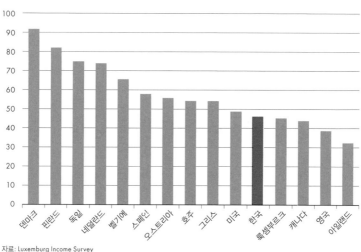

자료: Luxemburg Income Survey
출처: (장지연, 2011) 재인용

스 일자리가 생기고 여기에 많은 여성들이 진입하고 있다. 물론 돌봄을 어떻게 사회화하는가, 더 구체적으로는 돌봄의 공급 체계를 어떻게 구축하는가에 따라 그 안에서 일을 하는 여성의 일자리 질과 임금수준은 달라진다. 돌봄서비스를 시장 메커니즘과 민간 전달 체계를 중심으로 하면 돌봄서비스 일자리는 낮은 임금 수준으로 정착된다. 가족은 높은 수준의 아동 및 노인돌봄을 원하지만 비용은 낮기를 바랄 수밖에 없는데 비해, 시장은 기회비용을 통해 이윤을 창출하는 데 관심을 갖기 때문이다. 두 주체 간 각축은 결국 돌봄 관련 일자리 종사자들의 임금과 근로 수준을 낮춘다. 반면 공공 부문에서 돌봄 관련 일자리를 정책적으로 창출하고 관리할 경우, 돌봄서비스 일자리에 종사하는 근로자들의 근로조건은 향상될 수 있다. 국가는 돌봄의 질 관리를 위해 노동력 풀pool을 일정하게 조성하고 교육과 재교육 구조를 상시화하면서 좋은 일자리로 정착시킬 수 있다. 국가는 돌봄서비스 인력의 노동조건과 임금 기준에 대한 가이드라인을 제시함으로써, 시장에 의해 조성될 수 있는 돌봄서비스 비용의 무리한 상승을 막고 적절한 수준의 서비스를 제공할 수 있다. 돌봄과 관련된 서비스 분야의 좋은 일자리decent work는 고임금은 아니어도 고용안정과 적정 수준의 임금을 조건으로 할 수 있다. 실제 국가를 중심으로 정책적으로 돌봄서비스 구조를 만들어 낸 사민주의 국가들은 돌봄 관련 일자리를 좋은 일자리로 정착시킴으로써 사회계층 간 상생을 이루어 내고 있다.(Richter and Eriksen, 2003)

국내 돌봄 정책의 전개와 한계

돌봄의 탈가족화 정책

| 보육서비스 확대와 민간 의존 심화

한국사회도 2000년대 이후 저출산과 고령화에 대한 사회적 위기의식 속에서 돌봄 문제에 대한 정책적 관심을 키우기 시작했다. 2004년 제1차 육아 지원 정책, 2005년 제2차 육아 지원 정책, 2006년 제1차 중장기 보육 계획 '새싹플랜', 저출산고령사회위원회의 '새로마지 플랜', 2008년 8월 장기요양보험제도 등이 실시되었다.

국가는 아동보육과 관련된 예산을 늘리면서 돌봄에 대한 국가 역할을 증대했다. 보육 예산은 2000년에 국고 기준 1460억에 불과했으나 2005년 6000억, 2014년에는 5조 2738억 원으로 14년 사이에 약 36배가 증가했다. 초기 극빈층(〈국민기초생활 보장법〉 대상

표2. 만 5세 이하 아동의 보육시설 이용률 추이(1990~2012)

(단위: 명, %)

연도	1990	1995	2000	2005	2010	2012
보육시설 입소 아동 수(A)	48,000	293,747	686,000	989,390	1,259,340	1,487,361
만 5세 이하 아동수(B)	3,870,483	4,192,911	3,969,179	3,166,691	2,642,186	2,777,812
이용률(A/B)	1.2	7.0	17.3	31.2	47.7	53.5

자료: 보건복지부, 〈보육통계〉, 각 년도.

표3. 설립유형별 보육시설 수 추이(1990~2010)

(단위: 개소, %)

연도	국공립 시설	법인 시설	민간 시설			부모협동 시설	가정보육 시설	직장보육 시설	종계
			법인 외	개인	소계				
1990	360 (18.8)	-	-	-	39 (2.0)	-	1,500 (78.2)	20 (1.0)	1,919 (100)
1995	1,029 (11.3)	928 (10.2)	22 (0.2)	3,175 (35.0)	3,197 (35.2)	-	3,844 (42.3)	87 (1.0)	9,085 (100)
2000	1,295 (6.7)	2,010 (10.4)	324 (1.7)	8,970 (46.5)	9,294 (48.2)	-	6,473 (33.6)	204 (1.1)	19,276 (100)
2005	1,473 (5.2)	1,495 (5.3)	979 (3.5)	12,769 (45.0)	13,748 (48.5)	42 (0.1)	11,346 (40.0)	263 (0.9)	28,367 (100)
2010	2,034 (5.3)	1,468 (3.9)	888 (2.3)	13,789 (36.3)	14,677 (38.6)	74 (0.2)	19,367 (51.0)	401 (1.0)	38,021 (100)
2012	2,203 (5.2)	1,444 (3.4)	869 (2.0)	14,440 (34.0)	15,309 (36.0)	113 (0.3)	22,935 (53.9)	523 (1.2)	42,527 (100.0)

자료: 보건복지부, 〈보육통계〉, 각 년도.

자나 차상위 계층 포함)에 한정되던 보육비 지원은 만 5세 이하 아동에게 보육서비스료나 양육수당를 지급하는 형태로 지원되고 있다. 인적 자본 투자 관점에서 강조되는 보육료 지원은 참여 정부 이후 지속적으로 증가해 중앙정부 예산과 지방자치단체 예산을 합하면 OECD 국가 평균 수준을 상회한다. 보육시설을 이용하는 아동 비율도 1990년 1.2퍼센트에 불과했으나 2012년 12월말 기준으로 53.5퍼센트로 확대되었다.(표2)

　돌봄의 탈가족화 정책으로 사회적 분담이 늘어난 것은 분명하지만, 몇 가지 문제점도 나타난다. 돌봄에 대한 국가 예산 투입량이 증가하고는 있지만, 공공보육 체계의 확충은 없기 때문에 기존의 민간 중심 서비스 구조가 유지되고 있다. 〈표3〉에서 나타난

바와 같이 민간(개인, 법인 외)시설과 가정보육시설이 차지하는 비중이 전체의 약 90퍼센트(2012년 12월말 기준)를 넘어서고 있다. 저렴하면서도 질 높은 공보육시설 확대와 보육의 공공인프라 확충은, 보육의 질 확보를 위한 기본적인 조건이다. 정부가 재정 지원을 하더라도 보육의 최종 공급자에 따라서 서비스 비용이나 질이 달라지기 때문에, 공급과 전달 체계에 있어서 공공성은 재정지원 못지 않게 중요하다. 현재 보육 정책의 골격은 민간 의존 구조(민간보육시설, 가정보육시설 포함)를 탈피하지 않고, 민간 시설에 보육료를 지원하는 방식을 채택하고 있기 때문에 보육 비용 부담과 서비스 질의 문제가 근본적으로 개선되지 않고 있다. 2000년대 초반에 비해 보육시설은 양적 절대량은 증가했지만 국공립(18.8→5.2) 및 법인 보육시설(10.2→3.4)의 비율은 줄어들었다. 민간 중심의 시설, 특히 가정 보육시설의 증가는 서비스 질 관리의 장애 요인이 되고 있다.

| 노인 요양보험서비스 확대와 민간 의존 고착화

노인돌봄에 대한 정책에 있어서도 2008년 장기요양보험제도의 도입 이후 요양서비스 확대 추세가 뚜렷하다. 장기요양보험제도는 한국사회의 고령화 가속화에 대한 돌봄 정책적 개입으로서 의미가 있다. 장기요양보험제도가 도입되면서, 오랫동안 최저생계비 수준의 절대 빈곤층이나 저소득층 노인에게만 제공되던 공적부조 방식에서 벗어나, 노인돌봄에 대한 사회적 개입이 보편주의적 방식으로 전환될 수 있는 기초가 마련되었다. 노인 장기요양보험제도 도입 이후 노인돌봄서비스는 지속적으로 늘어나고 있다. 장기요양보험 수혜율은 2008년 7월 도입 시기에는 신청자 대비 인정자가 14

만 7000명(전체 노인 인구의 2.9%), 실제 이용자는 7만 명에 불과했으나, 2012년 6월에 인정자 비율은 약 33만 명(전체 노인 인구의 5.7%), 실제 이용자는 29만 명으로 실질적으로 증가했다. 장기요양 기관 시설 수도 2008년 5576개에서 2012년 2만 3537개로 급격히 증가했다. 재가기관은 4332개에서 1만 9346개로 4.5배, 입소 시설은 1244개에서 4181개로 3.4배 증가했다.(표4) 향후 노인을 위한 요양서비스 소득 기준이나 장애 등급 조정이 완화된다면, 요양서비스 이용률이 지속적으로 높아질 것으로 전망된다.

표4. 장기요양보험제도 수혜율 증가 추이

		'08.7월	'08.12월	'09.12월	'10.12월	'11.12월	'12.6월
수혜자 (만 명)	인정자(노인중 %)	14.7(2.9)	21.4(4.2)	28.7(5.4)	31.6(5.8)	32.4(5.7)	32.8(5.7)
	이용자(만 명)	7.0	14.8	22.9	28.1	28.8	29.0
시설 (개소)	재가기관	4,332	6,744	19,066	19,947	19,505	19,346
	입소시설	1,244	1,700	2,628	3,751	4,061	4,181

자료: 보건복지부, 〈노인장기요양계획〉.

　　노인돌봄을 위한 탈가족화 정책으로 요양서비스는 확대되고 있으나 여전히 노인 부문도 민간 의존도가 높다는 문제가 있다. 민간 의존도는 증가 속도에 있어서 민간 보육시설의 증가율보다도 높은 실정이다. 노인 장기요양 보호 기관 중 지방자치단체가 운영하는 비율은 2008년 보험제도 도입 이후 2.2퍼센트, 1.6퍼센트, 1.4퍼센트로 감소하고 있고, 법인이 운영하는 기관의 비율도 36.7퍼센트, 26.7퍼센트, 23.9퍼센트로 점차 감소하고 있다. 반대로 개인/민간 운영 기관은 58.4퍼센트, 69.6퍼센트, 74.5퍼센트로 급속도로 증가하고 있다. 노인 장기요양 부문에서 공립/법인 시설이 줄어들고 개인 시설이 증가하는 것은 보육 부문에서 지적된 것과 마찬가지로, 서비스 질 저하나 해당 부문 근로자의 노동조건 저하 등의 문제로 이어질 가능성이 높다. 법인의 참여도가 점점 낮아지는 이유는 시설을 안정적으로 운영할 만큼의 비용 산정이 되지 않기 때문이다. 영리를 추구하는 개인/민간 기관에서 적정한 비용 산정이 되지 않을 경우, 주로 서비스 질이나 근로자의 임금을 낮추는 방향으로 대처할 것을 고려한다면, 향후 대책이 필요하다.

돌봄의 가족화 정책

| 돌봄을 위한 휴가의 제도화와 유명무실한 제도 이용

아동이나 노인에 대한 돌봄을 가족 스스로가 할 수 있게 하는 휴가휴직 제도는 돌봄의 가족화 정책으로 의미가 있다. 산전산후휴가와 육아휴직 제도는 경제활동을 그만두지 않으면서도 임신, 출산, 양육 시기 동안 부모가 스스로 자녀를 돌볼 수 있는 시간과 소득을 보장해 준다는 점에서 의의가 있다. 근래에 들어 휴가휴직 제도를 일-가족 양립을 위한 중요한 정책으로 인식하면서 대상자를 확대하는 것은 물론, 소득대체율도 높여가고 있다. 산전산후휴가와 육아휴직 휴가의 고용보험 대상자 범위 확대, 육아휴직급여 수준 강화, 남성의 부성휴가(배우자 출산휴가)의 유급화, 육아휴직 기간의 확대, 단축근무 또는 분할사용과 같은 탄력적 육아휴직 시간 활용 등이 이루어지고 있다. 출산휴가의 이용률을 실질화하기 위해 고용보험에 의한 범위도 확대했다. 대기업이 아닌 우선 대상 기업은 90일 모두 고용보험에 의해 통상 임금 수준의 비용(정부지원금 최고 135만 원, 나머지는 기업 지불)이 지불되며, 대기업은 기업 60일, 고용보험 30일로 분담해 비용을 지불하고 있다. 95일 중 45일은 반드시 산후에 사용하게 해 임산부 건강을 보장하게 했다. 육아휴직은 이용 기간과 소득 보장을 강화했다. 육아휴직이 가능한 자녀 연령을 만 8세 또는 초등학교 2학년까지로 늘리고 필요에 따라 1년 이내의 육아휴직을 부모가 개별적으로 신청할 수 있게 했다. 휴직 방식도 육아휴직 6개월+단축 근무 12개월, 혹은 단축 근무 24개월, 혹은 육아휴직+(육아휴직 남은 개월×2)+12개월로 다양하게 이용할 수 있다. 소득대체율은 종전 50만 원에서 상향해 출산 전 임금의 40퍼센트(최저 50만 원에서 최대 100만 원까지)를 받을 수 있게 했다. 또 남성들의 육아휴직률을 높이기 위해 두 번째 육아휴직자의 첫 1개월 임금은 통상 임금의 100퍼센트(최대 150만 원)를 지급하는 방안까지 내놓고 있다.

이 같은 제도적 보완은 근로자가 부모로서 권리를 보장받을 수 있다는 데 의미가 있지만, 근본적인 문제는 해결되지 못하고 있다. 첫째, 휴가휴직 제도가 명목상으로는 존재하나 실질적 제도 이용은 미흡하다. 수차례 개정에도 불구하고, 휴가휴직 제도가 정규직 노동자에게만 제한된 기존의 한계도 그대로다. 대기업, 정규직에 한정된 육아휴직 제도로 인해 여성 인구의 대다수가 정책의 사각지대에 있다. 포괄 대상 범위에 대한 논의 없이 휴직기간 확대와 소득대체율을 높이는 방안은 상대적으로 안정된 근로자들만을 위한 반쪽짜리 제도가 될 수 있다. 〈표5〉를 보면 나타나듯이 출생아를 가진 부모들이 출산휴가나 육아휴직 제도를 실질적으로 사용하는 비율은 상당히 제한적이다. 출생아 수 대비 육아휴직 이용률은 연도별로 2006년 3.1퍼센트에서 2012년 13.2퍼센트로 분명하게 증가하는 추세다. 그러나 현실적 맥락에서는 아이를 출산한 부모 100명 중 13명만이 육아휴직 제도를 활용하고 있을 뿐이다.[2]

표5. 출산휴가/육아휴직 이용률 추이

구분	'06년	'07년	'08년	'09년	'10년	'11년	'12년
출산휴가(A)	48,972	58,368	68,526	70,560	75,745	90,290	93,394
육아휴직(B) [남성(명)/비율]	13,670 [230/1.68]	21,185 [310/1.46]	29,145 [355/1.21]	35,400 [502/1.41]	41,736 [819/1.96]	58,136 [1401/2.41]	64,084 [1,790/2.79]
출산휴가 대비 육아휴직 이용률(B/A)	27.9	36.3	42.5	50.2	55.1	64.4	68.6
출생아 수(C)	448,153	493,189	455,892	444,892	470,171	471,300	484,300
출생아 수 대비 육아휴직 이용률(B/C)	3.1	4.3	6.3	7.9	8.9	12.3	13.2

자료: 한국고용정보원, 〈고용보험통계연보〉, 각 년도.

둘째, 휴가휴직 제도가 법적으로 보장된 제도임에도 불구하고 정규직 노동자조차 제대로 사용하기 어려운 현실이다. 출산과 양육을 위한 시간 보장이 중요한 사회적 권리임에도 불구하고, 휴직 사용으로 인해 조직 헌신도가 떨어지는 사람으로 간주되거나 주변 사람들에게 업무상 피해를 미치는 것으로 인식되는 관행이 여전하다. 이로 인해 출산휴가 신청자 중에도 육아휴직을 제대로 이용하지 못하는 비율이 높다. 출산휴가 대비 육아휴직 이용률이 2006년 27.9퍼센트, 2008년 42.5퍼센트, 2010년 55.7퍼센트, 2012년 68.6퍼센트로 증가하고 있으나, 여전히 산전후 출산휴가가 끝난 사람 세 명 중 한 명은 육아휴직을 이용하지 못하고 있다.

셋째, 육아휴직 제도에 아버지 할당제와 같은 젠더적 설계를 고려하지 않음으로써 남성은 참여하지 않는 반쪽짜리 휴가로 굳어지고 있다. 육아휴직 이용자 중 남성은 2006년 230명(1.68%), 2007년 310명(1.46%), 2012년에 1790명(2.79%)로 늘어났으나 실질적 이용률에 있어서는 남성 참여가 매우 저조하다. 육아휴직은 법적으로는 부모 모두가 사용할 수 있는 것으로 명시되어 있으나 거의 대부분 여성에게 귀속된 제도처럼 굳어졌다. 이렇게 육아휴직제도가 남녀 모든 근로자가 공통으로 겪는 어려움에 대한 사회적 대응으로 정착되지 않고 여성 근로자만의 사안이 된다면, 휴직 제도가 여성의 노동시장 내 차별적 지위를 유지하는 기제가 될 가능성이 높다. 남성 참여를 현실화하기 위한 할당제 도입이 적극적으로 검토되어야 한다.

| 수당의 도입과 돌봄의 여성화

한국에서도 가정 내에서 아동이나 노인을 돌보는 경우에 수당과 같은 경제적 급부를 제공하는 것이 최근 제도화되었다. 2009년부터 보육시설을 이용하지 않고 가정에서 아동을 돌볼 경우 양육 수당을 지급하는 제도가 도입되었으며, 노인을 직접 돌보는 가족에 대한 보상 차원에서 '가족요양비'와 '가족요양사' 제도가 시행되고 있다.[3] 양육수당이나 요양수당(변형된 형태의 요양서비스 급여) 인정은 종래 무상으로 고령자를 수발해 온 가족에게 금전적인 보상을 하는 제도적인 장치로 이해된다.

한국은 수당 제도 자체가 도입되지 않았던 국가였으나, 최근 도입 이후 다른 국가에 비해 빠르게 확산되고 있다. 양육수당은 2009년부터 우선적으로 120퍼센트 이하 차상위계층 1세 이하 아동 11만 명에게 월 10만원을 지급하는 것으로 시작해 아동연령별, 소득분위별 대상자 층을 확대하고 있다. 2011년에는 12개월 미만 아동의 양육수당을 20만 원으로 증액했으며, 24개월 미만은 15만 원, 36개월 미만은 10만 원으로 조정했다. 양육수당 예산은 최근 빠르게 증가하고 있는데(2009년 324억, 2010년 657억, 2011년 898억, 2012년 10만 2646억), 2013년부터는 만 5세 이하 자녀를 가진 가족의 전 계층으로 확대되면서 증가하는 추세다. 노인돌봄제공자에 대한 가족요양사(급여 지급) 제도도 증가 폭이 가파르다.

그러나 보편적 아동수당이나 노인수당의 토대가 없는 가운데 돌봄 행위 자체에 대한 경제적 보상 방법으로 양육수당 또는 요양수당을 지급하는 방식은 사회적 위험을 최소화하기보다는 '돌봄의 여성화'와 '돌봄제공자의 빈곤화' 현상을 심화한다. 현재 우리나라에서도 양육수당은 물론 요양서비스 급여 수급의 거의 대부분을 여성이 받고 있으며, 급여 수준은 경제적 보상으로 보기 어려울 정도로 낮다. 양육수당은 가족 내 누군가가 아동을 돌볼 것이라 전제하는데, 대부분의 경우 어머니나 할머니가 그 역할을 맡고 있다. 가족요양사도 대다수가 여성이며(여성 90.4%, 남성 9.6%), 가족요양보호사는 1개월을 모두 일했을 때, 31만 원(1시간당 평균 7000원)을 받는 것으로 나타났다.(이윤경, 2010: 99)

탈성별화·탈계층화된 돌봄 정책을 위하여

2000년대 초반 세계 최저 출산율(1.02명), 고령 사회로의 전환 이후 한국사회도 돌봄 위기caring crisis의 현실을 직면하고 이를 해결하기 위한 정책과 재정투자를 하고 있다. 아동보육을 위한 예산은 2014년 2월 현재 약 5조 3000억 원을 상회하고 있으며, 재정 증가 폭은 다른 복지 예산을 훨씬 앞지르고 있을 뿐만 아니라 연도별 증가율도 가파르다. 육아휴직 제도도 아직 선진국 수준에는 미치지 못하지만 포괄대상자 범위 확대와 소득대체율 상향 조정을 이루었다. 2008년 장기요양보험제도 도입 후 노인돌봄 관련 예산도 급격히 증가했다. 그럼에도 한국사회 돌봄 정책은 여전히 재정 지원 증가에 따른 여성의 노동시장 참여 증가, 출산율 증가라는 선순환 구조를 만들어 내지 못하고 있다. 재정투자는 증가했지만 여전히 정책 효과는 나타나지 않는 딜레마의 기저에는 '일하는 여성＋돌보는 남성'을 포괄하는 성평등 젠더 관점이 빠져 있기 때문이다.

무엇보다도 '일하는 여성'을 강조하지 않고 '저출산', '고령화' 현상에 매몰되어 정책을 만들어 내는 것이 문제다. 출산은 단순히 여성이 아이를 낳는 문제를 넘어 선다. 아이를 키워 낼 만한 환경에 대한 자신감 회복과 사회적 지원에 대한 믿음이 전제되지 않는다면 누구든 결혼→출산→자녀 양육의 경로에 들어서기 어렵다. 여성이 일을 하면서 동시에 자녀를 양육할 수 있는 환경이 조성되었을 때 출산율이 높아진다는 사실은 이미 선진국에서 확인된 바 있다. 서구 선진국은 아동과 노인돌봄을 위한 서비스 부문 일자리를 창출할 때 공적 관리와 개입을 할 수 있는 전달체계를 구축했다. 전달체계는 다음과 같다. '돌봄서비스 분야의 노동자 권리 보장과 이를 통한 돌봄서비스의 질 확보→돌봄서비스 질에 대한 가족의 믿음과 서비스 비용의 적정화→사회서비스 일자리 수요 창출→사회서비스 부문 일자리 창출'의 흐름이다. 적절한 수준의 질과 비용이 보장된 돌봄서비스 확충을 통해, 여성의 노동시장 참여가 증진된다. 여성의 노동시장 내 일자리 수준과 질이 확보되고 가족의 서비스 이용이 최대화되면서, 일하면서도 가족을 돌볼 수 있는 선순환 구조가 만들어졌다. 일과 가족이 서로 대립되지 않는 환경이 만들어질 때 자녀출산과 노인돌봄은 선택될 수 있기 때문이다.

그런데 현재 국내의 돌봄 분야 일자리는 저임금, 불안정 고용 등 좋지 않은 일자리로서 고착되는 경향을 보인다. 아동, 노인, 장애인 관련 돌봄 분야의 근로자는 약 100만 원 전후의 낮은 임금을 받고 있으며, 사회보험제도의 보호는 받을 수 있지만 고용기간 한정으로 실업 시 적절한 보장이 되지 않는 불안정한 노동을 하고 있다. 아동돌봄의 경우도 노동자로서의 권리를 보장받지 못하는 경우가 허다하다. 특히 국가에 의해 운영되는 기관보다 민간이나 개인이 관리하는 경우에는 더 낮은 처우를 받고 있다.[4] 이에 따라 사회서비스 부문의 근로자들이 일을 하면서도 생활은 저소득층에 해당하는 근로빈곤층의 특징을 갖는다. 이로 인해 이들 근로자 가족의 생계유지에 어려움이 생겨나고, 종국에는 사회서비스 구매력 수준을 낮추고 시장의 활력을 저해한다. 따라서 돌봄서비스 부문은 시장에 전적으로 권한을 주기보다는 공공 부문에 의한 일정한 관리와 규제가 필요하다. 북유럽 국가들에서 적극적 노동시장과 돌봄 정책을 결합해 안정적 돌봄서비스 일자리를 대거 만들어 냄으로써 위축된 노동시장을 복원하고 일과 가족의 양립을 지원하면서 사회통합과 연대를 이루어 낸 점은 정책적 함의가 분명하다.

또한 돌봄의 여성 전담 탈피, 남성의 돌봄 참여는 돌봄의 사회화와 함께 반드시 이루어야 할 과제다. 국가와 시장을 통해 돌봄의 사회화가 이루어진다 하더라도 가족의 돌봄 역할이나 책임은 지속될 것이다. 그런데 가족 내 돌봄 책임이 여성 한 쪽의 부담이나 역할로 한정되는 성별화 경로는 한계가 분명하다. 미래 사회는 남녀가 함께 일하고, 함께 돌보는 사회로의 전환을 요구하고 있다. 여성이 노동시장 참여와 돌봄을 동시에 수행하는 것과 마찬가지로, 남성의 가족 내 돌봄 참여가 함께 이루어질 때 개인적 차원의 일−가족 양립과 사회의 지속가능성이 공고해질 수 있다. 탈성별화를 결합하지 않은 가족화 정책은 남자를 가족 돌봄으로부터 배제하고, 여성을 노동시장으로부터 배제하거나 차등화하는 구조적 한계가 분명하다. 남녀 모두 함께 일하고, 함께 돌보는 사회로의 전환이 이루어질 때 돌봄 정책은 성공적으로 정착할 수 있다. 남녀 모두 보편적 소득자−돌봄자 체제로의 전환이 요구되는 시점이다.

더 읽어보면 좋은 책

■ 윤홍식 · 송다영 · 김인숙, 《가족정책》, 공동체, 2011.

자유주의, 보수주의, 사회민주주의 국가군별로 상이한 가족정책적 대응이 어떤 결과를 가져왔는가를 개괄하고 한국사회에의 함의를 논의한 책이다. 이 책은 향후 한 사회의 지속가능성을 담보하는 데 성평등한 가족정책이 지렛대 역할을 할 것임을 설득력 있게 보여 준다.

■ 최희경, 《노인에 대한 사회적 돌봄과 돌봄서비스의 질 보장》, 집문당, 2009.

고령화가 급속도로 진행되고 있지만 아직 한국사회는 사회적 돌봄 방식에 대한 논의는 구체적이지 않다. 이 책은 노인돌봄의 사회적 책임과 분담을 강조하면서 돌봄서비스의 질 보장을 현실화할 수 있는 방안을 모색한다.

■ 김혜경 엮음, 《노인돌봄》, 양서원, 2011.

노인돌봄의 여러 측면을 관찰하고 다양하게 분석하는 책이다. 가족구성원 간 돌봄(며느리/딸, 부부 간 등)의 여러 층위를 세밀하게 보여줄 뿐만 아니라 공식/비공식 시장의 돌봄에서 발생하는 유사가족 관계 등에 대한 여성주의적 관점이 새롭다.

■ 낸시 폴브레, 윤자영 옮김, 《보이지 않는 가슴》, 또하나의문화, 2007.

전통적으로 비생산 노동으로 간주되던 돌봄노동에 대한 새로운 관점을 제시하고 인식의 패러다임 전환을 시도한 책이다. 자본주의는 애덤 스미스의 '보이지 않는 손Invisible Hand'이 아니라, 보이지 않는 가슴, 즉 돌봄에 의해 지속되고 있음을 설득력 있게 보여 준다.

&. 김태용 감독, 영화 〈가족의 탄생〉, 2006.

가족에 대한 새로운 시각을 제시하고 돌봄에 대한 새로운 관점을 제시한 영화다. 주어진 것으로 간주하는 가족을 새롭게 만들어 가고 그 속에서 돌봄 관계의 부담과 동시에 즐거움을 이중적으로 터치해 나가는 방식이 신선하다.

정책 ●● # 여성주의, 국가, 성평등

마경희

── 이 장은 성불평등 문제에 대한 국가의 공적 대응으로서 여성 정책의 정의와 속성, 그리고 한국 여성 정책의 변화 과정을 여성주의 관점에서 논의했다. 우선 여성 정책에 대한 몇 가지 오해를 다루면서 여성주의 관점에서 여성 정책이 대응하고자 하는 문제를 분명히 하고자 한다. 다음으로 유럽 여성주의 정책 연구자들의 논의를 활용해 여성주의 성평등 비전과 정책 논리를 정리하고, 다양한 정책 행위자들이 개입하는 현실 정치에서 성평등의 의미 변화 유형을 살펴본다. 마지막으로 1980년대 초반 이후 숨 가쁘게 달려온 한국 여성 정책의 변화 과정을 네 개의 시기로 구분해 각 시기별 주요 정책과 특징을 여성주의 관점에서 분석한다. 이러한 논의는 한편으로는 저출산·고령화 등 주류 국가정책 의제에 흡수되고 다른 한편으로는 보수 세력의 반격에 대응하면서 2000년대 초중반 이후 변화하는 여성 정책에 대한 여성주의적 성찰과 논쟁의 출발점이 될 수 있을 것이다.

여성 정책에 대한 몇 가지 오해

'여성 문제'다?

여성 정책에 대한 가장 보편적인 오해 또는 암묵적인 가정 중 하나는 여성 정책을 '여성 문제'를 해결하기 위한 정책으로 보는 것이다. 정치인 중 여성이 적은 이유는 정치에 대한 여성의 이해나 경험이 부족하기 때문이고, 여성이 남성보다 임금이 낮고 승진을 빨리 못하는 것은 직업의식이 낮기 때문이며, 이공계에 여학생이 적은 것은 여학생이 이공계 진학을 꺼려하기 때문이라는 것이다. 이러한 문제인식은 여성 정치인 양성교육, 여성 직업의식 교육, 여학생 진로교육 등 여성을 대상으로 하는 교육을 통해 '문제'를 해결하려는 정책들의 암묵적인 가정이기도 하다. 그러나 과연 여성이 '문제'인가? 여성을 변화하려는 교육을 통해 문제를 해결할 수 있을까? 각도를 달리해 정치에서 남성의 과다 대표over-representation, 자녀와 노인에 대한 돌봄 책임이 있는 노동자가 견디기 어려운 장시간 노동시간과 노동 관행, 남학생 위주의 커리큘럼이나 교수 학습법 등 여성이 처한 환경에 문제의식을 갖고 접근한다면 정책이 어떻게 달라질 수 있을까? 여성의 의식과 태도를 변화시키기보다 남성의 경험을 중심으로 구조화되어 여성의 진입을 가로막는 각종 장벽들을 제거하는 데 더 주력하게 되지 않을까?

그렇다면 여성 정책이 대응하고자 하는 문제는 무엇일까? 그것은 사회 부정의unjustice로서 성불평등 문제다. 성불평등 문제란 단순히 특수한 상황에서 개인으로서 여성 또는 남성에 대한 차별이나 배제를 의미하는 것이 아니라 사회적 역할과 지위, 자원의 불평등한 분배에서 비롯된 성별 권력관계의 문제다. 이렇게 본다면 여성 정책은 성별 권력관계의 원천이 되는, 사회적으로 가치있는 자원(경제적, 정치적, 사회·문화적)을 불평등하게 분배하는 사회구조, 제도, 규범, 관행 등을 개선하고자 하는 국가의 공적 대응으로 이해된다.

여성 정책을 '여성 문제'로 보는 또 다른 방식은 여성이 경험하는 직·간접적 차별과 불평등의 결과를 여성들만의 고유한 문제로 보는 시각이다. 이러한 입장에 따르면 여성 정책이 해결하고자 하는 '문제'는 남성들과 무관한 별개의 것으로 가정되기 쉽다. 그러나 직장에서의 차별, 성희롱, 성폭력, 가정폭력을 비롯해 여성이 경험하는 다양한 '문제'가 남성과의 관계 속에서 형성된다는 점을 고려한다면, 이를 여성들만의 문제로 보기는 어려울 것이다. 뿐만 아니라 모든 여성과 남성이 자신의 의지와 별개로 개인적이든 공식적이든, 미시적이든 거시적이든 서로 상호작용하는 관계에 있다는 점을 인식한다면, 여성들이 직면하는 문제를 '여성들만의 문제'로 볼 수는 없다. 주위의 가족, 친구, 동료인 여성이 성폭력 피해자가 되어 자신의 삶에 돌이킬 수 없는 상처를 줄 수도 있고, 사회전반에 팽배한 폭력에 대한 공포와 불안은 무고한 남성을 잠재적 가해자로 낙인찍는 결과를 가져올 수도 있기 때문이다.

'여성 우대' 정책이다?

여성 정책에 대한 또 다른 오해는 이러한 정책이 여성만 우대한다는 것이다. 여성의 공직 진출을 지원하기 위한 여성 공무원 채용목표제[1]나 기업에서의 고용 평등을 위한 적극적 고용 개선 조치, 국·공립대 여교수 채용목표제 등 적극적 조치affirmative action가 대표적인 예다. 적극적 조치는 능력이 없는 여성을 여성이라는 이유만으로 '우대'하는 조치로 이해되는 경향이 있다. 그래서 '유능한' 여성들은 이를 낙인으로 생각하고 스스로 거부하기도 하며, 남성들은 자격 미달인 여성을 '우대'함으로써 자신의 기회가 박탈되는 '역차별'을 당하고 있다고 반발하기도 한다. 한마디로 능력주의 원칙에 맞지 않고, 공정하지 않다는 것이다. 그러나 이는 적극적 조치 이면의 근본적인 가정을 이해하지 못한 결과다.

적극적 조치는 여성과 남성에게 사회의 규칙이 공정하지 않다는 가정하에 도입된 제도다.(Bacchi, 2004) 과거에 비해 여성에 대한 노골적인 차별은 감소되었다고 하더라도 기존의 조직 문화와 제도, 채용·승진 등과 같은 인사 관행 등이 여전히 여성에게 보이지 않는 장벽으로 작용하고 있는 것이 현실이다. 임신한 여성을 선뜻 채용할 기업이 있을까? 공식적 업무가 끝나면 칼퇴근하고 술자리나 회식 자리에 자주 빠지는, 어린 자녀를 둔 여직원이 입사 동기 남자 동료와 함께 승진할 수 있을까? 임신도 출산도 양육도 해본 적 없는 남성 면접관이나 상사들이 가진 "역시 이래서 여자는 안 돼", "개인주의적이야" 하는 식의 편견은 여성의 채용과 승진, 보직 배치에 아무런 영향도 미치지 않을까? 임신과 출산은 여성

고유의 능력이고, 시민의 권리이지만 기업 등 우리사회 전반의 공식적인 조직 문화와 규범은 이러한 경험을 하지 않는 남성을 기준으로 구조화되어 있다. 또한 이들에게 권력 자원이 집중되어 있기 때문에 이미 여성은 남성과 다른 조건하에 놓여 있는 것이다. 야근과 회식을 마다하지 않고, 아이는 부모님에게 맡기는 등 직장과 가족 영역에서 남성과 같은 조건으로 '무장'한 '독종'이 되지 않으면 끝까지 살아남기 어려운 것이 취업 여성 대부분이 처한 현실이다.

적극적 조치는 능력 없는 여성을 우대하고, 남성을 역차별하는 불공정한 제도가 아니라 여성을 차별하고 배제해 온 보이지 않지만 암묵적으로 통용되는 지배적 규칙을 문제시하는 것이다.(Bacchi, 2004) 동시에 여성의 진입을 통해 여성을 배제해 온 지배적 규칙을 변화시킬 수 있는 잠재력도 가진다. 여성의 비율이 현저히 낮아 남성중심적 제도와 문화, 관행이 지배하게 되면 이러한 기준에 부합할 수 없는 여성의 진입은 더욱 어려워지는 악순환이 반복될 것이다. 반면, 적극적 조치와 같은 제도적 장치를 통해 여성의 진입이 가능해지면 조직의 문화와 규칙은 여성의 경험을 통합하는 방식으로 변화될 수 있을 것이다.

이제 남성 정책이 필요하다?

2000년대 들어 법조계, 행정, 언론, 기업 등 그동안 남성들이 독점하던 영향력 있는 자리에 여성들이 진출하고 두각을 나타내면서, 이른바 '우먼 파워' 현상이 주목받고 있다. 초등학교에서도 여학생이 남학생을 제치고 일등과 학생 회장을 도맡고 있으며, 여학생의 대학 진학률은 이미 남학생을 넘어섰고, 사법시험을 비롯한 각종 국가고시에서 여성 합격자 비율은 매년 증가하고 있다. 이처럼 사회의 영향력 있는 자리로 진출해 능력을 발휘하는 여성들의 활약상은 우리사회에서 이제 여성이 진출하지 못할 영역은 없으며, 여성도 남성 못지않게 실력을 발휘할 수 있는 여건이 마련되었다는 주장에 이르게 한다. 여성의 지위가 남성과 동등해진 상황에서 여성을 지원하는 여성 정책은 남성에 대한 '역차별'이고, 성희롱이나 성폭력, 성매매 피해자 보호를 위한 각종 제도들이 남성을 억울한 피해자로 만들고 있으므로 이제는 남성 인권 보호를 위한 정책이 필요하다는 주장도 나온다. '파워 우먼', '알파 걸', '골드 미스' 등 불과 20~30년 전만 해도 상상하기 어려웠던 성공한 여성들을 보면 여성 정책이 더 이상 필요하지 않은 것처럼 비춰지기도 한다. 이른바 '잘 나가는 여성'의 증가 현상은 분명 과거에 비해 진일보한 여성의 지위를 보여 주는 지표가 될 수 있으며, 따라서 이러한 주장은 일견 타당해 보인다. 그러나 이러한 주장에는 다음과 같은 오류가 있다.

첫째, 영향력 있는 자리에 오른 사람의 성별이 '여성'이라는 점이 주목을 받고, 그것도 '첫 번째' 또는 '최초'라는 사실이 특별히 부각되는 현상은 여전히 여성의 지위가 남성과 동등한 수준에 이르지 못하고 있음을 역설적으로 보여 준다. 어려운 역경을 거쳐 성공한 CEO, 대기업 임원, 장관, 대법관 등 고위직에 오른 '최초의 남성' 스토리처럼 그의 성별이 '남성'이라는 것이 화젯거리가 된 적이 있는가? 남성이 차지하던 영역에 남성이 아닌 여성이 드물게 진출했기 때문에 주목받고, 화제가 되는 것이다.

둘째, 비교적 객관적이고 공정한 기준에 따라 실력을 평가하는 각종 시험에서 여성이 남성보다 우수한 평가를 받고 두각을 나타내는 것은 사실이지만, 시험의 문턱을 넘어서는 순간 여성들은 보이지 않는 차별의 벽을 마주하게 된다. 여성이라는 이유로 채용과 승진에서 노골적으로 차별하거나 배제하는 제도는 약화되었지만, 남성 위주의 조직 문화와 관행은 여전히 여성의 사회 활동을 가로막는 보이지 않는 장벽, 즉 '유리천장glass ceiling'으로 견고하게 남아 있다. 대기업 임원, 고위 경찰 간부의 자리에까지 오른 여성들이 한편으로는 가족과 자녀를 돌보면서 다른 한편으로는 남성 지배 조직과 문화 속에서 살아남기 위해 고군분투해 온 눈물겨운 이야기는 더 이상 여성 정책이 필요하지 않다는 주장을 무색하게 한다.

셋째, 영향력 있는 자리를 차지한 '잘 나가는 여성'의 수가 증가한 것은 사실이지만 이들은 전체 여성 중 일부, 즉 예외에 불과하다. 그러나 이들에게 시선이 집중되면서 마치 전체 여성의 지위가 상승한 것 같은 착시 효과가 나타나고 있다. 한 국가 내에서 여성과 남성의 지위 격차를 보여 주는 지표로 널리 인용되는 세계경제포럼World Economic Forum의 성 격차 지수Gender Gap Index, GGI[2]에서, 2013년 한국은 전체 136개국 중 111위로 하위권에 머물고 있다. 또한 2012년도 OECD의《성별 격차 줄이기: 한국편》보고서에 따르면, 2010년 기준 여성의 경제활동 참가율은 55퍼센트로 OECD 국가 평균인 65퍼센트보다 10퍼센트 포인트나 낮으며, 기업 관리직 가운데 여성 비율은 약 10퍼센트로 OECD 국가 평균의 3분의

1에 불과했다. 남녀 간 임금격차는 39퍼센트로 OECD 국가 중 가장 높았다.(OECD, 2012) 이러한 거시 성평등 지표는 눈에 띄는 소수 여성보다 보이지 않는 다수 여성의 삶을 보여 주는 것이며, 우리사회에서 여성의 전반적 지위가 여전히 남성에 비해 월등히 낮은 수준에 머물러 있다는 주장에 힘을 실어 준다. 예외이므로 더 주목받는다는 가장 단순한 사실은 화려한 무대 이면에서 유리천장을 뚫기 위해 고군분투하는 여성들의 삶과 새로운 현상 이면에 가려진 대다수 여성의 삶을 통해 확인할 수 있다. 그렇다면 "여성의 지위는 이만하면 충분하니 이제 남성을 위한 정책이 필요한 시대가 되었다"는 주장은 성급한 판단이므로 유보되어야 하지 않을까?

여성주의 성평등 비전과 의미 변화

여성주의 성평등 비전과 정책 논리

'성평등'은 여성주의가 추구하는 여성 정책의 목표이자 가치이지만 성평등 사회에 대한 비전과 전략, 이를 위한 정책적 접근과 강조점은 지속적으로 변화하면서 때로는 논쟁의 대상이 되어 왔다. 테레사 리스Teresa Rees를 비롯한 여러 여성 정책 연구자들(Rees, 2005: Verloo and Lombardo, 2007; Walby, 2005: Squires, 2005)은 유럽에서의 성평등에 대한 비전과 정책 접근의 변화 과정을 다음과 같이 세 단계로 구분한 바 있다. 같음으로서 평등 비전에 기초한 1970년대의 균등 처우equal treatment 접근, 차이의 인정으로서 평등 비전에 기초한 1980년대의 특별 처우special treatment 접근, 같음과 차이의 딜레마를 넘어 기존의 성불평등 구조 자체의 변혁transformation을 지향하는 비전 아래에 도입된 1990년대의 성 주류화gender mainstreaming 접근이 그것이다.

표1. 여성주의 세 가지 성평등 비전과 정책[3]

성평등 비전	같음sameness	차이difference의 인정	성불평등 구조의 변혁 transformation
전략	통합inclusion : 남성의 기준에서 출발	여성의 특수성 : 여성의 특수한 조건과 욕구에서 출발	젠더 관점gender perspective의 통합
정책 접근	균등 처우equal treatment	특별 처우special treatment	성 주류화gender mainstreaming
	공적영역에서의 동등한 법적, 제도적 권리와 기회보장	차별 집단으로서 여성의 위치와 '특수한' 욕구 고려	성평등을 위한 정책 개혁
정책 수단	법적, 제도적 평등 및 차별 제거 예) 〈남녀고용평등법〉, 호주제 폐지, 군가산점제 폐지 등	여성 특화 제도와 정책 예) 여성 직업훈련, 취업·창업 지원, 적극적 조치	성인지gender-sensitive 정책 예) 공무원 교육, 성인지 통계, 성인지적 정책 분석(성별영향평가, 성인지예산 제도)
한계	수선하기tinkering : 남녀 조건의 차이 간과	재단하기tailoring : 단기적, 부분적, 여성의 주변화	이론상 변혁의 잠재력이 있지만, 현실적으로는 기술 관료적 절차와 도구로 축소되는 경향
	※ 같음과 차이의 딜레마		

한국은 유럽의 선진 산업국가들과 달리 여성 정책이 뒤늦게 발전했기 때문에 이러한 시기 구분과 발전 단계를 그대로 적용할 수는 없다. 하지만 여성주의가 지향하는 성평등에 대한 비전과 정

책 논리는 정책을 통해 해결하고자 하는 문제가 무엇이며, 이를 위한 효과적인 접근과 정책 수단이 무엇인지에 대한 아이디어를 제공해 준다. 나아가 여성 정책 설계를 위한 쟁점을 명확하게 해주는 도구가 될 수 있다는 점에서 유용하다. 이 절에서는 세 가지 성평등 비전과 정책 논리를 논의하고자 한다.

우선 같음으로서 평등은 공적 영역에서 여성에 대한 노골적인 차별을 문제로 보고, 기존 질서로의 여성 통합inclusion을 평등을 위한 전략으로 본다. 이른바 주류 질서로 '끼워넣기'다. 따라서 공적 영역에서 남성과 동등한 법적·제도적 권리를 보장함으로써 평등을 성취하고자 하며 여성의 노동시장, 정치 참여를 제한하거나 차별하는 법적·제도적 차별을 제거하기 위한 '균등 처우' 접근에 기초한다. 남성에게 적용되는 원칙과 규범, 기준을 여성에게도 똑같이 적용해 성별과 무관하게 개인으로서 동등한 권리와 기회를 보장받을 수 있도록 하기 위한 것이다. 그러나 이러한 접근은 남성 중심의 제도와 질서, 가치에 직접적으로 도전하지 못할 뿐 아니라 남성과 다른 조건에 놓인 여성의 상황을 고려하지 못한 것이라는 비판을 받는다. 예를 들어 여성은 남성과 달리 임신·출산, 가사와 자녀 양육, 가족구성원에 대한 일차적 돌봄자carer로서의 역할을 더 많이 수행할 것으로 기대되고, 실제로 그러한 역할을 하고 있다. 그런데 여성의 이러한 사회적 조건을 고려하지 않고, 돌봄 책임에서 자유로운 남성과 같은 조건으로 하루 8시간 이상을 일하도록 하는 것은 슈퍼우먼이 되거나 직업을 포기할 것을 암묵적으로 강요하는 것과 다르지 않다.

이러한 한계를 극복하기 위해 등장한 것이 차이의 인정으로서 평등이다. 여성의 특수성을 고려하지 못하는 기존의 접근을 문제시하면서, 남성에 비해 불리한 조건에 있는 여성의 특수한 조건과 욕구를 인정하는 것이다. 따라서 특별히 여성을 대상으로 하는 '특별 처우special treatment' 접근을 취하게 된다. 여성의 노동시장 참여를 지원하기 위한 직업 교육이나 창업 지원 프로그램, 여학생 진로 지도 등이 그 사례다. 그러나 이러한 정책 접근 역시 한계가 있다. 즉, 정책 설계 시에 기존의 남성 경험 위주로 정책들이 설계된 점을 문제시하지 않기 때문에, 남성과 다른 여성의 욕구와 경험이 문제로 인식되고 주변화될 수밖에 없다. 더욱이 대부분의 국가들에서 이러한 범주의 정책들은 저예산이거나 단기적인 것으로 주변화되기 때문에 성불평등 문제 해결을 위한 파급 효과는 매우 제한적으로 나타났다.(Rees, 2005: 557~558)

성평등에 대한 서로 다른 비전을 배경으로 하는 균등 처우 접근과 특별 처우 접근은 '울스턴크래프트의 딜레마Wollstonecraft's dilemma' 혹은 '평등과 차이의 딜레마'라고 불리는 여성주의의 오랜 딜레마를 반영하는 것이다. '같음sameness' 혹은 '차이difference의 인정'으로 이해되는 성평등에 대한 비전은, 출발점은 다르다 할지라도 남성의 규범을 삶의 표준으로 인식한다는 동일한 전제를 가지고 있기 때문에 해결하기 어려운 딜레마에 빠지게 된다. 즉 '같음'으로서 평등은 출발점 자체가 남성의 경험에 적합하게 정의된 규범을 여성에게도 동등하게 적용할 것을 요구하는 것이며, '차이의 인정'으로서 평등은 '여성의 욕구'에서 출발한다고 할지라도 '남성과' 다른 차이를 의미하는 것이므로 여전히 '남성과' 같아질 수 없는 여성의 욕구는 주변화되기 쉽다.

같음과 차이의 딜레마에 대한 대안으로 등장한 것이 성불평등 구조의 변혁transformation을 지향하는 평등 비전이다. 같음에 기초한 '남성의 관점'도, 차이의 인정에 기초한 '여성의 관점'도 아닌 제3의 관점으로서 '젠더 관점'의 통합이 성평등에 대한 새로운 전략으로 인식된다. 젠더 관점은 여성과 남성의 차이를 인식하되 이를 불평등한 권력관계의 맥락에 위치시키는 것이다. 이제 평등은 법·제도상의 동등한 개인의 권리와 기회의 보장이나 남성과 다른 특수한 집단으로서 여성만의 '특별한 욕구' 충족을 넘어서 여성과 남성의 불평등한 관계를 가져오는 체계와 구조 자체의 변혁을 통해 성취될 수 있는 것으로 이해된다. 이를 위한 정책 접근이 바로 1995년 북경세계여성대회에서 공식적으로 도입되어 전 세계적으로 확산된 성 주류화다.

성 주류화•는 다양한 방식으로 정의되고 있지만, 성평등을 위한 정책 개혁으로 이해될 수 있다. 성차별적인 법·제도를 부분적으로 수선tinkering해 여성을 기존의 질서에 끼워 넣는 균등 처우 접근이나, 여성에게 맞는 특별한 제도와 정책을 새롭게 재단tailoring

---

• 성 주류화

북경행동강령(38조)은 성 주류화를 "정부와 공공 기관의 모든 정책과 프로그램에 젠더 관점을 통합하는 것"(UN, 1995)으로 정의했고, 1997년 유엔 경제사회이사회(ECOSO)의 정의에 따르면 "모든 정치, 경제, 사회적 영역의 정책과 프로그램의 디자인, 실행, 모니터와 평가에서 여성과 남성의 관심과 경험을 통합함으로써 여성과 남성이 동등하게 혜택받고 불평등이 조장되지 않도록 하기 위한 전략이며, 그 궁극적인 목적은 성평등을 이루는 것"(UN/DAW/ECLAC, 1998)이다. 유럽연합 국가들의 성 주류화 개념에 가장 많은 영향력을 행사하는 성 주류화 전문가 그룹의 보고서에서도 "정책 입안과 관련된 행위자들이 성평등 관점을 모든 정부 수준 및 모든 단계에서 모든 정책들에 통합할 수 있도록 정책 과정을 (재)조직화하고, 개선하고, 발전시키고, 평가하는 것(Council of Europe, 1998)"으로 정의하고 있다.

하는 특별 처우 접근과 달리 정책 과정과 정책 과정에 참여하는 일상적인 행위자들(공무원, 정치인 등)의 정책 관행 자체를 변혁하고자 하는 것이다.(Rees, 2005: 557~560) 그 이면의 가정은 성평등을 직접적인 목적으로 하지 않는 대부분 주류 일반 정책들이 성 중립적gender-neutral이기보다는 성불평등에 대한 가정을 암묵적으로 내재하고 있기 때문에 여성과 남성의 불평등한 관계를 유지·재생산하는 데 기여한다는 것이다.(마경희, 2007)

성 주류화는 여성을 대상으로 하는 특별한 정책specific policies과 대비되는 횡단적 접근cross-sectional approach을 특징으로 하며, 모든 공공 정책을 성평등 관점에서 평가하고 재조직화하기 위한 새로운 정책 도구를 필요로 한다. 공무원의 성평등에 대한 인식과 능력을 강화하기 위한 성인지 교육, 성불평등 현실을 가시화할 수 있는 성인지 통계gender statistics, 정책이나 예산이 기존의 성불평등에 미치는 효과를 평가해 개선하도록 하는 성별영향평가gender impact assessment와 성인지예산 제도gender budgeting 등이 그것이다. 성 주류화 접근에서는 여성 정책 전담 기구의 역할과 위상도 변화한다. 모든 정부 기구와 정책 과정, 행위자들이 성불평등 문제에 대해 관심과 책임을 가지도록 하는 것이므로 이제 여성 정책 전담 기구는 새롭게 도입된 정책 수단을 활용해 모든 정부 부처의 몰성적gender blind 정책에 개입하고, 성불평등 요소들을 발견해 '성인지적gender sensitive'으로 개선해 나가도록 하는 책임을 갖게 된다.

성 주류화의 잠재력과 실제

성 주류화는 여성 정책의 역사상 가장 최근에 등장한 접근으로 이론상 성불평등 구조를 변화시킬 수 있는 변혁의 잠재력을 가진 것으로 평가되어 왔다.(Rees, 2005; Verloo, 2005) 또한 새로운 정책 도구의 시행을 통해 국가 기구 내에서 낮은 위상을 차지하면서 주변화되었던 여성 정책 전담 기구의 역할과 책임을 강화함으로써 성평등에 대한 정치적 영향력 또한 증가할 것으로 기대되었다. 그러나 실제 정책 현장에서 성 주류화의 시행 과정에 대한 현재까지의 평가는 그리 낙관적이지 않다.(Eveline and Bacchi, 2005; Lombardo and Meier, 2006; Roggeband and Verloo, 2006; Squires, 2007: 38~51; Meier and Celis, 2011; Kantola and Squires, 2012)

　'성 주류화'의 시행 과정에서 제기되는 문제는 크게 세 가지로 정리된다. 첫째, 새로운 정책 도구 적용에 대한 공무원들의 저항과 기술 관료화의 문제다. 네덜란드 성별영향평가 시행 과정을 미시 정치의 관점에서 평가한 코니 로게벤드Conny Roggeband와 미커 벌루Mieke Verloo에 따르면, 공무원들은 성별영향평가를 새롭게 추가된 번거롭고 귀찮은 일로 생각하는 경향을 보인다. 공무원들은 간결하고 적용하기 쉬운 도구를 원하며, 이러한 공무원들을 설득하는 과정에서 성 주류화 접근에 기초한 평등 비전과 평등에 대한 정책 접근을 위한 철학적 기반은 쉽게 간과된다. 또한 성별영향평가나 성인지적 예산 분석을 위한 도구들은 기술적 도구나 절차와 동일시된다.(Roggeband and Verloo, 2006)

　둘째, 성 주류화를 위한 인적·조직적·재정적 자원의 부족 문제다. 조이스 오슌Joyce Outshroon과 조안나 칸톨라Johanna Kantola에 따르면, 성 주류화는 남성 정치인들의 상징적 지원에 그치는 경향이 있었으며, 실제 정치적 영향력을 가진 고위직의 관심과 의지는 저조했다.(Outshroon and Kantola, 2007: 277~278) 성 주류화를 효과적으로 시행하기 위해서는 정부의 모든 부처에서 성평등 목표를 설정하고 이를 위한 새로운 정책과 인적·재정적·조직적 자원을 배분해야 한다. 고위직의 정치적 지원 없이는 가능하지 않은 일이다.

셋째, 성 주류화가 전 세계적으로 확산되는 신자유주의 담론에 통합되면서 발생하는 문제다. 성 주류화는 작고 효율적인 정부를 표방하는 정부하에서 여성 정책 전담 기구를 없애기 위한 근거로 활용되고 있으며 실제 오스트리아, 독일, 네덜란드 등에서는 우파 정부가 집권한 시기에 여성 정책 담당 기구가 폐지되기도 했다.(Outshroon and Kantola, 2007: 277~278) 캐럴 바키Carole Bacchi와 조앤 에벨린Joan Eveline은 지배적인 성 주류화 모델이 신공공관리론New Public Management에 기초한 자기관리 모델self-managed model과 정합성을 가지고 있음을 비판한 바 있다.(Bacchi and Eveline, 2003: 103~104) 같은 맥락에서 칸톨라와 주디스 스콰이어Judith Squires는 성별영향평가, 성인지 통계 등의 도구들을 신자유주의 정책 담론이 강조하는, 증거에 기반을 둔 정책evidence-based policy의 대표적인 예로 들면서, 여성단체가 젠더 전문가에 의한 증거 생산 조직으로 변화하면서 정치적 속성을 상실하고 있다고 우려한다.(Kantola and Squires, 2012: 388)

정치적 개념으로서 성평등

성평등에 대한 여성주의 비전과 정책 접근은 그 자체로 이론적 쟁점을 내포하지만, 여성 정책이 형성되고 시행되는 주류 정치의 장에서는 여성주의의 의도와 다른 용어로 표현되기도 하고 때로는 의도하지 않았던 결과를 산출하면서 새로운 차원의 논쟁을 제기한다.

벌루와 롬바르도 에마뉘엘라Lombardo Emanuela가 지적했듯이 성평등 개념은 다양한 비전과 논쟁을 포함하는 비어 있는 기표 empty signifier이며, 여성 정책은 이질적인 정책 주체들이 참여하는 정치 과정을 통해 형성되는 논쟁의 결과물(Verloo and Lombardo, 2007: 22)이기 때문이다. 주류 정치에는 여성주의자뿐 아니라 정치가와 정부 관료 등 다양한 정책 주체들이 개입하며, 이들 주체들이 어떠한 정치적 맥락에서 어떠한 방식으로 의미화하고, 어느 정도 영향력을 행사하느냐에 따라 성평등은 다양한 모습을 드러낸다. 롬바르도 등은 정책 담론에서 성평등이 의미화되는 방식을 다음과 같이 네 가지로 구분한 바 있다.(Lombardo, Meier and Verloo, 2009) 이는 현실 정치의 맥락에서 성평등이 논의되는 방식을 여성주의 관점에서 비판적으로 성찰할 수 있도록 해 준다.

첫째, 성평등의 개념이 단순하고 특정한 의미로 고정fixing되는 것이다. 이는 특정한 정책 영역에서 제안된 성평등의 의미가 논쟁의 대상이 되지 않을 만큼 확고한 위상을 가지게 되는 것이다. 유럽에서 여성의 정치적 대표성 확보가 중요한 성평등 의제가 되고 이를 위한 실질적 조치들이 취해져 왔던 것이 그 예다. 법률과 정부의 공식 문서에서 여성의 대표성 확보 문제가 중요한 안건으로 다루어졌는데 이는 여성의 의회 진출을 위한 유리한 정치적 기회 구조를 창출하는 효과를 가져왔다. 우리의 경우도 여성계의 요구에 따라 정당은 국회의원과 지방의회 의원 선거의 비례대표 후보 중 여성을 의무적으로 50퍼센트 이상 추천하도록 하는 여성공천 할당제 규정을 법률로서 명시하고 있다. 이는 성평등의 의미가 정치적 과정을 통해 고정된 사례로 볼 수 있다.[4] 그 결과 제도 도입 이전에 2~3퍼센트에 불과하던 여성 의원의 비율은 제도 도입 이후 국회의원 15.7퍼센트(2012년 19대 국회), 지방의회 의원 20.3퍼센트(2010년 5대 지방선거)로 크게 증가했다. 성평등 의미의 고정은 성평등이 의미하는 바에 대한 객관적 지표를 분명하게 함으로써 제도나 정책을 적극적으로 추진할 수 있는 기회가 되기도 하지만, 성평등을 특수하고 부분적인 지표로 제한하면서 성평등에 내포된 복잡하고 포괄적인 의미에 대한 성찰을 제한할 위험도 있다. 예를 들어 의회 내 생물학적 여성의 비율, 즉 기술적 대표성descriptive representation에만 집중하면서, 해당 의원들의 활동이 과연 그들이 대표하고자 하는 여성의 정책 요구를 실질적으로 반영하는지가 문제될 수 있다. 이른바 실질적 대표성substantive representation에 대해서는 관심을 기울이지 않게 될 우려가 생기는 것이다.(Lombardo, Meier and Verloo, 2009: 3~4)

둘째, 현실 정치의 장에서 성평등 개념은 특정 정책 영역이나 이슈에 대한 특정한 해석으로 제한되기도 하는데, 이를 의미의 축소shrinking라고 한다. 롬바르도 등은 노동시장 진입 시 성차별을 제거하고 여성이 남성과 동등하게 경제활동에 참여하게 된다면 성평등이 이루어질 것이라는 가정에서 나온 정책을 예로 든다. 성평등에 대한 이러한 이해는 보육이나 일-가족 양립 정책 등 여성의 노동시장 참여를 증진하기 위한 영역에 자원을 집중하도록 하고, 이 영역에서의 문제에 대한 직접적인 해법을 제공해 줄 수는 있지만, 여성에 대한 폭력이나 건강 지위의 젠더 격차 등 노동시장 문제 이외의 다른 성불평등 영역을 정책의 사각지대에 남겨 두거나 여성 정책의 범위를 협소하게 만드는 결과를 가져올 수 있다.(Lombardo and Meier and Verloo, 2009: 4)

셋째, 젠더를 축으로 한 평등을 넘어서 사회불평등의 다양한 축으로 평등의 의미가 확대되는 확장stretching이다. 일반적으로 성평등에 대한 정의는 여성에 대한 차별의 철폐라는 '반차별anti-discrimination 개념에서 시작되는데, 정책이 발전하면서 결과에서의 평등과 같은 실질적 평등으로 확대되기도 하고, 이를 위해 여성과 남성이 놓인 다른 사회적 조건을 고려하기도 한다. 앞의 절에서 논의한 바와 같이 여성 정책이 균등 처우 접근에서 특별 처우 접근으로, 그리고 성 주류화 접근으로 변화되어 왔던 과정도 확장의 예다. 다른 의미에서의 확장은 성평등 개념이 젠더를 축으로 하는 불평등을 넘어서 계층, 장애, 연령, 학력, 인종 등 다양한 차원의 사회 불평등과의 상호작용 효과를 인식하는 과정에서 나타나기도 한다.(Lombardo and Meier and Verloo, 2009: 5) 성평등 의미의 확장은 여성의 이해interests가 사실상 단일하지 않으며, 다양한 차원의 사회 불평등 기제와의 상호작용으로 분절되고 때로는 대립할 수 있다는 것을 고려할 때, 향후 여성 정책이 심도 깊게 고민해야 하는 이슈다. 이제 여성 정책은 단순히 성별만을 축으로 하는 불평등 문제에만 주목할 수 없으며, 다양한 불평등이 교차해 생산하는 불평등을 고려하면서 정책의 경계를 재설정해 나가야 한다.

넷째, 성평등이라는 목적 이외의 다른 목적을 달성하기 위한 수단으로의 왜곡bending이다. 왜곡은 앞에서 논의한 성평등의 세 가지 의미 변화와는 전혀 다른 속성을 가진다. 이전의 세 가지 성평등의 의미화가 성평등이라는 목표를 유지하는 가운데 정책의 의미와 범위를 제한하거나 다른 불평등으로 확장하는 효과를 가져 오는 것이었다면, 왜곡은 성평등이 다른 정책 목표의 우선순위에서 밀려 부차적인 위치를 차지하게 되는 것이다. 고정과 축소에서 성평등은 정책의 목표로서 위치를 유지하는 것이며, 확장에서 성평등은 다양한 정책 목표 중 하나가 된다. 그러나 왜곡에서 성평등은 사회적으로 긴박한 것으로 인식되는 다른 목표를 달성하기 위한 수단으로 그 위상이 격하된다.(Lombardo and Meier and Verloo, 2009: 5~6) 마리아 스트레티가키Maria Stratigaki(2004)와 블라스타 잘루식Vlasta Jaluši(2009)의 분석에 따르면, 유럽연합EU의 가족 정책은 1990년대 초반 가족 내 성별 분업의 해소라는 성평등 목표와 관련된 것이었지만, 유럽고용전략European Employment Strategies에 통합되면서 시장의 경쟁력 강화와 고용 창출을 위한 일-가족 양립 정책으로 초점이 변화되었다. 즉, 가족 정책의 목표가 성평등에서 시장지향적 목표로 대체된 것이다. 가족 내에서의 성별 분업을 변화하고자 했던 기존의 성평등 목표는 탈성별화되고 인구학적 문제와 경제적 생산성 증가를 위한 수단으로 왜곡된 것이다.

여성 정책을 도입하는 정치가들이나 정책 입안자들은 말할 것도 없고 여성주의자들도 성평등 의미의 왜곡에 동조하는 이유는 무엇일까? 롬바르도 등은 이를 주류 정책 담론과의 협상 과정에서 나타난 전략적 프레이밍strategical framing의 결과라고 본다. 즉 지배적인 정책 담론에서 보다 설득력을 갖고 쉽게 받아들여질 수 있도록 함으로써 성평등을 더 쉽게 통합하고자 하는 것이다.(Lombardo and Meier and Verloo, 2009: 6) 주류 정책 목표에 성평등의 목표를 종속시키는 이러한 과정은, 성평등에 대한 정치적 합의의 기반이 취약한 정책 환경에서 이에 대한 저항이나 반격을 완화하기 위해 나타난다.

한국 여성 정책의 변화와 현주소

한국 여성 정책의 전개 과정

1980년대 초반부터 최근까지 주요 법·제도와 정책 의제의 변화를 기준으로 한국 여성 정책의 전개 과정을 살펴보면 크게 네 개의 시기[5]로 구분할 수 있다. 첫 번째 시기는 여성 정책이 잔여적 복지 정책으로부터 분화되기 시작한 1980년대 초반부터 1980년대 후반까지의 형식적 분화기, 두 번째 시기는 고용상의 성차별 금지를 비롯해 여성의 경제활동 참여를 지원하기 위한 각종 법률과 제도가 대량으로 도입되는 1980년대 후반부터 1990년대 중후반까지의 형성기, 세 번째 시기는 성 주류화 접근을 비롯해 가족, 가정폭력·성매매 등으로 여성 정책의 범위가 확장되는 1990년대 후반부터 2000년대 중반까지의 외연 확장기, 그리고 마지막으로 저출산·고령화 등을 배경으로 하는 위기 담론과 여성 정책에 대한 반격backlash에 대응해 주류 정치와 협상하면서 성평등의 의미 변화를 경험하게 되는 2000년대 후반부터 현재까지의 타협기이다.

표2. 한국 여성 정책의 변화와 전개 과정

시기구분	여성 정책 기구 및 법·제도	주요 정책 방향 및 의제
I. 형식적 분화기 (1980년대 초반~ 1980년대 후반)	· 유엔여성차별철폐협약 비준(1984) · (국무총리실)여성정책심의위원회 설치(1983) · 한국여성개발원 설립(1983) · 여성발전기본계획(1985) · 남녀차별개선지침(1985) · 경제사회발전 5개년 계획에 여성발전이 독립된 부문으로 포함(1987)	· 국가 발전에의 여성 참여 확대 · 여성 인력 활용 · 여성 능력 개발 · 건강한 가정 설계

II. 형성기
(1980년대 후반~
1990년대 중후반)
	· 정무 제2장관실(1988-1997)
	· 〈여성발전기본법〉(1995)
	· 세계화추진위원회, 여성 정책 10대 과제 발표(1995)
	· 〈남녀고용평등법〉(1987)
	· 〈모자복지법〉(1989)
	· 〈영유아보육법〉(1991)
	· 보육사업 확충 3개년 계획(1995-1997)
	· 〈가족법〉 개정(1990)
	· 〈성폭력범죄의 처벌 및 피해자보호 등에 관한 법률〉
	  (1994)
	· 정부 내 각종 위원회 여성위원 참여 확대 결정(1989)
	· 공무원 임용시험령 개정(1989)
	  (성별 구분 모집 제도 폐지)
		· 여성의 사회 참여를 제약하는
		  차별적 요인의 제거와 자녀 양육
		  지원
		· 노동시장, 공직 진출에서의 성차별
		  금지
		· 보육 등 여성 사회활동 참여 지원
		· 여성의 공직 참여 확대

시기구분	여성 정책 기구 및 법·제도	주요 정책 방향 및 의제

III. 외연 확장기
(1990년대 후반
~2000년대 중반)
	· 대통령 직속 여성특별위원회(1998-2000)
	· 여성부(2001) → 여성가족부(2005)
	· 제1차 여성정책기본계획(1998-2002) 시작
	· 〈남녀차별 금지 및 구제에 관한 법률〉(1999)
	· 〈가정폭력방지 및 피해자 보호 등에 관한 법률〉
	  (1998), 〈가정폭력범죄의 처벌 등에 관한 특례법〉
	  (1997)
	· 〈성매매방지 및 피해자보호 등에 관한 법률〉, 〈성매매
	  알선 등 행위의 처벌에 관한 법률〉(2004)
	· 여성공천할당제 도입(2000)(정당법 개정)
	· 여성공무원 채용목표제(1996-2002)
	· 〈여성기업지원에 관한 법률〉(1999)
	· 〈여성농어업인 육성법〉(2002)
	· 〈여성과학기술인 육성 및 지원에 관한 법률〉(2002)
	· 여교수임용목표제(2003)(〈교육공무원법〉 개정)
	· 군가산점제 폐지(1999)
	  (〈제대군인지원에 관한 법률〉 위헌 판결)
	· 호주제 폐지(2005)(민법 개정)
	· 〈건강가정기본법〉(2004)
	· 보육예산 대폭 확대(2004)
	· 〈근로기준법〉 등 모성보호 3법 개정(2001)
	· 성인지 통계, 성별영향평가 근거 규정 마련(2002)(〈여
	  성발전기본법〉 개정)
	· 양성평등채용목표제(2003-2007)
	· 〈모·부자복지법〉(2002)
		· 가정폭력, 성매매 등 여성에 대
		  한 폭력
		· 여성의 정치·공직 대표성 확대
		· 여성기업인, 농어업인, 과학기
		  술인, 여교수, 여대생 등 지원
		· 군가산점제·호주제 폐지와 역차
		  별 논쟁
		· 가족 정책 도입
		· 보육 예산 확대
		· 산전산후휴가, 육아휴직 등 임
		  신·출산·육아 관련 제도의 확대
		· 성 주류화의 도입

IV. 타협기
(2000년대 중반~
현재)
	· 남녀차별개선위원회 폐지(2005)
	· 여성부(2008) → 여성가족부(2010)
	· 새싹플랜(2006-2010)
	· 저출산고령사회위원회, 새로마지 플랜(2010)
	· 〈남녀고용평등과 일·가정 양립 지원에 관한 법률〉
	  (2008)
	· 〈가족친화 사회환경의 조성 촉진에 관한 법률〉(2007)
	· 〈아이돌봄 지원법〉(2012)
	· 국민연금 출산크레딧 제도(2007)
	· 적극적 고용개선 조치(2006)
	· 〈경력단절여성 등의 경제활동 촉진법〉(2008)
	· 중앙정부 성인지예산 근거 조항 마련(2006)
	  〈국가재정법〉 및 성인지예산 제도 시행(2009)
	· 지방정부 성인지예산 근거 조항 마련(2009)
	  〈지방재정법〉 및 성인지예산 제도 시행(2011)
	· 〈성별영향분석평가법〉(2011)
		· 일-가족 양립 정책의 정교화
		· 가족 친화 사회 환경 조성
		· 경력 단절 여성 경제활동 참여
		· 성 주류화 도구 적용의 활성화

시기별 여성 정책의 성격 변화

| 형식적 분화기(1980년대 초반~1980년대 후반)

한국에서 여성 정책은 1980년대 초반에 와서야 독자적인 국가정책의 한 영역으로 분화되었다. 이전 시기의 '부녀복지', '부녀행정' 대신 '여성복지' 또는 '여성 정책'이라는 용어를 공식적으로 사용하면서 성차별 문제에 관심을 기울이기 시작한 것이다. 1983년 국무총리 산하 여성정책심의위원회[6]와 한국여성개발원 등 정책 기구의 설립은 여성 정책 추진을 위한 출발점이었다. 기구 설립 이후 여성 정책의 방향과 내용을 포괄하는 최초의 계획이라 할 수 있는 여성발전기본계획이 수립되었고, 이 내용은 여성발전심의위원회에서 의결된 후 6차 경제사회발전 5개년 계획(1987~1991), 7차 경제사회발전 5개년 계획(1992~1996) 등 장기적 국가 발전 계획의 여성개발 부문에 반영되기도 했다. 또한 고용·교육·보건·가정 등 4개 분야에서의 성차별 실태와 개선 방안을 제시한 남녀차별개선지침을 마련해 행정기관에서 활용하도록 했다.(양애경 외, 2012: 74)

이 시기에 마련된 다양한 계획들은 여성 정책에 대한 청사진을 담고 있는데, 그 일차적 관심은 '국가발전에의 여성 참여 확대', '여성 인력 활용', '여성 능력 개발', '건강한 가정 설계' 등으로 압축된다. 한편으로는 여성 인력을 적극적으로 개발·활용해 사회 발전 과정에서의 참여를 유도하고, 다른 한편으로는 기존의 전통적 여성의 역할에 대한 지원을 통해 "건강한 가정생활"을 유지하도록 한다는 것이다. 여성에 대한 차별과 성불평등이 문제라는 인식은 있었지만, 이에 대한 정책적 접근의 필요는 여성 자원의 활용을 통한 경제사회 발전에 있었다. 이는 후발 산업국가의 경제 발전 과정 또는 1960~70년대 저개발국에 대한 선진국의 경제개발원조 과정에서 지배적이었던 WID 접근•을 반영한 것이다.

여성정책심의위원회는 성불평등 문제에 대한 부처 간 업무 협의를 위해 마련한 국내 최초의 공식 기구였고, 이후 여성 정책 형성에 중요한 밑거름이 되는 주요 정책 계획들이 이를 통해 최종 확정되었다는 점에서 의의가 있지만, 실질적인 기능을 수행하는 데는 한계가 있었다. 여성정책심의위원회는 1983년 설치된 이후 1985년까지 네 차례 개최되었을 뿐이며, 이 후 1988년 노태우 정부 출범까지 단 한 차례도 개최되지 않았는데, 이는 이 기구의 실질적 기능이 유엔여성차별철폐협약의 가입[7] 및 1985년 나이로비 세계여성회의 참가를 위한 제반 준비에 있었다는 것을 보여 준다. 여성발전기본계획과 남녀차별개선지침 등 일련의 정책들도 나이로비 세계여성대회 참석을 위한 절차였고, 이러한 목적이 달성된 이후 기구의 기능이 사실상 유명무실화된 것이다.(원시연, 2012: 241~246)

| 형성기(1980년대 후반~1990년대 중후반)

형성기는 여성 정책 관련 주요 법률과 제도가 도입되면서 정책의

• WID 접근

WIDWomen in Development 접근은 1960~1970년대 국제 원조 기구의 제3세계 여성 발전에 대한 접근 방식이다. 이 접근은 여성을 복지 프로그램의 수동적 수혜자가 아닌 경제개발의 적극적 기여자로, 발전 과정에서 과소평가된 경제적 자원으로 인식하면서 개발 과정에서의 참여를 통해 성평등 목표를 달성하고자 한다.

기본 골격이 갖추어지기 시작한 시기이다. 정부는 1987년 민주화 운동 과정에서 성장한 진보적 여성운동의 요구에 따라 〈남녀고용 평등법〉(1987), 〈모자복지법〉(1989), 〈영유아보육법〉(1991), 〈성폭력 범죄의 처벌 및 피해자보호 등에 관한 법률〉(1994) 등 고용상 성차별, 보육, 성폭력 문제에 대응하기 위한 법적 근거를 마련했다. 더불어 정부 내 각종위원회에 여성위원 참여 확대 결정(1989), 중앙 및 지방공무원 임용시험령 개정을 통한 성별 구분 모집 제도 폐지 (1989, 1991) 등 공직에서의 여성대표성 확보를 위한 제도들도 도입되었다. 1995년에는 세계화추진위원회[8]의 여성 사회 참여 확대 10 대 과제[9]와 그 후속조치로서 여성 정책의 정의와 목표, 내용 등을 포괄적으로 규정한 〈여성발전기본법〉이 제정되는 등 국가정책 내에서 여성 정책의 위상이 강화되고, 여성 정책을 추진할 수 있는 제도적 기반이 공고해졌다.

이 시기 각종 여성 관련 법률과 제도를 도입하고, 해당 부처에서 추진할 수 있도록 정책을 기획·조정하는 역할은 정무제2장관실에서 담당했다. 정무제2장관실은 국무총리실 산하의 참모 기구로서 1990년 훈령의 개정을 계기로 범부처 여성 정책 조정 업무를 전담했다. 오늘날 여성가족부처럼 여성 취업, 가족 지원, 성폭력·가정폭력 피해자 지원 등 집행 기능을 가진 기구가 아니었기 때문에 실질적 영향력을 행사하는 데 한계를 가진 '상징적' 기구였다는 한계는 있다. 하지만 부처 간 업무 조정과 협의의 기능을 부여받은 행정 기구였다는 점에 의의가 있다.(원시연, 2012: 233~237; 양애경 외, 2012: 106~107)

이 시기에 대량으로 도입된 법률과 제도는 공적 영역에서 차별적 요소의 제거라는 균등 처우 접근과 여성의 가족 내 역할 지원이라는 특별 처우 접근이 공존하고 있는데, 이들은 모두 여성의 사회 참여를 지원하기 위한 것이었다. 성불평등 문제는 여성이 주류 사회에 참여하지 못하면서 발생하는 것이라는 인식이 지배적인 가운데 〈남녀고용평등법〉의 제정이나 공무원임용시험령 개정 등을 통해 여성의 노동시장 및 공직 진출을 어렵게 하는 차별적 요소를 제거하는 한편 〈영유아보육법〉, 〈모자복지법〉 등을 통해 임신·출산·양육 등 자녀 양육을 위한 공적 지원을 위한 정책들을 마련했던 것이다.

이러한 조치들은 당시로서는 획기적인 조치였지만, 자녀 양육이 여성의 일차적 역할이라는 가정을 전제로 한 것이었다. 예를 들어 〈남녀고용평등법〉의 육아휴직 급여는 제정 당시부터 1995년 개정될 때까지는 생후 1년 미만의 영아를 가진 '근로여성'만 이용할 수 있었고 개정으로 남성도 사용할 수 있게 되었으나 '근로여성 또는 그를 대신한 배우자'로 정의돼 육아를 여성의 일차적 역할로 전제한 것이었다. 이러한 적용 대상의 정의는 2001년에 와서야 '근로자'로 변화된다. 그러나 〈영유아보육법〉에 기초한 직장 보육시설 설치 사업장 기준은 일정 규모 이상 사업체를 대상으로 하는데 이때 상시 여성 근로자 수를 기준으로 하고 있어 육아의 책임이 여성에게 있다는 가정에서 벗어나지는 못하고 있다.

외연 확장기(1990년대 후반~2000년대 중반)

세 번째 시기는 외연 확장기로 볼 수 있는데, 이는 여성 정책의 내용과 추진 전략, 정책 대상, 그리고 여성 정책 기구 등 네 가지 측면에서 그러하다.

첫째, 여성 정책의 내용상 범위가 확대되었다. 이전 시기 정책의 주요 초점이 취업 여성의 당면 과제인 고용과 보육에 맞추어져 있었다면, 이 시기에 들어서는 가정폭력(1998), 성매매(2004)를 비롯한 여성에 대한 폭력 문제, 여성 기업인, 여성 농어업인, 여성 과학기술인, 여교수, 여대생 등 남성에 비해 불평등한 지위에 있는 특정 범주의 여성을 위한 지원 정책이 새롭게 도입되었다. 더불어 여성의 공직 진출 확대를 위한 여성채용목표제(1996~2002), 여성의 정치적 대표성 확보를 위한 여성공천할당제(2000) 등도 이 시기에 도입되었다. 다른 한편에서는 저출산·고령화 위기, 가족 위기 등 각종 위기 담론이 2000년대 초반부터 부상하면서 보육 정책이 국가의 핵심 과제로 주목받고 예산이 대폭 확대되었으며, 더불어 명시적 가족 정책이 도입되어 독자적 정책 영역을 형성하게 되었다.

둘째, 1995년 북경세계여성대회를 기점으로 전 세계에 확산되고 있던 국제적 흐름에 부응해 성 주류화가 여성 정책의 새로운 접근으로 등장했다. 중앙부처 내 6개 부처 여성정책담당관실 설치[10]에서 시작해 성인지 통계 구축, 공무원 성인지 교육, 성별영향평가 등 정책 형성 및 집행 과정의 개혁을 위한 기구와 제도들이 하나둘씩 도입되었다. 2003년 공무원 성평등 교육을 담당하는 기관으로 한국양성평등교육진흥원이 설립된 것도 성 주류화 접근의 산물이다.

셋째, 여성 정책의 대상이 여성뿐 아니라 남성을 포괄하는 것으로 확대되었다. 여성 한부모만을 대상으로 하던 〈모자복지법〉이 남성 한부모를 포괄할 수 있도록 〈모·부자복지법〉으로 개정(2002)

되었고, 여성의 공직 진출 확대를 위해 도입되었던 여성공무원채용목표제는 2003년부터 '공무원 채용시험에 남성이든 여성이든 어느 쪽이 합격자의 70퍼센트가 넘지 않도록 하는' 양성평등채용목표제로 바뀌었다.

마지막으로 여성 정책 전담 기구의 위상과 규모, 업무의 범위도 단계적으로 확대되었다. 1998년 정부는 정무제2장관실과 여성 정책심의위원회를 폐지하고 대통령직속여성특별위원회를 신설했으며, 이후 안정적인 행정 기구로 여성 정책 전담 부서 설치에 대한 여성계의 지속적이고 강력한 요구와 당시 선거를 앞둔 집권정당의 정치적 고려로 2001년 여성부가 설치되었다.(원시연, 2006: 89~100) 여성부는 이제 국무총리실 또는 대통령 직속의 참모 조직이 아니라 고유의 집행 업무를 가진 중앙행정기관이 되었고, 정부 내에서 여성 정책 집행 기구로서의 위상이 보다 강화되었다. 이어서 2004년에는 보건복지부로부터 보육 정책 업무가 이관되면서 예산이 크게 확대[11]되었고, 2005년부터는 가족 정책 업무까지 담당하게 되면서 명칭도 여성가족부로 변경되었다.

이 시기 정책 접근은 남성에 비해 차별적 지위에 있는 여성을 대상으로 하는 특별 처우 접근이 지배적인 가운데 '젠더 관점의 통합'을 위한 성 주류화 접근이 초보적 첫걸음을 내디딘 것으로 특징지을 수 있다. 여성공천할당제, 여성공무원 채용목표제, 그리고 여성기업인, 여성농어업인, 여성과학기술인, 여교수, 여대생 등을 대상으로 하는 지원 정책들이 전자에 해당된다면, 여성정책담당관제 도입, 성인지 통계, 공무원 성인지 교육, 성별영향평가 등의 제도는 후자에 해당된다.

그러나 다양한 특별 처우 접근의 도입으로 인한 '역차별' 논란을 비롯해 군가산점제·호주제 등 성차별적 제도의 폐지, 가정폭력 및 성매매 방지 제도의 도입 등이 보수 세력의 거센 저항에도 불구하고 관철되면서 여성 정책에 대한 반격이 심화되고 있다. 그 반동으로 여성 정책은 탈정치화, 탈젠더화되기 시작한다. 여성 정책은 '여성뿐 아니라 남성에게도 혜택을 주는' 정책이라는 점이 정책 문서에서 강조된 것이다. 이는 〈여성발전기본법〉에 기초해 1998년부터 정부가 매 5년마다 수립하고 있는 제2차 여성정책기본계획(2002~2006)을 통해 공식화되었다. 동 계획은 네 가지 목표[12] 중 하나로 '남녀의 조화로운 동반자 관계 형성'을 설정했다. 그 이유는 "21세기는 남성과 여성의 대립과 갈등보다는 동반자적이고 발전 지향적인 관계를 지향"해야 하기 때문으로 설명된다. 나아가 성 주류화 접근과 함께 도입된 '젠더'는 이제 '남성과 여성'이 되었는데, 이 과정에서 젠더에 함축된 권력관계의 속성은 사라지고 여성 정책은 '남녀의 다른 경험과 상황'(여성가족부, 2005: 2)을 고려하는 정책, 남녀 모두에게 득이 되는 '상생의 정책'으로 이해되었다. 성 주류화의 수단으로 이해되는 성별영향평가는 성별에 따라 다른 정책 요구와 삶의 현실을 고려해 "여성과 남성에게 고르게 혜택"을 주기 위한 것으로 정의되면서(여성가족부, 2005: 9) 이미 불평등하게 구조화되어 있는 구조적·제도적 맥락이 간과되기 시작했다.

2003년 양성평등채용목표제가 도입된 것도 이러한 맥락에서 이해된다. 1996년부터 여성의 현저히 낮은 공직 진출을 확대해 정책 형성 과정에서 여성의 대표성을 보장하기 위한 취지로 도입된 여성채용목표제가 '남성도 찬성하는' 제도로 전환된 것이다.(김경희·신현옥, 2004) 양성평등채용목표제의 도입은 이처럼 젠더의 탈정치화라는 역설뿐 아니라 성평등을 50대 50의 성비 균형으로 대체하는 출발점이 된다.

타협기(2000년대 중반~현재)

2000년대 중반부터 현재까지는 일-가족 양립 정책이 전면에 부상하고, 성 주류화 정책 도구의 적용이 활성화되면서 여성 정책이 지향해 온 성평등의 위상과 의미가 변화하는 시기다. 이것은 두 가지 측면에서 나타나고 있다. 하나는 1990년대 후반 이후 외환 위기, 가족 위기, 저출산·고령화 등 인구학적 위기, 금융 위기 등 각종 위기 담론이 부상하고 국가정책의 우선순위가 변화하면서 여성 정책이 이러한 긴박한 사회적 요구에 대응하기 위한 수단으로 위치 지워지는 성평등 의미의 '왜곡' 현상이다. 다른 하나는 성별영향평가와 성인지예산 제도 등 성 주류화의 도구 적용이 활성화되면서 이전 시기에 나타나기 시작했던 젠더의 탈정치화 역설이 심화되고 있는 것이다.

　우선 성평등 의미의 '왜곡'은 저출산·고령화 등 위기 담론을 배경으로 일-가족 양립 정책이 전면에 부상하면서 나타나게 된다. 넓은 의미에서 일-가족 양립 정책은 이전 시기에 성평등을 위한 여성 정책으로 도입되었던 보육 정책과 산전산후휴가, 육아휴직 등 이른바 모성 보호 제도와 함께 2007년 〈남녀고용평등과 일·가정 양립 지원에 관한 법률〉 및 〈가족친화 사회환경의 조성 촉진에 관한 법률〉에 근거해 도입된 육아기 단축근로제, 유연근무제, 가족친화 직장·사회 환경 조성 정책 등을 포괄한다. 2000년대 중반 이후 이러한 정책 패키지들은 이제 성평등을 목표로 하기보다는 저출산·고령화 등 인구 위기 대책의 성격을 보다 강하게 띠게 된다. 앞서 논의한 유럽에서 일-가족 양립 정책이 유럽 고용 전략 European Employment Strategies에 통합되면서 성평등이 시장의 경쟁력 강화와 고용 창출의 수단으로 변화된 과정과 유사하다.

2006년 저출산고령사회위원회는 "세계 최저의 저출산 문제 해결"을 위해 보육 중장기 계획인 새로마지 플랜(2010)을 발표했으며, 이후 이명박 정부 들어 아이사랑플랜(2009~2012)으로 수정된 동 계획은 "미래 인적 자원 육성을 위한 투자"가 되었다.(보건복지부, 2012: 38) 다양화된 일-가족 양립 제도 역시 고용노동부 소관인 산전산후휴가, 육아휴직 제도, 육아기 근로시간 단축 및 가족돌봄휴직제의 의무화, 배우자 출산휴가 확대 등으로 시간제 일자리 확산, 적극적 고용개선 조치(2007) 등 여성 취업 지원 정책과 함께 "저출산·고령화에 대비한 고용 대책"(고용노동부, 2012: 101)이 되었다. 여성가족부의 제1차 여성인력개발종합계획(2006~2010)도 "저출산·고령화 사회의 급속한 진행 및 지식정보화 사회의 글로벌 경쟁 시대가 도래함에 따라 여성 인적 자원의 효율적 개발 및 활용을 위한 범정부 차원의 종합 대책"(여성가족부, 2011: 75)으로 수립되었으며, 2차 계획(2011~2015)은 여기서 더 나아가 "여성 인력 활용을 통한 지속적인 국가 성장 도모"를 비전으로 하고 있다.

이러한 주장에 논리적 오류는 없다. 저출산·고령화로 인한 경제활동 인구 감소는 결국 노동시장의 생산성을 떨어뜨릴 것이고, 국가 경쟁력은 약화될 것이다. 따라서 양질의 노동력을 갖춘 고학력 여성 인력이 경제활동에 참여해 감소된 일자리를 메울 수 있다면 국가 경쟁력은 강화될 것이다. 그러나 여성주의 관점에서 볼 때, 이러한 주장에는 두 가지 규범적 오류가 있다. 첫째, 가상의 시나리오이기는 하지만 인구학적·경제적 위기가 해소된다면 혹은 이에 대처할 수 있는 보다 효율적인 정책 수단이 있다면, 성불평등 문제는 국가정책에서 주요 관심사가 되지 못할 것이다. 둘째, 현실적으로 직면하는 문제다. 정책의 일차적 목표가 경제성장에 있으므로 성평등에는 기여할 수 있지만, 경제성장에 기여할 가능성이 낮은 정책들은 여성 정책의 범위에서 벗어나거나 국가정책에서 주변화될 것이라는 것이다. 스트레티가키의 분석에서도 나타났듯이 유럽에서 가족 정책의 초점이 일-가족 양립으로 전환되면서 가족 내 성별 분업의 문제에 대응하는 정책이 약화되는 것이다. 더불어 이러한 정책 목표하에서는 성폭력이나 가정폭력 등 폭력 피해 여성, 경제활동에 참여하기 힘든 노인여성이나 장애여성의 권리는 보장받지 못하거나 최소한의 관심의 대상이 될 뿐이다.

다음으로 성별영향평가와 성인지예산 제도 등 성 주류화 도구 적용의 활성화 과정에서 심화되는 젠더의 '탈정치화' 현상이다. 성별영향평가는 2004년 시범 사업을 거쳐 2005년에는 중앙행정기관 및 광역 자치단체, 2007년부터는 기초 자치단체와 시도 교육청의 사업까지 포괄하면서 양적으로 급속히 확대되었다. 2011년에는 〈성별영향분석평가법〉을 제정해 국가 및 지방 자치단체, 공공 기관의 개별 사업뿐 아니라 중장기 계획이나 법률에 대해서도 성별영향평가를 실시하도록 하는 근거 규정이 마련되기도 했다. 2006년에는 〈국가재정법〉에 성인지예산 제도 시행의 근거가 마련되었고 2008년 시범 사업을 거쳐 2009년(2010회계년도)부터 중앙정부에서 성인지예산 제도가 본격적으로 시행되고 있다. 이후 2009년 〈지방재정법〉에 성인지예산 제도의 근거 규정이 마련되고, 2012년(2013회계년도)부터 지방 자치단체에서도 성인지예산 제도가 본격적으로 시행되고 있다. 이 시기 본격화된 성별영향평가와 성인지예산 제도의 시행 과정의 특징은 세계에서 유례를 찾기 어려운 수준으로 제도의 외연이 확장되었다. 분석 대상 과제의 양적인 측면에서도 그러하고, 제도 시행을 위한 제도적 기반의 측면에서도 그러하다.

그러나 이 과정에서 성평등이 무엇인지에 대한 진지한 토론과 논쟁의 과정을 충분히 거치지 못했고, 정책과 예산이 과연 성평등에 어떠한 영향을 미치는지에 대한 평가 기준은 분석 대상 정책 담당자인 공무원 개개인의 지향에 맡겨지게 되었다. 성별영향평가 지침이나 성인지예산서 작성 양식의 핵심적 내용은 성별 분리 통계인데, 담당자들은 정책 수혜자의 성별을 분리한 통계표를 산출한 후 남녀의 성비를 비교해 50대 50이 되지 못하면 성불평등한 것으로 판단하고 여성의 비율이 높으면 남성의 비율을 높이고, 남성의 비율이 높으면 여성의 비율을 낮추는 방식으로 정책 개선 방안을 도출하기도 한다. 그러나 이때 성불평등은 권력관계로서 젠더 관계라기보다는 기계적인 성비의 불균형이다. 샐리 바덴Sally Baden과 앤 마리 괴츠Anne Marie Goetz는 성불평등의 생산과 연결시키지 못하는 성별 분리 통계는 정보를 권력관계가 아니라 단순히 남성과 여성의 다른 특성, 양적 불균형 문제로 축소시키는 오류를 범하게 한다고 지적한다.(Baden and Goetz, 1998: 191) 이것이 위험한 이유는 사회경제적인 경험과 위치가 다른 남성과 여성의 상호관계에 충분히 주목하지 않기 때문이다.(김경희·신현옥, 2005) 이처럼 정책 영역에서 '젠더'와 '성불평등'이 '남성과 여성' 또는 '50대 50'의 양적 균형으로 이해되는 것은 국내에서만 나타나는 독특한 현상은 아닌 듯하다. 세계에서 가장 성평등하고 여성 정책이 발전했다고 알려진 스웨덴 정책에서 성평등이 이해되는 방식을 분석한 말린 뢴블롬Malin Rönnblom은 정치적 대표성에 대한 이슈가 성불평등한 권력관계의 맥락을 간과한 '젠더 균형'으로 축소되면서 젠더가 탈정치화되는 현상을 비판한 바 있다.(Rönnblom, 2009)

새로운 패러다임의 여성 정책을 향하여?

2010년 정부와 국회는 〈여성발전기본법〉의 전면 개정안을 각각 〈여성정책기본법〉과 〈성평등기본법〉이라는 제명으로 18대 국회에 제출했고[13], 대표적인 진보 여성운동 단체인 한국여성단체연합은 2012년 총선을 앞두고 '젠더 정책'으로의 전환을 요구했다. 이러한 최근의 움직임들에는 짧은 시간 동안 숨 가쁘게 도입되었던 법·제도의 내적 일관성을 성찰하고, 사회 양극화와 여성 정책에 대한 반격의 심화 등 성평등을 둘러싼 변화된 환경에 부합하는 여성 정책이 필요하다는 문제의식이 암묵적으로 내포되어 있다.

그럼에도 한국에서 여성 정책이 무엇이어야 하는지에 대해서는 입장의 차이가 있다. 이는 특히 정책의 명칭을 둘러싼 논쟁에서 드러난다. 한쪽 극단에서는 여전히 '여성 정책'이라는 명칭이 유지되어야 한다는 입장(정부 발의 〈여성정책기본법〉)이고 또 다른 극단에서는 '젠더 정책'(한국여성단체연합)이 되어야 한다는 입장이 있다. 그 사이에 '성평등 정책'(신낙균 의원 발의 〈성평등기본법〉)이 위치하고 있다. 세 입장 모두 국가 발전 과정에 여성을 통합하고자 했던 '여성 발전'이라는 틀은 성 주류화를 비롯해 90년대 이후 누진적으로 발전되어 온 다양한 범위의 여성 정책을 포괄하지 못한다는 문제의식을 공유하고 있지만, 현 시점에서 여성 정책을 어떻게 정의할 것인지에 대해서는 여전히 이견이 있다.

'여성 정책'이라는 정책 명칭이 유지되어야 한다는 입장은 아직까지 우리사회에서 여성의 열악한 현실을 고려할 때 여성 대상 정책을 강화해 여성의 역량 강화와 보호를 위한 정책에 보다 초점이 맞추어져야 하며(국회여성가족위원회, 2011a: 14), '성평등 정책'으로의 전환은 시기상조라는 것이다. 성평등 정책이 되어야 한다는 주장은 사실상 2000년대 중반부터 제기되어 왔는데, 이는 여성 정책이 궁극적으로 성평등을 지향하는 것임에도 불구하고 '여성 정책'이라는 명칭이 '여성만을 대상으로 하는 정책'으로 협소하게 인식되고, 성별 격차 해소에 관심을 덜 기울이게 한다는 주장이다.(국회여성가족위원회, 2011b: 15) '여성을 대상으로 하는 정책'의 한계는 한국여성단체연합이 2012년 총선거를 앞두고 후보들에게 요구한 〈당신의 삶을 바꾸는 100가지 젠더 정책〉이라는 책자에 잘 드러난다. 여기서 '여성 정책'이 아닌 '젠더 정책'이라는 명칭을 사용한 이유는 "불평등한 사회가 낳은 불평등한 여성과 남성의 삶에 대한 총체적 변화가 필요하다"는 것이며, 젠더 정책은 "여성 특정적인 여성 정책만이 아니라 '여성과 남성에게 부여되는 사회적 역할, 행동 그리고 책임을 규정하는" 정책으로서 불평등한 사회의 변화를 모색하는 정책으로 정의되었다.(한국여성단체연합, 2012: 6~7) 이러한 주장에는 과거 여성 특정적인 접근을 통해 성평등을 이루고자 했으나, 이러한 접근에는 한계가 있으므로 이제 여성 정책은 여성과 남성의 삶의 근본적인 변화를 추구해야 한다는 문제의식이 담겨져 있으며, 새롭게 정의된 '젠더 정책'은 '여성 정책'과 달리 남성의 변화를 포함하는 것이어야 한다고 주장한다.

그런데 여기서 흥미로운 것은 세 입장 모두 '성평등'이라는 같은 용어를 사용하고 있음에도 그 내용이 다르다는 것이다. 〈여성정책기본법〉에서 성평등은 "성별에 따른 차별·편견 없이 평등한 기회와 대우를 보장받는 것"(개정안 제3조 제2항)으로 앞서 검토한 '같음'으로서 평등을 의미한다. 〈성평등기본법〉에서 성평등은 "성별을 이유로 한 차별, 편견과 비하, 폭력없이 인권을 동등하게 보장받고 모성이 존중되며, 모든 영역에서 동등하게 참여하는 것"(개정안 제2조 제1항)으로 정의되는데 여기에는 '같음'으로서 평등과 '차이의 인정'으로서 평등 개념이 공존한다. 반면, '젠더 정책'에서 평등은 여성을 차별하고 배제하는 불평등한 권력관계의 전환으로서 평등, 즉 '성불평등 구조의 변혁'으로서 평등이며, 젠더 정책은 남성의 역할 변화, 사회 전반의 변화를 포괄하는 것이다.

이른바 여성계 내부(〈여성정책기본법〉을 제출한 여성가족부, 성평등기본법을 대표 발의한 여성 국회의원, '젠더 정책'을 요구한 여성운동 단체)에서도 성평등의 의미가 이처럼 다양하게 해석되고 있는데, 성불평등 문제가 주된 관심사가 아닌 주류 정책과 정치의 장에서 성평등의 의미는 또 얼마나 다양할 것인가?

성평등은 후발 산업국가로서 누구나 동의할 수밖에 없는 양적 목표를 설정하고 '서구 따라잡기'를 해 온 고도 경제성장 과정과 달리, 쉽게 정답을 도출할 수 없는 규범이자 가치의 영역이다. 그러나 그동안 우리는 성평등의 의미가 마치 고정되어 있고 자명한 것처럼 전제하고 법·제도·정책을 도입하고 시행해 왔다. 성평등에 대한 여성주의 비전과 이상은 너무 높고, 이를 받아들일 수 있는 현실적 토양은 척박하다. 여성 정책이 무엇이어야 하는지에 대한 여성주의의 선험적 정의가 불가능한 것은 아니지만, 더욱 중요한 것은 성평등에 대한 여성주의 이상이 현실 정치의 맥락에서 어떻게 이해되고 어떠한 효과를 가져 오는지에 대한 냉정한 성찰과 이에 대한 전략적 대응, 그리고 주류 정치와의 보다 치열한 토론과 논쟁이다. 여성주의는 여성주의 성평등 비전이 다양한 성평등의 의미화 방식 중 하나일 뿐이며, 여성주의는 하나의 과정이자 실천(Lombardo and Meier and Verloo, 2009: 2)이라는 것을 전제로 다양한 정책 주체들과의 지속적인 토론과 논쟁을 벌여야 한다.

더 읽어보면 좋은 책

📘 셰릴 샌드버그, 안기순 옮김, 《린 인》, 와이즈베리, 2013.

이른바 '성공한 여성'인 셰릴 샌드버그(페이스북의 최고운영책임자)가 '정상에 오르기 위해 목표를 적극적으로 추진하고자 하는 여성'과 '여성의 앞길을 가로막는 장애물이 무엇인지 알고 싶어하는 남성'을 위해 쓴 책이다. 성평등을 위해서는 여성 스스로가 먼저 내면의 장애물을 극복해 사회에서 영향력을 행사할 수 있어야 한다는 것이 핵심 조언이자 주장이다. 그러나 '성공한 리더'가 되기까지 그녀가 '여성'으로서 부딪혔던 조직적·문화적·사회적 장애물에 보다 주의를 기울이면서 읽어 보자. 그리고 다양한 외적 장애물을 제거하기 위한 정책들을 설계하고 토론해 보자.

📘 한국여성단체연합, 〈당신의 삶을 바꾸는 100가지 젠더 정책〉, 2012.

대표적인 여성주의운동 단체인 여성단체연합이 '2012 총선, 젠더 정책 대토론회'에서 발표한 자료집. 19대 국회에 요구하는 다양한 정책 및 입법과제들이 포함되어 있다. 한국 여성 정책 도입과 발전 과정에서 중요한 역할을 해 왔던 여성주의운동 단체가 요구하는 여성 정책의 방향과 과제는 어느 정도 국가정책에 반영되었을까? 국가정책과 운동의 요구 사이에 괴리가 있다면, 그 이유는 무엇일지 토론해 보자.

📘 이재경 외, 《국가와 젠더》, 한울아카데미, 2010.

성 주류화의 이론적 쟁점과 국내외 정책 사례를 포괄적으로 다룬 학술서. 여성주의운동의 맥락에서 성 주류화의 의의와 잠재력, 한계, 그리고 이론적 쟁점을 고민해 볼 수 있다. 더불어 해외의 성 주류화 정책 동향과 성인지적 정책 분석 사례를 통해 정책으로서 성 주류화에 대한 이해를 돕는다.

운동 ●

시민사회와
성평등운동

정현백

── 근대 개화기부터 여성들의 집단적인 움직임이 일어나 교육운동과 독립운동으로 이어졌고, 해방 이후 1980년대 전반까지는 〈가족법〉개정운동과 여성노동자운동이 일어났다. 그러나 본격적인 성평등운동은 1980년대 후반 여러 여성운동단체들의 등장과 더불어, 여성인권을 개선하기 위한 운동에서 시작되었다. 성폭력, 가정폭력, 성매매로 인해 발생한 여성 인권의 침해에 저항하는 운동이 주축을 이루었다. 1990년대 후반부터는 여성의 정치세력화와 성주류화를 위한 노력이 나타났고, 그간 꾸준히 진행된 호주제폐지를 위한 노력이나 보육시설의 확대를 위한 사회권운동도 계속되었다. 노동 문제와 관련해서는 1970년대의 저임금, 장시간 노동, 비인간적인 노사관계에 대한 항의운동에서 한 걸음 나아가 1990년대에는 여성노동자의 고용안정과 고용평등, 모성보호, 일-가정의 양립 정책의 현실화 등을 요구하는 운동으로 발전했다. 2000년대 이후에는 이주여성, 북한이탈여성주민, 성소수자를 둘러싼 새로운 문제의식과 운동도 일어나고 있다. 1990년대 통일과 평화, 환경, 문화운동에서도 성평등의 관점에서 새로운 문제제기와 적극적인 활동이 진행되고 있다. 이제 성평등운동은 다양한 목소리들이 차이를 넘어 이루는 연대의 몸짓이다.

한국의 시민사회 형성과 성평등운동의 시작

한국의 근대적 발전 과정에서 시민사회는 외세의 개입에 의해 파행적으로 형성될 수밖에 없었다. 일제에 의한 식민지 지배나 분단 이후 외세에 의존적인 군부독재 아래에서 시민의 실질적인 행위 공간은 협소했고, 시민사회의 자율성은 약화되었다. 그러나 1960~70년대의 급속한 산업화가 초래한 경제적 불평등과 독재정부에 의한 민주주의 탄압은 국가에 대한 저항과 더불어 아래로부터 올라오는 민주화운동의 거대한 흐름을 만들었다.

1987년 6월, 100만 명 이상의 시민들이 거리 시위에 나서면서 한국은 권위주의적 독재체제를 축출했고, 열망하던 정치적 민주주의를 어느 정도 달성했다. 일련의 민주화조치가 이루어지자, 전투적이고 혁명적인 구호와 더불어 사회변혁을 지향하던 그간의 사회운동이 약화되었다. 그리고 환경운동·시민의 작은 권리 찾기 운동·평화운동·문화운동과 같이 일상적 삶과 직결된 시민운동이 등장하기 시작했다. 이런 사회적 분위기 속에서 성평등에 대한 관심이 높아졌고, 이후 20년간을 채울 새로운 형식과 내용을 지닌 '새 여성운동'이 나타나 주목할 만한 성공을 거두었다. 특히 지난 20여 년 동안 학생운동이나 민주화운동에 투신했던 여성들이 새로이 진입하면서, 발전의 중요한 동력이 되었다.

여기에서 두 가지 질문이 떠오른다. 왜 '새 여성운동'을 굳이 차별화해야 하는가? 왜 '여성운동' 대신에 '성평등운동'이라는 용어를 사용해야 하는가? 첫째 물음에 대한 대답은 우선 서구 여성운동의 역사에서 찾아야 한다. 서구에서 1968년 학생운동과 뒤이은 민권운동의 격랑 속에서 새 여성운동이 탄생했다. 과거의 여성운동이 근대 사회에서 남성에게만 허용된 권리들 즉 법적 권리, 노동권, 교육권, 참정권 등을 여성에게도 똑같이 허용할 것을 요구하는 '동등권운동equal right movement'이었다면, 새 여성운동은 기득권의 동등한 배분이라는 목표에서 한 걸음 나아가, 남성중심적인 의미체계나 가치체계 모두를 문제시하면서 '해방emancipation'이라는 담론을 전면에 내세웠다. '새 여성운동'의 열기는 1980년 이후 국가를 횡단해 한국의 여성운동으로 전이되었다. 서구의 많은 대학에서 여성학 강의를 개설했듯이, 한국에서도 1977년 이화여대에서 여성학과정을 개설했고, 이후 100개 이상의 대학으로 확산되었다. 1980년대 말 등장한 한국의 여성운동은 그 내용이나 형식에서 서구 여성운동의 새로운 문제의식을 '우리의 방식'으로 재전유했다.[1]

새 여성운동의 자극 속에서 기존의 여성운동을 젠더gender 관점에서 재조명하는 노력이 시작되었다. 1960년~70년대 미국의 페미니즘이 생물학적 개념인 성sex에서 사회문화적으로 형성된 젠더를 분리해 토론하기 시작했다. 새 여성운동은 단순한 생물학적 차이가 사회문화적인 코드로 작동하면서, 사회 도처에서 체계적 배제와 억압의 논리를 양산했다는 점에 착안했다. 1980년대 이후 젠더에 대한 관심은 '여성적인 영역'에서 발생하는 여성억압이나 '여성성'에 관한 문제에서 한 걸음 나아가, 남성과 여성 모두를 포괄하는 것으로 확장되었다. 이에 한국의 여성운동은 1995년 북경 세계여성대회의 영향으로, 1999년부터 성 주류화gender-mainstreaming를 주요 과제로 제시했다. 이는 여성운동이 사실상 성gender평등운동

으로 전환한 것으로 해석할 수 있다. [2]

젠더에 대한 높아진 관심과 더불어 여성운동 내에서도 여성들만의 운동에서 한 걸음 나아가 남성과 함께 하는 양성평등운동으로 나아가는 노력이 시작되었다. 여성의 진정한 해방은 여성 억압의 행위자인 남성의 변화가 있어야만 가능하다는 인식이 높아졌기 때문이다. 이제 남성을 운동에 적극적으로 끌어들이는 노력이 시작되었다. 그간의 여성의제가 주로 여성에 의해 전유되었기에, 이 글에서도 굳이 성gender평등운동이라는 용어를 사용한 것이 무리한 시도로 비칠 수 있다. 그러나 이미 1990년대 말에 시작된 성 주류화의 관점에서 그간 여성운동을 성찰하는 노력도 필요하다. 특히 최근에 남성의 육아 참여나 부모양육휴가제 등을 통해 그들을 자녀양육이나 가사노동에 동참하게 하고, 성매매·성폭력 방지나 여성의 사회참여 확대에도 그들의 협력과 참여가 요구되기에 더욱 그러하다.

성평등운동의 여러 갈래

성평등운동이 출범하다

새로운 성평등운동으로 1983년 여성평우회, 1983년 여성의 전화,

1984년 또 하나의 문화, 1987년 여성사연구회와 한국여성노동자회가 등장했다. 마지막으로 1987년 다양한 여성단체들이 통합적인 운동 전략을 구사하면서, 그 우산조직으로서 한국여성단체연합이 출범했다. 더불어 성평등운동의 본격적인 장이 열렸다. 여성들은 그간 침묵을 강요당했던 성적 억압이나 성차별 문제를 함께 제기하고, 여성의 조직화 필요성을 주장하면서, 민주화운동과 노동운동이 보인 성차별 문제에 대한 몰이해를 비판하기 시작했다. 새로이 등장한 여성단체들의 활동을 '새 여성운동', '성평등운동'이라 명명하는 이유는, 그 성격이 과거와는 다른 분명한 차별성을 드러내기 때문이다. 이때부터 여성들은 정부나 다른 사회운동에 종속되기를 거부하고, 처음으로 '독자성'을 표방했다. 이는 '사회문제가 해결되어야, 여성 문제도 해결될 수 있다'는 오랜 담론을 공유하면서도 그 무게중심을 독자성에 두는 입장을 선택한 것이다.

그간 진행된 성평등운동의 여러 갈래를 대략적으로 정리하자면 1980년대 말부터 1990년대 초까지를 주로 여성인권 개선을 위한 활동기로, 1990년대 말 이후를 성 주류화를 모색하는 시기로 볼 수 있다. 1990년대 말 이후에는 영 페미니스트의 등장과 더불어 다문화주의, 다중적 정체성에 대한 논의와 함께 문화운동이 활발해졌고, 다양한 성평등운동이 나타났다. 그럼에도 신자유주의 세계화의 물결 속에서 빈곤, 비정규직화, 실업 등의 사회권적 요구들은 시대를 가로질러 성평등운동의 핵심과제로 대두되었다.

인권 지키기

1993년 제48차 유엔총회는 '여성에 대한 폭력은 남녀 간 불평등한 힘의 관계를 단적으로 나타내고 여성의 종속적 지위를 고착하며, 여성의 인권과 기본적 자유를 침해한다'고 선언했다. 성폭력, 가정폭력, 성매매, 군대 내 폭력 등이 이러한 인권을 침해하는 폭력들에 해당한다. 이런 현상들은 분단과 군부독재 아래 만들어진 군사주의 문화와 직접·간접적으로 연계되었다는 점을 주목해야 한다.

| 성폭력

성평등운동이 시작되면서 1990년대 내내 성평등운동의 이슈 중 가장 우선적으로 사회적 관심을 불러일으킨 것은 성폭력 문제였다. 1980년대 말 향락산업이 엄청나게 증가하면서 '여성의 상품화'는 가속화되었지만, 미처 조직적 대응은 하지 못하고 있었다. 1983년 여성의 전화 창립과 함께 성폭력에 대한 대응 활동이 이루어지기 시작했고, 1986년 부천서성고문사건으로 적극적으로 조직적 대응이 시작되었다. 이 사건은 노동운동가 권인숙 씨의 자백을 받아내기 위해 부천서 경찰이 성고문을 한 사건이다. 공권력에 의한 이러한 인권침해는 여성운동과 민주화운동의 적극적인 대응을 불러일으켰다. 1980년대 말까지 성평등운동은 공권력 외에도 병원, 학교, 사회복지시설에서 자행되는 성폭력 사건과 싸워 나갔다.

9세 때 성폭력 피해를 당한 여성이 후유증에 시달리다, 21년이 지나 가해자를 살해한 김부남사건(1991년), 12년간 지속적으로 자신을 강간해 온 의붓아버지를 살해한 김보은·김진관사건이 대

© REUTERS

1 1992년 서울기독교회관에서 시민단체 회원들이 〈성폭력 특별법〉 제정을 위한 공동결의 대회를 개최하고 있다.
2 시민단체 회원들이 '김진관 군 석방을 위한 서명운동'을 전개하고 있다.

표적인 성폭력 사건이다. 성평등운동은 이들의 무죄석방을 위한 운동에서 출발해 〈성폭력 특별법〉 제정운동으로 이어졌다. 여성들은 강연회, 가두 피켓팅 및 서명운동, 연극공연, 결의대회, 토론회, 호신술 강좌, 여성문화한마당, 그림전 등 다양한 운동방식으로 법제정의 필요성을 선전했고, 1993년 12월 17일 〈성폭력범죄의 처벌 및 피해자 보호 등에 관한 법률〉이 통과되었다.

그 외에도 성평등운동은 성폭력상담소의 전국적인 설치를 통해 상시적으로 성폭력 사건을 접수·상담할 수 있는 시스템을 갖추었다. 또한 바람직한 성문화와 남녀관계 정립을 위해 다양한 성교육을 실시하고 성인식 관련 강좌를 개설했다.

| 가정폭력

가정폭력도 성평등운동의 핵심 이슈다. 군대문화가 사회에 만연한 한국사회에서 가정폭력의 비율은 굉장히 높다. 1983년, 여성의 전화가 매 맞는 아내의 문제를 먼저 제기했다. 1996년, 한국여성단체연합이나 여성유권자연맹과 같은 여성단체 외에도 경제정의실

천시민연합, 환경연합 등의 시민단체 22개가 모여 '가정폭력방지법 제정추진 범국민운동본부'를 만들었다. 이들의 적극적인 활동으로 1997년 11월에 〈가정폭력범죄의 처벌 등에 관한 특례법〉과 〈가정폭력방지 및 피해자보호 등에 관한 법률〉이 통과되었다.

이후 여성에 대한 폭력에 반대하는 법과 제도가 마련되고 지원서비스를 담당하는 민간기구도 급증했다. 그러나 아직은 그 시행이 미흡하고, 관련 연구, 교육, 홍보의 부족으로 종합적이고 체계적인 예방계획과 집행이 잘 이루어지지 않고 있다. 피해자의 권리가 보장되지 않을 뿐 아니라 의료지원과 법률지원이 부족하고, 상담시설과 보호시설에 대한 재정지원도 부족한 형편이다. 운영도 그다지 효율적이지 않다.

| 성매매

한국의 성매매는 국내나 국외에서 많은 논란을 일으킨 이슈다. 정확한 통계가 나오기 힘들지만 성매매 관련 종사자는 대략 50~100만 명으로 추산되고 성매매와 관련해 인신매매, 경제적 착취, 폭력 등 많은 인권문제가 제기되었다. 이에 성평등운동은 기존의 〈윤락행위 등 방지법〉이 성매매를 금지하고 있지만 실제로 실효성이 없는 종이 문서에 불과한 현실을 알리면서 〈성매매 특별법〉 제정을 위한 적극적 활동을 전개했다. 그 결과로 〈윤락행위 등 방지법〉이 폐기되고, 2004년 9월 20일부터 〈성매매알선 등 행위의 처벌에 관한 법률〉과 〈성매매방지 및 피해자보호 등에 관한 법률〉이 시행되었다. 이 법은 타락의 나락에 빠진 것을 의미하는 '윤락'이라는 용어를 '성매매'로 대체하고, 인신매매와 성매매피해자 개념을 도

입하였다. 성매매여성이 자발적으로 선택하지 않은 경우 형사처벌을 면제했다. 또한 성 산업으로 벌어들인 범죄적 수입은 전부 몰수하고 성매매 관련 범죄의 처벌도 대폭 강화했다. 긴급구조, 의료·법률지원, 직업훈련 등 성매매여성이 자립할 수 있는 전 과정을 국가가 지원함으로써 탈성매매여성의 사회적 통합을 도모하고 있다. 이렇게 새롭게 제정된 〈성매매 특별법〉의 기본정신이 그간 윤리 문제로 여겨지던 성매매를 여성인권의 문제로 바라본다는 점에 주목해야 한다.

결과적으로, 금지주의 입장을 택한 〈성매매 특별법〉은 성매매를 범죄로 간주했고, 이를 통해 그 규모를 축소하고 인신매매를 줄이는 효과를 낳았다. 이런 점에서 여성인권 향상에 크게 기여했다. 하지만 탈성매매 여성의 사회적 통합이 어렵고, 성노동자의 권리를 주장하는 목소리와 금지주의·허가주의를 둘러싼 국제사회의 논쟁 등이 여전히 남아 있어 〈성매매 특별법〉을 둘러싼 논란은 쉬이 가라앉지 않고 있다.

| 이주여성과 북한이탈여성

이주여성에 대한 관심은 1996년 한국교회여성연합회가 외국인여성노동자상담소를 개설하면서 시작되었다. 2005년 여성가족부의 법인인가를 받은 이주여성인권센터가 충북과 부산, 목포에 지부를 둔 조직으로 발전했고, 2012년 현재 다문화가족지원센터가 200개소에 이른다. 이제 여성운동의 지역단체들이 이주여성지원사업에 폭넓게 참여하고 있다.

크게 보아 이주여성을 위한 사업의 대상은 이주여성노동자,

국제결혼이주여성, 성 산업에 일하는 이주여성이다. 이주여성들은 인종차별과 성차별에 기초한 문제들을 겪는다. 주로 장시간 노동과 차별적 저임금, 열악한 노동 및 주거환경으로 인한 직업병과 건강 문제, 모성보호 문제, 성폭력에의 노출 문제, 아동권의 부재나 가족 이산 문제, 언어 문제로 인한 소통의 어려움 등을 겪고 있다. 이에 여성단체들은 의료지원활동, 육아지원활동, 성폭력예방교육, 자녀를 위한 교육권 확보운동, 한국어교실 등 소규모 활동을 이어왔다. 이주(여성)노동자의 노동권 보장과 강제추방에 반대하는 운동에도 동참해 고용허가제를 얻어내는 데 기여했지만, 제도가 지닌 여러 한계를 여전히 해결하지 못하고 있다. 국제결혼이주여성에 관해서는 매매혼의 성격을 띤 결혼과 결혼 중개 과정의 문제점을 제기하고, 가정폭력 등의 인권 문제나 국적 취득과 체류의 어려움을 돕는 활동을 한다. 성 산업 이주여성과 관련해서는 실태조사 외에도 권익보호를 위해 성매매 피해 쉼터와 긴급전화를 설치하는 활동을 전개한다. 그 외에도 국제연대활동을 통해 국제인신매매 폐해를 줄이기 위한 운동을 해외단체와 함께 추진했다.

1998년 이후 북한이탈주민의 국내 입국 규모는 꾸준히 증가했고 2010년 약 2만 명에 이르렀다. 2007년 이후 국내로 들어오는 북한이탈주민 중 여성의 비율은 80퍼센트에 육박했다. 2006년 조사에 따르면, 이들 중 경제활동을 하는 경우는 41퍼센트에 불과했다. 북한이탈여성들은 취업이나 문화적 차이, 사회적 차별 등으로 고통을 겪을 뿐 아니라 이탈주민 가족 내 가부장적 관계 때문에 어려움을 겪기도 한다. 한편으로, 남한사회의 양성관계를 적극적으로 수용하지 못하는 어려움도 겪는다. 북한이탈여성이 겪는 성차별 해소를 위한 노력이나 남북 여성들이 서로 소통하면서 서로의 차이를 이해하고 수용하려는 노력은 아직 출발단계에 있을 뿐이다. 지난 2010년 발족한 '북한이탈여성 지원과 연대'가 남북여성 합창단을 조직하고 평등한 만남과 소통을 추진하는 활동을 하거나 《북한이탈여성을 위한 가이드북》을 발간한 성과를 거둔 정도다.

| 성소수자운동

한국에서 성소수자운동은 그다지 활발하지 않고, 이는 여성 성소수자들의 경우도 크게 다르지 않다. 레즈비언상담소, 이화여대의 레즈비언 인권운동모임, 부산여성성적소수자인권센터 등의 단체들이 문제를 제기하고 있지만, 일반에게는 잘 알려지지 않고 있다. 여성 정책이나 여성운동에서도 여성 성소수자들에 대한 대응은 잘 보이지 않는다. 그래서 성소수자 인권 관련 정부 정책은 미비할 수밖에 없을 뿐 아니라 체계적이지도 않다. 2001년 제정된 〈국가인권위원회법〉에 따르면 성적 지향에 따른 차별을 금지하는 정도다. 성소수자운동은 본인의 의사와 무관하게 성 정체성이 폭로되는 아웃팅 폭력에 대한 법적 제재, 동성 간에 이루어지는 성폭력/가정폭력 피해에 대한 예방조치, 성소수자들의 가족구성권 보장, 교육과정상 동성애 혐오의 철폐 등을 요구한다.

| 군대 내 성폭력 문제

마지막으로 2009년 11월에 창립한 군인권센터는 남성 활동가들 중심으로 군대 내 인권 정책이나 제도 및 관행에 대해 감시하고 군대 내 인권침해 방지, 군인의 인권의식 함양 등을 위해 활동한다. 간헐적으로 여성운동이 군대 내 인권침해 문제에 대해 싸워 왔지만, 이제는 남성과 여성이 함께 하는 성평등운동의 한 이슈로서 군대 내 인권침해에 맞서야 할 것이다.

젠더와 정치

1980년대까지 한국에서 진보적 여성들은 민주화운동과 공조하면서 군부독재 정부에 비판적 입장을 견지했고, 제도 정치권으로의 진출을 거부했다. 그러나 민주화를 통해 1990년대 초 문민정부가 출범하자, 성평등운동은 '참여의 정치'와 '여성의 정치세력화'를 주요전략으로 채택했다. 여성이 정치적 영향력을 행사하지 않고는 실제 여성의 지위를 개선하기 어렵다고 인식한 것이다. 여성단체들은 1994년 지방선거를 앞두고 '지방자치와 여성의 정치참여 확대'를 위한 운동에 적극적으로 나서기 시작했다. 한국여성단체연합, 한국여성단체협의회, 여성유권자연맹, YWCA 등 66개 단체들이 '할당제 도입을 위한 여성연대'를 결성해 비례대표와 선출직에 여성할당을 제도화하라고 요구했다. 이러한 노력은 2000년, 16대 국회의원 선거를 앞두고 비례대표직에 여성후보를 30퍼센트 할당하는 〈정당법〉 개정의 성과로 나타났다. 또한 2004년 총선을 앞두고 2003년 8월, 321개 여성단체로 구성된 '총선여성연대'를 조직해 국회의원 비례대표직에 50퍼센트, 선출직에 30퍼센트의 여성할당을 요구했다. 국회의 정치개혁특별위원회 방청, 시위, 집회, 언론을 통한 홍보 등의 활동으로, 성평등운동은 14퍼센트에 불과했던 비례직 국회의원의 50퍼센트를 여성에게 할당하는 성과를 거두었다. 여성의 선출직 진출이 어려운 현실을 고려해 여성후보 발굴이나 이들을 위한 유권자캠페인, 기금 모으기 등 다양한 전략을 구사했다. 그 결과 17대 국회에서는 역사상 처음으로 여성의원이 두 자리 숫자인 13퍼센트를 기록하는 성과를 거두었다.

그간 성평등운동이 여성에만 초점을 두었다면, 1990년대 말에 이르면 여성과 남성의 관계에 주목하면서, 정책의 전 영역에서 성gender 관점을 통합할 것을 주장한다. 예를 들어 한국여성단체연합은 1999~2002년 사업목표를 '모든 분야의 성 주류화'로 설정하고, 정부 정책에 이를 반영할 것을 요구했다. 이는 1995년 북경세계여성대회에서 성 주류화 전략이 제시되고, 유엔이 '이를 정부와 공공기관의 모든 의사결정과 정책 실행에 고려할 것'을 촉구한 데서 기인한 것이다. 다시 말해 이는 정책 입안과 실행에서 젠더가 중심 의제가 되는 것으로, 여성과 남성의 경험을 통합해 양자가 동등한 혜택을 받도록 하는 전략이다. 이는 남성들이 양성평등의식을 갖지 않고서는 진정한 평등이 실현되기 어렵다는 현실인식을 반영한 것이기도 하다. 이후 한국의 성평등운동은 성 주류화전략을 근거로 협력과 비판을 통해, 여성 정책의 주요 행위자이자정부의 정책 파트너로 등장했다. 여성운동은 청원서, 공청회, 법안제출, 집회, 로비 등 다양한 방식으로 성 주류화의 실행을 압박했고, 그 성과는 적지 않았다. 또한 여성운동이 배출한 페미니스트가여성 정책의 실무자로 정부에 진입하는 것을 통해 여성주의 관료femocrats 역할을 극대화했던 점도 큰 성과다. 여기에서 김대중·노무현정부의 리더십이 양성평등에 적극적인 자세를 취한 점도 높이

평가된다. 그러나 아직은 성 주류화에 대한 사회적 인식도 약하고, 관료들의 적극적인 참여나 전문역량의 축적도 허약하다. 특히 보수적인 정권이 들어선 2008년 이후 성 주류화 정책은 현저히 후퇴했다.

사회권과 노동권 찾기

| 사회권

가족 내 여성의 불평등한 지위를 개선하기 위한 여성단체의 활동은 1950년대 〈가족법〉 개정운동에서 출발해, 2000년 여성단체와 시민사회단체가 '호주제폐지시민연대'를 결성하기까지 오랜 기간 지속되었다. 호주제 폐지 청원, 위헌소송 제기, 서명운동, 시위 등을 통해 지지여론을 확산했고, 2005년 3월 여성운동의 오랜 숙원인 호주제 폐지가 이루어졌다. 이로서 법적으로 할머니와 어머니 위에 어린 손자가 호주로 군림하거나, 어머니가 재혼할 경우 아이가 양부의 성을 따를 수 없는 등의 현실적 난관이 사라졌다.

평등가족을 실현하기 위한 또 다른 노력으로 보육운동이 있다. 1970년 말까지 아동보육 정책은 그저 내용 없는 미봉책에 불과했고 1982년 〈유아교육진흥법〉이 제정되었지만, 이 역시 방치되는 저소득층 자녀의 심각한 상황을 해결해 주지 못했다. 도시 빈민지역과 공단지역을 중심으로 자생적으로 탁아소를 설치·운영하는 여성운동의 노력이 생겨났고, 곳곳에 비영리 민간탁아소들이 설립되면서, 1987년 '지역사회탁아소연합회'가 탄생했다.

1990년 3월, 맞벌이 부모를 기다리며 갇힌 방에서 성냥 장난을 하던 혜영·용철 남매가 화재로 질식사하는 사건이 일어났고, 이 충격은 여성들로 하여금 탁아입법운동을 적극적으로 펼치게 했다. 1990년, 〈영유아보육법〉이 제정되었고 이후 보육 정책은 보육시설의 양적 확대에 집중했다. 그러나 국공립보육시설은 현재까지도 전체 시설 중 5퍼센트에 불과하다. 민간보육시설만 확대되었으나, 보육의 질적 개선이 이루어지지 않아 국가는 여전히 보육에 대한 책임을 방기한 셈이다. 아동에 대한 보육지원도 저소득층에 제한적으로 적용된다. 전체 보육아동 중 보육료를 지원받는 경우는 26.2퍼센트에 불과했다. 보육교사에 대한 열악한 처우로 이직률이 높고, 이는 보육의 질적 저하를 초래했다. 이에 한국여성단체연합, 한국보육교사회 등 여성단체와 일부 시민사회단체들이 보육의 공공성 확대를 요구하는 운동을 전개했다. 이는 보육 업무를 더 이상 일부 저소득층에 대한 지원 수준으로 제한하기보다는 젠더 관점에서 사회적으로 책임지는 방향으로 인식 전환을 시도한 것이다.

성평등운동의 압력 속에서 저출산고령화가 주요한 사회문제로 급부상하자, 2013년부터 0~5세 아동에 대한 무상보육이 시작되었다. 그러나 여전히 국공립어린이집을 이용하는 아동은 10.8퍼센트에 불과해, 83퍼센트의 어린이가 이용하는 스웨덴과는 현저한 대조를 보인다. 현재 성평등운동은 보육료 예산 확대운동을 전개한다. 가족 안에서 남녀가 공동으로 육아에 참여하는 문화를 확산하고, 보육시설 운영의 투명성을 높여 자녀양육에 대한 사회적 책임을 더욱 확장하고자 한다.

사회권과 관련해 중요한 이슈 중 하나가 연금개혁이다. 여성의 경우는 본인의 명의로 된 연금보다는 배우자의 연금수급권에 의해 파생된 연금을 받는 경우가 많다. 이로 인해 이혼, 독신 등의 경우, 노후에 연금만으로 생활을 꾸리기가 어려운 경우가 많다. 또한 불안정한 노동시장의 특성으로 실업자나 비정규직의 경우 사회보장 수급권을 받기 위해 내야 하는 사회보험료를 제대로 납부할 수 없고, 결과적으로 사회보험에서 배제되기 쉽다. 성평등운동은 이러한 열악한 상황을 해소하기 위해 여성의 사회권 문제를 지속적으로 제기해 왔고, 느린 속도지만 약간의 개선조치가 이루어졌다. 특히 최근에 제기되는 쟁점은 〈국민연금법〉에서 '공적연금 가입자의 무소득 배우자'가 국민연금 적용제외자로 명기된 점이다. 그 결과 전업주부는 국민연금 적용제외자에 해당하므로, 국민연금의 임의가입자가 될 수밖에 없다. 전체 임의가입자의 80퍼센트(23만 5000명)가 여성이며 남성의 4배에 이르는 수치다. 이는 출산과 육아 등으로 많은 여성들이 직장을 떠나면서 나타나는 현상이다. 이에 성평등운동은 기초보장 영역에서 경제활동 여부, 경제활동의 질 등에 관계없이, 보편적인 시민권에 기초해 연금수급이 이루어지는 사회보장 패러다임으로의 전환을 요구하고 있다.

| 노동권

1970~80년대의 여성노동자운동이 가혹한 탄압 속에서 저임금과 장시간 노동 그리고 비인간적·성차별적 노사관계에 저항하는 생존권 투쟁이었다면, 1987년 이후 여성노동자운동은 여성노동자의 고용안정과 고용평등, 모성보호, 일-가정의 양립을 위한 지원조치 확대, 여성노동기본권 확보라는 5대 과제에 역점을 두었다. 이 운

동은 〈남녀고용평등법〉 제정 외에도 산전산후휴가나 육아휴직에 대한 사회적 비용 분담, 보육의 공공성 확대 등의 성과를 이루면서 일-가정 양립을 위한 제도적 장치를 마련하고 있다.

1970~80년대 여성노동자운동이 생산직을 중심으로 전개되었다면, 한국여성민우회 창립 이후에는 사무·전문직을 중심으로 한 여성노동자운동이 출범했다. 노동조합 여성부 결성이나 결혼임신퇴직제, 성별분리 호봉체계 해소 등과 같은 새로운 여성노동 과제가 생겨났고, 이를 중심으로 사무직여성운동이 활발해졌다. 그 결과 고용상 간접차별 및 직장 내 성희롱 문제가 공론화되면서 여성 노동 관련법이 개정되고, 성희롱 예방 조항 등이 신설되었다. 한국여성민우회는 모집·채용 시 용모제한을 둔 44개 기업을 고발했다. 모집·채용 시 성차별과 연령차별 반대, 여성 우선 해고 반대, 회식문화 바꾸기 운동 등을 통해 여성노동자운동의 대중화를 시도했고, 어느 정도 성공을 거두었다.

여성노동자운동의 발전에도 불구하고, 1990년대 이후 여성노동자의 지위는 여전히 열악하고 구조적 불안정성은 증대되었다. 세계화는 여성의 비정규직화나 빈곤의 여성화를 가속화했지만, 여기에 대응하는 대안 담론이나 대안경제운동은 취약했다. 특히 우려할 점은 암울한 1970년대에도 14퍼센트의 조직률을 가졌던 여성노동자운동이 여성노조가 늘어난 2004년에 오히려 6퍼센트로 하락한 것이다. 세계화가 여성에게 새로운 기회와 선택 가능성을 높여주기는 했으나, 이는 주로 소수의 숙련된 젊은 독신여성들에게만 해당되는 듯하다. 구조조정이나 노동시장 유연화의 명목으로 여성들은 하청공장으로, 파견노동자로, 용역직으로, 특수고용직 노동자로 전락하고 있고, 종국에는 공장의 해외이전으로 인해 실업자로 내몰렸다. 2006년 8월의 통계청 자료에 따르면, 644만 명의 여성노동자 중에서 비정규직은 435만 5000여 명(67.6%)이고, 2006년 8월 여성의 저임금 노동자 비중은 전체의 42퍼센트였다. 특히 1997년 경제위기 이후 빈곤 여성가구가 급속도로 증가하고 있다.

1980년대까지 여성노동자운동은 주로 여성사업장의 여성노동자와 노동현장 외곽에서 여성노동운동을 했던 단체들, 주로 한국여성노동자협의회와 한국여성민우회에 의해 추동되었다. 그러나 1997년 이후에는 여성들만의 독자적인 노조(여성노동조합)가 결성되었고, 2004년에는 민주노총이나 한국노총 같은 전국 단위의 노동조합들이 함께 '여성노동연대회의'를 조직해 이슈별로 공동대응을 하고 있다. 이는 노동이슈를 여성노동자만의 문제가 아니라 젠더의 관점에서 접근해 가는 변화양상을 반영한다.

평화 만들기와 생태·환경 지키기

평화·통일운동

1945년 이후 분단체제에서 극심한 탄압으로 소수의 진보단체나 인사들이 통일운동의 주축을 이루었고, 여기에 여성이 설 자리는 없었다. 그러나 1980년대 기독교 여성들이 통일 문제에 관심을 갖기 시작했다. 1980년 3월, 한국기독교교회협의회가 발표한 '한국교회통일선언'에 영향을 받아 YWCA, 한국교회여성연합회, KNCC 여성위원회, 한국여신학자협의회 등이 여성적 관점에서 통일에 관한 논의를 시작했다. 1987년 여성단체연합이 창립되면서 여성통일운동에도 가속도가 붙기 시작했다. 여성단체연합은 '통일평화위원회'를 만들고 이를 중심으로 남북여성 교류, 통일 및 평화교육, 북한여성 돕기운동, 평화문화 캠페인, 반전운동 등을 전개했다. 지방에서도 부산여성회, 울산여성회, 수원여성회 등 단체가 어린이 통일캠프, 여성통일한마당, 통일기행 등을 통해 통일문제에 대한 여성들의 관심을 높여 갔다.

특히 국내외 언론의 이목이 집중되었던 사건은 남한과 북한 그리고 일본여성이 1991~1993년까지 네 차례에 걸쳐 동경, 서울, 평양에서 '아시아의 평화와 여성의 역할'이란 주제로 개최한 토론회였다. 특히 남북 간 민간교류가 거의 이루어지지 않았던 시기에 여성들은 1992년 9월, 민간단체 최초로 판문점을 넘어 평양을 방문해 남북여성 상봉을 이루어냈다. 2000년 6·15 남북공동선언 이후에는 민족화해범국민협의회, 통일연대 그리고 7개 종단이 공동으로 새해맞이, 6·15 및 8·15 민족공동행사를 해마다 개최했고 이를 통해 여성운동은 북의 여성(민주여성동맹)과 지속적인 만남을 가지고 교류를 할 수 있었다. 이는 2008년 이명박정부 등장 이후 남북관계의 악화로 민간교류가 중단될 때까지 계속되었다. 이러한 만남을 통해 남과 북의 여성들은 서로의 현실과 차이를 알게 되고, 이를 넘어 서로를 이해하면서 한반도 평화의 실현 방안을 모색하는 공동의 노력을 기울였다.

그러나 정부의 통일 정책이나 통일운동은 여전히 남성들에 의해 독점되었고, 여성들도 통일 문제에 능동적으로 참여해야 한다는 인식이 낮았다. 독일 통일 과정에서 여성의 낮은 대표성으로 많은 차별 문제가 생겨났고 성평등운동은 통일에 젠더 관점을 결합할 필요성을 절감했다. 이에 통일 정책 결정과 집행에서 민간단체와 여성의 참여를 높일 것을 요구했다. 구체적으로 남북교류나 경제협력 등에서 젠더 관점을 포함하고, 남북협력기금의 사용 등에서 성별분리통계를 요구했다. 또한 북한 어린이와 여성의 기아와 질병에 대응하는 인도주의적 지원을 우선적으로 실행할 것을 지속적으로 요구했다. 그러나 이러한 요구에 대한 결실은 아직까지 미미한 편이다.

평화를 만드는 여성회가 1997년에 창립되면서, 처음으로 평화운동을 전담하는 단체가 출범했다. 여기에서 여성이 먼저 평화운동을 시작한 점에 주목할 필요가 있다. 1990년대 말 여성들은 한국사회에서 여성이 경험하는 성차별의 상당 부분이 분단과 군부독재가 초래한 군사주의militarism와 밀접히 관련된다고 인식하기 시작했다. 우리의 일상적 삶 속에 내면화된 군사주의적인 가치나 관행을 스스로 발견하고 철폐하려는 노력의 필요성을 절감했다. 이런 문제의식은 민족주의 담론이 주축을 이루던 그간의 통일운동에서 한 걸음 더 나아가 국제 사회에서 진행되는 평화운동의 새로운 문제의식과 접목한 것이다.

여성평화운동은 무엇보다도 반전운동과 군축운동을 적극적으로 전개했다. 아프가니스탄과 이라크 전쟁에 반대하는 반전행사와 캠페인을 조직했고, 한국군의 파병 반대운동도 다른 시민사회단체와 함께 조직했다. 평화문화운동은 평화기행, 평화인형극 혹은 일상생활에서 평화를 확대하는 운동 등을 전개했다. 또한 평화를 만드는 여성회와 여성단체연합은 해외 평화운동단체의 지원을 받아 국내 최초로 '갈등해소와 관용교육'을 진행했고 이를 정부나 여러 사회기관으로 확산하는 산파 역할을 했다. 세계화의 시대에는 평화의 실현을 위한 국제연대가 매우 중요하다. 여성들은 국제 평화 NGO와 협력을 선도했다. 특히 북핵 문제 해결을 위해 설치된 6자회담에 자극을 받아 '동북아여성평화회의'가 만들어졌고, 러시아, 미국, 일본, 중국 그리고 북한 여성과 함께 동북아와 한반도의 평화체제를 모색하는 여성 6자회의로, 6년간의 지속적인 활동을 통해 국제적인 명성을 얻고 있다.

젠더와 평화주의를 결합하는 문제는 쉽지 않은 과제다. 성장 중심적 자본주의나 부국강병론에 근거한 국가주의하에 평화가 실현되기란 어렵다. 이윤을 최적화하기 위해서 최루탄과 무기, 원자력발전소를 팔아야 한다고 생각하는 한은 말이다. 성평등운동은 경쟁 사회를 넘어서는 대안문화 창안을 통해 일상 속 평화를 실현하는 방안을 고민하고 있다.

| 환경운동

1989~1990년 사이, 함께 가는 주부모임과 한국여성민우회가 직거래를 통한 유기농산물 공급, 천연세제 사용의 확산 운동, 생활협동조합운동, 음식물퇴비화운동, 탄천탐사활동 등의 여성환경운동을 시작했다. 이는 올바른 소비생활을 이끌고 무공해 농산품을 통해 환경오염을 막는 데 기여할 뿐 아니라, 국내 농업을 보호하고 나아가 대안 경제를 모색하는 목표를 지향한다. 이를 위해 경제구조와 문화 개혁이 불가피했기에, 위의 단체들은 여성학교와 여성학강좌, 여성환경학교를 통해 생태주의와 젠더 의식을 확산하

는 작업을 진행했다. 이런 활동은 소비자운동뿐 아니라 풀뿌리 대중여성조직을 아래에서부터 만들어 간다는 점에서도 의미가 있다. 이제 여성들은 행정당국과 기업에 환경오염의 책임을 묻고 올바른 정책 입안이나 생산을 요구하는 운동으로까지 나아가고 있다.

보다 통합적인 여성환경운동의 활성화를 위해, 북경세계여성대회 이후인 1996년, 여성단체연합은 환경위원회를 설치했다. 1999년에는 여성환경연대가 창립되었고, 이로써 성평등운동 내에서 환경 문제를 본격적으로 다루는 단체가 탄생했다. 일상 속에서 생태적인 삶을 실천하는 것 외에도, 보다 큰 목표로 지구생태계가 견딜 수 있는 정도만을 개발하는 지속가능한 발전sustainable development 개념과 성평등을 통합하는 문제를 제기했다. 이를 위해 우선 환경 관련 정부 정책의 의사결정 과정에 여성의 낮은 대표성을 높이고, 환경 관련 행동 계획에 젠더 관점을 통합하기를 강력히 요구하고 있다.

대안문화운동

지난 20여년 사이에 여성주의 문화운동이 활발해졌다. 우선 성평등한 미디어에 대한 관심이 높아졌고, 모니터링을 통한 대중매체 개선운동이 활발해졌다. 1984년 여성단체협의회가 여성 비하, 성역할 고정화, 성 상품화에 대한 모니터링을 시작했고, 이어 한국여성민우회와 참교육학부모회 등이 대안을 제시하는 활동을 이어갔다. 그 결과 2002년에 MBC가 미스코리아 미인대회의 생중계를 포기하게 하는 성과를 거두었다.

한국여성민우회는 1999년부터 장자 중심의 명절을 평등한 명절로 바꾸는 대중실천운동으로 '웃어라 명절 캠페인'을 전개했고, 2003년에는 '내 몸의 주인은 나―No 다이어트, No 성형' 캠페인을, 2002년에는 성평등한 직장문화 만들기의 실천 일환으로 '회식문화를 바꾸자' 캠페인을 전개해 사회적인 주목을 받았다.

출판을 통한 페미니스트 문화운동도 활성화되었다. 페미니스트 매체로 한국여성연구소에서 발행하는 《여성과 사회》와 여성주의 저술가들이 발간한 《또 하나의 문화》가 이미 1980년대 중반 출간되기 시작했다. 1992년 '여성문화예술기획'이 창립되고, 이를 중심으로 페미니스트 영화제가 해마다 개최되어 큰 인기를 끌어 왔다. 1997년에는 페미니스트 저널 《이프》가 창간되었고, 여성문화이론연구소가 창립되었다. 《여성신문》도 지금까지 그 맥을 이어오고 있다. 《일다》, 《언니네》, 《달나라 딸세포》와 같은 인터넷 매체들도 여성의 삶을 특화해 조망하면서, 페미니스트의 목소리를 담아 냈다. 이런 매체들은 페미니스트 정체성을 물으며, 여성의 욕망에 대한 새로운 담론을 만들었다. 예를 들어 이프가 주최한 '안티 미스코리아' 페스티벌은 외모를 강조하는 주류문화에 던지는 페미니스트들의 도전이었다. 그 외에도 소모임을 중심으로 영 페미니스트들 주축의 문화운동이 도처에서 진행되고 있고, 온라인상에서 진행되는 토론 문화도 활발하다.

지난 몇 년 사이 또 다른 주목할 만한 변화는 여성이 적극적인 정치 주체로 등장한 것이다. 2008년 촛불시위는 '미친 소는 너나 먹어'라는 슬로건과 함께 10대 소녀들이 거리로 나왔고, 소녀들이 소년들에 비해 사회문제에 훨씬 민감할 뿐 아니라 실천력도 뛰어남을 보여주었다. 또한, 정치적 의견을 드러내지 않던 30~40대 엄마들이 유모차를 끌고 거리로 나오면서 촛불집회가 비폭력평화시위로 자리 잡을 수 있었다. 온라인 커뮤니티 회원을 중심으로 활동해온 이 여성들의 놀랄 만한 사회의식과 참여 의지는 남성 중심의 이념이나 거대 담론에 가려 있던 '생활정치'의 의미를 환기했다. 뿐만 아니라 촛불집회에서 드러난 여성 주체의 모습은 '소수 엘리트 여성들이 전유하는 활동'이라는 그간 성평등운동의 이미지를 바꿀 수 있는 가능성을 열어주었다.

성평등운동에서도 1990년대 말 전 지구적인 소비자본주의 시대로 접어들면서 온라인이라는 의사소통 수단의 등장과 대중문화의 확산에 근거해, 문화를 통한 자기표현이 늘어나고 있다. 더불어 '영 페미니스트'로 지칭되는 새로운 세대가 운동의 주체로 떠오르고 있지만, 세대 간 소통과 연대는 아직 시작되지 않았다. 이제 올드 페미니스트와 영 페미니스트 간 연대는 향후 성평등운동의 성패를 가르는 주요한 사안이 되었다.

마지막으로 문화 영역에서 짚어야 할 것은 종교단체의 성평등운동이다. 한국의 개신교와 천주교는 엄청난 양적 규모를 지녔고, 신도의 60퍼센트 이상이 여성이다. 여성들은 교세 확장과 봉사활동의 주역을 담당하지만, 종교단체 내에는 여전히 가부장제와 권위주의가 만연해 있고, 이를 해소하기 위한 운동은 활발하지 않다. 1970년대 이래 소수의 진보적 기독교 교파 내에서 민주화운동, 인권운동, 평화통일운동을 추진하면서 성차별적이고 남성중심적인 교회문화에 저항해 왔다. 다수의 여성이 참여하는 종교단체에서 만들어지는 성평등 문화는 우리사회에서 성평등을 확산하는 디딤돌이 될 수 있을 것이다.

글로벌 시대 성평등운동과 '연대의 정치'

2000년대에는 성평등운동 내에서 다양한 이슈가 부각되고, 영 페미니스트를 비롯해 이주여성, 탈북여성, 동성애자 등 다양한 소수자 집단이 등장하면서 여성 내부의 차이가 쟁점으로 떠올랐다. 계급 문제 외에도 장애 유무, 성적 지향, 세대, 거주지, 국적 등의 차이를 중심으로 새로운 성평등운동이 등장했다. 1990년대 초반 등장한 포스트모더니즘의 영향으로 페미니스트들은 여성 내부의 차이에 주목하기 시작했고, 이런 문제의식 속에서 '정체성의 정치 politics of identity'가 화두로 떠올랐다. 새로이 일어나는 소수자 운동들이 스스로의 정체성을 만들면서 적극적인 활동을 이끌었다. 그러나 '정체성의 정치'는 성평등운동이 다양한 집단으로 분화되면서 전체 운동의 추진력을 약화시키는 한계를 드러냈다. 최근에는 서로 간의 차이를 인정하면서, 수평적 연대를 강조하자는 새로운 주장이 떠오르고 있다. 대화를 통해 성평등이라는 공동의 목표를 실현해 가는 것이다. 호주제폐지나 여성의 정치세력화 혹은 남북여성 교류에 있어서, 이념적 입장을 달리하는 여성단체들이 함께 운동을 전개한 것도 차이를 넘어 연대에 도달한 좋은 본보기다. 이런 맥락에서 새로이 등장한 영 페미니스트운동이 세대 간 차이를 넘어 기존의 성평등운동과 포용적 연대를 하는 새로운 과제로 떠오르고 있다. 청년세대가 겪는 가혹한 취업 경쟁과 젠더 문제가 교차하는 현실을 타개하기 위해서는 차이를 넘어선 연대의 정치를 통해 해결책을 찾아야 한다.

1997년 경제위기 이후 신자유주의적 세계화의 물결은 우리 사회에서 빈곤의 여성화나 여성의 비정규직화를 가속화했고, 여성은 일과 가족의 양립에 난관을 겪고 있다. 그러나 위기의 실질적인 해결을 현실화하는 데에서 성평등운동은 많은 한계를 느끼고 있다. 이런 문제들은 세제, 연금 등 복지 정책의 현실화, 여성노동권 실현 그리고 일과 가족 문제의 통합적인 접근을 필요로 한다. 이는 자본주의 구조를 보다 근원적으로 개혁하고 대안경제를 모색해야 해결 가능하기에, 이제 성평등운동과 시민사회운동이 좀 더 긴밀하게 협력해야 할 상황에 이르렀다.

서구의 새 여성운동이 '따로'를 표방하는데 비해, 한국의 성평등운동은 처음부터 '함께 그리고 따로'를 표방하면서, 시민사회운동과 때로는 연대하고, 때로는 비판하는 역동적인 관계를 유지했다. 이런 전략적 선택은 사회문제의 해결 없이 여성문제의 해결은 불가능하다는 인식에서 유래했는데, 이는 성평등운동이 지난 30년 사이에 크게 성공하는 것을 도왔다.[3] (정현백, 2013: 13~51) 실제로 〈가정폭력방지법〉이나 〈성매매방지법〉 제정 그리고 호주제 폐지 등에서 보수주의적 역풍을 막아내는 데에 다른 시민사회단체의 지원이 큰 도움을 주었다. 시민사회단체들 역시도 이런 공조를 통해 스스로의 과제와 성평등을 결합하는 방안에 대한 고민을 시작했다.

지금 신자유주의적 지구화는 성평등운동에 가장 큰 도전이고, 그에 대한 개입은 역부족이다. 이는 당장 풀어야 할 시급한 과제인 여성의 비정규직화나 빈곤 문제와 깊게 연루되어 있다. 이제 운동의 목표를 지속가능한 성평등사회, 그리고 대다수 시민이 희구하는 대안사회를 만들기 위해 장기적인 전망으로 통합적인 접근을 해야 한다. 이는 민주주의, 복지, 평화, 생태주의가 실현되는 공동체 사회라는 새로운 패러다임으로의 전환을 말한다. 이런 유토피아를 실현하기 위해 성평등운동은 시민사회운동과의 연대뿐 아니라 국제연대도 적극적으로 모색해야 한다. 연대의 정치학은 이제 지역사회local, 국가 차원national뿐 아니라 지구사회global라는 다차원적인 상황을 함께 고려해야 한다.

더 읽어보면 좋은 책

◗ 장미경, 《한국여성운동과 젠더 정치》, 전남대학교 출판부, 2006.

여성운동과 차이, 여성운동과 젠더정치, 여성주의와 시민권정치, 젠더와 여성 정책에 대한 분석을 중심으로 여성운동과 젠더의 관점을 둘러싼 최근의 논의를 잘 정리한 책이다.

◗ 정현백, 〈한국의 여성운동 60년-분단과 근대성 사이에서〉, 《여성과 역사》 4, 2006.

해방 60년을 맞이해, 해방 이후부터 2000년대에 이르기까지 한국 여성운동의 시작과 발전과정을 근대성의 실현—산업화와 민주화—의 관점에서 분석한 글이다.

◗ 한국여성단체연합, 《열린 희망. 한국여성단체연합 10년사》, 한국여성연구소, 1999.

1987년 한국여성단체연합이 출범한 후, 10년간 여성운동이 해 온 여러 분야의 활동들을 총망라해 서술했다. 특히 여성운동에 참여한 주체들이 직접 여러 활동을 자세히 소개하고, 자평한 점에서 생동감이 넘치는 귀중한 자료다.

◗ 장미경, 〈한국 여성운동의 어제와 오늘〉, 《새 여성학강의》, 동녘, 1999/2005.

해방 이후 여성운동의 역사를 시대별로 분석하고, 나아가 현대 여성운동에서 제기된 주요쟁점—성과 계급 논쟁, 보호와 평등 문제, 성매매 금지 논쟁, 차이와 연대의 문제, 여성운동의 제도화 및 대중화—을 간명하게 정리한 글이다.

1부

역사

1. 〈집안의 천사(Angel in the house)〉(1854)는 팻모어(Coventry Patmore)가 에밀리(Emily)에게 바친 시다.
2. '개인적인 것이 정치적이다'라는 슬로건은 급진적 페미니스트 그룹의 캐롤 해니쉬(Carol Hanish)가 1969년 쓴 글 'The Personal is political'의 제목이지만, 그 유래는 분명하지 않은 채 전해진 구절로 알려졌다.
3. 1991년 흑인 판사 토마스 클래런스가 대법관 후보에 오르자 역시 흑인인 법대 교수 아니타 힐이 과거 수습인 자신에게 저지른 성희롱 전력을 밝히며 인준에 반대했다. 전원 남성인 상원 법사위는 이를 성희롱으로 인정하지 않고 통과시켰다. 이 사건에 자극을 받은 여성단체는 그 해 가장 많은 여성을 의회에 진출시켰다.

이론

1. 가부장적 배당이란 전반적인 여성 종속의 결과로 남자들이 일반적으로 얻는 이익을 의미한다.
2. R. W. 코넬은 현재 호주 시드니대학 사회학과 교수로, 성전환수술을 통해 남성에서 여성으로 변화한(MTF, male to female) 트랜스젠더 여성이다. 2006년부터는 레윈 코넬(Raewyn Cornell)이란 이름으로 저작을 발표하고 있다.(코넬, 2013)

문화

1. 그러나 이누이트에서도 여성이 채집하는 새알이나 해초 등은 중요한 생계활동이며, 동물가죽으로 옷을 만드는 여성의 작업은 극지 환경에서 생명을 좌우하는 중요한 일이다. '아내 빌려주기' 역시 성적 착취의 문제라기보다는 극지 환경에서 이동 시 생존을 위한 관행으로 이해할 수 있는 측면도 있다. 이누이트의 생활세계를 재구성한 영상으로는 국내에서도 개봉했던 〈아타나주아〉(2003)라는 영화가 있다.
2. 〈세계 최초 '임신한 남자' 근황…셋째까지 낳고 '근육남' 변신〉, 온라인《중앙일보》 2011년 7월 29일자 기사.

과학

1. 기념비적 저작으로 1979년 출판된 루스 허버드(Ruth Hubbard)와 마리안 로(Marian Lowe)의 *Pitfalls in Research on Sex and Gender*(1979)를 들 수 있다. 그 외 에벌린 켈러(Evelyn Fox Keller)의 *Reflections on Gender and Science*(1985), 산드라 하딩(Sandra Harding)의 *The Science Question in Feminism*(1986) 그리고 하러웨이의 *Simians, Cyborgs, and Women*(1991) 또한 이 분야의 고전 반열에 올라 있다. 이들 중 상당수는 이미 우리말로 번역이 되어 있다. 원저와 번역본의 자세한 서지사항은 더 읽어보면 좋은 책과 참고문헌에 소개한다.
2. 이러한 흐름은 사회과학에서도 과학 지식을 주어진 것으로 전제하는 것이 아니라 여타의 사회적 현상과 마찬가지로 비판적으로 고찰하고 분석하는, 과학지식사회학 그리고 이를 포괄하는 과학학(Science and Technology Studies, STS)의 연구 경향과도 함께 한다. 이러한 과학학의 형성과 발전을 보면 페미니스트 연구의 기여가 중요한 부분을 차지한다.(하정옥, 2008)
3. 앞으로 제시할 성차에 관한 과학적 지식은 그 구별의 기준이 거의 그대로 인종 차이에도 적용된다.
4. 다음 소절의 내용은 하정옥(1999)의 글을 참조했다.
5. 비슷한 용어로 혼동을 일으키는 연구 분야로 골상학(phrenology)을 들 수 있다. 골상학은 두뇌의 각 부분이 각자 특정 기능과 역할을 맡고 있다는 접근이고, 두개골학은 말 그대로 두개골의 형태적 특징으로 개인 혹은 집단의 우열을 가릴 수 있다는 접근이다.
6. 사회생물학이라는 용어를 윌슨이 처음 창안해낸 것은 아니고, 윌슨의 이 책이 발간되기 전에도 생물학 학회에서 소분과의 명칭으로 간혹 사회생물학 분과가 있었다고 한다. 그렇지만 사회생물학이라는 용어가 대중적으로 알려지고 오늘날과 같은 의미로 사용된 계기는 분명 윌슨의 1975년 책 발간이다. 이 책의 한국어 번역본으로《사회생물학》(이병훈·박시룡 옮김, 민음사, 1992)을 참조하라.
7. 성 선택 개념은, 찰스 다윈의《인간의 유래》라는 책의 핵심적 개념이다. 이 책은 1871년에 발간되었다. 다윈의 기념비적 저작《종의 기원》이 1859년에 발간되었으므로, 이 책《인간의 유래》에는《종의 기원》발간 후 12년 동안의 여러 논란에 대한 답변을 다윈 이론의 성숙기에서 서술하고 있다. 특히《인간의 유래》는 그 제목에서 볼 수 있듯이《종의 기원》에서는 다루지 않았던 인간의 진화 문제를 본격적으로 다루고 있다.
8. 이에 대한 자세한 논의는 하워드 케이의《현대 생물학의 사회적 의미》를 참조하라.
9. *Science* 260(5106), 1993년 4월 15일자 기사, p. 428.

섹슈얼리티

1. 한국성폭력상담소 http://www.sisters.or.kr/index.php/subpage/about/1)
2. 여성가족부, 〈2012년 실태조사 자료〉, 2010/2012; 국가인권위원회, 〈성희롱 진정사건 백서〉, 2012; 대검찰청, 2010년 자료; 한국성폭력상담소, 2006년 상담통계, 2006/2009 참조해서 재구성했다.
3. 여성가족부, 〈2010 성매매실태조사 보고서〉, 2010; 경찰청, 2013년 내부 자료 참조해서 재구성했다.

이주

1. 외교통상부 재외동포 현황 통계

2. 행정안전부가 매년 발표하는 외국인주민 통계에 따르면, 2012년 1월 현재 한국에 거주하는 결혼이주자는 모두 14만 4214명이고, 결혼 후 한국 국적을 취득한 혼인귀화자를 합하면 모두 22만 687명에 이른다. 이 중 여성은 19만 5789명으로 전체의 89.2퍼센트다.(행정안전부 홈페이지 http://www.mopas.go.kr)

3. 〈다문화가족지원법〉에 따르면, 다문화가족은 결혼이민자와 한국국적자로 이루어진 가족이다. 이 때 한국 국적자는 출생 시부터 국민이었던 사람, 그리고 귀화나 인지로 한국인이 된 사람도 포함한다. 또한 국적은 한국인이어도, 인지 또는 귀화에 의해 한국인이 된 사람이 가족에 포함된 경우 다문화 가족에 속한다. 결혼이민자가 귀화해 한국국적을 취득한 이후에도 일정 기간 동안에는 다문화 가족으로서 정책적인 지원을 받을 수 있다.

4. 인권에 관한 국제조약들은 국적, 주권, 평등, 이동, 시민권, 가족 등을 중요한 내용으로 언급하며 일종의 초국적 법(transnational law)으로서 영향력을 갖고 있다. 대표적인 것은 1948년 인권선언(Universal Declaration of Human Rights, UDHR), 1951년 난민조약(the Convention on Refugee), 1966년 시민·정치권 규약(International Covenant on Civil and Political Rights, ICCPR) 및 그와 관련된 가족 재결합 조항(Comments on Family Reunification), 같은 해에 발표된 경제·사회·문화권 규약(International Covenant on Economic, Social, and Cultural Rights, ICESCR), 그리고 1981년 발표된 여성차별철폐협약(Convention on the Elimination of All forms of Discrimination against Women, CEDAW)이다.

5. 일본 가와사키 시에서 모어(母語) 교육을 위해 '라이콤 다문화 교실'을 설립한 박해숙 씨의 사례다. 박해숙 씨는 가와사키 시의 외국인대표자회의 위원으로도 활동했다.

2부

연애

1. 〈사랑은 88만 원보다 비싸다〉,《한겨레21》 2009년 8월 4일자 기사.

몸

1. 〈대한민국은 성형 중〉,《서울신문》 2014년 1월 27일자 기사를 참조해 재구성.
2. 〈다이어트 시장 어디까지 왔나〉,《한경비즈니스》 2012년 7월 4일자 기사.
3. 〈비만의 양극화 심화〉,《서울신문》 2014년 1월 16일자 기사.
4. 〈소득 많을수록 운동 더 하고 날씬, 특히 여성, 소득 많을수록 비만율 낮아〉,《아시아투데이》 2014년 2월 6일자 기사.
5. 〈AFP "뼈를 깎는 한국여성들 놀라워라!"〉,《오마이뉴스》 2013년 5월 29일자 기사.

가족

1. 통계청의 〈한국의 사회동향 2013〉에 따르면, 직장과 학업으로 인해 배우자나 미혼자녀가 다른 지역에 살고 있는 가구는 2012년 전체 가족의 19.6퍼센트에 이르고 있다.
2. 보건복지부의 〈빈곤실태조사〉에 따르면, 88만여 기초생활수급 가구의 60퍼센트가 1인 가구다.(《한겨레신문》 2012년 8월 29일자 기사).
3. 이혼율 급증에 따라 성급한 이혼을 막는다는 취지로 2007년에 도입되어 2008년에 시행된 제도다. 이 제도에 근거해 자녀가 있는 경우에는 3개월, 자녀가 없는 경우에는 1개월의 숙려 기간을 갖도록 한다.
4. 〈늘어나는 황혼결혼〉, 《한겨레신문》 2012월 5월 20일자 기사.

노동

1. 이 글은 류희수 작가와의 인터뷰 기사다. 류희수는 울산에서 태어나고 자랐으며 대학 입학 후 서울을 처음 마주했다. 연세대학교 생활디자인과를 졸업하고 3년 내내 방황했다. 그 후 마음만은 평화로운 프리랜서 일러스트레이터로 일하며 홍대에 있는 벨기에 와플집에서 알 바를 겸하고 있다.
2. 〈기업들 졸업생 채용 차별 안한다지만〉, 《한국경제신문》 2013년 12월 12일자 기사.
3. 월평균 최저임금의 계산은 2011년 최저임금 4320원을 월 단위로 환산한 90만 2880원으로 추정했다.(한국비정규노동센터, 〈통계로 본 한국의 비정규노동자〉, 2011. 07.)
4. 자세한 내용은 강이수 외, 《여성과 일》(개정판, 2014)에서 관련 부분과 고용노동부 관련 홈페이지를 참고하라.

남성성

1. 남성성과 남성다움의 구분에 대해서는 이명호의 논의에서 가져왔다. (〈감 잃은 올드보이의 '남성다움' 구출 프로젝트〉, 《프레시안》 2010년 7월 30일자 기사)
2. 최근에는 군대와 관련해서 묘하게 다른 지점도 나타나고 있다. 군대에서 세상에 다양한 사람이 많다는 것을 처음 경험하고 차이와 공존하는 법을 배웠다고 말하는 남성들이 나타나고 있다. 가장 획일화되고 위계적인 곳에서 이런 역설이 가능해지는 것은 그만큼 학교와 사회가 동일화되고 있다는 것의 반증이기도 하다. 나는 이 현상을 대학생들과의 대화에서 알게 되었고 그에 대해 《우리가 잘못 산 게 아니었어》(2011)에 좀 더 자세하게 기술했다.
3. 남성동성사회와 에로티시즘, 동성애공포 등에 대해서는 모스(2003), Sedgwick(1985)를 참조하라.
4. 이 세 가지의 구분에 대해서도 역시 앞의 모스 등의 논의를 참고하라.
5. 루저문화에 대한 정의와 특성, 그리고 양상에 대해서는 전적으로 〈한국사회에서 '루저문화'의 등장과 남성성의 재구성〉(안상욱, 2011)을 참조했다. 그는 루저문화를 "신자유주의 경제위기와 청년실업이라는 사회경제적 배경" 속에서 "생계부양자로서의 남성의 지위가 붕괴"되고 다른 한편에서는 "여성주체의 부상"의 결과 "남성의 위기가 심화"된 상황에서 태어났다고 말한다. 루저문화의 특징은 이런 위기를 한편에서는 "가부장적인 남성성으로부터 명확한 거리두기를 시도"하지만 다른 한편에서는 "여성혐오적 태도를 보이거나 남성성을 보충하려는

경향"을 띤다고 말한다. 자세한 것은 그의 논문을 참조하라.

6. 아래에 나오는 예능 프로그램에서의 찌질함과 우정, 형제애와 감동에 대한 논의는《예능은 힘이 세다》(김은영, 2011)를 참조했다. 특히 사회적 협력 문제에 대한 관심에서 왜 예능 프로그램에서는 유독 남성 간의 '우정'을 강조하는지에 대해, 이 책의 저자와 비슷한 생각을 하고 사회문화적 분석을 하던 차에 만난 책이다. 동시대성을 발견한 책이라고 할 수 있다.

미디어

1. 이 글은 Idol republic: the global emergence of girl industries and the commercialization of girl bodies, Journal of Gender Studies, 20:4, 333-345로 발표된 바 있고, 이후에 재구성 및 수정이 이루어졌다.
2. 양현석, 이수만, 박진영의 음악 커리어와 이들이 이끄는 기획사의 정향성 그리고 각 소속 아이돌 집단의 개성이 각각 일관되게 특징화되는 방식은 차우진(2009)을 참고하라.
3. 정민우와 이나영의 표현을 빌린다.
4. 여기서 묘사된 내용은 소녀시대 등 2008~2009년에 등장한 초기 아이돌을 중심으로 한 것이다. 오늘날 아이돌의 스타일은 상당히 다양하게 분화되어 구체적인 스타일에는 차이가 많다. 그러나 과잉된 여성성과 탈성애화된 아동의 모습이 모호하고 복합적으로, 구성되어 있다는 점에서 근본적인 공통성을 지닌다고 할 수 있다.
5. 〈동방신기가 日에 아로새긴 K-POP… '걸그룹' 카라·소녀시대가 계보 잇나〉,《쿠키뉴스》 2010년 9월 7일자 기사.

3부

복지

1. 〈비상등 켜진 정신질환: 가장 흔한 정신질환, 불안병〉,《국민일보》 2012년 8월 12일자 기사.
2. 출생아 수 대비 육아휴직 이용률은 출생아 부모 전체가 근로를 하고 있는 것으로 가정한 계산수치다. 따라서 육아휴직 이용률이 정확한 수치로 보기는 어려우나, 육아휴직 이용의 전반적 상황을 가늠할 수 있게 해 준다.
3. 가족요양비는 노인을 돌보는 가족에게 지급되는 현금급여로, 낙도와 같이 지역적으로 요양기관이 방문하기 어렵거나, 신체적 및 정신적 이유로 가정 내 돌봄을 해야 하는 경우에 지급되고 있다. 장기요양 인정수준(1~3등급)을 불문하고 월액 15만 원을 지급하고 있다. 가족요양사는 노인 장기요양보험서비스의 인정(1~3등급)을 받은 고령자를 돌보는 가족원이 요양보호사 자격을 취득하여 수발하는 경우에 요양급여를 주는 제도다. 동거하는 가족이거나 동거하지 않는 가족 모두에게 해당된다.
4. 보육 부문 임금수준과 근로조건을 비교해 보면 국공립보육교사(150~160만 원) 〉 민간보육교사(110~120만 원) 〉 아이돌보미(100만 원 이하) 수준으로 층화되어 있다.(보건복지부, 2010)

정책

1. 여성공무원채용목표제는 1996년~2002년 사이에 실시되었고, 2003년부터는 남성이든 여성이든 어느 한쪽이 합격자의 70퍼센트를 넘지 않도록 하는 양성평등채용목표제로 바뀌었다.

2. 세계경제포럼의 성 격차 지수(Gender Gap Index)는 경제활동 참여와 기회, 교육수준, 건강과 수명, 정치세력화 등 네 가지 영역에서의 성별 격차를 측정한다.

3. Rees, 2005; Verloo and Lombardo, 2007; Walby, 2005; Squires, 2005 등의 논의를 활용해 재구성한 것이다.

4. 그러나 여성의 정치적 대표성이라는 의제 자체에 대한 논쟁이 완전히 불식된 것은 아니라는 점에서 성평등 의미가 완전히 '고정'된 것으로 보는 데는 한계가 있다. 현재 법적 의무사항인 여성공천할당제는 비례대표 후보 공천에만 적용되며 지역구는 여성 30퍼센트를 권고사항으로 하고 있다. 2012년 19대 총선에서 민주통합당은 지역구 여성공천 비율을 15퍼센트 이상으로 확대하기로 결정한 바 있으나 '역차별'이라는 당내 반발에 따라 무력화되었고 실제 지역구 공천자 중 여성 비율은 8.5퍼센트에 불과했다.

5. 〈표 2〉에서 정리된 주요 법·제도와 주요 정책 방향 및 의제는 대부분 새롭게 도입된 여성정책을 중심으로 하되 해당 시기 정책의 변화에서 주요 쟁점이 되었던 내용을 추가적으로 포함한 것이다.

6. 각 부처에서의 여성 문제에 관한 정책을 종합적으로 심의하기 위한 기구로서 국무총리를 위원장으로 하고, 부위원장 2인 등 20인 이내의 위원으로 구성되었다.

7. 1984년에 비준했으며, 1985년 1월 26일부터 발효됐다.

8. 세계화추진위원회는 김영삼 대통령의 세계화 구상에 의해 1995년 출범한 민-관 합동 기구이며, 여성의사회참여확대방안을 포함해 12대 중점과제를 제시한 바 있다.

9. 1. 민간참여를 통한 보육시설의 확대 및 내실화 2. 방과 후 육아지도제도 도입 3. 학교급식의 전면적 확대 4. 여성의 공직참여비율 제고 목표 설정 5. 공기업 신규 채용 시 여성고용 인센티브 제도 도입 6. 모성보호 비용의 사회적 분담체계 확립 7. 여성인력 양성체계 확충·개선 8. 여성관련 정보 네트워크 구축 9. 〈여성발전기본법〉(가칭) 제정 추진 10. 대중매체를 통한 성차별 의식 개선

10. 법무부, 행정자치부, 교육부, 보건복지부, 농림부 등 성평등 업무와 관련성이 높은 5개 주요 부처에 여성정책담당관실을, 노동부에는 근로여성정책과를 두어 각 부처 내에서 성평등 업무를 추진하도록 했다.

11. 보육업무가 이관된 이후인 2004년 여성부 예산은 4,523억 원으로 2003년 435억 원 대비 10배 이상 증가했다.(원시연, 2006: 97)

12. 2차 여성정책기본계획의 네 가지 목표는 1. 남녀의 조화로운 동반자 관계 형성 2. 지식기반사회 여성의 경쟁력 강화 3. 사회 각 분야 여성의 대표성 제고 4. 여성의 복지증진 및 인권보호 강화다.

13. 여성가족부에서 발의한 〈여성정책기본법〉과 신낙균 의원이 대표 발의한 〈성평등기본법〉이 〈여성발전기본법〉의 전면개정안으로 18대 국회에 상정되었으나, 제명을 비롯한 몇 가지 쟁점에 대한 합의점을 찾지 못해 시간을 끌다가 18대 국회 임기 만료로 자동폐기되었다.

운동

1. 서구의 페미니스트운동과 달리 한국에서는 위에서 언급한 대로 '함께 그리고 따로'의 전략을 구사하면서 시민사회운동과 일정하게 연대와 협력전략을 선택한 점, 그리고 서구의 경우보다는 훨씬 적극적으로 가난한 여성이나 여성노동자의 생존권 문제에 상당히 적극적으로 개입한 점에서 성평등운동의 한국적 특성을 드러냈다.
2. 정부도 제1차 여성발전 기본계획에서부터 양성평등(gender equality)이라는 용어를 사용하기 시작했는데, 이는 정부가 여성 문제만 다룬다는 비판을 모면하기 위한 방법의 일환으로 젠더를 강조한 측면이 있다. 이를 선진적인 정책으로 단순하게 규정하기는 어렵다.
3. 그러나 한국의 진보적 여성운동이 민족주의적 사회운동과 공조하였다는 비판이 제기되면서, '민족과 페미니즘'을 둘러싼 논쟁이 한국 내에서, 그리고 일본과 한국여성 사이에 진행되기도 했다.

참고문헌

1부

역사

고정갑희 외(2012), 《여성주의 고전을 읽는다》, 한길사.

권형진(2006), 〈나치 독일의 여성정책: 여성의 사회적·경제적 역할 변화를 중심으로〉, 《통일인 문학논총》 44.

김경일(2004), 《여성의 근대, 근대의 여성》, 푸른역사.

김수진(2009), 《신여성, 근대의 과잉》, 소명출판.

김인선(2013), 〈1964년 '자유여름'에서 성의 정치학〉, 《여성학연구》 23(1).

김학이(2013), 《나치즘과 동성애》, 문학과지성사.

박노자(2009), 《씩씩한 남자만들기》, 푸른역사.

박형지·설혜심(2004), 《제국주의와 남성성》, 아카넷.

유정희(2003), 〈나치 독일의 가족과 인구정책〉, 《서양의 가족과 성》, 한국서양사학회 엮음, 당대.

이금윤(1990), 〈서독의 새여성운동〉, 《여성과 사회》 창간호, 창작과비평사, p. 359.

이남희(2010), 〈페미니즘과 여성해방운동: 일상을 바꾼 파도〉, 《세계화 시대의 서양 현대사》, 아 카넷.

이영아(2011), 《예쁜 여자 만들기》, 푸른역사.

정현백(2007), 《여성사 다시쓰기》, 당대.

조국(2003), 〈음란물 또는 포르노그래피 소고〉, 《서울대학교 법학》 44(4).

최재인 외(2011), 《서양 여성들, 근대를 달리다》, 푸른역사.

한국서양사학회 엮음(2011), 《몸으로 역사를 읽다》, 푸른역사.

도노번, 조세핀(1999), 〈1장〉, 《페미니즘 이론》, 김익두 옮김, 문예출판사.

드워킨, 안드레아(1996), 《포르노그라피》, 동문선.

로보섬, 실라(2012), 《아름다운 외출》, 최재인 옮김, 삼천리.

맥키넌, 캐서린 A.(1997), 《포르노에 도전한다》, 신은철 옮김, 개마고원.

미즈, 마리아(2014), 《가부장제와 자본주의》, 최재인 옮김, 갈무리.

보스톤여성건강서공동체(2005), 《우리 몸 우리 자신》, 또문몸살림터 옮김, 또하나의문화.

브라운, 크리스티나 폰(2002), 《젠더연구》, 탁선미 옮김, 나남.

스콧, 조앤 W.(2009), 《Parite! 성적 차이가 민주주의에 도전하다》, 오미영 외 옮김, 인간사랑.

스콧, 조앤 W.·틸리, 루이스 A.(2008),《여성 노동 가족》, 김영 외 옮김, 후마니타스.

알리, 타리크 외(2001),《1968》, 안찬수 옮김, 삼인.

울스턴크래프트, 메리(2008),《여권의 옹호》, 손영미 옮김, 한길사.

위스너-행크스, 메리 E.(2006),《젠더의 역사》, 노영순 옮김, 역사비평사.

콘보이, 케티 외(2001),《여성의 몸, 어떻게 읽을 것인가》, 고경하 옮김, 한울.

통, 로즈마리(2010),《21세기 페미니즘 사상》, 이소영 외 옮김, HSMEDIA.

프레이저, 로널드(2002),《1968년의 목소리》, 안효상 옮김, 박종철출판사.

프리단, 베티(2005),《여성의 신비》, 김현우 옮김, 이매진, p. 54.

훅스, 벨(2010),《페미니즘》, 윤은진 옮김, 모티브북.

Freeman, Jo(1998), "On the Origins of the Women's Liberation Movement from a Strictly Personal Perspective", *Feminist Memoir Project*, Rachel Blau DuPlessis & Ann Snitow(ed.), New York: Three Rivers Press, pp. 171~196.

Offen, Karen(1988), *'Defining Feminism: A Comparative Historical Aproach' in Signs*, 14(1), pp. 119~157.

이론

김귀옥·김순영·배은경(2006),《젠더연구의 방법과 사회분석》, 다해.

김수정(2006),〈젠더 정체성, 개념적 계보와 이론적 딜레마〉, 김귀옥, 김순영, 배은경 편 《젠더연구의 방법과 사회분석》, 다해.

김현미(2005),〈여성학의 이해〉,《일상의 여성학》, 박영사.

임옥희(2006),《주디스 버틀러 읽기》, 여성문화이론연구소.

난다, 세레나(1999),《남자도 여자도 아닌 히즈라》, 김경학 옮김, 한겨레신문사.

로버, 주디스(2005),《젠더 불평등》, 최은정 외 옮김, 일신사.

미즈, 마리아·시바, 반다나(2000),《에코페미니즘》, 손덕수 외 옮김, 창비.

버틀러, 주디스(2008),《젠더트러블》, 조현준 옮김. 다해.

보부아르, 시몬 드(2009),《제 2의 성》, 이희영 옮김, 동서문화사.

브라운, 크리스티나 폰·슈테판, 잉에(2002),《젠더연구》, 탁선미 외 옮김, 나남.

애거, 벤(1996),《비판이론으로서의 문화연구》, 김해식 옮김, 옥토, p. 228.

월터스. 수잔나(1999),《이미지와 현실 사이의 여성들》, 김현미 외 옮김, 또하나의문화.

코넬, R. W.(2013),《남성성/들》, 안상욱·현민 옮김, 이매진.

콜린스, 패트리샤 힐(2009),《흑인 페미니즘 사상》, 박미선·주해연 옮김, 일신사.

Buckingham, Susan(2004), "Ecofeminism in the twenty-first century", *Geographical Journal* 170(2), p.152.

Crenshaw, Kimberlé W.(1991), "Mapping the Margins: Intersectionality, Identity Politics, and Violence against Women of Color", *Stanford Law Review* 43(6), pp. 1241~1299.

Fordham M.(2003), "Gender, disaster and development: the necessity for integration",

Natural disasters and development in a globalizing world, Pelling M.(ed.), London: Routledge.

Knudsen, Susanne(2007), "Intersectionality—A Theoretical Inspiration in the Analysis of Minority Cultures and Identities in Textbooks", *Caught in the Web or Lost in the Textbook?*, pp. 61~76.

Mesina, Rita Marie L.(2009), "A Take on Ecofeminism: Putting an Emphasis on the Relationship between Women and the Environment.", *Ateneo Law Journal* 53(4), pp. 127~129.

_____(2009), "A Take on Ecofeminism: Putting an Emphasis on the Relationship between Women and the Environment.", *Ateneo Law Journal* 53(4), pp. 1120~1146.

Rich, Adrienne(1986), *Blood, Bread, and Poetry: Selected Prose 1979-1985*, New York: Norton.

Warren, Karen(2000), *Ecofeminist Philosophy*, Lanham, MD: Rowman and Littlefield.

문화

김민정(2012), 〈필리핀 여성의 젠더화된 이주: 한국의 사례〉, 《한국여성학》 28(2), pp. 33~74.

이연정(1995), 〈여성시각에서 본 '모성론'〉, 《여성과 사회》 6, pp. 160~183.

한국문화인류학회 편(2006), 〈문화와 인성〉, 〈성과 문화〉, 〈차이와 불평등〉, 〈친족과 혼인〉, 《낯선 곳에서 나를 만나다》, 일조각.

한국문화인류학회 편(2003), 〈루시에서 사이보그까지: 인간의 진화이야기〉, 〈여성성과 남성성〉, 〈혼인과 가족〉, 《처음 만나는 문화인류학》, 일조각.

고들리에, 모리스(2003), 〈아이를 만드는데 한 남자와 한 여자로는 충분하지 않다〉, 《인류학은 서구의 학문인가?》, 아카넷.

니시카와, 나가오(2006), 《국경을 넘는 방법》, 한경구 외 옮김, 일조각.

러너, 거다(2004), 《가부장제의 창조》, 강세영 옮김, 당대.

로잘도, 미셸 외(2008), 《여성·문화·사회》, 권숙인 외 옮김, 한길사.

류웰린, 테드(1995), 〈전산업사회의 정치체계의 유형〉, 〈여성과 권력〉, 《정치인류학》, 한경구 외 옮김, 일조각.

바댕테르, 엘리자베트(2002), 〈양성의 시원적 상호 보완성〉, 〈여성의 권한에서 권한의 분배로〉, 〈절대적 가부장 제도 혹은 모든 권한의 몰수〉, 《남과 여》, 최석 옮김, 문학동네.

요한슨, 도널드 외(1996), 〈직립보행과 성선택〉, 《최초의 인간 루시》, 이충호 옮김, 푸른숲.

쿠퍼, 애덤(2000), 〈사냥군 남성과 채집자 여성〉, 〈최초의 가족〉, 《네안데르탈인 지하철 타다》, 유명기 옮김, 한길사.

키징, 로저(1990), 〈친족, 혈통, 사회구조〉, 〈혼인, 가족, 공동체〉, 《현대문화인류학》, 전경수 옮김, 현암사.

Clifford, James(1997), *Travel and Translation in the Late Twentieth Century*,

Cambridge and London: Harvard University Press.

Davies, Sharyn Graham(2006), "Thinking of Gender in a Holistic Sense: Understandings of Gender in Sulawesi, Indonesia", *Gender and the Local-Global Nexus: Theory, Research, and Action (Advanced in Gender Research)* 10, pp. 1~24.

Linnekin, Jocelyn(1990), *Sacred Queens and Women of Consequence: Rank, Gender, and Colonialism in the Hawaiian Islands*, Ann Arbor, Michigan: Michigan University Press.

Rubin, Gayle(1975), "The Traffic in Women : Notes on the "Political Economy" of Sex", *Toward an Anthropology of Women*, Rayna R. Reiter(ed.), New York: Monthly Review Press.

Shanshan Du(2003), *Chopsticks Always Work in Pairs*, New York: Columbia University Press.

Weiner, James F.(1986), "The Forbidden Sex in the New Guinea Highlands", *Reviews in Anthropology* 13(4), pp. 324~330.

과학

하정옥(1999), 〈남녀의 생물학적 차이, 그 역사와 함의〉, 《남성의 과학을 넘어서—페미니즘의 시각으로 본 과학·기술·의료》, 오조영란 외 엮음, 창비.

하정옥(2008), 〈페미니스트 과학기술학의 과학과 젠더 개념: 켈러, 하딩, 하러웨이의 논의를 중심으로〉, 《한국여성학》 24(1), pp. 51~82.

다윈, 찰스(2006), 《인간의 유래》 2권, 김관선 옮김, 한길사.

윌슨, 에드워드(1992), 《사회생물학》, 이병훈·박시룡 옮김, 민음사.

푸코, 미셸(1993), 《임상의학의 탄생》, 홍성민 옮김, 인간사랑.

Fausto-Stering, A.(1985), *Myths of Gender: Biological Theories about Women and Men*, New York: Basic Books.

Fee, E.(1979), "Nineteenth-Century Craniology: The Study of the Female Skull", *Bulletin of the History of Medicine* 53, pp. 415~433.

Fisher, J. A.(2011), "Gendering Science: Contextualizing Historical and Contemporary Pursuits of Difference", *Gender and the Science of Difference: Cultural Politics of Contemporary Science and Medicine*, J. A. Fisher(ed.), New Brunswick: Rutgers University Press.

Haraway, D. J.(1991), *Simians, Cyborgs, and Women: The Reinvention of Nature*, New York: Routledge.

Harding, S.(1986), *The Science Question in Feminism*, Ithaca: Cornell University Press.

Harding, S.(1989), "How the Women's Movements Benefits Science: Two Views", *Women's Studies International Forum*, 12(3), pp. 271~283.

Hubbard, R. & M. Lowe(1979), *Pitfalls in Research on Sex and Gender,* New York: Gordian Press.

Hyde, J. S. & S. M. Lindberg & M. C. Linn & A. B. Ellis & C. C. Williams.(2008), "Gender Similarities Characterize Math Performance", *Science* 321(5888), pp. 494~495.

Keller, E. F.(1985), *Reflections on Gender and Science,* New Haven: Yale University Press.

Laqueur, Thomas(1990), *Making Sex: Body and Gender from the Greeks to Freud,* New York: Harvard University Press.

Martin, E.(1992/1987), *The Woman in the Body: A Cultural Analysis of Reproduction (: With a New Introduction),* Boston: Beacon Press.

Milam, E. L.(2010), "Beauty and the beast? Conceptualizing sex in evolutionary narratives", *Biology and Ideology: From Descartes to Dawkins,* D. R. Alexander and R. L. Numbers(eds.), Chicago and London: The University of Chicago Press.

Oudshoorn, N.(1994), *Beyond the Natural Body: An Archeology of Sex Hormones,* London: Routledge.

Wassmann, C.(2011), "Evaluating Threat, Solving Mazes, and Having the Blues: Gender Differences in Brain-Imaging Studies", *Gender and the Science of Difference: Cultural Politics of Contemporary Science and Medicine,* J. A. Fisher(ed.), New Brunswick: Rutgers University Press.

Wijngaard, M. v. d.(1994), "Feminism and the Biological Construction of Female and Male Behavior", *Journal of the History of Biology* 27(1), pp. 61~90.

섹슈얼리티

김은실(2006), 〈지구화 시대 한국사회 성문화와 성 연구방법〉,《섹슈얼리티 강의, 두 번째》, 동녘.

서동진(2002), 〈섹슈얼리티와 이데올로기: 냉소적 성정치학과 그 한계〉,《문화과학》 30, pp. 161~175.

성정숙·이나영(2010), 〈사회복지학에서 '성적 소수자' 연구동향과 인식론적 전망: 페미니스트 섹슈얼리티 이론의 가능성〉,《사회복지연구》 41(4), pp. 5~44.

손정목(2002), 〈공창(유곽)이 폐지된 과정〉,《도시문제》 402, pp. 69~76.

이나영(2005), 〈성매매: 여성주의 성정치학을 위한 시론〉,《한국여성학》 21(1), pp. 41~85.

_____(2009a), 〈급진주의 페미니즘과 섹슈얼리티: 역사와 정치학의 이론화〉,《경제와 사회》 82, pp. 10~37.

_____(2009b), 〈여성주의 성노동 논의에 대한 재고〉,《경제와 사회》 84, pp. 132~157.

이성은(2005), 〈섹슈얼리티와 성문화〉,《새여성학강의》, 동녘.

조영미(2007), 〈섹슈얼리티, 욕망과 위험 사이〉,《여성학》, 미래인.

윅스, 제프리(1994),《섹슈얼리티》, 서동진 옮김, 현실문화연구, p. 19.

푸코, 미셸(1990),《성의 역사》, 이규현 옮김, 나남.

훅스, 게일(2005), 《섹슈얼리티와 사회》, 임인숙 옮김, 일신사.

Beauvior, Simone de(2003/1953), "The Second Sex, 'Introduction'", *Feminist Theory Reader*, McCanne, Carole R. & Kim, Seung-kyung(eds.), New York: Routledge, pp. 32~40.

Bhattacharyya, Gargi(2002), *Sexuality and Society*, New York: Routledge.

Bunch, Charlotte(2003/1972), "Lesbians in Revolt", *Feminist Theory Reader*, Carole R. McCanne& Kim, Seung-kyung(eds.), New York: Routledge, pp. 83~87.

Butler, Judith(1990), *Gender Trouble: Feminism and the Subversion of Identity*, New York: Routledge.

Fireston, Shulamith(1997/1970), "The Dialectic of Sex", *The Second Wave: A Reader in Feminist Theory*, Linda Nicholson(ed.), New York: Routledge, pp. 11~18.

Gerhard, Jane(2001), *Desiring Revolution: Second-Wave Feminism and the Rewriting of American Sexual Thought 1920 to 1982*, New York: Columbia University Press.

Hooks, Bell(2000), *Feminism is for Everybody*, Cambridge, MA: South End Press.

Jackson, Stevi & Sue Scott(1997), "Sexual Skirmishes and Feminist Fractions: Twenty-Five Years of Debate on Women and Sexuality", *Feminism and Sexuality: A Reader*, Stevi Jackson & Sue Scott(eds.), New York: Columbia University Press.

Kelly, Liz(1988), *Surviving Sexual Violence*, MN, Minneapolis: University of Minnesota Press

Koedt, Anne(2003/1969), "The Myth of the Vaginal Orgasm", *Feminist Theory Reader*, Carole R. McCanne & Seung-kyung Kim(eds.), New York: Routledge.

Lancaster, Roger N. & Micaela di Leonardo(1997), "Introduction", *The Gender/Sexuality Reader: Culture, History, Political Economy*, Roger N. Lancaster & Micaela di Leonardo(eds.), New York: Routledge.

Laqueur, Thomas(1990), *Making Sex: Body and Gender from the Greeks to Freud*, New York: Harvard University Press.

Mackinnon, Catharine A.(1997/1987), "Sexuality", *The Second Wave: A Reader in Feminist Theory*, Linda Nicholson(ed.), New York: Routledge, pp. 158~180.

Marinucci, Mimi(2010), *Feminism is Queer*, London: Zed Books.

Oakely, Ann(1972), *Sex, Gender, and Society*, New York: Harper & Row.

Oudshoorn, Nelly(2006), "Sex and the Body", *An Introduction to Women's Studies: Gender in a Transnational World*, Inderpal Grewal & Caren Kaplan(eds.), New York: McGraw-Hill.

Radicallesbians(1997/1970), "The Woman Identified Woman", *The Second Wave: A Reader in Feminist Theory*, Linda Nicholson(ed.), New York: Routledge, pp. 153~157.

Rich, Adrienne C.(1980), *Compulsory Heterosexuality and Lesbian Existence*, IN:

Onlywomen Press.

Rubin, Gale(1997/1975), "The Traffic in Women: Notes on the Political Economy of Sex", *The Second Wave: A Reader in Feminist Theory*, Linda Nicholson(ed.), New York: Routledge, pp. 27~62.

_____(1984), "Thinking Sex: Notes for a Radical Theory of the Politics of Sexuality", *Pleasure and Danger: Exploring Female Sexuality*, Carol Vance(ed.), Boston: Routledge & Kegan Paul, pp. 267~319.

Somerville, Siobhan. B.(1997), "Scientific Racism and the Invention of the Homosexual Body", *The Gender/Sexuality Reader: Culture, History, Political Economy*, Roger N. Lancaster & Micaela di Leonardo(eds.), New York: Routledge.

Sullivan, Mary L.(2007), *Making Sex Work: A Failed Experiment with Legalized Prostitution*, North Melbourne, Vic: Spinifex Press.

Vance, Carole S.(2006/1989), "Social Construction Theory: Problems in the History of Sexuality", *An Introduction to Women's Studies: Gender in a Transnational World*, Inderpal Grewal and Caren Kaplan(eds.), New York: McGraw-Hill, pp. 29~32.

Weeks, Jeffrey & Janet Holland & Matthew Waites(2003), *Sexualities and Society: A Reader*, Oxford: Polity.

Wittig, Monique(2003/1981), "One Is Not Born a Woman", *Feminist Theory Reader*, Carole R. McCanne and Seung-kyung Kim(eds.), New York: Routedge, pp. 249~254.

이주

강혜령(2011), 〈초국가적 여성공동체와 지구적 정의〉, 《글로벌 아시아의 이주와 젠더》, 허라금 엮음, 한울.

김정선(2010), 〈아래로부터의 초국적 귀속의 정치학: 필리핀 결혼이주 여성의 경험을 중심으로〉, 한국여성학 26(2), pp. 1~39.

김화선(2011), 〈연변 조선족 농촌 여성들의 한국 바람〉, 《글로벌 아시아의 이주와 젠더》, 허라금 엮음, 한울.

성미경(2011), 〈이주여성 공간과 젠더 정치: 아이다마을(Asian Women's Community) 사례연구〉, 성공회대학교 NGO대학원 석사학위논문 (미간행).

이혜경·정기선·유명기·김민정(2006), 〈이주의 여성화와 초국가적 가족: 조선족 사례를 중심으로〉, 《한국사회학》 40(5), pp. 258~298.

임현진(2011), 《세계화와 반 세계화》, 세창출판사.

오이시 나나(2011), 〈경계없는 가족? 여성 이주와 초국적 가족〉, 《글로벌 아시아의 이주와 젠더》, 허라금 엮음, 한울.

자야틸라카, 라마니(2011), 〈스리랑카의 여성 이주노동자와 변화하는 가족〉, 《글로벌 아시아의 이주와 젠더》, 허라금 엮음, 한울.

Bahbha, Jacquiline(2009), "The 'Mere Fortuity of Birth'? Children, Mothers, Borders, and the Meaning of Citizenship", *Migrations and Mobilities: Citizenship, Borders, and Gender*, New York and London: New York University Press.

Beneria, Lourdes, Carmen Diana Deere and Naila Kabeer(2012), "Gender and International Migration: Globalization, Development, and Governance", *Feminist Economics* 18(2), pp. 1~33.

Benhabib, Seyla and J. Resnik(eds.)(2009), *Migrations and Mobilities: Citizenship, Borders, and Gender*, New York and London: New York University Press.

Benhabib, Seyla(2004), *The Rights of Others*, Cambridge: Cambridge Univ. Press.

Carling, Jorgen(2005), "Gender dimension of International Migration", *Global Commission on International Migration(GCIM), Global Migration Perspectives 35*, www.gcim.org.

Hochschild, A. R.(2000), "Global care chain and emotional surplus value", *On The Edge: Living with Global Capitalism*, W. Hutton and A. Giddens(eds.), London: Jonathan Cape.

ILO(2003), "Preventing Discrimination", *Exploitation and Abuse of Women Migrant Workers: An Information Guide- Booklet 1: Why the Focus on Women International Migrant Workers*, Geneva: ILO.

___(2010), *International Labour Migration: A rights-based approach*, Geneva: ILO office.

Kymlicka, W.(2011), "Multiculturalism- Success, Failure, and the Future", *Challenges of a Multicultural World and Global Approaches to Coexistence – The 5th KFGS Policy Report*, Korea Foundation, Asiatic Research Institute at Korea University, and IOM Migration Research and Training Center.

Parrenas, R. S.(2001), *Servants of Globalization: Women, Migration and Domestic Work*, Stanford: Stanford University Press.

_____(2005), *Children of Global Migration: Transnational Families and Gendered Woes*, Stanford: Stanford University Press.

_____(2010), "Transnational Mothering: A Source of Gender Conflicts in the Family", *North Carolina Law Review* 88, pp. 1825~1856.

Piper, Nicola(1997), "International Marriage in Japan: 'race' and 'gender' perspectives", *Gender, Place and Culture* 40(3), pp. 321~338.

_____(2009), "International Migration and Gendered Axes of Stratification- Introduction", *New Perspectives on Gender and Migration: Livelihood, Rights and Entitlements*, Nicola Piper(ed.), New York & London: Routledge.

Sassen, Saskia(2002), "Women's Burden: Counter-geographies of Globalization and the Feminization of Survial", *Journal of International Affairs* 53(2), pp. 503~524.

530

2부

연애

김은영 외(2003), 〈청소년들의 이성교제-연애문화〉, 《한국 청소년 문화연구소 세미나 자료집》, pp. 86~100.

김현경(2003), 〈프로젝트로서의 '연애'와 여성 주체성에 관한 연구-여자대학생의 경험을 중심으로〉, 이화여자대학교 대학원 여성학과 석사학위논문.

김효진(2010), 〈신자유주의적 상황 아래 대학생의 연애와 생애 기획-저소득층 '명문대생' 사례를 중심으로〉, 연세대학교 대학원 문화학협동과정 석사학위논문.

나임윤경(2005), 《여자의 탄생》, 웅진지식하우스.

박기남(2011), 〈20-30대 비혼 여성의 고용 불안 현실과 선택〉, 《한국여성학》 27(1), pp. 1~39.

박민자(2000), 〈한국 대학생들의 데이트 과정에 나타난 남녀의 차이〉, 《가족과 문화》 12, pp. 53~65.

변혜정(2010), 〈이성애 관계에서의 자기 계발 연애와 성적 주체성의 변화-S지역 남녀 대학생들의 섹슈얼리티 경험을 중심으로〉, 《생명연구》 17, pp. 53~92.

신광영(2009), 〈세대, 계급과 불평등〉, 《경제와 사회》 81, pp. 35~60.

양현아(2005), 〈여성 낙태권의 필요성과 그 함의〉, 《한국 여성학》 21(1), pp. 5~39.

엄기호(2009), 《아무도 남을 돌보지 마라》, 낮은산.

우석훈·박권일(2007), 《88만원 세대》, 레디앙.

윤영준(2006), 〈대학생의 연애경험과 일상적 자아의 재구성〉, 부산대학교 대학원 사회학과 석사학위논문.

조명환(2004), 〈대학생의 성문화 인식에 관한 연구〉, 《학생생활연구》 32, pp. 5~37.

천혜정(2003), 〈한국 여대생의 성 정체감 내면화 과정〉, 《대한가정학회지》 41. pp. 149~161.

천혜정(2005), 〈여대생의 체험을 통해 본 이성교제의 의미〉, 《가족과 문화》 17(3), pp. 19~48.

최영숙·하나선(2004), 〈대학생의 성지식, 성태도, 성경험, 성적 자율성에 관한 연구〉, 《여성건강간호학회지》 10, pp. 316~330.

기든스, 앤서니(1996), 《현대사회의 성, 사랑, 에로티시즘》, 배은경·황정미 옮김, 새물결.

한병철(2012), 《피로사회》, 김태환 옮김, 문학과지성사.

Dunn, PC & Vail-Smith, K. & Knight, SM.(1999), "What Date/Acquaintance Rape Victims Tell Others: A Study of College Student Recipients of Disclosure", *Journal of American College Health* 47(5), pp. 213~220.

McDonald, T. & Kline, L.(2004), "Perceptions of Appropriate Punishment for Committing Date Rape: Male College Students Recommend Lenient Punishments", *College Student Journal* 38(1), pp. 44~56.

몸

김고연주(2010), 〈'나 주식회사'와 외모 관리〉, 《친밀한 적》, 이후, pp. 141~142

엄기호(2009), 〈대학생들의 가랑이〉, 《한겨레신문》, 2009년 12월 13일자 기사.

엄현신(2007), 〈얼굴에 대한 미의식과 미용성형수술에 대한 인식〉, 경희대학교 박사학위논문.

임옥희(2010), 《채식주의자 뱀파이어》, 여이연, p. 9.

임인숙(2007), 〈몸 자아의 소비문화적 연결방식과 불안정성〉, 《한국사회》 8(1), 고려대학교 한국
      사회연구소.

임인숙·김민주(2012), 〈한국 다이어트 서바이벌 프로의 비만 낙인 재생산〉, 《한국여성학》 28(4).

최철웅(2012), 〈성형 공화국, 전쟁터가 된 몸들〉, 《문화과학》 69, 문화과학사, pp. 202~203.

태희원(2012), 〈신자유주의적 통치성과 자기계발로서의 미용성형 소비〉, 《페미니즘연구》 12(1).

한국여성민우회(2013), 《뚱뚱해서 죄송합니까?》, 후마니타스, p. 55.

함인희(2006), 《한국의 일상 문화와 몸》, 이화여자대학교출판부, p. 28.

로우드, 데버러(2011), 《아름다움이란 이름의 편견》, 권기대 옮김, 베가북스.

보드리야르, 장(1992), 《소비의 사회》, 이상률 옮김, 문예출판사

셜링, 크리스(1999), 《몸의 사회학》, 임인숙 옮김, 나남.

가족

김혜경(2008), 〈1960~70년대 핵가족담론 연구 ─《조선일보》 기사를 중심으로〉, 2008 후기 사
      회학대회 논문집, 한국사회학회, pp. 32~49.

_____(2012), 〈개인화와 위험〉, 《페미니즘연구》 12(1), pp. 35~72.

문화체육관광부(2013), 〈한국인의 의식·가치관 조사〉.

신경아(2012), 〈서구사회 개인화 논의에 대한 여성주의적 고찰〉, 《페미니즘 연구》 12(1), pp.
      1~33.

여성가족부, 〈2013년 가정폭력 실태조사〉.

장경섭(2009), 《가족·생애·정치경제》, 창비.

통계청(1998,/2012), 〈한국의 사회조사〉.

_____(2013), 〈2013년 경력단절여성 통계 보도자료〉.

_____(2012), 〈인구·가구 구조와 주거특성변화〉.

_____(각 년도), 〈인구동태통계연보(혼인·이혼편)〉.

_____(2012), 〈인구주택총조사〉.

한국보건사회연구원(2012), 〈2012년 전국 출산력 및 가족보건·복지실태조사〉.

〈화려한 싱글? 1인 가구 '힘겨운 삶'〉, 《한겨레신문》, 2012년 8월 28일자 기사.

Beck, Ulrich and Elisabeth Beck-Gernsheim(2002), *Individualization: Institutionalized
      Individualism and its Social and Political Consequences*, London, Thousand
      Oaks, New Dehli: Sage Publications.

Breines, W. & L. Gordon(1983), "The new scholarship on family violence", *Signs* 8, pp.
      490~531.

Dickerson, B. J.(1995), *African American Single Mothers: Understanding their Lives
      and Families*, Thousand Oaks: Sage.

Hartmann, H. I.(1981), "The family as the locus of gender, class, and political struggle: the example of housework", *Signs* 5, pp. 366~394.

Stark, Evan(2007), *Coercive Control: How Men Entrap Women in Personal Life*, Oxford: Oxford University Press.

노동

공태윤(2013), 〈기업들 졸업생 채용 차별 안한다지만〉, 《한국경제》, 2013년 12월 12일자 기사.

김유선(2013), 성별 고용구조와 최저임금, 〈시장사회: 감정의 정치경제학과 여성주의 대안 으로서의 노동윤리학〉, 한국여성학회 2013 제29차 추계학술대회 자료집.

류희수, 〈당신의 쵸잇쓰?〉, 《Headache》 창간호.

신경아(2009), 〈감정노동의 구조적 원인과 결과의 개인화: 콜센터 여성노동자의 사례 연구〉, 《산업노동연구》 15(2), pp. 223~255.

신경아·김영미 외(2013), 〈비정규직 여성근로자 임금실태 조사〉, 국가인권위원회 연구용역보고서.

신광영(2011), 〈한국의 성별 임금격차: 차이와 차별〉, 《한국사회학》 45(4), pp. 97~127.

한국노동연구원(2012), 〈고용노동리포트〉 15, 한국노동연구원.

Hochschild, A. R.(1983), *The Managed Heart: Commercialization of Human Feeling*, Berkeley and Los Angeles: University of California Press.

남성성

김고연주(2010), 〈'나 주식회사'와 외모 관리〉, 《친밀한 적》, 이후.

김은영(2011), 《예능은 힘이 세다》, 에쎄.

루인(2011), 〈의료 기술 기획과 근대적 남성성의 발명〉, 《남성성과 젠더》, 권김현영 엮음, 자음과모음.

안상욱(2011), 〈한국사회에서 '루저문화'의 등장과 남성성의 재구성〉, 서울대학교 석사학위 논문.

엄기호(2011), 〈신자유주의 이후, 새로운 남성성의 가능성/불가능성〉, 《남성성과 젠더》, 권김현영 엮음, 자음과모음.

이길호(2012), 《우리는 디씨》, 이매진.

전인권(2003), 《남자의 탄생》, 푸른숲.

정희진(2011), 〈편재(遍在)하는 남성성, 편재(偏在)하는 남성성〉, 《남성성과 젠더》, 권김현영 엮음, 자음과모음.

로진, 해나(2012), 《남자의 종말》, 배현·김수현 옮김, 민음인.

맨스필드, 하비(2010), 《남자다움에 관하여》, 이광조 옮김, 이후.

모스, 조지(2003), 《내셔널리즘과 섹슈얼리티》, 서강여성문학연구회 옮김, 소명출판.

벡, 울리히(1999), 《사랑은 지독한, 그러나 너무나 정상적인 혼란》, 배은경 외 옮김, 새물결.

Sedgwick, Eve(1985), *Between men: English literature and male homosocial desire*,

Columbia University Press.

미디어

김수아(2010), 〈소녀 이미지의 볼거리화와 소비 방식의 구성〉, 《미디어, 젠더&문화》 15, pp. 79~119.

변혜진 엮음(2010), 《10대의 섹스, 유쾌한 섹슈얼리티》, 동녘.

이동연(2009), 〈아이돌 팝이란 무엇인가?—징후적 독해〉, 《문화과학》 62, pp. 210~227.

차우진(2009), 〈걸그룹 전성기〉, 《문화과학》 59, pp. 270~283.

Aapola, S., Gonick, M. and Harris, A.(2005), *Young femininity: girlhood, power and social change*, Basingstoke: Palgrave Macmillan.

Bray, A.(2009), "Governing the gaze: child sexual abuse, moral panics and the post-feminist blindspot", *Feminist media studies* 9(2), pp. 173~191.

Brooks, A.(1997), *Postfeminism: feminism, cultural theory and cultural forms*, London: Routledge.

Butler, J.(1993), *Bodies that matter: on the discursive limits of sex*, New York: Routledge.

Chua, B. and Iwabuchi, K.(eds.)(2008), *East Asian pop culture: the Korean Wave*, Hong Kong: Hong Kong University Press.

Coleman, R.(2008), "The becoming of bodies: girls, media effects, and body image", *Feminist media studies* 8(2), pp. 163~179.

Couldry, N.(2010), *Why voice matters: culture and politics after neoliberalism*, London: Sage Publications.

Deleuze, G.(1997), *Negotiations 1972–1990*, New York: Columbia University Press.

Doane, M.A.(1981), "Women's stake", *October* 17, pp. 22~36.

Driscoll, C.(2002), *Girls: feminine adolescence in popular culture and cultural theory*, New York: Columbus University Press.

du Gay, P.(1997), *Production of culture/cultures of production*, London: Sage Publications.

Durham, M.(2009), *The Lolita effect: the media sexualization of young girls and what we can do about it*, New York: Overlook TP.

Frost, L.(2005), "Theorizing the young women in the body", *Body and society* 11(1), pp. 63~85.

Gill, R.(2007), "Postfeminist media culture: elements of a sensibility, *European journal of cultural studies* 10(2), pp. 147~166.

_____(2008), "Empowerment/sexism: figuring female sexual agency in contemporary advertising, *Feminism and psychology* 18(1), pp. 35~60.

Goldman, R.(et al.)(1991), "Commodity feminism", *Critical studies in mass communication* 8, pp. 333~351.

Harris, A.(2005), "Discourses of desire as governmentality: young women, sexuality and the significance of safe spaces", *Feminism and psychology* 15(1), pp. 39~43.

Hjorth, L.(2009), *Mobile media in Asia-Pacific: gender and the art of being mobile*, New York: Routledge.

Jackson, S. and Westrupp, E.(2010), "Sex, postfeminist popular culture and the pre-teen girl", *Sexualities* 13(3), pp. 357~376.

Jacobs, K.(2010), "Lizzy Kinsey and the adult Friendfinders: an ethnographic study of internet sex and pornographic self-display in Hong Kong", *Culture, health, sex* 12(6), pp. 691~703.

Jenkins, H.(2006), *Convergence culture: where old and new media collide*, New York: New York University Press.

Joong-Ang Daily(2010), President Lee: 'The two keywords in broadcasting are Global Content', 3 September.

Jung, M. and Lee, N.(2009), "Fandom managing stars, entertainment industry managing fandom", *Media, gender and culture* 12, pp. 191~240.

Kapur, J.(2009), "There once was a maiden and a middle class: the making of a neoliberal thriller", *Visual anthropology* 22(2-3), pp. 155~166.

Kim, J.(2010), "Idol stars changing the map of entertainment biz", The Korea Economic Magazine, 8 June.

Kim, T.(2003), "Neo-Confucian body techniques: women's bodies in Korea's consumer society", *Body and society* 9(2), pp. 97~11.

Kress, G.(2009), *Multimodality: a social semiotic approach to contemporary communication*, New York: Routledge.

Lazar, M.(2006), "Discover the power of femininity: analyzing global 'power femininity' in local advertising", *Feminist media studies* 6(4), pp. 505~517.

Lee, D. and Kim, Y.(eds)(2006), *Mobile girls @ digital Asia*, Seoul: Hanul Publications.

Lee, J.(2010), SM Town Live '10 World Tour in LA, Jack Nicholson showing up. A launching of the 2nd Korean Wave? Chosun Daily, 6 September.

Lee, M.(2011), Le Monde's disparage of K-Pop is obvious. The Dong-A Ilbo, 23 June.

Longhurst, B., Bagnall, G. and Savage, M.(2007), "Place, elective belonging, and the diffused audience", *Fandom: identities and communities in a mediated world*, J. Gray, C. Sandvoss and L. Harrington(eds.), New York: New York University Press, pp. 125~138.

Lumby, C.(1998), "No kidding: paedophilia and popular culture", *Continuum* 12(1), pp. 47~54.

McRobbie, A.(2008), "Young women and consumer culture", *Cultural studies* 22(5), pp. 531~550.

_____(2009), *The aftermath of feminism: gender, culture and social change*, London: Sage.

Mulvey, L.(1975), "Visual pleasure and narrative cinema", *Screen* 16(3), pp. 6~18.

Murnen, S.(et al.)(2003), "Thin, sexy women and strong, muscular men: grade-school children's responses to objectified images of women and men", *Sex roles* 49(9-10), pp. 427~437.

Pomerantz, D.(2010), "Hollywood top box-office teens", *Forbes*, 12 March.

Shim, D.(2006), "Hybridity and the rise of Korean popular culture in Asia", *Media, culture and society* 28(1), pp. 25~44.

Shin, H.(2009), "Have you ever seen the Rain? And who'll stop the Rain?: the globalizing project of Korean pop (K-pop)", *Inter-Asia cultural studies* 10(4), pp. 507~523.

Shoene, B.(2006), "The wounded woman and the parrot: post-feminist girlhood in Alan Warner's The Sopranos and Bella Bathurst's Special", *Journal of gender studies* 15(2), pp. 133~144.

Toth, C.(2008), "J-pop and performances of young female identity: music, gender and urban space in Tokyo", *Nordic Journal of Youth Research* 16(2), pp. 111~129.

Tsai, E.(2007), "Caught in the terrains: an inter-referential inquiry of trans-border stardom and fandom", *Inter-Asia cultural studies* 8(1), pp. 137~156.

TV report(2010), Girl groups creating Korean Wave and conquering Japan, 3 September.

Williams, R.(1978), *Marxism and literature*, Oxford: Oxford University Press.

Williamson, L.(2011), The dark side of South Korean pop music. BBC News, 14 June.

Yoon, S.(2009), "The neoliberal world order and patriarchal power: a discursive study of Korean cinema and international co-production", *Visual anthropology* 22, pp. 200~210.

3부

복지

류연규(2009), 〈일가족양립정책과 노동시장 젠더형평성의 관계에 대한 연구〉, 《여성연구》 76, pp. 5~42.

보건복지부(2010), 《2009년 전국 보육실태조사-가구조사보고서》.

송다영(2009), 〈가족정책내 자유선택 쟁점에 관한 고찰〉, 《페미니즘연구》 9(2), pp. 83~117.

윤홍식·송다영·김인숙(2010), 《가족정책》, 공동체.

이윤경(2010), 〈노인장기요양보험의 가족요양 급여체계 개선방안〉, 《보건복지포럼》 7, pp.

96~104.

장지연(2011), 〈돌봄노동과 사회화 유형과 여성노동권〉,《페미니즘 연구》11(2), pp. 1~47.

Bahle, T.(2003), "The Changing Institutionalization of Social Services in England and Wales, France and Germany: Is the Welfare State on the Retreat?", *Journal of European Social Policy* 13(1), pp. 5~20.

Bettio, F. & J. Plantenga(2004), "Comparing care regimes in Europe", *Feminist Economics* 10(1), pp. 85~113.

Daly, M.(2002), "Care as a Good for Social Policy", *Journal of Social Policy* 31(2), pp. 187~206

Daly, M. & Eriksen, T.(2005), *Dilemmas of Care in the Nordic Welfare State*, New York: Ashgate.

Esping-Andersen, G.(1990), *The Three Worlds of Welfare Capitalism*, New York: Policy Press.

_____(1999), *Social Foundations of Postindustrial Economies*, Oxford University Press.

_____(2002), "A Child-Centred Social Investment Strategy", *Why We Need a New Welfare State*, Oxford University Press.

Fraser, N.(1997), *Justice Interrupts: Critical Reflections on the 'Postsocialist' Condition*, New York: Routledge.

Leira, A.(2002), *Working Parents and the Welfare State*, New York: Cambridge University Press.

Leitner, S.(2003), "Varieties of Familialism: The Caring Function of the Family in Comparative Perspective", *European Societies* 5(4), pp. 353~375.

Lewis, J.(1992), "Gender and the Development of Welfare Regimes", *Journal of European Social Policy* 2(3), pp. 159~173.

Meyers, M. & Gornik, J.(2003), "Public or private responsibility?: Inequality and Early Childhood Education and Care in the Welfare State", *Journal of Comparative Family Studies* 34(3), pp. 379~411.

OECD(2007), *Babies and Bosses. Vol. 5. Reconciling work and Family Life: A Synthesis of Findings for OECD Countries*.

Orloff, A. S.(1993), "Gender and Social Right of Citizenship: the Comparative Analysis of Gender Relation and Welfare State", *American Sociological Review* 58(3), pp. 303~328.

Richter, R & Eriksen, J.(2003), "Care through Cash and Public Service", *European Societies* 5(4), pp. 349~351.

Sainsbury, D.(1999), "Gender and Social Democratic Welfare States", *Gender and Welfare State Regimes*, D. Sainsbury(ed.), Oxford University Press.

Ungerson, C.(1997), "Social Politics and the Commodification of Care", *Social Politics*

4(3), pp. 362~382.

_____(2003), "Commodified Care Work in European Labour Markets", *European Societies* 5(4), pp. 277~396.

Warness, K.(2006), "Research on Care: What Impact on Policy and Planning?", *Cash and Care-Policy Challenges in the Welfare State*, Glennding, C.&P. Kemps(eds.), Bristol: The Policy Press.

정책

고용노동부(2012), 《2012년판 고용노동 백서》.

국회여성가족위원회(2011a), 〈여성발전기본법 전부개정법률안 검토보고: 정부제출〉.

국회여성가족위원회(2011b), 〈여성발전기본법 전부개정법률안 검토보고: 신낙균의원 대표발의〉.

김경희·신현옥(2004), 〈정책과정을 통해 본 젠더와 평등개념의 제도화: 양성평등채용목표제와 국공립대 여성교수채용목표제를 중심으로〉, 《한국여성학》 20(3), pp. 171~206.

마경희(2007), 〈성 주류화(gender mainstreaming)에 대한 비판적 성찰: 여성정책의 새로운 패러다임인가? 함정인가?〉, 《한국여성학》 23(1), pp. 39~67.

보건복지부(2012), 《2011 보건복지 백서》.

양애경·이선주·정현주·강정숙·김경주·김양희·신연경(2012), 《사회발전을 향한 여성통합 30년의 성과와 전망(Ⅱ)》, 한국여성정책연구원.

여성가족부(2005), 《양성평등 정책 확산을 위한 성별영향평가 안내서》.

_____(2011), 《2010년도 여성정책 연차보고서》.

원시연(2006), 〈여성정책담당 중앙행정기구 개편의 원인과 업무수행방식의 변화에 관한 연구〉, 《행정논총》 44(2), pp. 81~112.

원시연(2012), 〈우리나라 여성정책 조정기능과 향후 과제〉, 《2012년도 여성정책전략센터 운영》, 여성가족부.

한국여성단체연합(2012), 《당신의 삶을 바꾸는 100가지 젠더 정책》.

Bacchi, Carole(2004), "Policy and discourse: challenging the construction of affirmative action as preferential treatment", *Journal of European Public Policy* 11(1), pp. 128~146.

Bacchi, Carole & Joan Eveline(2003), "Mainstreaming and neoliberalism: a contested relationship", *Policy and Society* 22(2), pp. 98~118.

Baden, Sally & Anne Marie Goetz(1998), "Who needs [sex] when you can have [gender]?: Conflicting discourses on gender at Beijing", *Feminist Visions of Development: Gender Analysis and Policy*, Cecile Jackson & Ruth Pearson(eds.), Routledge.

Council of Europe(1998), *Gender Mainstreaming: Conceptual framework, methodology and presentation of good practices*, Final Report of Activities of the Group

of Specialists on Mainstreaming. http://www.coe.int/t/dghl/standardsetting/
equality/03themes/gender-mainstreaming/EG_S_MS_98_2_rev_en.pdf

Eveline, Joan & Bacchi, Carole(2005), "What are Mainstreaming When We
Mainstreaming Gender?", *International Feminist Journal of Politics* 7(4), pp.
496~512.

Jalušič, Vlasta(2009), "Stretching and bending the meaning of gender in equality
policies", *The Discursive Politics of Gender Equality: Stretching, Bending and
Policy-Making,* Lombardo, Emanuela & Meier, Petra & Verloo, Mieke(eds.),
Routledge.

Kantola, Johanna & Squires, Judith(2012), "From state feminism to market feminism?",
International Political Science Review 33(4), pp. 382~400.

Lombardo, Emanuela & Meier, Petra(2006), "Gender Mainstreaming in the EU:
Incorporating a Feminist Reading?", *European Journal of Women's Studies*
13(2), pp. 151~166.

Lombardo, Emanuela&Meier, Petra & Verloo, Mieke(2009), "Stretching and bending
gender equality: a discursive politics approach", *The Discursive Politics of
Gender Equality: Stretching, Bending and Policy-Making,* Lombardo, Emanuela
& Meier & Petra & Verloo, Mieke(eds.), Routledge.

Meier, Petra & Celis, Karen(2011), "Sowing the Seeds of Its Own Failure: Implementing
the Concepts of Gender Mainstreaming", *Social Politics* 18(4), pp. 469~489.

OECD(2012), *Closing the Gender Gap: ACT NOW, KOREA*

Outshoorn, Joyce and Johanna Kantola(2007), *Changing State Feminism,* Palgrave
Macmillan.

Rees, Teresa(2005), "Reflections on the Uneven Development of Gender
Mainstreaming in Europe", *International Feminist Journal of Politics* 7(4), pp.
555~574.

Roggeband, Conny & Verloo, Mieke(2006), "Evaluating gender impact assessment in
the Netherlands(1994-2004): a political process approach", *Polity and Politic*
34(4), pp. 615~632.

Rönnblom, Malin(2009), "Bending towards growth", *The Discursive Politics of Gender
Equality: Stretching, Bending and Policy-Making,* Lombardo, Emanuela &
Meier, Petra & Verloo, Mieke(eds.), Routledge.

Squires, Judith(2005), "Is Mainstreaming Transformative? Theorizing Mainstreaming in
the Context of Diversity and Deliberation", *Social Politics* 12(3), pp. 366~388.

_____(2007), *The New Politics of Gender Equality,* Palgrave MacMillan.

Stratigaki, M.(2004), "The cooptation of gender concepts in EU policies: The case of
'reconciliation of work and family'", *Social Politics* 11(1), pp. 30~56.

UN(1995), *Beijing Declaration and Platform for Action.*

Verloo, Mieke & Emanuela, Lombardo(2007), "Contested Gender Equality and Policy Variety in Europe: Introducing a Critical Frame Analysis Approach", *Multiple Meanings of Gender Equality: A Critical Frame Analysis of Gender Policies in Europe*, Verloo, Mieke(ed.), Central European University Press.

Verloo, Mieke(2005), "Displacement and Empowerment: reflections on the Concept and Practice of the Council of Europe Approach to Gender Mainstreaming and Gender Equality", *Social Politics* 12(3), pp. 344~365.

Walby, Sylbia(2005), "Gender Mainstreaming: Productive Tensions in Theory and Practice", *Social Politics* 12(3), pp. 321~343.

운동

강인순(2001), 《한국여성노동운동사 2》, 한울.

심영희·김엘리 엮음(2005), 《한국여성평화운동사》, 한울.

이효재(1996), 《한국의 여성운동》, 정우사.

장미경(2005), 〈한국 여성운동의 어제와 오늘〉, 《새 여성학강의》개정판, 동녘.

_____(2006), 《한국여성운동과 젠더 정치》, 전남대학교 출판부.

정현백/김혜경 외(1998), 《경기도 여성단체 활성화 방안에 관한 연구》, 경기도 여성정책과 프로젝트 연구보고서.

정현백(2003), 《민족과 페미니즘》, 당대.

_____(2006), 〈한국의 여성운동 60년 — 분단과 근대성 사이에서〉, 《여성과 역사》 4.

한국여성단체연합(1999), 《열린 희망. 한국여성단체연합 10년사》.

한국여성단체협의회(1989), 《한국여성단체협의회 30년사》.

한국여성연구소 여성사연구실(1999), 《우리 여성의 역사》, 청년사.

허성우(1997), 《대전지역 여성단체 활성화방안 연구》, 대전광역시 여성발전 연구위원회 연구사업 보고서.

Hyun Back Chung(1998), "Arbeiterinnen und Arbeiterinnenbewegung in Südkorea in den 70er Jahren", *Beiträge zur Geschichte der Arbeiterbewegung* 40. Jg., pp. 43~60.

_____(1997), "Together and Separately: The New Women's Movement after the 1980s in South Korea", *Asian Women* 5, pp. 19~38.

Chong-Sook Kang & Ilse Lenz(1992), *"Wenn die Hennen krähen...": Frauenbewegung in Korea*, Münster: Verlag Westfälische Dampfboot.

Nicola Anne Jones(2006), *Gender and the Political Opportunities of Democratization in South Korea*, New York: Palgrave Macmillan.

찾아보기

글쓴이 소개(게재순)

이남희

청주에서 나고 자랐다. 서울대학교 인문대학 서양사학과를 졸업하고 동 대학에서 영국 여성참정권운동 연구로 박사학위를 받았다. 여성의 역사와 지금 여기에서의 삶에 관심이 많아서 자율적 여성모임과 강좌, 생활밀착형 여성 정책을 만들고 실행하는 일에 꾸준히 참여해 왔다. 《여성과 사회》편집장, (사)여성문화예술기획 사무처장, 여성가족부 장관정책보좌관, 서울시립청소년직업체험센터 하자 운영위원, 유한회사 미디어일다 사원, (사)한국여성연구소 소장 등을 역임했다. 지은 책으로는《성·사랑·사회》(공저, 2006),《세계화 시대의 서양현대사》(공저, 2010),《몸으로 역사를 읽다》(공저, 2011),《나에게 품이란 무엇일까?》(공저, 2014) 등이 있다.

김현미

미국 워싱턴대학에서 사회문화인류학으로 석사와 박사학위를 받았다. 현재 연세대학교 문화인류학과 교수로 재직 중이다. 글로벌라이제이션에 따른 사람과 자본, 문화의 이동과 젠더의 정치경제학에 대한 연구를 진행했다. 2003년 이후 결혼이주여성, 경제 이주자, 조선족 이주자, 미등록이주자, 난민 등 한국의 다양한 이주자를 연구해 왔다. 최근에는 도시명상자 연구를 진행하고 있다. 지은 책으로는《글로벌 시대의 문화번역》(2005),《우리는 모두 집을 떠난다》(2014),《친밀한 적》(공저, 2010),《우리 모두 조금 낯선 사람들》(공저, 2013)이 있다. 번역서로는《이미지와 현실 사이의 여성들》(2005),《여성·문화·사회》(2008)가 있다.

김민정

서강대에서 사회학을, 서울대에서 인류학을 공부했다. 현재 강원대학교 문화인류학과 부교수로 재직 중이며 젠더와 세계화, 현지조사방법론 등을 강의한다. 최근 연구로는 "Multicultural Challenges and Redefining Identity in East Asia"(공저, 2014)가 있으며, 지은 책으로는《글로벌 아시아의 이주와 젠더》(공저, 2011), 〈미국가기와 결혼하기〉(2012), 〈필리핀 여성의 젠더화된 이주〉(2012) 등이 있다.

548

하정옥

서울대학교 사회학과에서 체외수정(시험관아기)기술의 역사적 전개로 박사학위를 받았다. 과학기술과 젠더를 화두로 연구하고 있으며 이와 연동된 생명윤리와 전문성 정치, 기술 위험의 불균등에도 관심을 갖고 있다. 최근 논문으로 〈한국의 시험관아기 시술 30년, 거버넌스의 부재와 위험의 증가〉(2014), 〈재생산권 개념의 역사화·정치화를 위한 시론〉(2013), 〈대리모 시술 규준의 필요성과 쟁점〉(2013), 〈보조생식술의 지구화와 위험 불균등〉(2013)이 있다.

이나영

중앙대학교 사회학과 교수, 전 미국 조지메이슨 대학 여성학과 교수(George Mason University, USA)이다. 지은 책으로 《여성주의 역사쓰기, 구술사 연구방법》(공저, 2012), 《다시보는 미디어와 젠더》(공저, 2013) 등이 있다.

황정미

연세대 사회학과를 졸업하고 서울대 사회학과에서 석사·박사학위를 받았다. 현재 고려대 아세아문제연구소 HK 연구교수로 재직 중이다. 지은 책으로는 《한국 다문화주의의 성찰과 전망》(공저, 2014), 《국경을 넘는 아시아 여성들》(공저, 2009) 등이 있고, 번역서로는 《현대사회의 성·사랑·에로티시즘》(공역, 2001)가 있다.

나임윤경

연세대학교와 미국 위스콘신 주립대학교 교육학과 성인(여성)교육학을 공부했으며, 우리가 당연하게 받아들이는 여성들의 삶이 어떻게 형성되었는지 밝히는 일, 대한민국 여성들의 현주소를 성찰하고 불합리한 사회를 바꿔 나가는 일에 열정적이다. 현재 연세대학교에서 젠더연구 입문, 여성교육 개론, 여성커리어와 리더십 등의 여성학 수업을 하고 있다. 지은 책으로는 《그대 아직도 부자를 꿈꾸는가》(공저, 2011), 《이팔청춘 꽃띠는 어떻게 청소년이 되었나?》(공저, 2009), 《여성과 남녀공학대학교의 행복한 만남을 위하여》(2006), 《여자의 탄생》(2005) 등이 있다.

김양선

서강대학교 영어영문학과를 졸업하고, 같은 대학 대학원 국어국문학과에서 현대소설을 전공해 문학박사 학위를 받았다. 2014년 현재 한림대학교 기초교육대학에서 교수로 재직하고 있다. 한국 근현대 여성문학사와 여성문학 제도 연구를 수행했으며, 최근 관심사는 전후 여성교양과 여성문학 간의 관련성을 실증적으로 규명하는 것이다. 지은 책으로

《근대문학의 탈식민성과 젠더정치학》(2009), 《경계에 선 여성문학》(2009), 《한국 근현대 여성문학 장의 형성》(2012) 등이 있다.

허민숙
미국 오하이오 주립대학교에서 여성학 박사학위를 받고 서울대 여성연구소 선임연구원을 거쳐, 현재 이화여자대학교 한국여성연구원 연구교수로 일하고 있다. 여성에 대한 폭력, 여성인권운동이 주요 관심사이며, 지은 책으로 《폭력의 얼굴들》(공저, 2013), 《젠더와 세계정치》(공저, 2013)가 있고, 논문으로는 "Women's Movement and the Politics of Framing", "Challenges and Opportunities for a Human Rights Frame in South Korea" 등이 있다.

신경아
서울대와 서강대에서 가족사회학, 노동사회학, 성의 사회학을 공부한 후 한림대 사회학과에서 관련 분야를 가르치고 있다. 여성노동자 문제에 대한 관심에서 시작해 가족 내 젠더 관계, 노동시간과 성평등, 돌봄노동과 감정노동에 관한 연구를 해 왔다. 일과 가족, 개인의 삶 사이에 균형을 실현할 수 있는 사회를 만드는 데도 깊은 관심이 있다. 지은 책으로는 《여성과 일》(공저, 2001), 《노인돌봄의 경험과 윤리》(공저, 2011), 《산업사회의 이해》(공저, 2012), 《가족과 친밀성의 사회학》(공저, 2013) 등이 있다.

엄기호
연세대학교 사회학과에서 공부했고, 2013년 같은 대학 문화학과에서 박사학위를 받았다. 국제가톨릭학생운동 아시아태평양사무국과 하자센터 글로벌학교에서 일했다. 현재 연세대학교에서 강의를 하면서 우리신학연구소 연구위원, 인권연구소 창 연구활동가, 교육공동체 벗의 편집위원으로 활동하고 있다. 지은 책으로 《닥쳐라, 세계화!》(2008), 《아무도 남을 돌보지 마라》(2009), 《이것은 왜 청춘이 아니란 말인가》(2010), 《우리가 잘못 산 게 아니었어》(2011), 《단속사회》(2014) 등이 있고, 이 외 다수의 공저가 있다.

김예란
서울대학교 언론정보학과를 졸업하고 런던 대학교 골드스미스 칼리지에서 수학했다. 현재 광운대학교 미디어영상학부 교수이며 현대 미디어 환경에서 벌어지는 커뮤니케이션 문화와 사회현상에 대해 가르치고 있다. 지은 책으로는 《말의 표정들》(2014), 《지금, 여기, 여성적 삶과 문화》(공저, 2013), 《두꺼운 언어와 얇은 언어》(공저, 2012), 《디지털, 테크놀로지, 문화》(공저, 2012) 등이 있다.

송다영

펜실베니아 대학교(University of Pennsylvania)에서 사회복지학 박사학위를 취득했고, 현재 인천대학교 사회복지학과 교수로 재직 중이다. 주요 관심분야는 여성복지정책, 가족정책, 여성의 사회적 권리 향상 등이다. 최근에는 여성복지 정책과 실천 패러다임에 대해 고민하고 있다. 지은 책으로《가족 정책: 복지국가의 새로운 전망》(공저, 2011),《새로 쓰는 여성복지론: 쟁점과 실천》(공저, 2011) 등이 있다.

마경희

이화여자대학교에서 〈한국사회정책 체제의 젠더계층화 논리와 여성의 사회권〉으로 사회학 박사학위를 받았고, 2008년부터 한국여성정책연구원에서 연구위원으로 재직하고 있다. 주요 논문으로 〈성 주류화에 대한 비판적 성찰〉(2007), 〈맞벌이 부부 젠더체제 유형과 여성의 일-삶 경험의 차이〉(2008), 〈돌봄의 정치적 윤리: 돌봄과 정의의 이원론을 넘어〉(2010), 〈보편주의 복지국가와 돌봄〉(2011)가 있고, 공저로《국가, 젠더, 예산: 성인지 예산 분석》(공저, 2010) 등이 있다.

정현백

1953년 부산에서 출생해 서울대학교 역사교육과를 졸업하고, 서양사학과 대학원에서 석사 학위를, 독일 보훔(Bochum) 대학에서 박사 학위를 취득했다. 1989년에서 1990년까지 미국 하버드대학교 옌칭연구소에서 방문교수로 있었고, 1997년에서 1998년까지 독일 지겐(Siegen) 대학교에서, 2014년에는 튜빙겐 대학에서 여성사를 강의하고 있다. 1986년부터 현재까지 성균관대 사학과 교수로 재직 중이며, 2002~2007년까지 한국여성단체 연합 공동대표를 맡았다. 지은 책으로《노동운동과 노동자문화》(1991),《서양의 가족과 성》(공저, 2003),《민족과 페미니즘》(2003),《여성사 다시쓰기》(2007) 등이 있고, 번역서로는《페미니스트》(1997)가 있다.